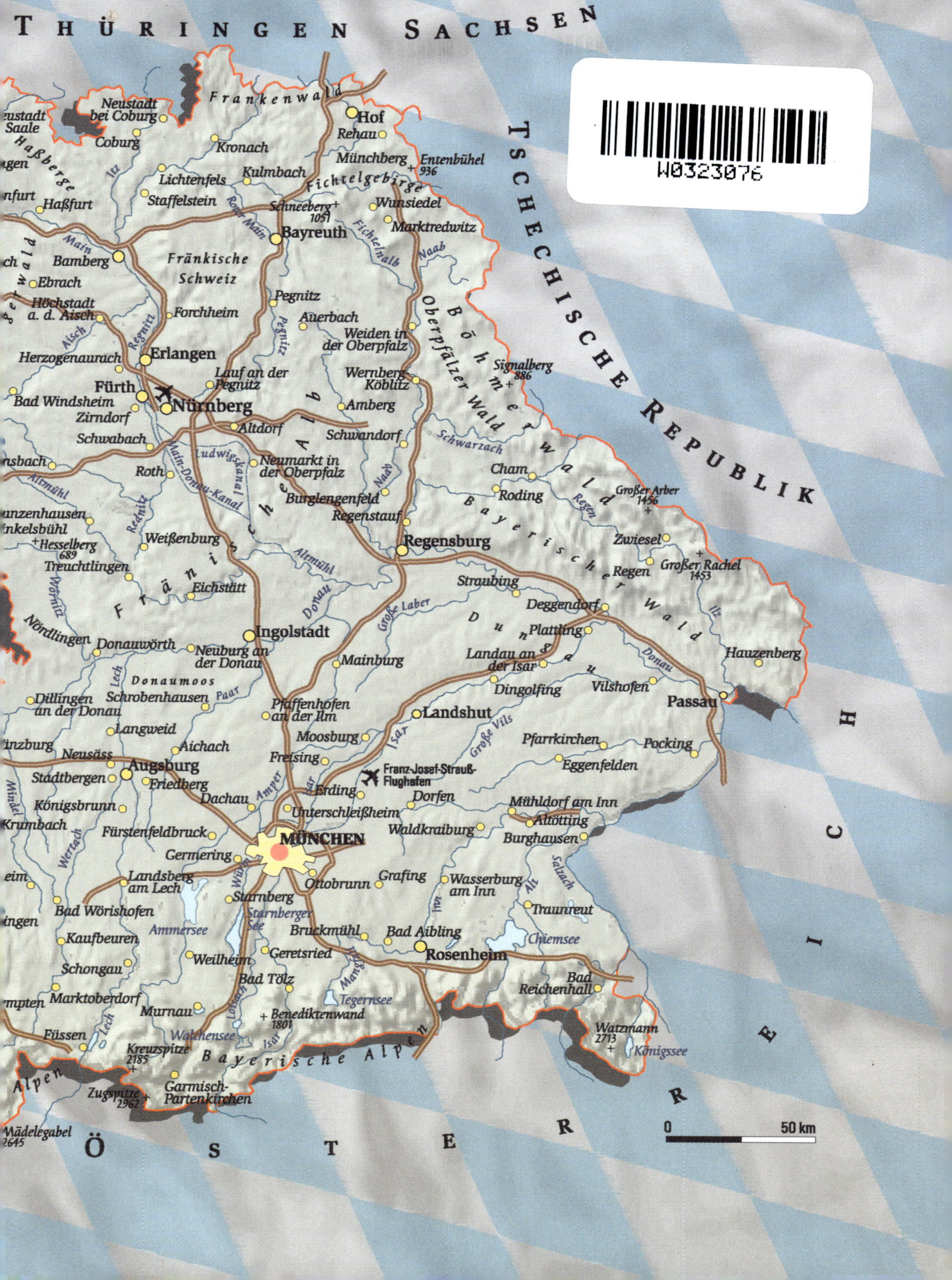
Thüringen
Sachsen
Tschechische Republik
Österreich
Frankenwald
Neustadt bei Coburg
Coburg
Haßberge
Hof
Rehau
Kronach
Münchberg
Entenbühel 936
Lichtenfels
Kulmbach
Fichtelgebirge
Staffelstein
Haßfurt
Schneeberg 1051
Wunsiedel
Marktredwitz
Bayreuth
Main
Roter Main
Fichtelnaab
Naab
Bamberg
Fränkische Schweiz
Ebrach
Höchstadt a. d. Aisch
Forchheim
Pegnitz
Auerbach
Weiden in der Oberpfalz
Oberpfälzer Wald
Böhmerwald
Aisch
Regnitz
Herzogenaurach
Erlangen
Lauf an der Pegnitz
Wernberg-Köblitz
Signalberg 886
Fürth
Bad Windsheim
Zirndorf
Nürnberg
Amberg
Altdorf
Schwabach
Schwandorf
Schwarzach
Roth
Ludwigskanal
Main-Donau-Kanal
Neumarkt in der Oberpfalz
Fränkische Alb
Cham
Roding
Großer Arber 1456
Altmühl
Rednitz
Burglengenfeld
Regen
Regenstauf
Hesselberg 689
Treuchtlingen
Weißenburg
Regensburg
Zwiesel
Bayerischer Wald
Eichstätt
Regen
Großer Rachel 1453
Straubing
Wörnitz
Donau
Große Laber
Deggendorf
Nördlingen
Donauwörth
Ingolstadt
Plattling
Ilz
Neuburg an der Donau
Mainburg
Landau an der Isar
Hauzenberg
Dungau
Lech
Donaumoos
Dingolfing
Vilshofen
Dillingen an der Donau
Schrobenhausen
Paar
Pfaffenhofen an der Ilm
Landshut
Passau
Langweid
Isar
Moosburg
Große Vils
Pfarrkirchen
Pocking
Neusäss
Aichach
Freising
Eggenfelden
Augsburg
Stadtbergen
Friedberg
Franz-Josef-Strauß-Flughafen
Amper
Erding
Dorfen
Königsbrunn
Dachau
Mühldorf am Inn
Krumbach
Unterschleißheim
Altötting
Fürstenfeldbruck
Waldkraiburg
Burghausen
Wertach
München
Germering
Landsberg am Lech
Würm
Ottobrunn
Grafing
Wasserburg am Inn
Salzach
Alz
Starnberg
Inn
Bad Wörishofen
Starnberger See
Traunreut
Ammersee
Kaufbeuren
Bruckmühl
Bad Aibling
Chiemsee
Weilheim
Geretsried
Rosenheim
Schongau
Bad Tölz
Mangfall
Bad Reichenhall
Marktoberdorf
Tegernsee
Murnau
Benediktenwand 1801
Loisach
Watzmann 2713
Füssen
Walchensee
Königssee
Kreuzspitze 2185
Bayerische Alpen
Alpen
Zugspitze 2962
Garmisch-Partenkirchen
Mädelegabel 2645
0
50 km

Wilhelm J. Wagner

Bayern

Zwei Jahrhunderte bayerische Geschichte

MAGNUSVERLAG

Neue Geschichte der
deutschen Bundesländer

Wilhelm J. Wagner

Bayern

Zwei Jahrhunderte bayerische Geschichte

MAGNUSVERLAG

Bibliografische Information der Deutschen Bibliothek.
Die Deutsche Bilbiothek verzeichnet diese Publikation in der Deutschen Nationalbibliografie; detaillierte bibliografische Daten sind im Internet über http://dnb.ddb.de abrufbar.

Realisierung: Wilhelm J. Wagner, Grünbach am Schneeberg
Lektorat: Mag. Gabi Dorn, Karlstein an der Thaya
Umschlaggestaltung: Norbert Günzel, Bottrop

Druck und Bindung:
MA-TISK d.o.o.
2000 Maribor
Slovenia

ISBN 10: 3-88400-450-6
ISBN 13: 978-3-88400-450-0

Inhaltsverzeichnis

01 Vom Kurfürstentum zum Königreich 1800 bis 1918 10/11

02 Freistaat Bayern 1918 bis 1933 96/97

03 Reichsprovinz Bayern 1933 bis 1945 148/149

Das Wappen des Freistaates Bayern wurde in der jetzigen Form (unten) durch Gesetz vom 5. Juni 1950 eingeführt. Es geht auf das erste Wappen des Königreichs Bayern von 1806 zurück.
Zwei Wappenbilder prägen das bayerische Hoheitszeichen: Das Rautenschild steht für den gesamtbayerischen Staat und die Löwen für seine Bereitschaft, die dem Freistaat verbrieften Rechte und der im Staate vereinten Regierungsbezirke Altbayern-Oberpfalz (goldener Löwe im schwarzen Feld), Franken („...drei gekürzte silberne Spitzen"), Schwaben (drei schwarze Löwen) und Nieder- und Oberbayern (blau tingierter Panther) zu verteidigen.

Natürlich kann eine populärwissenschaftliche Darstellung der Neuen Geschichte Bayerns nicht Defizite auffüllen, die wechselnde Orthodoxien im Geschichtsbewusstsein durch ihre Einseitigkeiten produzierten.

Aber es ist verdienstvoll, einem breiteren Lesepublikum allgemein verständliche Schlaglichter bayerischer Geschichte anzubieten. Die neu konzipierten und mittels modernster Computertechnik erstellten, ausdrucksstarken Karten und Diagramme machen den besonderen Reiz des Bandes aus, zumal hier die spezielle Leistung und gewiss auch Kompetenz des Autors Wilhelm J. Wagner liegt, eines gelernten und praktizierenden Kartographen und Infohistorikers.

Um Geschichte abseits eines Zahlen- und Daten-Salates für alle schmackhaft zu machen, bedient sich Wagner der journalistischen Sprache, erzählt farbig und detailreich. Immerhin leitete er länger als ein Vierteljahrhundert aktuelle Grafikabteilungen großer deutschsprachiger TV-Sender und stand gewissermaßen an vorderster Front gegenwärtiger Berichterstattung.

Das Werk ist nach dem bewährten Prinzip der Doppelseite aufgebaut. Auf ihr stellt sich ein Thema ausführlich und umfassend dar. Je nach Interesse kann der Leser in einzelne Abschnitte der Geschichte »einsteigen« und sie wieder verlassen, ohne den Überblick über den gesamten Ablauf des historischen Ereignisses zu verlieren.

Die »Neue Geschichte Bayerns« wurde außerhalb des Elfenbeinturms der Wissenschaft und ohne parteipolitische Bindungen oder Neigungen geschrieben. Trotzdem entbehrt sie nicht einer subjektiven Grundeinstellung. Denn eine objektive Geschichtsschreibung kann es nicht geben. Dafür aber eine der Gesellschaft verpflichtete, sachliche und wertfreie.

Diesen Prinzipien fühlt sich Wagner besonders verbunden.

Dass manche tradierte historische Ikone dadurch ihr Feigenblatt verliert und die »Neue Geschichte Bayerns« auch zur »Streitgeschichte« wird, die Denkanstöße und Stoff für Diskussionen liefern soll, ist vom Autor durchaus beabsichtigt.

Essen, im September 2006
DER VERLAG

Vom Kurfürstentum zum Königreich

An der Schwelle einer neuen Zeit

Selten wurde der Tod eines Regenten so bejubelt wie der des bayerischen Kurfürsten Karl Theodor. Das 18. Jahrhundert scheint nun doch mit erfreulichen Aussichten auf die Zukunft zu Ende zu gehen: Ein neuer Herrscher, Max IV. Joseph, aus der Pfälzer Nebenlinie Zweibrücken-Birkenfeld, wird sich vielleicht wieder mehr um das Wohl des Volks sorgen, als sein Vorgänger, der Bayern lieber gegen die spanischen Niederlande – das heutige Belgien – eingetauscht hätte. Der Einzug Max Josephs in München am 12. März 1799 wird daher zum Volksfest, bei dem der Kaltenegger Bräuwirt, vielleicht war es auch sein Konkurrent, Joseph Pschorr, vor Freude übermannt, auf die herrschaftliche Kutsche zuspringt und die Hand des neuen Potentaten ergreifend erleichtert, und für alle hörbar ausruft: *„Weist nur grad da bist, Maxl!“*

Das Volk jubelt, weil auch der griesgrämige, zutiefst reaktionäre Ratgeber des verstorbenen Kurfürsten, Johann Caspar von Lippert, in den Ruhestand geht. Ihm folgt Maximilian Joseph (de Garnerin) Graf von Montgelas nach, der Land und Leute kennt, ein Savoyarde zwar, aber in München geboren, und kein Ausländer. Wegen seiner aufgeklärten Gesinnung und Mitgliedschaft beim »Illuminatenorden« musste er 1787 ins Exil fliehen.

Wieder zurückgekehrt hat der 39-jährige Montgelas seinen Herrn für die Regentschaft gut vorbereitet. Schon am 30. September 1796 entwickelte er im »Ansbacher Mémoire« ein Reformprogramm, das umgesetzt werden soll. Mit der Gleichheit vor dem Gesetz, bei der Besteuerung und beim Zugang zu öffentlichen Ämtern sowie mit religiöser Toleranz will er den drittgrößten Staat des Reichs und *„die barock verschnörkelte Welt von 83 neu erworbenen Ländern und Ländchen“*, so der Historiker Benno Hubensteiner, im Geist der Aufklärung und der Staatsräson ins neue Jahrhundert lotsen. Es wird für Bayern das Entscheidende. Montgelas gibt Bayern ein Fundament, auf dem es die Wirren der nächsten zweihundert Jahre (beinahe) unbeschadet übersteht.

Zunächst müssen freilich dringliche Probleme gemeistert werden: Auf den Schultern der 1,2 Mio. Einwohner lasten Schulden von 28 Mio. Gulden.

Erschwerend wirken sich die Zollschranken der Nachbarländer aus, die den bilateralen Handel lähmen. Außerdem stehen 109 000 habsburgische Soldaten im Land, vorgeblich zum Schutz vor einem drohenden Einmarsch der Franzosen. Tatsächlich aber, um Bayern zum Verzicht auf seine Neutralität zugunsten Österreichs zu bewegen. Wien kennt die Sympathien des neuen Kurfürsten für Frankreich, dessen Geschäftsträger d'Alquier er offen bekennt: *„Ich bin in Frankreich geboren, ich bitte Sie, mich für einen Franzosen zu halten.“* Auf Protest Österreichs muss Kurfürst Max IV. Joseph den Geschäftsträger ausweisen: *„Die Österreicher sind die Herren, was kann ich da machen ...“*, bedauert er Abschied nehmend.

Ein neuer Krieg überzieht das Land, die großen Reformvorhaben liegen vorerst auf Eis, und danach ist nichts mehr, wie es war.

Auch im Zweiten Koalitionskrieg gegen die Franzosen unterliegen Österreich und das mit ihm verbündete Bayern. Am 28. Juli 1800 zieht Napoléon in München ein und kassiert 6 Mio. Gulden Kontribution – das ist mehr als das Steueraufkommen eines ganzen Jahres. Kurfürst Max und seine Familie sowie Minister Montgelas warten unterdessen in Straubing auf ein Ende der Besatzungswirren und der Gefahr, als Geiseln genommen zu werden.

Kurfürst Maximilian IV. Joseph (oben). – Ein ungezügelter preußisch-österreichischer Länderschacher zerstört den Ruf des »Heiligen Römischen Reichs«, ein Wahrer des Rechts zu sein. (rechts oben). –– Vorhergehende Doppelseite: Einzug Napoléons in München am 25. Oktober 1805 (Nicolas-Antoine Taunay, Paris 1808).

Am Ende des 18. Jahrhunderts steht Bayern im Mittelpunkt österreichisch-preußischen Interesses. 1878 wird der Kurfürst von der Pfalz, Karl Theodor, auch Kurfürst von Bayern. An dem Land liegt ihm nichts, deshalb schlägt er vor, Bayern an Österreich anzuschließen, und ihm dafür die Österreichischen Niederlande (etwa das heutige Belgien) zu übergeben. Kaiser JOSEPH II. ist einverstanden, doch die deutschen Fürsten, vor allem aber die bayerischen Stände erheben Einspruch und bringen damit erstmals ein bayerisches Gesamtstaatsgefühl zum Ausdruck. Ungeachtet dessen verhandeln Österreich und Preußen weiter.

Die Österreichischen Niederlande sollen an die Pfalz kommen, dafür bekäme Österreich Bayern und Ansbach. Sie sächsische Niederlausitz und das Herzogtum Berg würde Preußen erhalten und Sachsen Bayreuth. Die Gespräche enden mit dem Ergebnis, dass preußische Truppen am 5. Juli. 1778 in Böhmen einmarschieren und den Bayerischen Erbfolgekrieg auslösen.

Den Streit schlichten Russland und Frankreich. Der Konflikt schadet nicht nur dem Ansehen der beiden deutschen Mächte, sondern, auch der Reichsherrlichkeit des »Heiligen Römische Reichs«, dessen innere besorgniserregende Schwäche sichtbar wird. JOHANN WOLFGANG VON GOETHE spricht sie in seinem »Urfaust« an, als er den Frosch in Auerbachs Keller fragen lässt: *„Das liebe Heilige Römische Reich, wie hält's nur noch zusammen?"* Napoléon wird den Partikularismus nützen und innerhalb weniger Jahre das »Reich« zerschlagen. Bayern dient ihm dabei als Basis seiner Feldzüge in Zentraleuropa.

Bayern nimmt Gestalt an

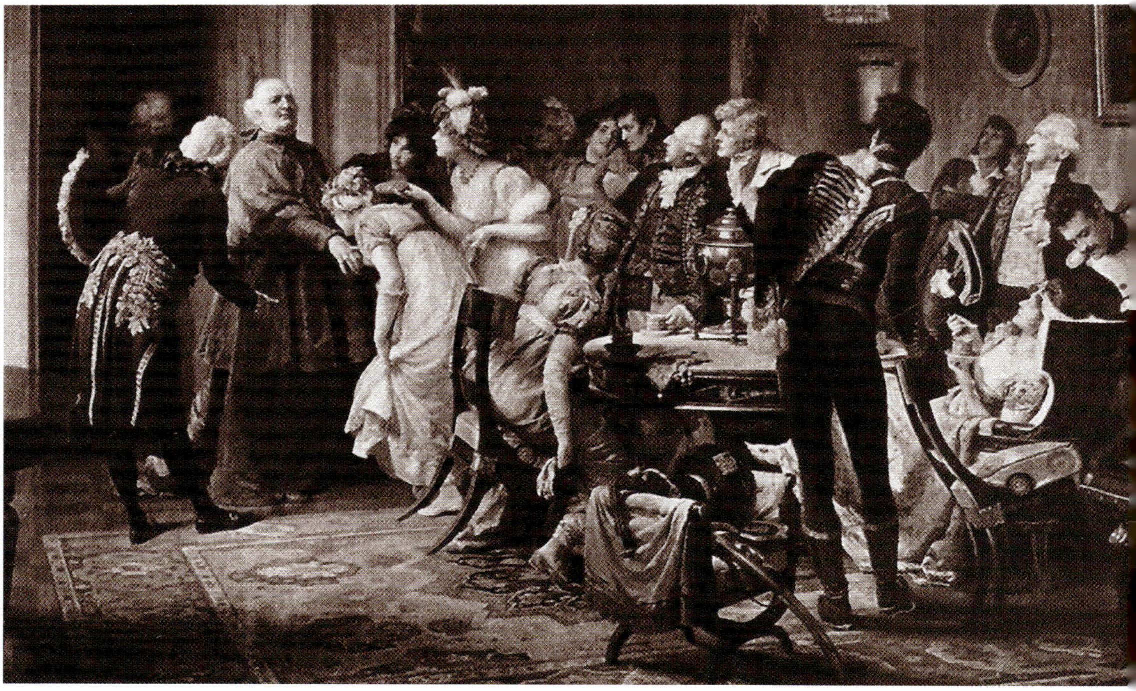

Durch die Last der Kriege verarmt Bayern zusehends. Die Not zeigt sich in der Bevölkerungsstatistik: In München, das um 1800 etwa 30 000 Einwohner zählt, kommen auf eine Geburt zwei Todesfälle. Napoléons Eroberung der linksrheinischen deutschen Gebiete und die Vertreibung der angestammten Fürsten auf rechtsufrige Territorien zwingen das »Reich« zu einer umfassenden Neuaufteilung des Territoriums, um die Vertriebenen zu entschädigen. Dazu können nur die Ländereien der Kirche und die reichsunmittelbaren Gebiete herangezogen werden. Das letzte Reichsgrundgesetz, das im Namen des Reichsfürstenrats des »Heiligen Römischen Reiches Deutscher Nation« am 24. März 1803 in Regensburg verabschiedet wird, der so genannte Reichsdeputationshauptschluss, regelt die Entschädigungsfrage und setzt einen ungeheuren Säkularisations- sowie Mediatisierungsprozess in Gang.

Bayern zählt zu den Nutznießern der Neuordnung. Zwar nimmt ihm 1801 der Friede von Lunéville 200 Quadratmeilen mit 834000 Einwohnern – die pfälzischen Gebiete links des Rheins, dafür besteht Napoleon darauf, dass im § 2 des Reichsdeputationshauptschluss die Fürstbistümer Ausgburg, Bamberg, Freising, Teile Eichstätts und Salzburgs, Passau, weitere 15 Reichsstädte sowie 13 Reichsabteien Bayern zufallen sollen. Franken und Schwaben gehören nun größtenteils zu Bayern. Die gegenwärtige Grenzziehung Bayerns zeichnet sich ab.

Das Regensburger Gesetz stellt darüber hinaus in den §§ 35 und 42 die Klöster dem bayerischen Kurfürsten zur Disposition. Ohne Zögern greift Max zu und arrondiert sein Land nach französischem und habsburgischem Vorbild. Eine Woche vor der Ratifizierung des Reichsdeputationshauptschlusses sind die Vorbereitungen für die Auflösung der Klöster getroffen, am 11. März liegt die »Instruktion für die zur Besitznahme der Güter und des Vermögens sämmtlicher ständischer Manns- und Frauenklöster der obern alten Churlanden ... bestimmen Churfürstlichen Kommissarien« gedruckt vor.

Nun fegt eine für Maximilian Joseph und seinen Minister Montgelas wenig rühmliche »Kultur-

Das Gemälde »Der Kardinal« von F. Simm zeigt die zwiespältige Situation zur Zeit der Säkularisation: Die adelige Gesellschaft verhält sich gegenüber dem hohen Klerus ehrerbietend, skeptisch bis ablehnend.

revolution« über Bayern hinweg. In der Erwartung schnellen Gewinns zerstören sie eine gewachsene Kultur und richten ungeheuren Schaden an, der in keinem Verhältnis zum Nutzen steht. 131 Klöster und Kirchen – nach anderen Quellen 398 – fallen ihrer Geldgier zum Opfer, werden aufgehoben oder niedergerissen, leerstehende Objekte zum Kauf angeboten, so der Dom zu Freising einem Metzger, für 500 Gulden. Sakralgegenstände und Kirchenglocken wandern in Schmelzöfen, Bibliotheken und uralte Bücher werden Makulatur oder auf morastige Straßen geworfen, um diese zu festigen. Die Einsicht Max Josephs, *„was sind wir doch für Hornochsen gewesen, alle Klöster aufzuheben“*, kommt zu spät.

Die Mediatisierung – die Unterwerfung der dem Reich unterstellten Territorien unter die Landeshoheit – bringt Bayern 15 Reichsstädte, unter ihnen Memmingen, Nürnberg und Schweinfurt. Mit der Säkularisierung vergrößert sich das Staatsgebiet beträchtlich. Zu Altbayern kommen nun auch Schwaben und Franken hinzu. Die Eingliederung dieser beiden Stammesgebiete und der Herrschaftswechsel verlaufen zwar reibungslos, können aber nicht über die antibayerischen Ressentiments des standesbewußten fränkischen und schwäbischen Adels hinwegtäuschen, die schwerwiegende Eingriffe in ihre sozialen und wirtschaftlichen, konfessionellen und kulturellen Eigenheiten befürchten müssen. Würzburg und Bamberg bringen der bayerischen Besitzergreifung daher eisige Ablehnung entgegen.

Die Säkularisierung gleicht in ihrer Rücksichtslosigkeit der Enteignung und »Arisierung« vermögender österreichischer Juden während des Anschlusses Österreichs an das Deutsche Reich 1938. Die Verlagerung von Gegenständen ideeller Bedeutung aus Bamberg nach München, so der Leibrock HEINRICHS II., die Krone der heiligen KUNIGUNDE, die Münzsammlung des Domkapitels, sind staatlich angeordneter Raub.

Die Eingriffe kurfürstlicher Behörden in kirchliche Bereiche sind auf die Verletzung der Gefühle des Landvolkes ausgerichtet. Die Reduktion der Zahl der Feiertage, die Verlegung der Karfreitagsmette auf fünf Uhr früh oder die Konzentration der Kirchweihfeste auf einen einzigen Tag, lassen sich noch mit höherer Wirtschaftlichkeit begründen. Das Verbot von Prozessionen, Passionsspielen und Wallfahrten oder die Demolierung von Kapellen und Martersäulen an öffentlichen Wegen, um Material zur Errichtung von Ruhebänken für Wanderer zu gewinnen, sind Schikane. In Schwaben notiert ein Pfarrer: *„Wir sind also bayerisch. Gott gnade uns allen.“*

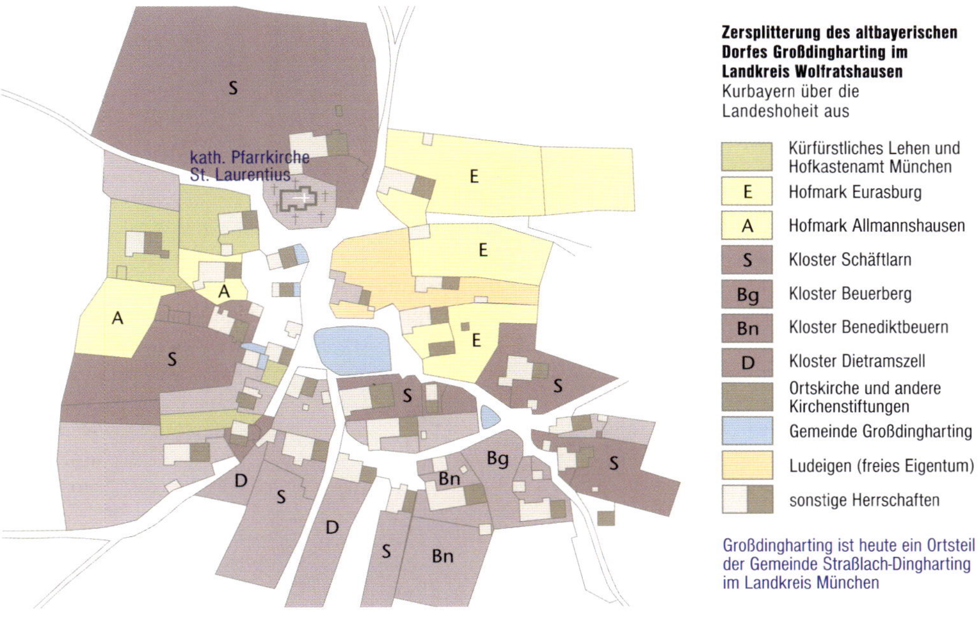

Die Besitzzersplitterung (oben) ist auch in Großdingharting das Ergebnis einer geschichtlichen Entwicklung, die in den Schenkungsurkunden sichtbar wird.

Bayern kämpft für Frankreich

Ende 1804 wird Bayern zum Schauplatz internationalen Kräftemessens. Den Anstoß gibt Napoléon, der die Invasion Englands plant und an der Kanalküste Flotte und Heer zum Angriff sammelt. Der britische Premier William Pitt der Jüngere nimmt die Drohung ernst und sucht nach Verbündeten, die den Korsen an das Festland binden könnten. In Russland findet er einen idealen Ansprechpartner. Der Zar steht seit dem 6. November 1804 mit dem österreichischen Kaiser, einem Erzfeind Napoléons, in einer Defensivallianz. Mehr wagt Wien vorerst nicht. Es mangelt an Soldaten und an Geld. Zudem warnt Erzherzog Carl eindringlich: *„Die Beobachtungen, die ich in Betreff unserer inneren Zustände mache, befestigen mich immer mehr in der Annahme, dass in einem Staate, der im allgemeinen so desorganisiert ist, wie der unsere, ein großer gewaltsamer Umsturz unvermeidlich ist."*

William Pitt kennt die Schwächen der Österreicher, er bietet 1250000 Pfund Sterling pro 100000 Soldaten. Dieser Verlockung widersteht Österreich nicht mehr. Umso weniger, als Friedrich Gentz, ein in Breslau geborener politischer Publizist mit starkem Einfluss auf die Falken im Umfeld des Kaisers, zum Krieg hetzt. Allen Warnungen zum Trotz bricht Österreich den 3. Koalitionskrieg vom Zaun. Am 8. August 1805 überschreitet Generalfeldmarschallleutnant Baron Karl Mack mit seinen Truppen den Inn.

In Bayern herrscht gespannte Ruhe. Seine Neutralität stößt bei Franzosen und Österreichern auf Ablehnung. Sie drängen auf eine klare Stellungnahme. König Max Joseph neigt den Franzosen zu, seine Familie den Habsurgern, Staatsminister Montgelas trifft schließlich die Entscheidung. Er handelt gemäß der pronapoleonischen Stimmung des Adels und des Volkes. In seiner von der Außenwelt abgeschirmten Sommervilla in Bogenhausen, vor den Toren Münchens, fällt sein Entschluss. Nach geheimen Verhandlungen mit Abgesandten Napoléons setzt Montgelas am 25. August 1805 seine Unterschrift unter ein Bündnis, das Bayern bei einem Sieg des Korsen große territoriale Gebietsgewinne und das Königtum verspricht. Nun erst zieht Napoléon – seit dem 2. Dezember 1804 selbsternannter Kaiser der Franzosen – die für die Invasion Englands bereit stehenden Soldaten vom Kanal

Bayern ist für Napoleon Bonaparte die Bastion zur Eroberung Europas. Nach der territorialen Neuordnung Italiens wendet sich der Korse Zentraleuropa zu. Er arrondiert Bayern und schafft die Voraussetzung für eine zentrale Verwaltung und eine prosperierende Wirtschaft. Zum Königreich aufgewertet nimmt Bayern die Rolle

ab, stößt im September 1805 blitzschnell über den Rhein ins »Reich« vor und schlägt am 20. Oktober vor Ulm die Österreicher. Am 24. Oktober besetzt Napoléon München, bricht nach drei Tagen auf und steht am 13. November in Wien. In der »Dreikaiserschlacht« bei Austerlitz in Mähren, am 2. Dezember 1805, schlägt der Korse die österreichisch-russische Koalitionsarmee.

Der Vertrag zu Brünn vom 10. Dezember 1805 belohnt die Waffenhilfe Bayerns. Der Friede von Preßburg bestätigt ihn am 26. Dezember 1805. Die Kurfürsten von Bayern und Württemberg werden zu Königen erhoben. Österreich tritt Burgau, Passau, das Innviertel und Tirol mit Vorarlberg an Bayern ab. Salzburg und Berchtesgaden kommen an Österreich. Erzherzog Ferdinand, Kurfürst von Salzburg, erhält das säkularisierte Hochstift Würzburg.

Am Tag des Sieges, dem 2. Dezember 1805, soll Napoléon triumphierend ausgerufen haben: *„Voilà le soleil d'Austerlitz!“*

Doch die Sonne des Erfolgs sinkt schon für Bonaparte, während sie für Bayern aufgeht.

eines Bollwerks gegen den hartnäckigsten Gegner Napoléons, das Habsburgerreich, ein (oben). – Napoléon I. Bonaparte, Kaiser der Franzosen, König von Italien, Protektor des Rheinbundes (links unten).

Napoléons Dank

Dem Reichsherold Joseph von Stürzer wird die Ehre zuteil, begleitet von einer dreißig Mann starken bürgerlichen Kavallerie durch München zu reiten und am 1. Januar 1806 die Königsproklamation zu verlesen:

> *„Da durch die Vorsehung Gottes es dahin gediehen ist, dass das Ansehen und die Würde des Herrschers in Baiern seinen alten Glanz und seine vorige Höhe zur Wohlfahrt des Volkes und zum Flor des Landes wieder erreicht, so wird der Allerdurchlauchtigste und Großmächtigste Fürst und Herr, Herr Maximilian Joseph, als König von Baiern und allen dazu gehörigen Ländern hiemit feyerlich ausgerufen, und dieses seinen Völkern allenthalben kund und zu wissen gemacht. Lange und glücklich lebe Maximilian Joseph, unser allergnädigster König! Lange und glücklich lebe Karoline, unsere allergnädigste Königin!"*

Nicht nur das Volk muss seinen Preis für den königlichen Status des Landes – in Form von Soldaten und Steuern – zahlen, auch die Königsfamilie hat ihren Beitrag zu leisten. Max Josephs 17-jährige Tochter Auguste, mit einem kur-badischen Prinzen verlobt, muss die Verlobung lösen und Napoléons Stiefsohn Eugéne Beauharnais ehelichen. Damit hat der Korse formell den Anschluss an den europäischen Hochadel gefunden.

Die Wittelsbacher zählen zum bayerischen Uradel, aus dem Grafen, Pfalzgrafen, ab 1180 Herzöge und seit 1623 Kurfürsten hervor gehen. Der Hinweis der Königsproklamation auf *„alten Glanz und seine vorige Höhe"* suggeriert den Eindruck, die Wittelsbacher seien direkte Nachfolger der agilolfingischen Könige des 6. bis 8. Jahrhunderts. Die »Münchener Staatszeitung« feiert deshalb am Tag der Erhebung Bayerns zum souveränen Königreich, Napoléon als *„Wiederhersteller des alten Königtums"*. In Wirklichkeit gibt sich der neue Staat nur eine historische Legitimation.

Eine Königskrönung findet weder bei Max Joseph noch bei seinen Nachfolgern statt: *„Unsere feyerliche Krönung und Salbung haben wir auf eine günstigere Zeit vorbehalten"*, erklärt das Regierungsblatt am 1. Januar 1806, und die in Paris bei Martin-Guillaume Biennais, nach Entwürfen von Charles Percier bestellten Kroninsignien – Krone, Reichsapfel, Zepter, Siegelkasten und Reichsschwert – wandern nach ihrem Eintreffen in München im März 1807 in die Schatzkammer der Residenz.

König Maximilian I. Joseph im so genannten Staatsporträt (Koritz Kellerhoven, 1818; oben). – Die in Paris angefertigte bayerische Königskrone (unten).

Das Königreich Bayern, der Rheinbund und die deutschen Länder 1806 (oben). – Das erste Wappen des Königreichs Bayern, von Max I. 1806 in Auftrag gegeben, sollte die Einheit des Staates symbolisieren. Die Heraldiker machten es sich leicht: Sie nahmen das alte Rautenwappen und verdoppelten die Zahl der weißen Rautenfelder (links). Der König lehnte den Entwurf als zu simpel ab und entschied sich für einen Vorschlag an, der den Löwen für die Pfalzgrafschaft bei Rhein zeigte (rechts).

KEHRAUS IN MITTELEUROPA

Es ist ein seltsames Gebilde, das 962 unter der Regentschaft von OTTO I. aus dem karolingischen Ostfrankenreich entsteht, 1157 den Namen »Sacrum Imperium« annimmt und 1254 als »Sacrum Romanum Imperium« in einer Urkunde belegt wird. Im 15. und 16. Jahrhundert kommt die Bezeichnung »Deutsche Nation« hinzu. Die gegenwärtige Geschichtsforschung nennt das »Heilige Römische Reich Deutscher Nation« kurz »Altes« Reich und mag die Tatsache nicht so richtig wahrnehmen, dass jedes der Attribute bis zu einem gewissen Grad stimmt. Es war ein wenig »heilig«, »römisch«, ein »Reich«, »deutsch« und auch ein wenig »Nation«. Nicht nach heutigen Normen, sondern dem damaligen Verständnis entsprechend. In den letzten Jahrzehnten seiner Existenz wurde es mehr Objekt als Subjekt europäischer Politik, unfähig zu eigener Machtentfaltung. Immerhin unter den Flügeln seines Wappentiers, dem Adler, finden im Rahmen eines intelligenten Rechtssystems an die 1000 kleine und kleinste staatsähnliche Gebilde eine friedliche Basis, entwickelt sich eine ungemein vielfältige Geistes- und Kunstwelt. Sowohl die politische Wissenschaft, als auch die Geschichtsschreibung können dieses großartige Rechtsgebilde bis heute nicht seiner Bedeutung entsprechend würdigen.

Das Jahr 1806 ist für Bayern und gleichwohl für das »Reich« ein bedeutsames. Das Kurfürstentum steigt am 1. Januar zum Königreich auf, das altehrwürdige Kaiserreich verschwindet am 6. August, kaum wahrgenommen von der deutschen Öffentlichkeit, in den Annalen der Geschichte.

Für JOHANN WOLFGANG VON GOETHE ist dies ein Tag wie jeder andere: *„... auch fanden wir bei der Rückreise durch Hof in den Zeitungen die Nachricht, das deutsche Reich sei aufgelöst."*

In manchen seiner Eigenschaften ist das »Heilige Römische Reich« Vorbild für die Europäische Union. Im übernationalen Charakter etwa, im Verzicht auf Machterweiterung oder bewaffnete Expansion, dafür Rechtsschutz gewährend und der Friedenswahrung dienend.

Innenpolitisch dämmt das »Reich« fürstliche Machttendenzen ein, bewahrt Untertanen vor der Willkür der Landesherren und kleinere Reichsstände vor der Arroganz der großen Stände und des Kaisers. Es sorgt für Ruhe, Stabilität und friedliche Lösungen bei Konflikten. Als es diese Grundprinzipien nicht mehr wahrnimmt, ist es zum Untergang verurteilt.

NAPOLÉON beschleunigt den Zusammenbruch der unzeitgemäß gewordenen pseudostaatlichen Konstruktion, die durch die preußisch-österreichische Rivalität wackelig geworden ist. Auf der Jagd nach territorialen Gewinnen, zerstören sie die Ausgeglichenheit der Kräfte und verraten den Reichsgedanken. Preußen – zufrieden mit einem Stück Polen – unterzeichnet 1795 mit Frankreich den Separatfrieden von Basel, Baden und Württemberg folgen 1796. Allesamt verzichten sie zu Gunsten Frankreichs auf ihre linksrheinischen Besitzungen gegen eine Entschädigung rechtsrheinischer geistlicher und reichsunmittelbarer Gebiete. 1797 schließt auch Österreich – in Campo Formido – Frieden mit Napoléon und tritt ihm Besitzungen innerhalb und außerhalb des »Reichs« ab – die österreichischen Niederlande (heute Belgien) und das Herzogtum Toskana. Zum Ausgleich soll Österreich ebenfalls auf Kosten von zu säkularisierenden geistlichen Gebieten oder anderen Reichsteilen entschädigt werden. Das Kaisertum ist demontiert. Im Rahmen der »Säkularisierung« und »Mediatisation« bevorzugt Frankreich Staaten, deren Gunst es braucht, macht sie groß genug, um dem Kaiser Schwierigkeiten zu bereiten, hält sie klein, damit sie Frankreich nicht gefährden. Der badische Markgraf und spätere Kurfürst erfreut sich über den Zuwachs von neunmal so vielen Untertanen, als er linksrheinisch abtreten muss. Als Kurfürst von Napoléons Gnaden entsendet er seine Soldaten bis Moskau.

Mit dem »Reich« verschwindet auch die Reichskirche und im Herbst 1803, während des »Rittersturms«, die Reichsritterschaften. Die Reichsgesetze, in der Ohnmacht des »Reichs« zu Makulatur geworden, können sie vor den Fürsten der angrenzenden Territorien nicht mehr schützen. Der Kehraus hat die letzten Relikte des Mittelalters von der politischen Landkarte Mitteleuropas gewischt.

Am 6. August 1806 verkünden Herolde von der Ballustrade der Kirche »Zu den neun Engeln« auf

Maximilian Joseph Graf von Montgelas (12. September 1759 in München; † 14. Juni 1838 in München) dient von 1799 bis 1817 als Minister dem Kurfürsten Maximilian IV. und ab 1. Januar 1806 König Maximilian Joseph I. Montgelas, in der Tracht des Hubertusordens (Joseph Hauber, München 1808, rechts) vereinigt das*

dem Platz am Hof einer teilnahmslosen Wiener Bevölkerung die Abdankung. Nach 844 Jahren ist das Ende des »Heiligen Römischen Reichs« da: *„[...], dass Wir das Band, welches Uns bis jetzt an den Staatskörper des deutschen Reichs gebunden hat, als gelöst ansehen, dass Wir das reichsoberhauptliche Amt und Würde durch die Vereinigung der conföderirten rheinischen Stände als erloschen und Uns dadurch von allen übernommenen Pflichten gegen das deutsche Reich losgezählt betrachten, und die von wegen desselben bis jetzt getragene Kaiserkrone und geführte kaiserliche Regierung, wie hiermit geschieht, niederlegen."*

Die Frage, ob der Kaiser die dem Reich angehörenden österreichischen Länder sich unterstellen darf, ist nur noch eine akademische. Faktum ist, dass der politische Wille wie auch die Macht fehlen, das »Reich« zu erhalten. Davon ist Bayern auf Grund seiner geopolitischen Lage besonders betroffen. Sein Glück ist, in dieser kritischen Phase seiner Existenz einen Staatsmann von Format zu besitzen: MAXIMILIAN VON MONTGELAS.

Außen- (1799 bis 1817), das (Renten-)Finanz- (1803 bis 1806, 1809 bis 1817) und das Innen-, Kultus- und Unterrichtsministerium (1806 bis 1817) in seiner Person.

Montgelas ist Sohn des aus savoyardischem Adelsgeschlecht stammenden und in bayerischen Diensten stehenden Oberst Baron JOHANN SIGMUND GARNERIN VON MONTGELAS und MARIA URSULA GRÄFIN VON TRAUNER. Nach dem frühen Tod der Eltern lebt Montgelas von 1760 bis 1767 bei seiner Großmutter in Freising, besucht 1764 das Jesuitenkolleg in Nancy und von 1770 bis 1776 die Straßburger Diplomatenschule. Nach Herkunft und Bildung ist Montgelas ein aufgeklärter Franzose. Den Ideen des »Staatsabsolutismus« folgend entspricht Montgelas dem Typ eines Verstandes- und Willensmenschen, der in sechs Jahren den Staat von Grund auf erneuert. Nationale Ideale sind ihm fremd, der unpersönliche, abstrakte Staat bedeutet ihm alles, das Volk und seine Geschichte nichts. Daher ist auch der Herrscher für ihn nur ein Instrument eines funktionellen Apparats, der Konflikt seiner späten Jahre mit den deutschen Nationalen vorgezeichnet.

STERBEN FÜR NATIONALE IDEALE

Die Napoléonischen Kriege, die als postfranzösische Revolution nationale Tendenzen unterbinden und den absoluten Staat fördern wollen, bewirken das Gegenteil: Das bisher unbekannte Ideal eines »National- und Volksstaats« fasst im deutschen aufgeklärten Bürgertum und bei den Intellektuellen Fuß. Der aufkommende Nationalismus fordert am 26. August 1806 sein erstes Opfer: Ein französisches Peloton erschießt in Braunau am Inn den 39-jährigen Buchhändler und Verleger PHILIPP PALM. Palm verschweigt den Namen eines Autors, dessen antifranzösisches Pamphlet »Deutschland in seiner tiefen Erniedrigung« er verlegt. Mit ihm werden fünf weitere Angeklagte vor das Kriegsgericht zitiert, weil sie *„zu Meuterey, Aufstand und Meuchelmord gegen die französischen Truppen"* aufgefordert haben.

Napoléon persönlich erteilt am 5. August 1806 die Order: *„Es ist mein Wille, dass sie vor ein Kriegsgericht gezogen und in 24 Stunden erschossen werden..."* Palm wird exekutiert, die anderen Angeklagten werden freigelassen.

Im Wesen emotionslos, sachlich, gleicht Montgelas dem Kurpfälzer G. F. VON ZENTNER, der mit ihm das Jesuitenkolleg besuchte; ihn holt er zur Mitarbeit am Umbau des Staats.

BILDUNG FÜR DIE ZUKUNFT

Die Französische Revolution noch in lebhafter Erinnerung will Montgelas einem ähnlichen Umsturz in Bayern rechtzeitig begegnen. Der möglichen Bedrohung des monarchischen Systems »von unten« setzt er eine Staatsreform »von oben« entgegen:

1. Schaffung eines Gesamtministeriums mit fünf Abteilungen für Auswärtige Angelegenheiten, Krieg, Finanzen, Justiz und Inneres.

2. Trennung von Verwaltung und Renten(= Steuer)wesen, Errichtung einer hierarchischen Verwaltungsstruktur, flächendeckende Einrichtung von Kreisämtern, Kreisrentenämtern und Appellationsgerichten auf der mittleren, sowie Landgerichten auf der unteren Ebene.

3. Errichtung eines für alle offenen Berufsbeamtentums mit festgelegten Ausbildungs- und Beförderungswegen, fixer Besoldung, Uniformierung und Berichtspflicht an die Ministerien. Aus Fürstendienern werden Staatsdiener.

4. Beseitigung von Privilegien und Durchsetzen von staatlich garantierten Grundrechten für alle, basierend auf einem neuen Strafgesetz. Einheitliche Besteuerung, erstmals auch des von Staats wegen vermessenen und nicht auf Eigenangaben beruhenden Grund und Bodens. Abschaffung der Leibeigenschaft und Eröffnung der Möglichkeit zur Ablösung des adeligen Obereigentums an Grund und Boden, Sicherheit der Person und des Eigentums, Gewissens- und Religionsfreiheit, Gleichstellung von Protestanten und Katholiken im staatsbürgerlichen Sinne, Pressefreiheit und allgemeine Wehrpflicht mit Freistellungsmöglichkeiten. Das Toleranzedikt gewährt auch den Juden Religionsfreiheit.

5. Wirtschaftliche Maßnahmen zur Hebung des Wohlstands der Bevölkerung. Abschaffung der Binnenzölle, Einführung der Gewerbefreiheit und einheitlicher Maße und Gewichte. Im Sinne der Aufklärung war es auch, die Untertanen zu mündigen Bürgern zu erziehen. Hierzu führte Montgelas die allgemeine Schulpflicht ein und bemühte sich um die Verbesserung der Lehre an den Schulen und Universitäten.

Alle Reformen zielen auf die Gründung eines Einheitsstaats mit einer starken Zentralgewalt in München. Montgelas Vision, ein neues gesamtbayerisches patriotisches Empfinden zu erzeugen, das die vier bayerischen Stämme Bayern, Franken, Schwaben, Pfälzer zu einem bayerischen Volk vereinen soll, erfüllt sich weitgehend. Wohl geht die Pfalz 1946 verloren, und auch sonst keimen alte Rivalitäten, doch stellt Bayern über alle Unterschiede und Differenzen hinweg seit Montgelas nach außen ein geschlossenes Ganzes dar, in das nach dem Zweiten Weltkrieg die Sudetendeutschen als »vierter Stamm« Aufnahme gefunden haben. Das betont Ministerpräsident EDMUND STOIBER in seiner Neujahrsrede vom 1. Januar 2006: *„unser vierter Stamm, die Sudetendeutschen, und alle Heimatvertriebenen“.*

1802: BAYERN GEHT DEN BILDUNGSWEG

Schwer hingegen ringt die Kirche nach den säkularisierenden Eingriffen um ihren Fortbestand. Sie versteht es aber, ihren Einfluss auf die ländliche Bevölkerung zu erhalten. Auch das «Edict die Religionsfreyheit in den kurfürstlichen Herzogthümern Franken und Schwaben betreffend«, das Protestanten ab dem 19. Januar 1803 das Niederlassungsrecht sowie die Glaubens- und Gewissensfreiheit einräumt, erschüttert die katholische Kirche nicht. Bereits am 30. Juli 1801 wird dem Mannheimer Gastwirt JOHANN BALTHASAR MICHEL – als erstem Protestanten – in Bayern das Münchener Bürgerrecht zuerkannt.

1806 eröffnet Montgelas Konkordatsverhandlungen mit der römischen Kurie, die nach seinem Sturz 1817 zum Abschluss kommen. Bayern erhält demnach eine römisch-katholische und eine evangelische Landeskirche. Die katholische umfasst zwei Erz- und sechs Bistümer, die der König mit päpstlichem Einverständnis besetzt. Die evangelische konstituiert sich aus einem Oberkonsistorium in München und drei Konsistorien in Ansbach, Bayreuth und Speyer. Oberster Bischof ist ein Katholik: der König.

Die Stellung der Juden im Staat regelt ein Edikt, das ihnen ab 1813 eingeschränkte staatsbürgerliche Rechte einräumt. Es sind wirtschaftliche Gründe, die ihnen den Zugang zur Gesellschaft öffnen: Der Staat braucht sie als Kreditgeber. Der bedeutendste jüdische Finanzier, der kurpfälzisch-wittelsbachische Hoffaktor und Heeresentrepreneur aus Leimen bei Heidelberg, ARON ELIAS SELIGMANN, leiht dem König

Um Kosten zu sparen unterrichten die Lehrer in einer Klasse Schülerinnen und Schüler unterschiedlicher Altersstufen. Im Bild oben links, Erstklässler, mit einer Schiefertafel unter dem Arm vor einer Schultafel mit Buchstabengruppen, auf die der junge Lehrer zeigt, die sich die Kinder einzuprägen hatten. Das Knien abseits

zwischen 1801 und 1808 rund 7,5 Mio. Gulden. Dafür darf sein Bankhaus in der Münchener Theatinerstraße 14 im Jahr 1812 die Soldzahlungen der bayerischen Russlandarmee abwickeln und 1814 die englischen Subsidiengelder nach Bayern transferieren. Wegen seiner *„Anhänglichkeit und mannigfaltigen getreuen Dienste"* erhebt ihn der König 1816 in den Adelsstand: Seligmann darf sich nach seinem bei Gauting liegenden Gut »von Eichthal« nennen. Davor jedoch tritt er, mehr gedrängt als freiwillig, zum katholischen Glauben über.

Unter Montgelas' wird unter anderem auch das Erziehungs- und Schulwesen reformiert.

Am 23. Dezember 1802 wird der Schulbesuch gegen ein wöchentliches Entgelt von 2 Kreuzern zur Pflicht. Er dauert sechs Jahre lang, und zwar *„das ganze Jahr hindurch, von Mitte des Julius bis achten September, als der gewöhnlichen Aerndtezeit ausgenommen"*. An die Grundschule schließt ab 1803 die Sonntags- oder Feiertagsschule an, die den 13 bis 18-jährigen Grundwissen und Kenntnisse des Katechismus vermittelt. Aus der Feiertagsschule geht später die Berufsschule hervor.

Die vom Staat angestrebte Schulaufsicht lässt sich die Kirche aber nicht nehmen, obwohl eigene Lehrerseminare für die Ausbildung einer neuen Generation von Lehrern sorgen. So bleibt bis ins 20. Jahrhundert die lokale Schulinspektion in den Händen des Ortspfarrers.

Im Zuge der Konzentration der Universitäten werden die von Altdorf bei Nürnberg, von Bamberg und Dillingen aufgelassen. Jene in Würzburg und Erlangen bleiben von der Schließung verschont, um die Franken nicht zu verärgern.

Hingegen wird die 1472 gegründete Universität der Jesuiten von Ingolstadt – ein Zentrum des Humanismus und der Gegenreformation – 1800 nach Landshut verlegt und in das seit 1773 leer stehende Jesuitenkloster und ab dem 4. Juni 1802 im Dominikanerkloster untergebracht. Hier nehmen angesehene Professoren den Lehrbetrieb auf. So der Mediziner ANDREAS RÖSCHLAUB (1802/24), der Jurist FRIEDRICH KARL VON SAVIGNY (1808/10), der Chemiker und Mineraloge NEPOMUK VON FUCHS (1805/23), der Chirurg PHILIPP VON WALTHER (1804/18) sowie der Anatom und Zoologe FRIEDRICH TIEDEMANN (1805/16). An der Universität unterrichtet auch der Theologe JOHANN MICHAEL SAILER, dessen Lehrmeinung von der »Landshuter Romanik« einer bayerischen Gegenthese zur französischen Aufklärung gleichkommt und Kronprinz LUDWIG stark beeinflusst.

der Gruppe für geringfügige Vergehen – links im Bild – ist eine bis in die Mitte des 20. Jahrhunderts angewendete Erziehungsmethode. Ältere Kinder üben einstweilen auf Schulbänken ohne Rückenlehnen sitzend das Schreiben mit dem Federkiel (Augsburg, 1823).

Der Griff nach Süden

Obwohl sich Montgelas dagegen stemmt, der Ruf nach einer Verfassung wird lauter. Widerwillig fasst er schließlich die bereits durchgeführten Reformen zusammen, und legt sie am 25. Mai 1808 dem König zur Unterschrift vor.

Ganze acht Blatt und 45 Paragraphen umfasst das handgeschriebene Dokument, das am 1. Oktober 1808 als das erste Grundgesetz Bayerns Gestalt annimmt. Es ist überhaupt das erste im Reigen der größeren deutschen Staaten. Preußen und Österreich besitzen keines.

Einzelne Artikel folgen den »Haupt-Bestimmungen«: »von dem königlichen Hauß«, von der »Verwaltung des Reichs«, »von der National-Repräsentation«, »von der Justiz« und »von dem Militär-Stand«. Die Konstitution und ihre Durchführungsbestimmungen – die »Organischen Edikte« – garantieren die Gleichheit aller vor dem Gesetz und den Renten- (=Finanz)behörden sowie beim Zugang zu Staatsämtern. Sie gewährleisten die Sicherheit des Eigentums, die Gewissens- und die (eingeschränkte) Pressefreiheit. Das Grundgesetz sieht ein stehendes Volksheer und eine Bürgermiliz vor.

Mit dieser Konstitution bringt Montgelas seine Kritiker nicht zum Verstummen. Der Adel, den er bei der Abfassung bewusst ausschließt, fühlt sich brüskiert und bereitet seinen Sturz vor.

Immerhin aber ist Bayern bei der Gründung des von Napoléon initiierten Rheinbundes im Juli 1806 der erste Staat mit einer Verfassung, welche 1818 die Grundlage für eine neue Konstitution bildet.

Im 3. Koalitionskrieg, 1805, steht Bayern im Dienste Napoléons und die Tiroler Grenzfestungen müssen sich bewähren. Zwei bayerische Förster knacken jene an der Leutasch und führen 2000 Franzosen von Mittenwald in den Rücken der Verteidiger der Porta Claudia bei Scharnitz, an die der französische Marschall Ney anrennt. Die Österreicher müssen aufgeben. Am 11. Februar 1806 übergeben die Franzosen die Gefürstete Grafschaft Tirol dem bayerischen Verbündeten. Trotz des Krieges empfindet König Max I. Joseph Sympathien für die Stammesverwandten in den Alpen und versichert, dass er sie *„...nicht nur bei ihrer Landesverfassung, ihren wohlerworbenen Rechten und Freiheiten kräftiges Handhaben, sondern zugleich Uns stäts bestreben werden, ihren Wohlstand im höchsten Grad zu befördern, wobey Wir die Wünsche der treuen Landschaft jederzeit mit besonderer Aufmerksamkeit vernehmen werden ...“* Die Wirklichkeit freilich bringt Steuerdruck, die Zollschranken bestehen weiter, der Viehtransfer nach Altbayern wird sogar verboten. Produktion und Verkehr – unter den Habsburgern gefördert – liegen darnieder, der Nord-Südtransithandel kommt fast zum Erliegen, der bayerische Kirchenkonflikt greift auch auf Tirol über. Das Versprechen des Königs, die Landesverfassung zu achten, hält nicht lange. Das Ziel, einen modernen Einheitsstaat zu errichten, erlaubt keine Ausnahmen. Die unnachsichtig durchgeführten Reformen treffen die Tiroler mit voller Härte.

Die neue bayerische Verfassung gilt auch für Tirol. An die Stelle der Provinzeinteilung treten nun Kreise. Inn-, Eisack- und Etschkreis ersetzen den Begriff »Tirol«, der aufklärerische Geist setzt kirchenpolitische Maßnahmen. Kirchenpolizeiliche Vorschriften kontrollieren das Rosenkranzgebet während der hl. Messe und den Verbrauch des Öls beim Ewigen Licht. Zwei Mädchen, die verbotenerweise am Feierabend die Kirchenglocken läuten, erhalten eine öffentliche Prügelstrafe. Solche und andere Schikanen empören das Volk. Im Januar 1807 kursiert das Gerücht einer bevorstehenden Rekrutierung, Panik erfasst die jungen Männer, sie fliehen in die Schweiz oder in die nahen Wälder.

Aufstand in Tirol

Am 12./13. März 1809 rückt das bayerische Militär in Axams ein, um die Entlaufenen festzunehmen. Bei Kematen trifft es auf zwei bewaffnete Geflohene und ergreift die Flucht. Im nahen Oberperfuß läuten die Sturmglocken, die Bauern greifen zu den Waffen, nehmen die Soldaten fest und schicken sie entwaffnet nach Innsbruck. Unsicherheit auf bayerischer, Selbstbewusstsein auf Tiroler Seite, alles wartet auf ein Zeichen zum Losschlagen.

Aus Wien treffen aufmunternde Worte ein. Die Tiroler sind einem wortbrüchigen Herrscher zu keiner Treue verpflichtet, und sie hätten das Recht auf Notwehr, seien sogar verpflichtet, die heiligsten Werte zu verteidigen, so lauten die Parolen. Der

Bayern verliert 1810 zwar große Teile Tirols, im Gegenzug wird aber der territoriale Verlust auf Kosten des unterlegenen Österreich mehr als ausgeglichen. Darüber hinaus erwirbt es gegen die Zahlung von 11,2 Mio. Gulden Bayreuth und für 400 000 Francs Regensburg. Für die Bereitstellung von 30 000 Soldaten erhält es

Sandwirt aus dem Passeiertal, Andreas Hofer, versichert sich der Unterstützung in der Kaiserstadt: Sofort nach der Kriegserklärung an Bayern und Frankreich soll der Aufstand losbrechen. Die Innsbrucker verhalten sich distanziert, sie neigen mehr zu München als zu Wien, aber das offene Land fühlt anders. Die Erhebung Spaniens 1808 ist Vorbild.

Am 9. April 1809 überschreitet General Johann Gabriel Marquis Chasteler im Drautal die bayerische Grenze und eröffnet den 5. Koalitionskrieg. Einen Tag zuvor hat Erzherzog Johann in Villach Tirol als zu Österreich gehörig bezeichnet.

Der Kriegsausbruch mobilisiert die Tiroler Bauern. Einen zentralen Oberbefehl gibt es nicht. Eine Ausnahme bilden die unter Andreas Hofer, Josef Speckbacher und Kapuzinerpater Joachim (Johann Simon) Haspinger stehenden Einheiten.

Die Kämpfe auf beiden Seiten entbehren nicht der Tragödien und Grausamkeiten, die jeder Krieg in seinem Tornister trägt. Die bayerisch-französische Übermacht besiegt die Österreicher und die sich verzweifelt wehrenden Tiroler. Hofer, von Napoléon zum Tode durch Erschießen verurteilt, schreibt am 20. Februar 1810, dem Vorabend der Exekution, in der Festungshaft zu Mantua: *„Ade mein schnede Welt, so leicht khombt mir das sterben for, das mir nit die augen naß werden..."* Die Exekution Hofers, für dessen Begnadigung sich Napoleons Schwiegersohn Eugéne Beauharnais einsetzt, empört Europa und facht den Widerstand der Völker an.

Napoléon Bonaparte, mit der bayerischen Waffenhilfe unzufrieden, ist sich der strategischen Bedeutung Bedeutung Tirols bewusst. Er überlegt, das Bergland mit eigener Verfassung seiner Herrschaft oder der des Königreichs Italien zu unterstellen, entschließt sich dann aber am 28. Februar 1810 zu einer Dreiteilung: Bayern muss von der Salurner Klause zurück, gibt Bozen an Italien ab und behält nur das heutige Nordtirol sowie Teile Südtirols. Zum Ausgleich bekommt es Salzburg, Berchtesgaden, das Innviertel und Teile des Hausrucks.

Zur Beruhigung der aufgewühlten Tiroler Volksseele reist Kronprinz Ludwig, auf Anregung Napoléons, als Generalgouverneur des Inn- und Salzachkreises nach Innsbruck. Leutselig und stets fröhlich gewinnen der Prinz und seine sich volksnah gebende Frau – sie residieren in der Innsbrucker Hofburg – bei ihren vielen Wanderungen tatsächlich die Sympathien der Tiroler. Vor allem, weil die bayerische Kirchenpolitik gelockert und abgeschafftes Brauchtum wieder zugelassen wird. Der Steuerdruck bleibt aber unvermindert hoch und die Innsbrucker Universität muss ihre Pforten schließen. Tiroler Studenten müssen ab nun in Landshut oder an anderen bayerischen Universitäten studieren.

Napoléon, in seinem Bestreben England zu bezwingen, überschätzt sich und seine Ressourcen.

Sein Feldzug gegen Russland am 24. Juni 1812, das sich seiner antibritischen Blockade widersetzt, endet für Frankreich und seinen Verbündeten Bayern in einem Desaster: Von 30 249 bayerischen Soldaten kehrt nur jeder Zehnte – 2 997 Mann – zurück.

Diese Katastrophe übersteigt das Verständnis der Bayern. Sie rücken von Napoléon ab und suchen wieder die Nähe Habsburgs. Allen voran Kronprinz Ludwig und Feldmarschall Karl Philipp Fürst Wrede.

von Napoléon Nürnberg und einige Fürstentümer – Tirol wird neu aufgeteilt. Die nördlichen Gebiete bleiben bei Bayern, die südlichen gehen an Italien (rechts oben).

Opfer für ein Bündnis

Im ersten Halbjahr 1806 entwirft Napoléon eine territoriale Neuordnung Deutschlands, die das multistaatliche Gefüge des »Heiligen Römischen Reiches« ablösen soll. In einem von Preußen und Österreich weitgehend unabhängigen »Dritten Deutschland« ist Bayern eine Vorrangstellung zugedacht. Eingebettet in Napoléons neuer Konföderation süd- und westdeutscher Staaten, dem »Rheinbund«, ist Bayern die stärkste Kraft.

Am 12. Juli 1806 unterzeichnen Vertreter von 16 süd- und westdeutschen Fürstentümern in Paris ein Bündnis mit Frankreich, die »Rheinbundakte« oder »Confédération du Rhin«, und sagen sich gleichzeitig vom »Reich« los. Eine geostrategisch wichtige Barriere gegen den Westen ist verloren, die neuen französischen Satelliten spalten das »Reich« wie ein Keil; im folgenden Monat, am 6. August, legt Franz II. die deutsche Kaiserwürde zurück, erklärt das »Reich« für erloschen und nennt sich fortan nur noch Franz I. von Österreich.

Der Dominoeffekt lässt die anderen deutschen Staaten auf die französische Seite purzeln. Weitere 23 deutsche Fürsten treten dem Rheinbund bei, dem nun vier Königreiche, fünf Großherzogtümer, dreizehn Herzogtümer, siebzehn Fürstentümer und die Hansestädte Hamburg, Lübeck und Bremen angehören. Österreich, Preußen, Dänisch-Holstein und Schwedisch-Pommern halten sich abseits. Aber territoriale Abkommen beeinträchtigen Napoléons selbstherrliche Entscheidungen nicht. Als trotz der Kontinentalsperre der Warenschmuggel mit England floriert und die französische Wirtschaft nachhaltig schädigt, unterstellt er große Teile Nordwestdeutschlands Frankreich, um die Mündungsgebiete der Ems, Weser und Elbe – bevorzugte Anlandestellen – kontrollieren zu können.

Der Rheinbund ist im Wesentlichen ein defensives wie offensives Militärbündnis, das die Mitglieder verpflichtet, Frankreich für seine Kriegsführung Truppenkontingente zur Verfügung zu stellen. Im Gegenzug erhalten sie Gebietszusprüche und dynastische Rangerhöhungen. Am Limit des Möglichen verleiht Napoléon Auszeichnungen. Im Feldzug gegen Preußen und dessen russischen Verbündeten zeichnen sich bayerische Truppen durch Tapferkeit aus. Im Frieden von Tilsit, vom 7./9. Juli 1807, gibt es für Bayerns König Max Joseph keine Territorien mehr. Er darf vorläufig nur das den Preußen abgenommene Bayreuth behalten und muss sich mit der Verteilung von 50 Orden der Ehrenlegion an seine Offiziere begnügen. Er hofft in Süddeutschland eine ähnliche Vorrangstellung einnehmen zu können, wie Preußen im Norden.

Die Vorraussetzungen dafür stimmen: Montgelas ist dabei, nach den Methoden des aufgeklärten Absolutismus einen modernen Staat mit zentraler Verwaltung zu errichten, gleichzeitig baut General Wrede nach französischem Vorbild ein schlagkräftiges Heer auf.

Wäre Napoléons Vorstellung, den Rheinbundstaaten ein gemeinsames Verfassungsorgan zu geben, erfüllt worden, hätte Bayern tatsächlich am Rhein eine führende Rolle gespielt. Doch die Fürsten lehnen ab, aus Sorge, Einschränkungen ihrer Souveränität hinnehmen zu müssen; und mit ihnen auch Montgelas.

Nepoléon zeigt Verständnis und stellt es Ende 1807 Bayern sogar frei, den Bund zu verlassen, sollte es sich ohne Frankreichs Stütze stark genug fühlen. Montgelas möge doch eine Verfassung für den Rheinbund entwerfen, schlägt Napoléon vor. Darin müssten allerdings ein Handelsverbot mit England, eine Begünstigung französischer Waren und die Einführung des Code Napoléon festgeschrieben sein. Montgelas' Verfassungsentwurf – die Aufhebung der Leibeigenschaft, Rechtsgleichheit und Religionsfreiheit weist er den Verfassungen der einzelnen Länder zu – findet im Rheinbund keine Verwirklichung, wohl aber in der bayerischen Verfassung vom l. Mai 1808. Damit ist Napoléon der Geburtshelfer des modernen Bayern. Nur den »Code Napoléon« – das französische Zivilrecht – übernimmt Montgelas nicht.

Der britische Historiker Thomas Nipperdey verurteilt den Rheinbund als ein *„System der Ausbeutung und Unterdrückung"*, lässt aber unerwähnt, dass ein Modernisierungsschub Deutschland erfasst und das mittelalterliche Gesellschaftssystem verschwindet.

Als die Herzöge von Mecklenburg im Frühjahr 1813 als erste den Rheinbund verlassen und Bayern ins österreichische Lager wechselt, zerfällt der Rheinbund so schnell, wie er gegründet worden war.

Die Rheinbundstaaten vom 12. Juli 1806 bis zum Frühjahr 1813. Zu den 16 Kernstaaten kommen bis zum 14. Oktober 1808 weitere 23 Fürstentümer hinzu. Der Zerfall der Konföderation beginnt mit dem durch preußische Agitation veranlassten Austritt Mecklenburg-Schwerins im Frühjahr 1813. Die Rheinbundakte enthält ein

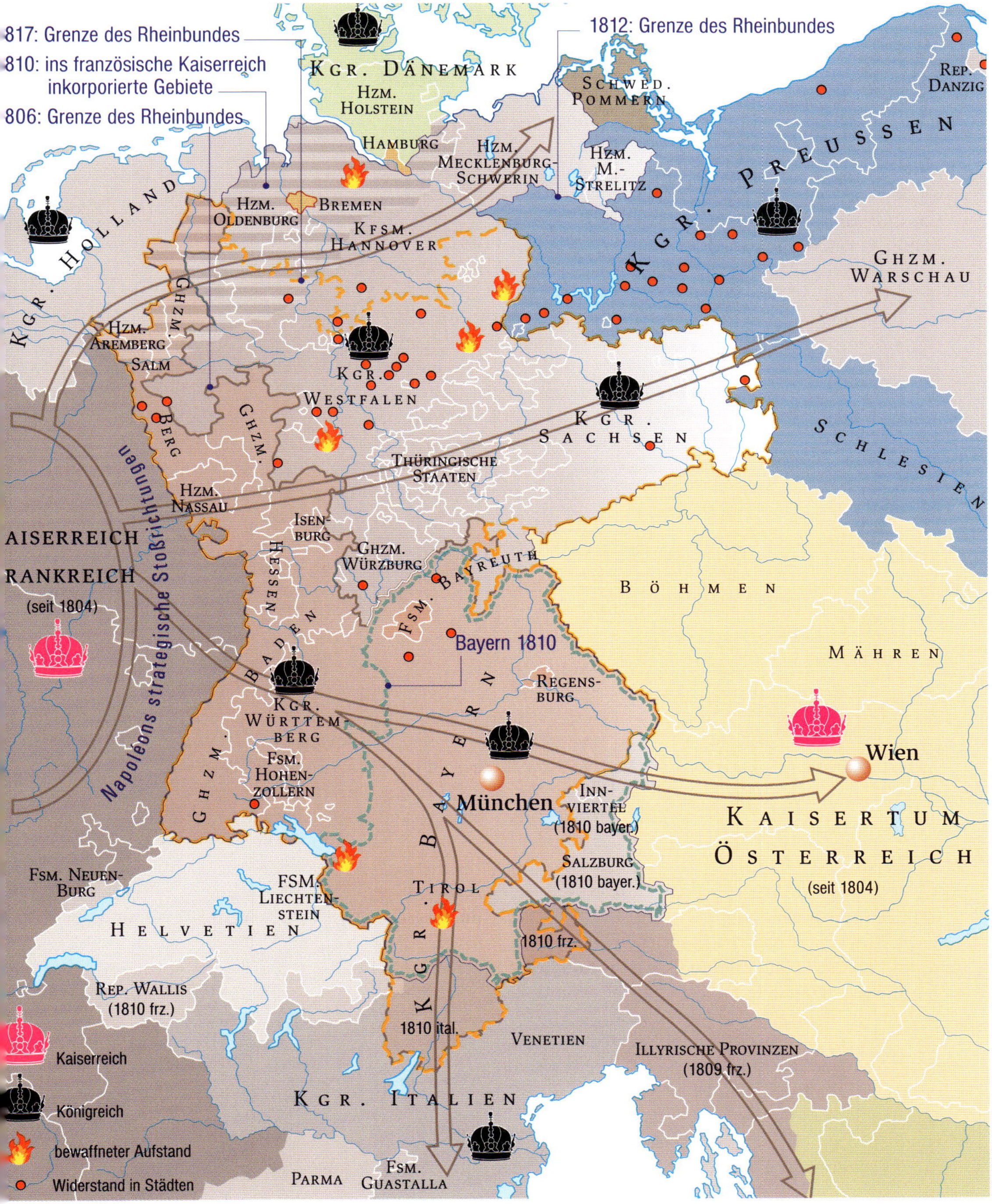

Defensiv- und ein Offensivabkommen, das die Mitgliedstaaten verpflichtet, Frankreich in seiner Kriegsführung, auf die sie keinen Einluss nehmen können, Truppenkontingente zur Verfügung zu stellen (oben).

Ende in Moskau

Die Katastrophe des Russlandfeldzugs, die Erschießung des Patrioten Philipp Palm in Braunau am Inn und des Freiheitskämpfers Andreas Hofer in Mantua empören das französisch kontrollierte Europa und motivieren Habsburg, den seit 1799 mit Unterbrechungen anhaltenden Widerstand gegen Napoléon Bonaparte wieder aufzunehmen. Ohne Zugang zum Meer, zu einem Inselstaat geschrumpft, verschuldet und ausgeblutet, richtet sich Österreich in Erinnerung einstiger Größe auf, sucht Verbündete und den Entscheidungskampf. Über dynastische Verbindungen – und wesensverwandt – findet es in Bayern den kongenialen Partner. General Karl Philipp Fürst von Wrede – in Tirol 1809 Befehlshaber einer bayerischen Division, in der Schlacht am Wagram bei Wien von Napoléon zum Comte de l'Empire ausgezeichnet, bayerischer Korpsführer im Russlandfeldzug – vollzieht eine bemerkswerte Kehrtwendung: Im ehemals oberösterreichischen, nunmehr bayerischen Ried im Innkreis, unterzeichnet er am 8. Oktober 1813 ein Bündnis mit den Habsburgern. Gegen die Haltung Max Josephs, der sich nach wie vor seinem Gönner Napoléon verpflichtet fühlt, haben Montgelas und Kronprinz Ludwig ihren Willen durchgesetzt: Nur im Bündnis mit Österreich läge »Bayerns Rettung«. Auf österreichischer Seite führt ein Staatsmann die Verhandlungen, der die politische Entwicklung Europas für die nächsten Jahre prägen wird: Staatskanzler Clemens Wenzel Nepomuk Lothar Fürst von Metternich-Winneburg. Sohn des kurfürstlichen Staatsministers von Trier und Erbkämmerers des Erzstiftes Mainz. Metternich sichert Montgelas und Ludwig den unveränderten Besitzstand Bayerns zu und bietet gleichwertigen Ersatz für jene Gebiete, die an Österreich zurückgegeben werden müssen.

Der Spanische und der Tiroler Freiheitskampf wecken auch Preußens nationale Emotionen. Noch auf dem Rückzug aus Russland, am 30. Dezember 1812, schließt Feldmarschall Hans David Ludwig Yorck von Wartenburg, ohne seinen König zu informieren, mit dem Zaren die Konvention von Tauroggen. Preußen verpflichtet sich zur Neutralität. Aber schon im Februar weitet es den Vertrag zu einem Waffenbündnis mit Russland aus und erklärt am 15. März 1813 Frankreich den Krieg. Kampferprobt besiegt Napoléon zwar die preußische Armee, begeht aber den taktischen Fehler, einen für Juni angesetzten sechswöchigen Waffenstillstand einzugehen. Diese Zeit nützen England und Österreich zur Mobilmachung, Bayern schließt sich an und verlässt den Rheinbund. Wrede und seine Armee kämpfen als selbstständiges Korps unter habsburgischem Oberkommando.

Napoléon geschlagen

Am 16. Oktober 1813 stehen in Sachsen 450 000 napoléonische Soldaten 510 000 Mann der Alliierten gegenüber. Drei Tage später ist die »Völkerschlacht von Leipzig« geschlagen und Napoléons Heer befindet sich auf dem Rückzug über den Rhein. Bei Hanau greifen ihn Wredes Bayern an, ohne großen Erfolg zwar, aber sie haben den Österreichern ihre Loyalität bewiesen. Napoléons Wutausbruch über die abtrünnigen Bayern spiegelt seine Ohnmacht wieder: *„Nächstes Jahr wird mich der König wiedersehen. Er war ein kleiner Fürst, den ich groß gemacht habe, und jetzt ist er ein großer, den ich klein machen werde. Nein keinen Frieden, bevor ich nicht München in einen Aschenhaufen verwandelt habe."* Seine Zeit ist vorbei. Erfolglos geworden, kehrt ihm sein Volk den Rücken. Obwohl Napoléon gegen die zerstrittenen Alliierten glänzende Kampagnen schlägt, erliegt er der Übermacht. Nach dem Verlust von Paris, am 6. April 1814, dankt er ab. In Paris paradie-

Der gescheiterte Russlandfeldzug Napoléons (oben) zerstört den Mythos seiner Unbesiegbarkeit, und leitet den Niedergang seiner Herrschaft ein. Die »Völkerschlacht bei Leipzig« besiegelt das Schicksal des Korsen. Am 6. April 1814 verabschiedet er auf Schloss Fontainebleau seine engsten Berater und seine Garde (oben).

ren zur gleichen Zeit die scheinbar mit ihren Pferden verwachsenen Kosaken der russischen Interventionsarmee, steigen vor Gaststätten erst gar nicht ab, sondern rufen nur laut: *„Bistro!, Bistro! – Schnell! Schnell!“*, wenn sie zu essen wünschen. Die Kosaken verschwinden, die »Bistros« werden eine gastronomische Besonderheit der Stadt an der Seine.

Auf der Insel Elba interniert und nach seiner Rückkehr auf das europäische Festland in der Schlacht bei Waterloo am 18. Juni 1815 endgültig besiegt, wird Napoléon auf Vorschlag König Max Josephs im Dezember 1814 auf die südatlantische Insel St. Helena verbannt. Napoléon stirbt dort am 5. Mai 1821.

Der Pariser Friede vom 30. Mai 1814 leitet die »korsische Periode« zum »Wiener Kongress« über. Zwischen 18. September 1814 und 9. Juni 1815 wird Europa »restauriert« und neu geordnet.

Der Münchener Vertrag vom 14. April 1816 klärt die bayerisch-österreichische Grenzfrage. Montgelas und der erfahrene Außenpolitiker ALOYS FRANZ XAVER VON RECHBERG sind sich mit Feldzeugmeister THEODOR FREIHERR VON WACQUANT-GEOZELLES rasch handelseins. Bayern gibt Salzburg zurück, ebenso das Inn- und Hausruckviertel sowie das Tiroler Amt Vils und erhält dafür die linksrheinische Pfalz, etliche kleine Fürstentümer, und Berchtesgaden. Korrekturen nehmen 1938 die Nationalsozialisten vor: Das vorarlbergische Kleine Walsertal und die Tiroler Gemeinde Jungholz gehen an Bayern und fallen nach dem Zweiten Weltkrieg wieder zurück. Österreichs während der Staatsvertragsverhandlungen angemeldete Anspruch auf das Berchtesgadener Land ist ein Jokus, der ähnlich wie das Begehren nach Ödenburg, die Alliierten beschäftigen soll.

Der allgemeinen Erschöpfung durch die napoléonischen Kriege – sie fordern etwa 3 Mio. Menschenleben – folgt eine Friedensperiode, deren Ruhe trügt. Unter ihrer Decke glimmt die Glut des nationalen Erwachens der Völker Europas.

Bayern drücken indes andere Sorgen. Der verregnete Sommer 1815 verdirbt die Frucht noch auf den Feldern, eine Hungersnot steigert bis 1817 den Getreidepreis um bis zu 500 %. Das vom Wetter begünstigte Österreich verbietet Getreideexporte, um die Preise im eigenen Land niedrig zu halten. Die Notlage nehmen Montgelas' Opponenten zum Vorwand, ihn der Versorgungsmisere zu beschuldigen. Ihr Wortführer ist Kronprinz Ludwig.

In der »korsischen Epoche« durchläuft Bayern entscheidende Phasen seiner territorialen Entwicklung (oben). Der »Wiener Kongress« zieht dann die Grenze, die mit geringen Abweichungen noch heute gilt.

Im Widerstreit

Die militärische Niederlage Napoléons kehrt nicht nur die politische und territoriale Lage Europas innerhalb weniger Jahre abermals um, sie bedeutet auch für die französische Aufklärung einen gravierenden Rückschlag: Eine neue »deutsche Welle« drängt sie zum Rückzug, und, wie von Fesseln befreit nimmt die Romantik das europäische Geistesleben in Besitz.

Bereits während der Befreiungskriege brechen patriotische Gefühle von Dichtern und Liederkomponisten hervor und idealisieren die Vision eines geeinten Deutschlands, das es zu verwirklichen gilt. Hingerissen vom eigenen Enthusiasmus, wenden sich die Romantiker von den bisherigen Formen der klassischen Kunst ab und erschließen sich Themen aus der eigenen Kultur und Geschichte. Dabei dringen sie in die Sagen- und Mythenwelt des Mittelalters und der germanischen Zeit vor und verklären sie in hehrem Licht.

Vergeblich kämpfen die Klassiker dagegen an, verurteilen die romantische Literatur als fantastisches und krankhaftes Machwerk. Unbeirrt geben sich die Romantiker derweil der Vorstellung eines Bruchs hin, der die Welt gespalten habe in eine der Vernunft, der »Zahlen und Figuren« (Novalis), und in eine des Gefühls, des Wunderbaren. Nur durch sie könne die Welt wieder zu einem harmonischen Ganzen zusammengefügt werden. Ihre Gedankenwelt – von der Realität abgehoben – entwickelt die Sehnsucht, Heilbringer dieser Welt zu werden. Ihre Illusionen führen sie durch phantastische Landschaften, Nebel verhangene Wälder und Täler, vorbei an mittelalterlichen Klosterruinen, in eine irreale Welt alter Mythen, Märchen, Sagen und Legenden. Symbol und Ziel dieses Strebens ist die »Blaue Blume«, die am Ende von allem Unbestimmten und Unerreichbaren blüht.

Im Gegensatz zu den Dichtern der Weimarer Klassik – wie etwa Johann Wolfgang von Goethe – und der Epoche des Sturm und Drang, die ihre Aufgabe in der Erziehung des Volkes durch die Literatur sehen, muten sich die Romantiker die Rolle von »Dichterpriestern« zu, die den Riss, der die Welt spaltet und im übertragenen Sinne durch die Individuen geht, heilen müssen. Ihrer Ansicht nach trägt die Kunst wesentlich zur Genesung der geteilten Welt bei, denn *„die Welt hebt an zu singen/ triffst Du nur das Zauberwort“*, bestätigt einer der bedeutendsten deutschen Romantiker, Joseph von Eichendorff.

Strebt die Klassik nach Vollendung, Ruhe, gesicherter Ordnung, Klarheit, Maß und Harmonie, drängt die Romantik nach Unendlichkeit, Leidenschaft, Bewegtem, Dunklem, Maß- und Regellosigkeit, dem Sprengen aller Grenzen. Sind der Klassik Objektivität, Typisierung, Gesetz, Vernunft und Gleichgewicht, unverrückbares Fundament, um Gefühl und Verstand zu harmonisieren, Erforschbares zu erforschen, das Unerforschliche auf sich beruhen zu lassen, weist die Romantik diese klassischen Normen zurück und stellt die schöpferische Phantasie über »edle« Formen und hochgeistige Inhalte. Gipfel romantischen Strebens ist eine »Universalpoesie«, die Wissenschaft, Religion und Dichtung lyrisch, episch, dramatisch und musikalisch in sich vereint, alle Grenzen zwischen Traum und Wirklichkeit verwischt und die ganze Welt traumhaft, wunderbar »romantisiert« ins Unbewusste, Übersinnliche transformiert.

In der Allegorie »Gallia schützt Bavaria« von Marianne Kürzinger (München 1805) findet Bayern Schutz in den Armen Frankreichs: Die mädchenhaft zerbrechliche Bavaria im weiß-blauen Mantel flieht vor dem herannahenden Sturm, dem sich der bayerische Löwe vergeblich entgegenwirft. Die Drohung des österreichischen

Von Deutschland ausgehend, erfasst die Romantik das gesamte geistige Europa und beeinflusst Philosophie, Dichtung, Künste, Religion, Wissenschaft, Politik und Gesellschaft.

Die Unerschöpflichkeit der Märchen und Sagen sowie die Mystik des Mittelalters, in denen vermeintlich verloren gegangene Welten aus der »Kindheit der Menschen« weiterbestehen, nähren die romantische Geistesströmung. Nicht in der Intellektualität, sondern im Verhalten des einfachen Volkes liegt das »Wahre« und »Wirkliche« verborgen, erklären die Romantiker und wendeten sich schließlich auch der (Franz Schubert) Volksmusik und den mündlich überlieferten bodenständigen Sagen und Märchen (Brüder Grimm) zu.

Der heilen Welt steht allerdings die »andere Welt« der Gefahren und Nachtseiten gegenüber. Teufelspakte, Wahnsinn, Gespenster, Schreckgebilde, Schuld und Tod prägen sie, wie bei E. T. A. Hoffmann eindrucksvoll schaurig nachgelesen werden kann.

Romantik und Geheimbündlerei

Als Gegenströmung zur Aufklärung und Vernunft ist die Romantik in der gegenwärtigen, rationalen Zeit, die scheinbar alles zu erklären versteht, stärker präsent denn je. Die zivilisierte Menschheit giert geradezu – offenbar als Ausgleich zum Rationalismus – nach Horror, Mystery, Science Fiction sowie Seifenopern und bildet sogar eine neue, vor allem die Jugend faszinierende Subkultur (»Gothic«) heraus. »Raumschiff Enterprise«, »Odyssee 2000«, »Star Wars«, »Armageddon«, »Harry Potter« und Rosamunde Pilchers Liebesballaden sind romantische Märchen für Erwachsene. Sie stehen aber bereits am Ende jener Phase der Romantik, die nach der alles verquickenden »Universalpoesie« sucht. Sie drängt bereits auf den Markt, Real- und Traumwelten verwischend, wie der TV-Serienthriller »Lost«.

Bayern bringt eine Vielzahl von Vertretern der romantischen Strömung hervor. Vergleichbar mit Habsburg (Reformer Joseph II.), geht auch in Bayern mit dem Wechsel des Herschers eine tief greifende Veränderung in der Geisteswelt vor sich. Der Tod des Kurfürsten Karl Theodor öffnet die Fesseln des bis dahin allgegenwärtigen Misstrauens der weltlichen und klerikalen Herrscher, die hinter jedem Ansatz der Erneuerung Umstürzler, Jakobiner und Illuminaten wittern.

In der kurfürstlichen Ära gelten die Illuminaten als Verschwörer schlechthin. Am 1. Mai 1776 vom Freimaurer und Theologen Adam Weishaupt (1748-1830) in Ingolstadt gegründet, macht sich der Bund die Umformung von Kirche und Staat nach den Prinzipien der Aufklärung zum Ziel. Weishaupt und die Anhänger des Ordens beabsichtigen, die bestehenden Institutionen zu unterwandern, Schlüsselpositionen zu besetzen und die Herrschenden zu beeinflussen, eine neue kosmopolitische Weltordnung ohne Staaten, Fürsten und Klassen zu errichten.

Dem radikal-aufklärerischen Orden laufen zahlreiche Sympathisanten zu. Insbesondere Freimaurer und Intellektuelle begeistern sich für die Ideale der Weishaupt'schen Bewegung. Goethe, Herder, der Freiherr von Knigge sollen den Illuminaten angehört haben, über die Mitgliedschaft Montgelas besteht kein Zweifel.

Von Bayern und seinen rund 4000 Illuminaten ausgehend, entstehen in Erfurt, Gotha, Weimar und Leipzig Nebenstellen des Bundes. Vom bayerischen Kurfürsten 1785 verboten, müssen Weishaupt und Montgelas fliehen, der Orden erlischt.

Das Aufleben des Ordens an der Wende des 19. Jahrhunderts ist währt nur kurz. Nach einem Zwischenspiel unter der Bezeichnung »Weltbund der Illuminaten« (1925) endet er 1933 beim Herrschaftsbeginn der Nationalsozialisten. Die Faszination der Lehre der Illuminaten bleibt jedoch ungebrochen und die Theorien über sie füllen heute noch Bücher.

Robert Anton Wilson und Robert Shea schaffen in ihrer Trilogie »Illuminatus« den Mythos vom Geheimbund, der die ganze Welt unterjochen will und dessen magische Zahl die »23« ist. Pyramide und Auge erwählen sie zu ihrem Symbol, das auf jeder US-Dollarnote aufscheint.

Geheimbünde wie die Illuminaten oder Freimaurer gelten bei Anhängern von Verschwörungstheorien auch heute noch als Drahtzieher des unausbleiblichen Weltuntergangs; stets mit dem Ziel, die Weltherrschaft zu erringen. Beharrlich suchen sie nach Fakten, die den Mord an Olof Palme durch Geheimbündler beweisen sollen oder den Anschlag auf das World-Trade-Center in New York, vom 11. September 2001.

Kaisers Franz I. ist unmissverständlich: „Ich werde Bayern nicht nehmen, ich werde es verschlingen." »Gallia« trägt auf dem Schild die Initialen Napoléons, und Siegeslorbeer schmückt den Helm mit dem kaiserlichem Adler und den Federn in den Farben der Trikolore (links oben).

Kronprinz Ludwig will Reformen

Kriege, Truppeneinquartierungen, Kontributionen, Missernten und Hunger stürzen Bayern zwischen 1815 und 1817 in tiefe Not. Für die Gegner MONTGELAS' ist die Zeit reif, ihn zu stürzen. Seine Reformmaßnahmen – richtig und wichtig zugleich – brachten ihm mehr Feinde als Freunde. Drahtzieher seiner Entmachtung sind Kronprinz LUDWIG und Marschall WREDE.

Am 2. Februar 1817 erwartet König MAX JOSEPH, der von einer Reise nach Wien zurückkehrt, eine Überraschung. Wrede erscheint unangemeldet und überfällt den König mit flammenden Anklagen gegen Montgelas. Der König ist überfordert. Gewiss, die Intervention des Ministers zugunsten des Bankiers SELIGMAN (Freiherr von EICHTHAL) hat diesem bei Lotterieanleihen riesige Gewinne eingebracht und den Bankrott von Seligmanns Konkurrenten SIMON SPIRO und anderer Bankhäuser sowie vieler in- und ausländischer Kapitalanleger verursacht. Es war ein Akt von *„himmelschreiender Ungerechtigkeit"*, klagt Kronprinz LUDWIG. Auch Montgelas' Entscheidung, trotz der Hungerkrise Getreideausfuhren zuzulassen, belastet den Ersten Mann im Staat schwer. Aber ihn deshalb entlassen, mag der König doch nicht.

Als Wrede die Unschlüssigkeit des Monarchen merkt, stößt er nach. Er legt ihm einen Brief Ludwigs vor, in dem dieser unmissverständlich die Entlassung des Staatsministers fordert. Nun beugt sich Max. Er sagt einen Besuch beim erkrankten Montgelas ab und übermittelt ihm statt dessen die Entlassungsurkunde und – 30 000 Gulden Rentengeld. Eine schnöde Geste gegenüber einem loyalen Staatsdiener, der ein Jahr zuvor Bayern Teile der früheren Pfalz zurückgeholt und Österreich einen einzigartigen Handel abgenötigt hat: Da eine von METTERNICH zugesagte territoriale Verbindung zwischen Bayern und der »Neupfalz« nicht zustande kommt, muss Österreich jährlich 100 000 Gulden »Kontiguitätsentschädigung« an die bayerische Staatskasse abführen. Eine Verpflichtung, die erst mit dem Ende der Österreichisch-Ungarischen Monarchie 1918 erlischt.

Die Entlassung des Staatsministers belebt den Tratsch. Korruption und Geschenkannahme in Territorialfragen, die zuungunsten Bayerns entschieden worden waren, werden ihm vorgeworfen, und, dass er dem deutschtümelnden Kronprinzen zu frankophil gewesen sei. Tatsächlich trägt Montgelas zu seinem Sturz bei: Trotz vielfacher Aufforderung, dem bayerischen Volk eine Verfassung zu geben, zögert er diese hinaus. Er hält es noch nicht für reif dafür. Bayern ist jedoch als Mitglied des »Deutschen Bundes« laut Art. XIII der »Deutschen Bundesakte« zu einem Grundgesetz verpflichtet.

Der »Deutsche Bund« entsteht nach der Vertreibung NAPOLÉONS 1815 durch den Zusammenschluss souveräner deutscher Fürstentümer und freier Städte zur Wahrung der gegenseitigen inneren und äußeren Sicherheit.

Nicht nur die zwei beherrschenden Mächte des Bundes, Preußen und Österreich, drängen Bayern zur Verabschiedung eines Grundgesetzes – sie selbst haben als absolute Monarchien keines –, auch die Beamtenschaft übt Druck aus, um dem Staatshaushalt endlich einen gesicherten Rahmen geben zu können. Montgelas ist an der Grenze seines Wirkens angelangt. Sein Sturz öffnet nun den Weg zur Verfassung.

Drei Wochen später setzt die neue Regierung dazu einen ersten Schritt. Sie löst die am 21. Juni 1806 nach geografischen Gesichtspunkten getroffene Verwaltungseinteilung in 15 etwa gleich große Kreise – die nach französischem Vorbild Flussnamen tragen – durch eine neue Kreiseinteilung ab. Mit der Volksmentalität vertraut, gibt Kronprinz Ludwig den Kreisen die alten Stammesbezeichnungen wieder. Nur Franken möge sich nicht als Stamm, sondern als »Land zu Franken» verstanden wissen, schränkt er ein.

Montgelas ist der Schöpfer des modernen bayerischen Staats. Sein 1811/13 nach Plänen von Emanuel Joseph von Herigoyen umgebautes Palais auf dem Promenadeplatz 2 in München wird 1971/72 unter Abbruch hinterer Bauteile für eine Hotelnutzung (»Bayerischer Hof«) saniert. Im Gedenken an den Staats-

Der beim »Wiener Kongress« 1814/15 durch die Bundesakte vom 8. Juni 1815 gegründete Deutsche Bund ist Nachfolger des 1806 aufgelösten »Heiligen Römischen Reichs«. Ihm gehören 41 Mitglieder an, darunter 37 Fürstentümer und 4 freie Städte. Die Zahl sinkt durch Vereinigungen infolge von Kauf oder Erbe bis 1863 auf 35 Staaten. 1839 umfasst der Bund rund 630.100 km² mit 29,2 Mio. Einwohnern. Der Deutsche Bund zerbricht 1866 am österreichisch-preußischen Gegensatz.

mann fräst die Berliner Künstlerin Karin Sander, Computerunterstützt, ein 6,2 Meter hohes Abbild aus 9,5 Tonnen Vollaluminium, Das 1,2 Mio. Euro teure Objekt sponsern Private und der Freistaat Bayern. Es kommt am 25. April 2005 vor dem Hotel zur Aufstellung (links). – Der Deutsche Bund (oben).

Ein Sorgenkind Bayerns

Fränkische Eigenart irritiert Altbayern bis heute, zumal sie in letzter Zeit stärker nach außen gekehrt wird. Nach einer Serie von Streiks, von denen der Massenausstand der Belegschaft des AEG-Konzerns in Nürnberg erst nach 46 Tagen am 7. März 2006 endet, rückt die Gegenwart Frankens auf dramatische Weise ins gesamtbayerische Bewusstsein. Der Streik ändert zwar die Entscheidung des schwedischen Mutterkonzerns Electrolux, das Haushaltsgerätewerk aufzugeben, nicht, Ende 2007 schließen sich hinter 1700 Werktätigen für immer die Tore des Traditionsunternehmens, aber die Tarifverhandlungen bringen eine einigermaßen annehmbare Lösung.

Der nicht minder bemerkenswerten Vergangenheit, die Franken an Bayern bindet, gedenkt die Landesausstellung »200 Jahre Franken in Bayern«. Die in Nürnberg vom 4. April bis 12. November 2006 gezeigte an Exponaten reiche Schau geht erstmals dem offiziell gern verschwiegenen, nicht ganz störungsfreien fränkisch-bayerischen Zusammenleben nach.

Solcherart in den Blickpunkt der Öffentlichkeit gestellt, schämen sich die Franken nicht mehr ihres Frankentums und ihres Dialekts und rollen das »R« ihrer Sprache deutlicher als früher, als sie mit ihren großen Städten Erlangen und Nürnberg im – fast – toten Winkel an der Zonengrenze lagen und von der Münchener Landesregierung wie kleine Brüder aus der Provinz behandelt werden. Gewiss steht das Thema eines eigenen Bundeslandes, wie kurz nach dem Krieg, heute nicht mehr zur Diskussion. Aber einig sind sich die Franken allemal: Bayern sind sie trotzdem keine. Das beweist schon der fränkische »Kloß«, der bayerische schmeckt ganz anders, vermutlich weil er »Knödel« heißt. *„Mudder, gib mir noch an Kleeß!"* das ist fränkisch pur und es tut gut, es wieder zu hören. Dialekt und Tradition haben in Franken nach Jahrzehnten des Auftretens in Bescheidenheit wieder Gewicht. Ein Zugewanderter darf stolz sein, auf gut fränkisch mit: *„Du bist a guade Sau"* angesprochen zu werden, denn dann ist er *„schwer in Ordnung"*.

1806 wird kein Bayer mit diesem Prädikat bedacht. Das Königreich vereinnahmt die Franken, weil es Napoléon so entschieden hat, und den ohnmächtigen Franken der Ruf *„Vivat Preußen!"* als

1803 erhielt Bayern die Fürstbistümer Bamberg und Würzburg zugesprochen. Bereits ein Jahr zuvor wurde Bamberg militärisch besetzt.

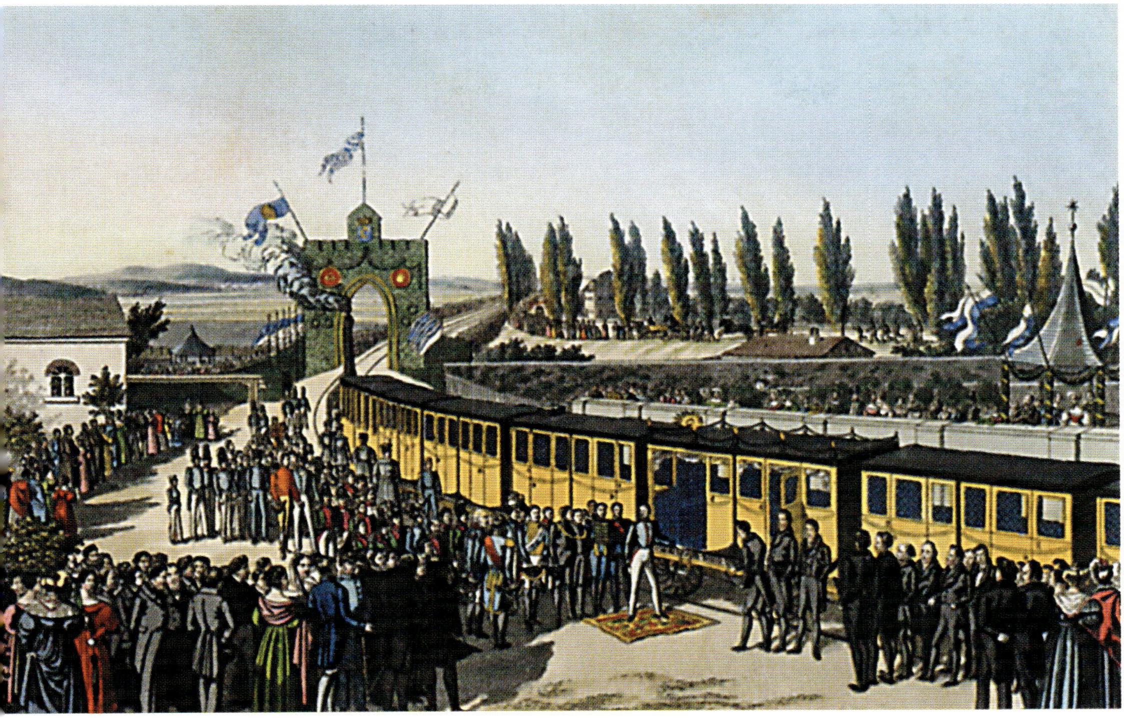

Protest genügen muss. Das Schicksal zeichnete sich schon 1802 ab, als das Hochstift Bamberg, und 1803 die Reichsstadt Rothenburg an den mächtigeren Nachbarn fielen. Der Einverleibung Nürnbergs folgt die von fränkischen Fürstentümern und Reichsgrafensitzen sowie der Markgrafschaft Ansbach, die mit der neuen Herrschaft schneller ein Arrangement trifft als Nürnberg, und daher Sitz der mittelfränkischen Bezirksregierung wird.

Bis 1816 sind dann auch jene Territorien Altbayern angegliedert, die König Ludwig I. als Unterfranken bezeichnet. Nach dem Ersten Weltkrieg entscheidet sich der Freistaat Coburg für Bayern und rundet dessen Grenzen endgültig ab.

Neidlos müssen die Franken aber anerkennen, dass sie ihr Stammesbewusstsein einem Bayern verdanken. Der bayerische König und Herzog von Franken und Schwaben, Ludwig I., erfindet die bis heute bestehenden Regierungsbezirke Ober-, Mittel- und Unterfranken. Der oberpfälzische Historiker Karl Bosl erhebt ihn deshalb zum Schöpfer neufränkischer Identität. Das verhindert freilich nicht, dass das *„gemeinfränkische Bewusstsein, das sich nicht selten an Bayern rieb“*, erst durch die Integration in das junge Königreich auflebt, meint der Historiker Werner K. Blessing vom Institut für Neuere Geschichte und Landesgeschichte an der Universität Erlangen-Nürnberg.

Ludwig I. besucht regelmäßig fränkisches Land. Die Fahrt auf der ersten Eisenbahnlinie des Deutschen Bundes ist für ihn Pflicht (oben). – Münze von 1825, mit Kaufkraft für ganz Bayern (rechts).

Franken begehrt auf

Ungeschminkt zeigt die Nürnberger Landesausstellung 2006 die dunklen Punkte bayerischen Einflusses bei der fränkischen Landnahme. Der Organisator der Schau, das »Haus der Bayerischen Geschichte«, stellt eine »Schatzkammer« an den Beginn des Ausstellungswegs. Sie erinnert eindrucksvoll an die historische und kulturelle Bedeutung Frankens in den fast 1000 Jahren vor der Auflösung des Heiligen Römischen Reichs und der Angliederung Frankens an Bayern. Der Verlust der von bayerischen Amtswaltern nach 1802/03 im Zuge der Mediatisierung und Säkularisation vernichteten oder nach Altbayern transferierten (geraubten) fränkischen Kunstwerke ist 200 Jahre später den Franken noch immer schmerzhaft bewusst: *„Die Säkularisation hat in Franken mehr zerstört als der Zweite Weltkrieg"*, klagt daher der aus dem oberfränkischen Lichtenfels in Oberfranken stammende Thomas Dehler von der FDP, von 1953 bis 1956 Justizminister der Bundesrepublik Deutschland. Die »Junge Union Oberfranken« empfindet aggressiver: *„Verantwortung zeigen – Frankens Kulturschätze zurück in die Heimat."* Emotionslos argumentiert 2003 der SPD-Bildungspolitiker Friedrich Odenbach: *„München hat alles in kultureller Überfülle – das Meiste verstaubt ungesehen. Zwei Drittel aller Kunstschätze im Land Bayern sind in Kisten verpackt und befinden sich in Kellern. Wir Franken wollen nichts anderes, als das, was uns kulturell gehört."*

Schwerpunktförderung für Franken

Immerhin ist Franken nach Ansicht des Historikers Eberhard Weis der *„Zentralstein"*, der in der Territorialbildung des »Neuen Bayern« noch fehlte. Der Norden des Königreichs und späteren Freistaats entpuppt sich als Quell Erfolg versprechender Ideen und großer Leistungen auf allen Gebieten.

Auf die fränkisch-bayerische Disharmonie geht am 3. April 2006 der bayerische Ministerpräsident Edmund Stoiber ein. Stoiber preist die fränkisch-bayerische Verbindung als ein »Erfolgsmodell für das ganze Land«: *„Franken macht Bayern stark und Bayern macht sich stark für Franken"*. Angesichts der Serie von Arbeitsniederlegungen beeilt sich Ministerpräsident Stoiber zu versichern, den Wirtschafts- Wissenschafts- und Kulturstandort Franken konsequent zu stärken und erinnert, *„dass der Freistaat mit einer Vielzahl von Initiativen eine neue Etappe der Wirtschaftsentwicklung in Franken eingeleitet habe."* Stoiber: *„In einem großen Kraftakt haben wir in Franken entscheidende Impulse für den Wandel von der Industriegesellschaft hin zur Wissens- und Dienstleistungsgesellschaft gesetzt. Der konsequente Ausbau der Hochschulen und Forschungsstätten war eine Weichenstellung für ein starkes Franken. Heute ist Franken eine Hochtechnologie-Region mit weltweitem Renommee etwa bei der Biotechnologie oder bei der Medizintechnik."* Über eine Million Euro Fördergelder flossen bereits der »Zukunftsoffensive Bayern« und der »High-Tech-Offensive« in Franken zu. Und Stoiber verspricht, dass von der Offensive »Allianz Bayern innovativ«, für die der Freistaat 50 Millionen Euro investiert, Franken besonders profitieren wird. Vor allem in den Bereichen Logistik, Energie und Finanzdienstleistungen sowie auf den Forschungsfeldern Chemie, IUK, Medizin- und Biotechnologie werde Bayerns Norden eine gewichtige Rolle spielen. Weil *„die lange Tradition der freien Reichsstädte mit ihrem großartigen Kaufmanns- und Unternehmergeist"* bis heute fortwirkt und die Franken seit Jahrhunderten *„Erfindungsreichtum und Innovationskraft"* unter Beweis stellen.

Goldene Zeiten also für Franken? Der SPD-Landtagsabgeordnete Klaus Wolfrum aus Hof sieht dies anders. Er beklagt am 6. April, dass die Deutsche Bahn AG offenbar nicht mitzieht und die Region im Stich lasse. Die gesamte Streckenführung Richtung Prag

Das Bayerische Königshaus scheut sich lange, Reisen in die ehemalige Reichsstadt Nürnberg, dem Zentrum fränkischen Chauvinismus', zu unternehmen. Dabei bejubelten manche Nürnberger den »Anschluss« an Bayern, weil sie sich davon eine Wirtschaftsbelebung erhofften. Die Abneigung gegenüber Bayern überwiegt

soll, so Wolfrum, ab Dezember 2006 über Erfurt-Leipzig-Dresden und nicht mehr über Nürnberg/Marktredwitz laufen. Gut vorstellbar, dass Stoiber im Sinne Frankens und Bayerns eine andere Lösung empfehlen wird, damit der nun massiv geförderte bayerische Norden nicht wieder zu einem stillen Winkel verkommt.

Im »Hochschulanzeiger« Nr. 78, vom 16. Mai 2005, nennt der Autor CHRISTIAN WETZLER beeindruckende fünf Zahlen allein zur Region Mittelfranken:

Acht Blattgold-Hersteller arbeiten noch in Schwabach, sie liefern 40 Prozent der Weltproduktion in dieser 5.000 Jahre alten Handwerkstechnik. Die Ziegeln des Rathausturms sind komplett mit den hauchdünnen Folien verkleidet.

Neunzig Prozent der Nürnberger Innenstadt wurden im 2. Weltkrieg zerstört. Trotzdem ist der Kern der Stadt, den bis heute vollständig eine mächtige Mauer und Wehranlage umgeben, noch immer voll alter Gemäuer.

Hundertdreiunddreißig Nationalitäten vereint die multikulturelle Studentenstadt Erlangen. Die meisten Ausländer, die rund 15 Prozent der Einwohner ausmachen, stammen aus der Türkei, Serbien und Montenegro, Italien sowie Österreich.

Achthundert Jahre Tradition kann die Michaelis- »Kärwa« als »Königin der Kirchweihen« für sich in Anspruch nehmen. Am Wochenende nach dem St. Michaelstag (29. September) findet die eineinhalb Wochen lang dauernde Kirmes in der Fürther Innenstadt statt.

Im Jahre 1897 kam der »Vater der Sozialen Marktwirtschaft«, LUDWIG ERHARD, in Fürth zur Welt. Auf ihren Sohn HEINZ ALFRED KISSINGER, der es als HENRY KISSINGER zum US-Außenminister und Friedensnobelpreisträger brachte, ist die Stadt nicht minder stolz.

Eines der erfolgreichsten deutschen Herrschergeschlechter stammt aus dem fränkischen Bamberg: die Babenberg. Sie schufen als Markgrafen und Herzöge zwischen 976 bis 1246 in der Wachau, einem malerischen Abschnitt der österreichischen Donau, die Babenberger Mark, das zum Kernland eines der mächtigsten Länder Kontinentaleuropas wird: das habsburgische Kaiserreich. Seine Herrscher bstimmen über Jahrhunderte das Schicksal der deutschen Länder.

jedoch. Im Norden kenne man nur zwei Gesinnungen: die preußische und die österreichische, berichtet der Nürnberger Oberpostmeister Axelm (»Einzug der königlichen Majestäten am 6. Juni 1823 in Nürnberg«, oben). – Nürnberg im 19. Jahrhundert und in der Gegenwart (oben).

Bayern auf eigenen Beinen

Der »Wiener Kongress« bestätigt Bayern als süddeutschen Großstaat. Nach Norden und Nordwesten vergrößert, kann es auch noch mit einer Arrondierung seines Territoriums zwischen Rhein, Main und Alpen und dem Erwerb der Festung Mainz rechnen. Seit der Heeresreform durch Wrede von hoher militärischer Potenz, fügt der Kongress Bayern als einen Eckpfeiler in das europäische Sicherheitssystem ein. An Stelle Österreichs soll das Königreich die »Wacht am Oberrhein« gegen Frankreich übernehmen. Hinter der Strategie steht England, das sich von der Nähe Bayerns zu Frankreich eine Abkehr der frankophilen Politik Münchens erhofft. Durch die Lenkung bayerischer Interessen auf das nördliche und nordwestliche Deutschland erwartet sich London zudem einen Abbau der traditionellen antiösterreichischen Ressentiments Bayerns und ein gefestigtes süddeutsches Gegengewicht zum aufstrebenden Preußen.

Das schon 1814 in den Pariser Friedensschlüssen und beim Wiener Kongress sichtbar gewordene preußische Streben nach Hegemonie in Zentraleuropa nehmen auch die deutschen Einzelstaaten wahr. Im November 1814 ersuchen 29 souveräne kleine und mittlere Staaten den Kongress, die Kaiserwürde in Deutschland wieder einzuführen. Vom Kaiser erhoffen sie sich den Schutz vor der Dominanz der durch Napoléon zu voller Souveränität gelangten Könige von Württemberg, Bayern und Sachsen.

Der Vorschlag, die Kaiserwürde zwischen Preußen und Österreich alternieren zu lassen, steht ebenso zur Diskussion, wie die erneute Übernahme der Kaiserwürde durch Österreichs Franz I. Dieser lehnt jedoch ab, da er mit keiner ausreichenden Unterstützung durch die Länder rechnen kann.

Der Wiener Kongress endet, ohne das Kaisertum erneuert zu haben. Daraufhin wird am 8. Juni 1815 der Deutsche Bund als lockere Verbindung der deutschen Staaten gegründet, in dem Österreich bis 1866 die Präsidialmacht stellt.

Das Verhältnis Bayerns zum Deutschen Bund bestimmt im ersten Jahrzehnt ausschließlich die Inter-

»Die Grundsteinlegung der Konstitutionssäule zu Gaibach am 26. Mai 1821« (Gemälde von Peter von Heß, 1823) entsteht als Auftragsarbeit des fränkischen Standesherrn Franz Erwein Graf von Schönborn-Wiesentheid, einem engen Freund des Kronprinzen, zur Erinnerung an die Verfassung von 1818. Heß ordnet

essen des Königreichs. Dieses versucht vorrangig seine Souveränität im Rahmen bestehender Verträge durch Kooperation zu wahren. Die Bereitschaft zu enger Zusammenarbeit mit anderen Mittelstaaten im Bund endet aber bei Abstimmungsfragen in den Bundesgremien schon in Vorgesprächen, da es einheitliche Vorgangsweisen ablehnt. Dadurch kommen die Errichtung von gemeinschaftlichen Einrichtungen des Bundes, wie das Bundesgericht oder Ausführungsbestimmungen zu Fall. Als Begründung werden aber bestehende große politische, wirtschaftliche und soziale Strukturunterschiede der einzelnen Länder ins Treffen geführt. Triftig hingegen ist der Einwand, die Kriegsfolgen beseitigen zu müssen, die Bayern besonders stark betroffen haben, und die Integration der inkorporierten Territorien voranzutreiben. Das von bayerischen Historikern gern ins Treffen geführte Bemühen der Regierung, ein Loyalitäts- und Staatsbewusstsein des Volkes zu wecken, hat jedoch nicht die angemaßte große Rolle gespielt. König Max wagt sich viele Jahre nicht nach Nürnberg, weil die Bevölkerung 1809 gegen die Einsetzung eines bayerischen Generalkommissars revoltiert hat. Ein Besuch des Herrschers hätte Altbayern jedoch viel Sympathie eingebracht.

Gleichfalls richtig ist die Entscheidung, erst dem eigenen Land eine Verfassung zu geben, ehe Bayern im Deutschen Bund groß auftritt.

Die Verfassung, ein Geschenk des Königs

Am Donnerstag, dem 26. Mai 1818, ist es endlich soweit: Von Kanonendonner und dem Glockengeläut aller Münchener Kirchen begleitet, reitet wieder einmal der Reichsherold durch die bayerische Haupt- und Residenzstadt, zwölf erwählte Bürger im Gefolge, die den gedruckten Text der verabschiedeten Verfassung an das gaffende Volk verteilen.

Auch der folgende Tag wird festlich begangen. An seinem 62. Geburtstag legt König Max gemeinsam mit dem Kronprinzen und den Räten den Eid auf die konstitutionelle Verfassung ab. Sie ist dem Volk oktroyiert, das heißt aufgezwungen, ein »Geschenk« des Monarchen, da er zwar in seiner Person alle Rechte vereinigt, aber in freiwilliger Selbstbeschränkung dem absoluten Machtanspruch entsagt und sich in der Ausübung seiner Rechte den verfassungsrechtlich festgelegten Beschränkungen unterwirft.

Das Grundgesetz basiert auf dem von 1808 und ist Montgelas zu verdanken, der am 14. September 1814 zur verfassungsrechtlichen Reform geraten hat. Dass nicht nur der Staatsminister einer Verfassung im Wege steht, wie seine Gegner behaupten, beweist, dass erst ein Jahr nach seinem Sturz die Diskussion über einen Verfassungstext in Gang kommt.

Dabei schlägt man nicht etwa einen neuen bayerischen Weg ein, sondern hält sich getreu an Vorgaben.

Dem englischen und dem französischen Vorbild folgend erhält auch Bayern ein Zweikammersystem. Reichsräte, die aufgrund der Geburt – wie königliche Prinzen oder die Häupter der standesherrlichen Familien – die Mitgliedschaft besitzen, bilden die Erste Kammer. Die Zweite – ständisch differenzierte – Kammer nehmen je 1/8 adelige Gutsbesitzer und Geistliche ein, 1/4 der Vertreter delegieren Städte und Märkte, die zweite Hälfte stellen Landbesitzer ohne gutsherrliche Gerichtsbarkeit, zusätzlich entsendet jede der drei Universitäten des Landes ein Mitglied. Die Abgeordneten werden zum Teil in einem mehrfachen und indirekten Wahlsystem gewählt, wobei ein Abgeordneter auf 7000 Familien kommt.

Obwohl der Adel und das Besitzbürgertum überproportional vertreten sind, ist durch die Einführung dieses Wahlsystems die Beteiligung aller Volksschichten am politischen Geschehen im Staat vorangetrieben worden.

Die Verfassung schreibt die Regierung des Staates fest, erklärt den König zum Oberhaupt, der in sich alle Rechte der Staatsgewalt vereinigt und sie unter den Auflagen der Verfassung auch ausübt.

Der ebenfalls aus zwei Kammern bestehende Landtag besitzt das Mitwirkungsrecht bei der Gesetzgebung sowie der Aufstellung und der Kontrolle des Staatshaushalts. Die Steuererhebung bedarf der Zustimmung der Stände. Jeder Abgeordnete hat das Recht, Wünsche und Anträge in die Kammer einzubringen. Die Mitglieder der Ständeversammlung genießen während der Session Immunität und dürfen ohne Einwilligung der betreffenden Kammer nicht festgenommen werden. Eine Verordnung, die heute noch gilt.

die Festteilnehmer in zwei Gruppen am Fuß des unvollendeten Säulensockels an. Links der Bildmitte versammeln sich adelige Persönlichkeiten, rechts und im Hintergrund drängt sich das Volk. Der Stifter des Bildes – in brauner Hose – überragt auf dem Sockel stehend alle.

Die alte Ordnung bricht

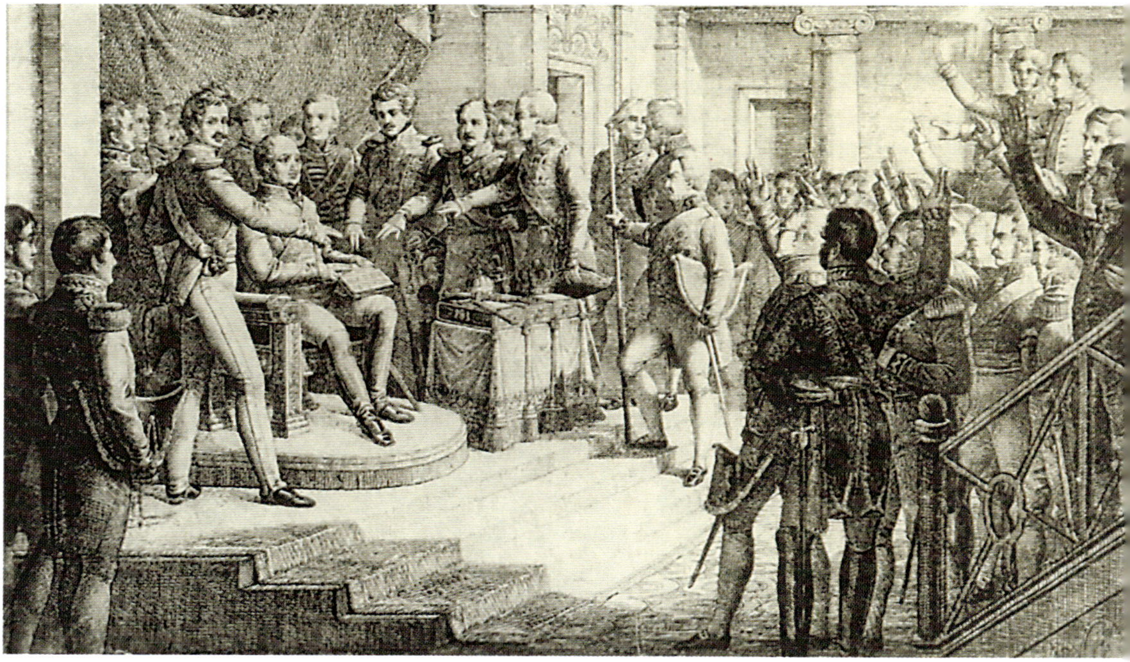

Die Verfassung Bayerns, vom König, einer Verfassungskommission und der Ministerialbürokratie erarbeitet, ist trotz mancher Mängel für die damalige Zeit liberal-fortschrittlich und zukunftweisend. Die wichtigste Neuerung für die Volksvertretung, die in zwei Kammern gegliederte Ständeversammlung – sie wird ab 1848 Landtag genannt –, garantiert die Freiheit des Gewissens, der Meinung, *„gleiches Recht der Eingeborenen zu allen Graden des Staatsdienstes"*, die Unparteilichkeit der Rechtspflege, die Gleichheit der Gesetze und vor dem Gesetz, gleiche Berufung zur Pflicht und Ehre der Waffen.

Die Erwartungen, die von der Bevölkerung dem Landtag entgegengebracht werden, sind entsprechend groß. Die Eröffnung des ersten bayerischen Landtags wird daher ein Festakt, den der König mit feierlichen Worten einleitet: *„In dem ich heute die erste Ständeversammlung des Reichs eröffne, sehe ich mich am Ziele eines seit langer Zeit in meinem Herzen getragenen Wunsches ..."* Seine Hoffnung, dass die Abgeordneten *„gleich wachsam für die Heiligkeit des Thrones wie für die Sicherheit der Hütte"*, seien, dämpft allerdings schon im ersten Anlauf ein (fränkischer) Abgeordneter aus Bamberg. Er stellt den Antrag, das Heer auf die Verfassung zu vereidigen. Im Nu entzündet sich ein Streit, ob Soldaten Staatsdiener seien, denn nur für die gelte die verfassungskonforme Eidespflicht.

Die heftig geführte Diskussion weitet sich bis zu Forderungen nach kräftigen Einsparungen bei den Militärausgaben, da Bayern bei einem Waffengang auf Allianzen angewiesen sei und deshalb auf ein stehendes Heer verzichten könne. Eine Reduktion der Armee um 10 000 Mann würde also die Sicherheit Bayerns nicht wesentlich beeinträchtigen. Bayern steht am Beginn eines Lernprozesses, der nie enden wird: demokratisch zu »denken«, zu »handeln« und zu »leben«.

Die Ermordung des Dichters und russischen Staatsrats August von Kotzebue in Mannheim, am 23. März 1819, bedeutet für das im Keimen begriffene »Pflänzchen« Demokratie einen dramatischen Rückschlag. Der aus Wunsiedel im Fichtelgebirge stam-

König Maximilian I. Joseph von Bayern, seine Regierung und die Abgeordneten der beiden Kammern legen am 26. Mai 1818 den Eid auf die neue Verfassung ab (oben). Kurz darauf entbrennt zwischen den Abgeordneten ein erster Konflikt über Stärke und Kosten des Heeres.

mende und 1815 bei den Bayerischen Jägern des Rezatkreises dienende Theologiestudent KARL LUDWIG SAND mordet aus extrem patriotischen Gefühlen und gießt damit Wasser auf die Mühlen der Verfassungsgegner.

Auch Abgeordnete fordern lauthals die Auflösung des Parlaments, sogar die Sistierung der Verfassung. Besonnenheit und Einsicht retten schließlich die erste Session des bayerischen Landtags über diese Belastungsprobe hinweg: sie endet weitgehend störungsfrei, wie vorgesehen am 25. Juli.

Die praktische Anwendung des ersehnten Parlamentarismus deckt in Bayern die mitunter stark differierenden Ansichten der Volksvertreter und der Regierungskommissäre auf, die meist auch die Meinung des Königs zu vertreten haben. Um eine Eskalation der heftigen Diskussionen zu verhindern, besteht König LUDWIG I. auf der Einhaltung des »monarchischen Prinzips«, das ihn zum Quell der staatlichen Wirksamkeit in Gesetzgebung, Rechtsprechung und Verwaltung macht sowie die Beteiligung des Volkes von der Autorisierung durch den Monarchen abhängig macht. Die Ursachen der parlamentarischen Konfrontation sind historisch begründet.

Die schon in der napoléonischen Ära entstandenen bürgerlich-freiheitlichen Bewegungen sehen sich in den »neubayerischen« Landesteilen Franken und Pfalz durch den fürstlichen Partikularismus im Erreichen ihres Zieles behindert, durch nationale Einheit die bürgerlichen Freiheiten zu gewinnen. Das Lied von »Einigkeit und Recht und Freiheit« des Sprachforschers und Liederdichters AUGUST HEINRICH HOFFMANN VON FALLERSLEBEN (* 2. April 1798 in Fallersleben, heute Wolfsburg; † 19. Januar 1874 in Corvey) veranschaulicht die Reihenfolge der Forderungen, die aus Parolen zur deutschen Einheit im Vormärz abgeleitet werden. Sie sind – nach 200 Jahren – Text der deutschen Bundeshymne.

Um 1830 sind jedoch Veranstaltungen, die Einheitsfragen zum politischen Programm erheben – wie das »Hambacher Fest« in der bayerischen Pfalz am 27. Mai 1832 –, umstürzlerisch. Wortführer solcher Aktionen stehen in Verdacht, die Revolution zu planen, und werden daher sowohl vom König als auch der Regierung vorbehaltlos bis in die Rhein-Pfalz verfolgt.

Die Verachtung kann tiefer nicht sein, als NAPOLÉON BONAPARTE sie in Worten ausdrückt: *„Madame, ich habe Ihnen nur ein Wort zu sagen: votre frère est le plus grand coquin – Ihr Bruder ist der größte Schurke!"*
König MAX JOSEPHS Schwester schweigt. Sie weiß, dass ihr Bruder und sein Staatsminister MONTGELAS gegenüber dem Gönner und Wohltäter schändlich gehandelt haben, als sie Bayern aus seinem Lager in das der Habsburger führten und dadurch wesentlich zum Sieg der Alliierten in der »Völkerschlacht von Leipzig« über den Korsen beitrugen. Staatsräson und gesunder Menschenverstand haben zum Bestmöglichen für Land und Leute entschieden. Bayerns Besitzstand bleibt unverändert, es kann zu den modernen Staaten aufsteigen. Max Joseph, der *„wie ein grober, verdrießlicher bayerischer Fuhrmann"* **aussieht, besticht nicht durch Intelligenz oder Scharfsinn, sondern durch die Fähigkeit, einem Mann mit der Vision eines »neuen Bayerns« zu vertrauen und ihn gewähren zu lassen: seinem obersten Minister Montgelas. Die Trauer über den Tod des Königs am 12. Oktober 1825 erfasst daher ganz Bayern. Das einfache Volk trauert, weil es ihn wegen seiner Biederkeit und Redlichkeit geschätzt hat, und die ewig Unruhigen, Suchenden, weil er ihnen eine brauchbare Verfassung gegeben hat.**

Kritik am Heer und vor allem den Ausgaben, die es verursacht ist keine moderne gesellschaftspolitische Erscheinung der Gegenwart, sie wird in Bayern bereits in der 1. Hälfte des 19. Jahrhunderts laut. Im Bild oben ein Oberleutnant des Garderegiments, um 1814.

König ohne Macht

Die Nachricht vom Tode seines Vaters erreicht Kronprinz Ludwig am 15. Oktober 1825 in Bad Brückenau. Der Oberst des Garderegiments in München überbringt sie:
„Euer Majestät melde ich alleruntertänigst, dass seine Majestät, der vormalige König, Ihr Herr Vater, dahingeschieden ist."
Trauer in Bayern über den Tod des Königs, Begeisterung in Deutschland über den neuen Herrscher, den 39-jährigen Ludwig I., der seinen Vater aus dem Bündnis mit Napoléon in das viel versprechendere mit Österreich gedrängt hat. Darin ist er sich mit Montgelas einig gewesen. Keine Übereinstimmung mit dem Staatsminister herrscht jedoch in der Verfassungsfrage. Montgelas gibt zwar Empfehlungen ab, im Prinzip aber stemmt er sich gegen sie. Durch den Fall Napoléons ist Montgelas jedoch entbehrlich geworden und der Kronprinz stürzt ihn. Ludwig beweist weiter Mut. Während Europa die bürgerlichen Errungenschaften der französischen Revolution zurückdrängt, achtet er darauf, dass sie in Bayern nur im Rahmen der Verfassung demontiert werden. Viele freiheitliche Rechte bleiben daher bestehen, werden sogar erweitert. Zeitgenossen kommentieren: *„In Bayern ist der König liberaler als seine Kammer."*
Von Montgelas abgeschafftes Volksbrauchtum darf aufleben, die bayerischen Kreise erhalten wieder ihre Stammesbezeichnungen: Oberbayern, Niederbayern, Oberpfalz, Oberfranken, Unterfranken, Mittelfranken, Schwaben, Rheinpfalz. Sie bestehen bis heute.

Für die Weiterführung seines Reformwerks sucht Ludwig die wohlwollende Unterstützung der Kirche. Er bietet ihr eine weitgehende Wiedergutmachung der Schäden an, die der aufgeklärte Montgelas hinterlassen hat. Aufgehobene Klöster und Orden werden neu belebt: 1830 das Benediktinerkloster Metten, 1838 das von Scheyarn. 1842 kommen Weltenburg und 1866 Schäftlarn hinzu. St. Bonifaz in München und St. Stephan in Augsburg gründet er neu. Von den Klöstern der Benediktinerinnen gelangen St. Walburg zu Eichstätt und Frauenchiemsee zu neuer Blüte. Kapuziner und Franziskaner kehren zurück, der Krankenpflegeorden der Barmherzigen Schwestern wird errichtet. Im entlegenen Neunburg vorm Wald gründet Mutter Gerhardinger den Orden der Armen Schulschwestern, der sich heute der Meditation und der Suche nach dem Lebenssinn widmet und Frauen vorbehalten ist. Freisinnigen Kritikern der Spätaufklärung erklärt Ludwig sein kirchliches Reanimationsprogramm als Teil seiner freiheitlich-liberalen Politik. Sein Umfeld nimmt das Argument zur Kenntnis, aber mit dem restaurativen Wien und mit Fürst von Metternich, dem »Kutscher Europas«, gerät er in Konflikt.

Das hindert ihn nicht, eineinhalb Monate nach der Angelobung am 19. Oktober 1925, sein als Kronprinz abgegebenes Versprechen, eine liberale Politik zu betreiben, einzulösen: Er hebt die Pressezensur auf und stellt sich keck den schweren Vorwürfen

Der 39-jährige Karl August Ludwig I. (25. August 1786 Straßburg, † 29. Februar 1868 Nizza, oben) nimmt am 19. Oktober 1825 die Krone des Königreichs Bayern an. Der österreichische Gesandte Clam-Martinic bescheinigt ihm einen „reinen, guten Willen und ein lebendiges Pflichtgefühl als Regent."*

Habsburgs: *„Der König von Bayern ist nur Gott und der beschworenen Verfassung verantwortlich. Da aber der Kaiser Franz nicht der liebe Gott und Metternich gewiss nicht die Verfassung ist, möge dieser den Schluss selbst ziehen."*

MISSBRAUCH MIT GEWÄHRTEN RECHTEN

Den Widerstand der Kammern des Landtags gegen seine Reformen kann Ludwig nicht brechen, das absolutistische Zeitalter ist für Bayern vorbei, der König muss sich der Verfassung beugen: Von 25 Gesetzen, die er im Landtag 1827/28 einbringt, gelangt nur ein Drittel zur Verabschiedung. Zugleich bereitet die gewährte Pressefreiheit zunehmend Sorge, sie entartet zur »Pressefrechheit«, wie Zeitgenossen sarkastisch feststellen. Aus ganz Deutschland eilen Journalisten ins zensurfreie Bayern und huldigen in den rund 25 Münchener Zeitungen keineswegs Grundsätzen journalistischer Ethik. Die Töne, die eine Abschaffung der Monarchie fordern, werden greller.

Der königliche Hof und die Regierung beobachten argwöhnisch die »Julirevolution« von 1830 in Paris. Erinnerungen an die Septembermorde des Jahres 1792 – die »Reinigung der Gefängnisse« – steigen auf. Ein unbedeutender Studentenkrawall in München zu Weihnacht 1830 beschwört in Bayern Ängste eines Umsturzes. König und Regierung sehen in der Pressefreiheit die Wurzeln allen Aufbegehrens, am 28. Januar 1831 führt eine Presseverordnung die Zensur für periodisch erscheinende innenpolitische Druckwerke wieder ein. Nun wächst der Unmut der Bevölkerung zur Erregung. In den »sensiblen« Gebieten Würzburg, Bamberg, Nürnberg, auch im schwäbischen Kempten und in der Pfalz kocht die Volksseele. Am 12. Juni steckt Ludwig zurück, die Zensur wird wieder aufgehoben.

Bayern ist keine Insel der Seligen. Wenn überall in Europa die Flämmchen der Revolution glimmen ist es nur eine Frage der Zeit, bis sie zum Brand werden, der auf das Königreich übergreift. Bleibt nur die Hoffnung, dass bis dahin Reformen erfolgreich sind.

Am 17. Oktober 1810 heiratet Kronprinz Ludwig seine Braut Therese von Sachsen-Hildburghausen. Zu den Feierlichkeiten gehört ein Pferderennen „vor dem Sendlinger Thore", auf der späteren, nach der Gemahlin Ludwigs benannten, Theresienwiese. Das weltberühmte Oktoberfest ist »erfunden« (oben).

Burschenschaften proben ihre Stärke

Nicht ohne Grund widmen die Regierungen der deutschen Länder den Studenten ihr besonderes Augenmerk. Die jungen Menschen sind wirtschaftlich weitgehend unabhängig und frei von familiären Sorgen, bilden gut organisierte, streng hierarchisch gegliederte Gemeinschaften und in ihrem jugendlichen Drang, die Grenzen gesellschaftlichen Zusammenlebens kennen zu lernen, kaum zu steuern, noch weniger in ihren Aktionen abzuschätzen. Ihre Spontaneität überrascht bis heute Regierungen und Ordnungshüter, wie die 68er Jahre des 20. Jahrhunderts zeigen.

In der Restaurationszeit reagieren die deutschen Studenten auf die politischen Verhältnisse nicht mit staatsbürgerlicher Ergebenheit wie die Masse des Volkes, die sich dem »Biedermeier« hingibt, sondern mit eigenen Wertvorstellungen.

Der für die Zeit zwischen »Wiener Kongress« und der 48er-Revolution geprägte gesellschaftspolitische Begriff »Biedermeier« – parallel zum staatspolitischen »Vormärz« – geht auf die Schriftsteller Ludwig Eichrodt und Adolf Kussmaul zurück. Sie erdenken für die Münchener »Fliegenden Blätter« von 1855-1857 die Gestalt des schwäbischen Dorflehrers Gottlieb Biedermaier. Sie charakterisieren ihn als einen Menschen, dem *„seine kleine Stube, sein enger Garten, sein unansehnlicher Flecken und das dürftige Los eines verachteten Dorfschulmeisters zu irdischer Glückseligkeit verhelfen."*

Gegen Eichrodts und Kußmauls Absicht, mit Gottlieb Biedermeier und dessen Freund Horatius Treuherz das deutsche Spießbürgertum anzuprangern, verkehrt sich am Ende des 19. Jahrhunderts das Bild und das Volk setzt Biedermeier mit der »guten, alten Zeit« gleich. Biedermeier wird zum Synonym für Behaglichkeit, Häuslichkeit, und Familiensinn, die innere und geistige Emigration, den Rückzug in die Privatsphäre.

Den Studenten schließt sich das liberale Bürgertum an, das unzufrieden ist, weil es von den Herrschenden erneut um seine bürgerlichen Rechte gebracht wird. Sie gehen in die innere Emigration, verschanzen sich in Kaffeehäusern, Lesezirkeln und Debattierklubs. Die Studenten hingegen berufen sich auf den patriotischen Geist der Befreiungskriege und organisieren sich in Burschenschaften.

Die Restauration, die auf das alte Prinzip der Universität als staatliche Ausbildungsanstalt zurückgreift, verletzt das erst jüngst gewonnene Selbstverständnis der Studenten. Ermuntert durch die patrio-

Die studentische Bewegung der Burschenschaft geht aus dem patriotischen Geist der Befreiungskriege hervor und strebt an Stelle der im Mittelalter fußenden, nationalen Landsmannschaften die Zusammenfassung aller Studenten an. Leitmotiv der Burschenschaft sind die deutsche Einheit und die politische Freiheit, ihre

tischen Schriften FRIEDRICH LUDWIG JAHNS, ERNST MORITZ ARNDTS und JOHANN GOTTLIEB FICHTES meinen sie, den gegen NAPOLÉON aufgenommenen Freiheitskampf weiterführen zu müssen, um Deutschland vom absolutistischen Joch zu befreien. Zwei Tage nach der Verabschiedung der Schlussakte des Wiener Kongresses am 9./10. Juni 1815, erfolgt am 12. Juni in der Universitätsstadt Jena durch elf Angehörige von vier Landsmannschaften bzw. Studentenvereinigungen – sie fußen in der studentischen Nationengliederung der mittelalterlichen Universitäten – die Gründung der Urburschenschaft. Ihr Wahlspruch »Ehre, Freiheit, Vaterland« knüpft an die studentische Tradition an, verleiht der Forderung nach demokratischen Freiheitsrechten und politischer Einheit Deutschlands Ausdruck. Da ihr Mitgliederstand bei 1500 stagniert – Deutschtümelei und Antisemitismus, die oppositionelle Haltung gegenüber den Regierungen halten viele vom Beitritt ab –, versucht die Jenaer Burschenschaft, durch ein Massenspektakel Aufmerksamkeit zu erregen. Anlässlich der 300-Jahr-Feier der Reformation und des dritten Jahrestags der Völkerschlacht bei Leipzig ruft sie zu einer Massendemonstration auf.

Am 18. Oktober 1817 versammeln sich auf der Wartburg rund 500 Studenten von dreizehn, hauptsächlich evangelischen Universitäten. Der Theologiestudent ARMINIUS RIEMANN und die Professoren LORENZ OKEN und J. F. FRIES aus Jena halten Reden, die jede Regierung provozieren musste, so auch die Thüringische. Das wird ihnen bewusst, als sie die Anwesenheit von offensichtlichen Spitzeln in der Zuhörerschar bemerken. Die gefassten »Grundsätze«, die eine staatliche Einheit Deutschlands, die Errichtung einer konstitutionellen Monarchie, Rechtsgleichheit, die Einrichtung von Schwurgerichten sowie Meinungs- und Pressefreiheit garantieren sollen, bleiben Willensbekundungen und werden aus Angst vor staatlicher Repression nicht unterzeichnet.

DAS »SYSTEM METTERNICH«

Längst ist die Burschenschaft ein Auffangbecken radikaler Elemente geworden. Unter ihrem Anführer, dem Universitätslehrer KARL FOLLEN, nennen sie sich die »Unbedingten«. Unter den Wartburggästen sind sie Minderheit, erregen aber am Abend der Demonstration mit einem Fackelzug Aufsehen. Mit einer spektakulären Aktion protestieren sie gegen die restaurativen Maßnahmen des Deutschen Bundes: Sie verbrennen politisch missliebige Bücher, so den Code Napoléon, die »Geschichte des Deutschen Reiches« von KOTZEBUE, preußische Polizeigesetze, Symbole der Obrigkeiten, einen hessischen Zopf, einen preußischen Gardisten-Schnürleib und einen österreichischen Korporalstock.

Das Misstrauen der Regierungen, vor allem Österreichs und Preußens, ist geweckt. Ideen von Bürgerfreiheiten haben im »System Metternich« keinen Platz. METTERNICH selbst hat das Wort »System« für seine Prinzipien nie gebraucht. Erst später wird es im Zusammenhang mit seinem Namen zum Begriff für gewaltsame Unterdrückung reformaktiver Strömungen und nationaler Bewegungen. Für den Weltbürger Metternich ist Nationalismus ein Bestandteil einer liberalen Phraseologie ohne reale Daseinsberechtigung. Da seine Politik der Ruhe, Ordnung und Stabilität dient, findet sein System nach den Wirren der napoléonischen Epoche in der Masse der Bevölkerung Zuspruch. Metternich ist sich bewusst, dass die nächste Revolution ganz Europa erfassen und verheerend für die Herrschaftsclique enden könnte.

Daher zeigt er sich einer Idee des russischen Zaren ALEXANDER I. nicht abgeneigt, eine Art »Heilige Allianz« der Großmächte zu gründen, die auf der christlichen Religion basierend einen *„Bund zwischen Thron und Altar“* darstellt. Alexander lädt die führenden Herrscherhäuser Europas ein, sein politisches Manifest mitzutragen.

Auch Metternich hält das Manifest für etwas *„Unnützes“*, ändert aber dann darin einige Stellen, um *„einer hämischen Auslegung zu entgehen“*. Unter seiner Feder wird das Dokument zum Inbegriff der »Restauration«. Es verpflichtet die verbündeten Monarchen bei revolutionären Unruhen zum gegenseitigen Beistand. Mehrere Kongresse festigen das Beistandsabkommen: Aachen 1818, Karlsbad 1819, Troppau 1820, Laibach 1821, Verona 1822.

In der Burschenschaftsbewegung erwächst den Regierungen tatsächlich eine existenzielle Bedrohung. Erschreckt vermerkt Metternichs wichtigster Publizist, FRIEDRICH GENTZ, dass die Burschenschaft *„im höchsten und furchtbarsten Sinne des Wortes als revolutionär“* einzustufen sei.

Farben Schwarz-Rot-Gold übernimmt sie vom Lützow'schen Freikorps. 1935/36 wird sie aufgelöst, nach dem Zweiten Weltkrieg entsteht sie neu. Im kolorierten Stich (links oben) verbrennen Studenten vor der Wartburg Symbole der verhassten Obrigkeit.

Zurück zur Unfreiheit

Die Zusammenfassung aller Burschenschaften in der »Allgemeinen Deutschen Burschenschaft« (ADB) in Jena sowie die Vorgänge auf der Wartburg alarmieren Clemens Fürst von Metternich dermaßen, dass er auf dem zwischen 29. September und 21. November 1818 tagenden »Aachener Kongress« eine deutliche Einschränkung der Freiheiten der Universitäten – den *„Quellen revolutionärer Umtriebe"* – fordert.

Sein Antrag findet Aufnahme, als am 23. März 1819 der aus den Reihen der radikalen »Unbedingten« stammende Karl Ludwig Sand den Schriftsteller August von Kotzebue in Mannheim ermordet. Kotzebue, ein Nachrichtenträger des russischen Zaren, hat in einer Denkschrift vor den Universitäten als »Brutstätten der Revolution« gewarnt.

Am 20. September 1819 verabschiedet der Frankfurter Bundestag die auf einer Konferenz in Karlsbad gefassten Beschlüsse. Neben der Wiedereinführung der Zensur erlaubt ein Gesetz die Beobachtung der Zustände an den Universitäten. Ein außerordentlicher landesherrlicher Beamter hat über die Staatstreue von Professoren und Studenten an eine zentrale Untersuchungsbehörde in Mainz zu berichten. Weiters werden die Burschenschaften verboten, die Jenaer Urburschenschaft muss 1819 ihre Auflösung öffentlich bekannt geben.

Erst 1827 stellt die Mainzer Kommission ihre Arbeit ein. Die neuerliche Konstituierung der »Allgemeinen Deutschen Burschenschaft« in Bamberg erfolgt vorsichtshalber geheim. Die einstige Einheit der Burschen vermag sie aber nicht wieder herzustellen. Sie zerfällt in die Fraktion der »Arminen«, die den kommoden Weg des studentischen und universitären Lebens gehen und das Arrangement mit den Herrschenden anstreben, und in die radikalen »Germanen«, die sich für eine republikanische Verfassung stark machen.

Die Pariser Revolution vom Juli 1830 belebt die demokratischen und nationalen Einigungsbewegungen aufs Neue. Sie gehen nun weit über studentische Kreise hinaus und sprechen auch das Kleinbürgertum, die kleinen Handwerker und Gewerbetreibenden an. Am 27. Mai 1832 tritt die nationale Bewegung in zwei großen Demonstrationen an die deutsche Öffentlichkeit.

Der Sieg des französischen Bürgertums im Juli 1830 über die Herrschaft der Bourbonen gibt der liberalen Bewegung in ganz Europa neuen Auftrieb. Das auf dem »Wiener Kongress« geschaffene System der Reaktion zeigt Risse. Die Vereinigten Niederlande spalten sich, der belgische Teil proklamiert seine Unabhängigkeit, in Italien, Polen und Deutschland proben Liberale und Radikale den Aufstand. In Braunschweig, Kurhessen, Sachsen und Hannover fordern Bürger, Handwerker, auch Bauern und Arbeiter die Pressefreiheit, die Abschaffung der Zölle, der drückendsten Steuern und eine Repräsentativverfassung.

In Bayern herrscht Ruhe, bis auf die Trunkenheitsexzesse, die Studenten in München zwischen Heilig Abend und Silvester 1830 in nächtlichen Krawallen ausleben. Landwehr und Linientruppen ernüchtern sie wieder. Eine Revolution dramatischen Ausmaßes ist nicht in Sicht. Es fehlt an einer einheitlichen Organisation, außerdem gewähren die Regierungen Zugeständnisse, die das Besitzbürgertum zufrieden stellen. Noch könnten umfassende Reformen Bürgerwünsche erfüllen. Doch die herrschende Klasse ist noch zu sehr dem Anciene Régime verbunden und geht den Weg der Unterdrückung. Der Bundestag in Frankfurt am Main verabschiedet am 31. Oktober 1830 »Maßregeln zur Herstellung und Erhaltung der Ruhe in Deutschland«, verschärft die »Karlsbader Beschlüsse« vom 20. September 1819 und nimmt die »Demagogenverfolgung« missliebi-

ger Hochschullehrer und Studentenführer auf. Den Import revolutionären Gedankenguts können die Maßnahmen nicht unterbinden.

In Scharen strömen polnische Aufständische nach ihrer Vertreibung durch zaristische Truppen im November 1830 über die Grenze, ziehen quer durch Deutschland und Frankreich, der erträumten Freiheit entgegen, vom deutschen Volk wie Helden und Märtyrer gefeiert.

Exodus der Intellektuellen

Weniger spektakulär haben mittlerweile Oppositionelle Deutschland verlassen. Literaten wie Heinrich Heine, Ludwig Börne, Georg Büchner, Handwerksgesellen und Kaufmannsgehilfen gründen 1832 in Paris den »Deutschen Volksverein«, aus dem der geheime »Bund der Geächteten« hervorgeht. Der Magdeburger Schneidergeselle Wilhelm Weitling benennt ihn zum »Bund der Gerechten« um, der am Beginn der sozialistischen Bewegung steht.

Die geographische Nähe zu Frankreich macht den deutschen Südwesten für französische kulturelle und soziopolitische Einflüsse besonders empfänglich. Nirgendwo in Deutschland finden liberale und republikanische Ideen solchen Widerhall wie in Baden, in Württemberg und in der Pfalz. Die Strömung erfasst Studenten, Angehörige des Bürgertums und der Handwerkerzünfte gleichermaßen.

1814/15 entschied der »Wiener Kongress«, die linksrheinische Kurpfalz Bayern zurückzugeben. Die Restauration erfolgt im guten Glauben, den alten Herrschaftsstatus erneut herzustellen, bedenkt aber den Wandel der Geisteshaltung des Volkes nicht, den es in der napoléonischen Zeit erfahren hat: Es fühlt sich nicht mehr wie ehedem zu Bayern gehörig. Es kritisiert die hohe Steuerbelastung, die nicht der Pfalz zugute kommt, sondern dem Ausbau Münchens.

Bayern nimmt auch in der Personalentscheidung bei der Besetzung von Ämtern in der Verwaltung und beim Militär der Pfalz wenig Rücksicht auf einheimische Bewerber. Altbayerische Beamte und Offiziere werden bevorzugt. Noch besitzen die Pfalz und Baden als einzige Länder im Deutschen Bund die Pressefreiheit. Hier können die dem Bund kritisch gegenüberstehenden Journalisten ihre Meinung unzensiert veröffentlichen. Diese Freiheit endet 1830 mit den im Bundestag beschlossenen Maßnahmen zur »Erhaltung der Ordnung«. Die Zensur tritt wieder in Kraft und die Rechte der Pfälzer Bevölkerung erleiden weitere Einschränkungen.

Als Reaktion gründen Anfang Februar 1832 der pfälzische Jurist Philipp Jakob Siebenpfeiffer und der Journalist Johann Georg August Wirth den »Deutschen Press- und Vaterlandsverein«. Der Abgeordnete Friedrich Schüler übernimmt den Vorsitz, Gustav Bunsen wird Vorstandsmitglied, er leitet 1833 den Sturm auf die Frankfurter Wache.

Ziel des »Press- und Vaterlandsvereins« ist die Errichtung eines politisch geeinten Deutschlands. Sprachrohr des Vereins ist die von Wirth herausgegebene Zeitung »Deutsche Tribüne«. Auch sie wird verboten und der Verein muss mit Flugblättern an die Öffentlichkeit herantreten. Komitees an verschiedenen Orten in Deutschland erhöhen den Verbreitungsgrad der Schriften. In Paris arbeiten Ludwig Börne und Heinrich Heine für die Organisation, bis 1832 die Zensurbehörde den »Press- und Vaterlandsverein« auflöst.

Auslösendes Moment des Verbots ist ein vom Verein organisiertes, von der Behörde nicht genehmigtes »Volksfest«, das vom 27. Mai bis 1. Juni 1832 in Neustadt an der Haardt, auf dem Hambacher Schlossberg, vor der Kestenburg (jetzt Maxburg) anlässlich der 18. Wiederkehr der Verabschiedung der Bayerischen Verfassung stattfinden soll.

Für den selben Tag ist auch eine Verfassungsfeier vor der Konstitutionssäule in Gaibach vorgesehen. Die geäußerten kritischen Töne über das System sind unüberhörbar, halten sich aber in diszipliniertem Rahmen, während das Fest in Hambach ein riesiges Spektakel wird.

Sechs oppositionelle Zeitungen mit einer Gesamtauflage von 107 000 Exemplaren haben zum Besuch aufgerufen. Der hitzköpfige Siebenpfeiffer tritt als Hauptredner auf und präsentiert das von ihm komponierte »Gründungslied« der Veranstaltung, die unter dem Motto »Gegen Legitimität, für Volkssouveränität, gegen Fürstenthrone, für die Republik – in Deutschland und Europa« steht.

Etwa 30 000 Menschen aus allen Volksschichten, Deutsche, Franzosen und Polen sind gekommen und marschieren den Hambacher Burgberg hinauf. Ein Volksfest, das mehr einer Demonstration gleicht.

Hinrichtung des Mörders von Kotzebue, Karl Ludwig Sand, am 20. Mai 1820, um 5.30 Uhr früh in Mannheim (links unten).

Politisches Wetterleuchten

»Bund der Kommunisten«: 1846 gründet Karl Marx in Brüssel ein »Kommunistisches Korrespondenz-Komitee« als Informationszentrale für die demokratische Bewegung in Europa. Das Komitee hat Einfluss auf den »Bund der Gerechten« in Deutschland. Im Juni 1847 nimmt das Korrespondenz-Komitee auf einem Bundeskongress in London den Namen »Bund der Kommunisten« an. Im Gegensatz zum »Bund der Gerechten« ist der kommunistische Bund international organisiert. Unter dem Motto »Proletarier aller Länder, vereinigt Euch« verfügt er über vorläufige Statuten, die 1847 in endgültige umgewandelt werden. Zweck des Bundes *„ist der Sturz der Bourgeoisie, die Herrschaft des Proletariats, die Aufhebung der alten, auf Klassengegensätzen beruhenden bürgerlichen Gesellschaft und die Gründung einer neuen Gesellschaft ohne Klassen und ohne Privateigentum."*

»Bund der Geächteten«: Entsteht 1834 aus dem 1832 in Paris gegründeten »Deutschen Volksverein« als Geheimbund deutscher Handwerksgesellen, Studenten und Publizisten. Ziel des Bundes ist die Befreiung und Wiedergeburt Deutschlands aus Metternich'scher Knechtschaft. In Deutschland fasst der Bund nur in Frankfurt, Mainz und anderen Städten Fuß. 1836 geht aus der Vereinigung der »Bund der Gerechten« hervor.

»Bund der Gerechten«: Geheimorganisation mit dem Ziel der Befreiung Deutschlands von Unterdrückung, Entsklavung der Menschheit und Verwirklichung der in den Menschen- und Bürgerrechten enthaltenen Grundsätze. Mitglieder sind vorwiegend Handwerksgesellen. In Deutschland entstehen nur in Frankfurt und Hamburg kleine Gemeinden, dagegen gelingt es ihrem Parteiführer Wilhelm Weitling, in der Schweiz eine Sektion zu gründen, die auf die Arbeitervereine großen Einfluss ausübt. Mit der Verhaftung Weitlings zerfällt die Organisation (1843). 1846 gründen geflohene Mitglieder des Bundes in London den Kommunistischen Arbeiterverein, der sich eines regen Zulaufs erfreut.

Nach dem Wartburgfest von 1817 nimmt die Unruhe in Teilen der deutschen Bevölkerung zu. Vor allem die in den Burschenschaften vereinten Studenten, das liberale Bürgertum, Handwerksgesellen und Literaten beziehen Stellung gegen die immer drückender werdende Entmündigung der Bürger. Der Mord am Schriftsteller

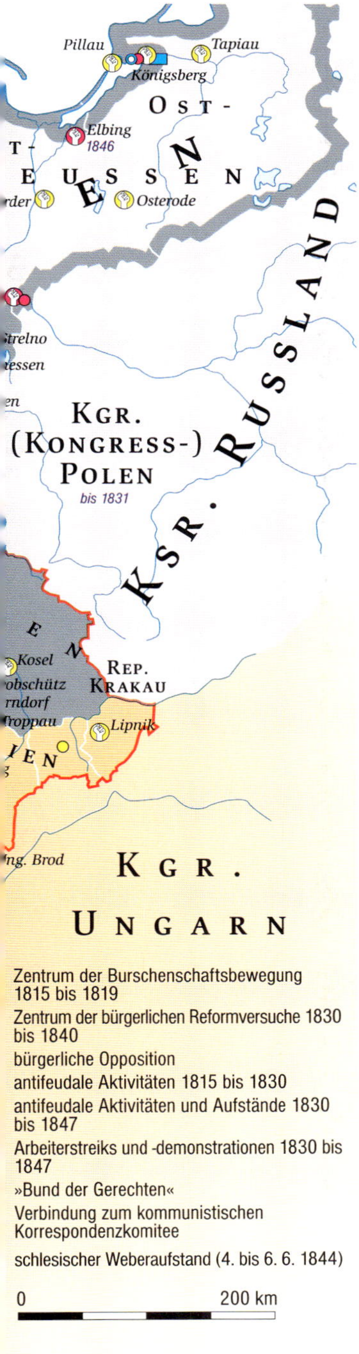

König Ludwig I. schwört seiner liberalen Einstellung ab. Enttäuscht von Regierung und Volk, die die von ihm gewährten Freiheiten nicht nicht zu schätzen wissen, und von den Oppositionellen, die ihn sogar stürzen wollen, ändert Ludwig seine Gesinnung. Er beginnt überall Aufbegehren und Revolten zu wittern. Das »Hambacher Fest« und die Gaibacher Verfassungsfeier bringen ihm Montgelas in Erinnerung, der das Volk für unreif hielt, um den Wert einer freiheitlichen Verfassung zu schätzen.

Für Metternich sind beide Veranstaltungen ein Skandal; der Verfassungsstaat Bayern sei ein Tummelplatz für Revolutionäre aus ganz Europa geworden, klagt er. Die bayerische Regierung muss ihm nachgeben und Truppen in die linksrheinische Pfalz entsenden. Johann Georg August Wirth, der die „Vereinigten Freistaaten Deutschlands" in einem „konföderierten republikanischen Europa" proklamiert hat, wird festgenommen und nach Zweibrücken verbracht. Die Anklage wegen Hochverrats wird im Juni 1833 vom Landauer Geschworenengericht fallen gelassen, dafür verurteilt ihn im November 1833 ein Zuchtpolizeigericht wegen Beleidigung inländischer und ausländischer Behörden zu einer zweijährigen Gefängnisstrafe. Nach der Verbüßung in Kaiserslautern wird Wirth im Dezember 1835 nach Passau transferiert, um noch eine Kontumazstrafe (= Nichterscheinen vor Gericht) abzusitzen. Ende Dezember 1836 flieht er nach Frankreich, lässt sich 1839 im schweizerischen Thurgau nieder und zieht 1847 nach Karlsruhe. Die preußischen Fürstentümer wählen ihn in die Nationalversammlung, er verstirbt jedoch am 26. Juli 1848 in Frankfurt. Die Stadt Hof errichtet zum 150. Todestag Wirths ein Ehrenmal, das sein Eintreten für die Pressefreiheit würdigt.

Mit Wirth wird auch Siebenpfeiffer wegen Hochverrats vor das Appelationsgericht Zweibrücken zitiert. Siebenpfeiffer geht 1833 im Assisenprozess von Landau frei, muss aber wegen Beamtenbeleidigung für zwei Jahre ins Gefängnis. Am 14. November 1834 flieht er über das Elsass in die Schweiz und findet an der Universität Bern eine Anstellung als außerordentlicher Professor für Straf- und Staatsrecht. 1841 machen sich bei ihm Anzeichen einer Geisteskrankheit bemerkbar. In der Heil- und Pflegeanstalt Bümpliz bei Bern stirbt Jakob Siebenpfeiffer, 55 Jahre alt, am 14. Mai 1845. Seit 1987 wird seiner journalistischen Arbeit alle zwei bis drei Jahre gedacht und der Siebenpfeiffer-Preis in der Höhe von 5000 Euro in Homburg von einer nach ihm benannten Stiftung an engagierte Journalisten vergeben.

Am 3. April 1833 überfallen etwa 50 Studenten der Universitäten Heidelberg und Würzburg unter Führung von Gustav Bunsen die Frankfurter Hauptwache. Die Putschisten wollen die Republik ausrufen. Der Handstreich scheitert wegen Verrats. Neun Tote und vierundzwanzig Verletzte bleiben am Kampfplatz. Der »Frankfurter Wachensturm« gehört mit dem Wartburgfest und dem Hambacher Fest zu jenen politischen Aktionen des deutschen Vormärz, die zur Märzrevolution von 1848 führen.

Kotzebue, das Hambacher Fest und der »Frankfurter Wachensturm« zeigen das Anwachsen der Gewalt. Altbayern bleibt von der aggressiven Entwicklung weitgehend verschont. Hingegen gehen von Rheinbayern (Pfalz) und Franken starke umstürzlerische Impulse aus (oben).

Wirtschaftsprobleme

Nach 1803 steht die bayerische Wirtschaftspolitik unter mehrfachen Zwängen: Die Konsolidierung des beträchtlich gewachsenen Staatsgebiets muss vorangetrieben, Produktion und Absatz sollen neu geordnet und ein solides Haushaltsbudget will erstellt werden. Der Festigung des Einheitsstaates dient zunächst die Beseitigung der Binnenzölle. Der Kurbayerische Mautverband von 1799, der Kurbayern und die pfalzneuburg-sulzbachischen Gebiete zusammenschließt bietet dafür eine praktikable Rechtsbasis. Die neue Zollordnung verbietet die private Salzeinfuhr und schützt damit die eigene Salzproduktion. Doch senkt sie gleichzeitig die Einfuhrabgaben und liefert dadurch die eigene Wirtschaft vornehmlich der französischen Konkurrenz aus.

1804/05 müssen daher die Außenzölle wieder erhöht und 1807/08 muss sogar zur Hochzoll- und zum Teil zur Wertzollpolitik übergegangen werden. Doch erst die Zollverfassung von 1811 hebt die Binnenzölle zur Gänze auf und erklärt das ganze rechtsrheinische Königreich zum geschlossenen Zollgebiet. Im Rheinbund eingebunden hat Bayern dem Diktat Napoléons zu folgen und Frankreichs Waren zu bevorzugen, wodurch die Staatsschulden steigen, da billige ausländische Produkte nur nachrangig auf den Markt kommen dürfen. Auch die erhofften Einnahmen durch die Enteignung der Kirche bleiben hinter den Erwartungen zurück. Wirtschaftshistoriker errechneten den Enteignungswert mit maximal 35 Mio. Gulden. Der Verkaufserlös wird weit darunter gelegen haben, denn das Land war ausgeblutet, die Bevölkerung verarmt.

Die Säkularisierung richtet dafür nicht nur durch die Zerstörung unschätzbarer Kulturgüter enormen Schaden an, auch der wirtschaftliche ist beträchtlich. Die Schließung der Klöster raubt den Bauern die Möglichkeit, Kleindarlehen zu günstigem Zinssatz aufzunehmen. Viehhändler und Geldmakler bieten sich an, verlangen jedoch bis zu 20% Zinsen und mehr. Ein als Abhilfe gedachter und von Graf von Soden vorgeschlagener Kreditverein für die Landwirtschaft wird nicht verwirklicht, obwohl das Schwergewicht der bayerischen Wirtschaft bis zur Jahrhundertmitte auf dem landwirtschaft-

Staatsschuld Bayerns 1801 bis 1829/31
(in Mio Gulden)

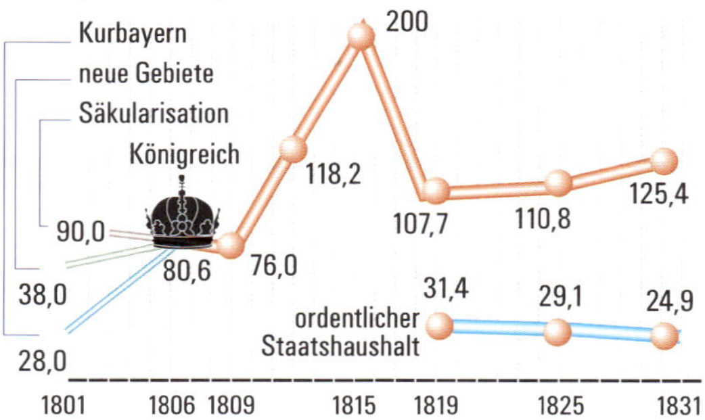

Der erste ordentliche Staatshaushalt der konstitutionellen Monarchie weist 1819/20 Einnahmen und Ausgaben von 31,4 Mio. Gulden aus. 8,2 Mio. fl. entfallen auf Heeresausgaben, 7,7 Mio. fl. auf den Schuldendienst.

Carl Spitzweg malt das Bild »Nur die Gedanken sind zollfrei« im Jahr 1886. Da waren freilich die Zollschranken zwischen den deutschen Ländern schon längst gefallen (oben; das Bild wurde 1945 zerstört). – Gradmesser der

lichen Sektor liegt. Mehr als dreiviertel der erwerbstätigen Bevölkerung sind ganz oder zum Teil in ihm tätig. Steckt die Landwirtschaft in der Krise, ist auch das Gewerbe davon betroffen.

Doch der an chronischem Geldmangel leidende Staat ist einfach nicht in der Lage, seiner Volkswirtschaft oder einzelnen Wirtschaftszweigen eine bayerische Nationalbank zur Verfügung zu stellen, die mit günstigen Krediten über Notzeiten hinweg hilft. Nur Franken besitzt ab 1806 in Nürnberg (vormals in Fürth) eine Königlich Preußische Bankfiliale. Die Hauptbank- und der Börsenplatz Altbayerns ist das Bankhaus Schaezler in Augsburg. In München selbst ist der Staat auf die Dienste des Hauses SELIGMANN angewiesen. In Würzburg bedient das Bankhaus HIRSCH den Adel in Bodenkreditangelegenheiten. Aschaffenburg und Umgebung liegen bereits im Einzugsbereich der Frankfurter, Nordoberfranken in dem der Leipziger Banken.

AUF DEM WEG ZUR ZOLLUNION

Am Kapital mangelt es nicht, wohl aber an klaren Konzepten, die weder vom Staat noch von der Wirtschaft angeboten werden. Dadurch wird die Kapitalversorgung der Wirtschaftszweige, vor allem der Landwirtschaft und des Gewerbes uneinheitlich und mangelhaft. Unentschlossen schwankt die staatliche Förderung zwischen Betriebsneugründungen und Mittelstandsschutz, versucht sich einmal in liberalen, dann wieder in merkantilistischen Maßnahmen. So bleibt auch das Gewerbegesetz von 1825 ein Torso. Es schließt die unbeschränkte Gewerbefreiheit aus, vergibt Konzessionen nur an Handwerker mit gesichertem »Nahrungsstand«, nicht aber an Manufakturen und Fabriken.

Nun wäre im von Krisen überschatteten Nachkriegsbayern die Förderung von Handwerk, Gewerbe und Unternehmertum ratsam, zumal Kriegsspekulanten über genügend Kapital verfügen, welches sie in aussichtsreiche Zukunftsprojekte investieren könnten. So aber legen sie ihre Gelder in – durch die Säkularisierung billig gewordene – Landgüter an und binden sie dadurch langfristig und ertraglos.

Die Öffnung der napoléonischen Blockade gegen englische Waren setzt die bayerische Wirtschaft zusätzlich unter Druck. Englische, industriell hergestellte Billigprodukte überschwemmen den Markt. Viele der während der Kontinentalblockade gegründeten Manufakturen gehen in den Konkurs. 1821 klagt ein Erlanger Unternehmer, dass der Versand von »Nürnberger Waren« von 5 Mio. Reichstalern jährlich auf 1 Mio. zurückgegangen sei. Im Hintergrund der Misere stehen fehlender Unternehmergeist und eine Überzahl von Wirtschaftswissenschaftler, die in endlosen Diskussionen ihre Wirtschaftsmodelle zerreden.

Ihrer Meinung nach stagnieren Handel und Produktion wegen den Zünften, den Maschinen, den unproduktiven Kräften im öffentlichen Dienst, den Militärs, den unzulänglichen Schutzzöllen, dem Katholizismus, dem Luthertum, kurz – wegen allem.

Erst nach 1822 setzt sich die Idee durch, von Auslandseinflüssen verursachte Marktschwankungen mit einem erweiterten Zollgebiet auszugleichen: Bayern und Württemberg überlegen eine Zollunion.

1827/28 liegen endlich konkrete Verträge auf dem Tisch. Eine Wirtschaftsbarriere ist überwunden, die Weichen für die Zukunft sind gestellt.

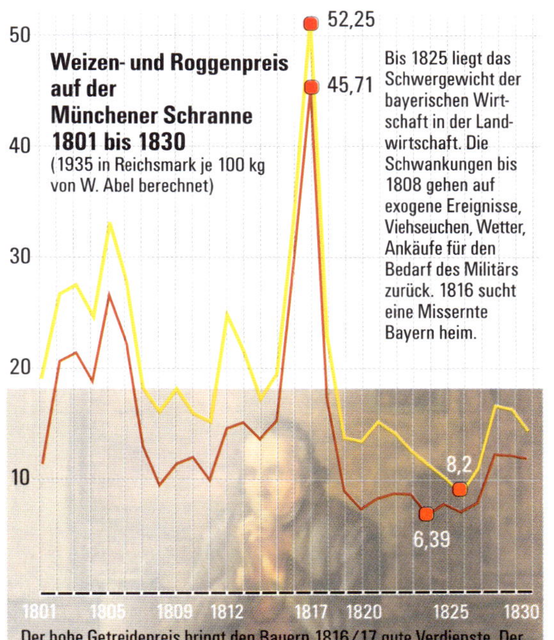

Der hohe Getreidepreis bringt den Bauern 1816/17 gute Verdienste. Der Preis stürzt ab als die Ernten sich wieder normalisieren.

Konjunktur sind auch in jenen Jahren die Schulden des Staates (links unten) und die Höhe des Getreidepreises (rechts unten). – Die Münze links, von 1807, stammt aus Nürnberg. Franken ist im einheitlichen bayerischen Münzmarkt integriert. Unbekümmert prägte ein Münzmeister seine Münzen weiter..

„Der Wirtschaft die Einheit!“

In den Jahren 1727/28 entstehen im Deutschen Bund gleich drei Zollverbände: ein bayerisch-württembergischer und ein preußisch-hessischer Zollverein sowie ein Mitteldeutscher Handelsverein. Der Abbau des partikulären Wirtschaftssystems führt am 1. Januar 1834 auf Betreiben Preußens zum Zusammenschluss mit Bayern zum Deutschen Zollverein. Damit ist der größte Teil Deutschlands, mit 24 Mio. Menschen, in einem einheitlichen Wirtschaftsraum vereint. Baden, das enge Wirtschaftsbeziehungen zu Frankreich pflegt, tritt dem »Deutschen Zollverein« 1842 bei, die übrigen Staaten 1854.

Das an den deutschen Wirtschaftsrand gedrängte Österreich nimmt 1832 Verhandlungen mit Bayern auf, um mit ihm und den anderen süddeutschen Ländern der preußischen Zolloffensive zu begegnen. Die inneren Strukturen des Vielvölkerstaates, dessen überwiegender Teil außerhalb des Deutschen Bundes liegt, und die unflexible österreichische Bürokratie, die vom prohibitiven Wirtschaftssystem des Kaisertums nicht abgeht, lassen das Projekt zum scheitern.

Die erweiterten Handelsbeziehungen in den Zollvereinsländern regen den planmäßigen Kunststraßenbau an und tragen zur Bildung eines Einheitsstaates bei. In Bayern rückt München verkehrsmäßig ins Zentrum des Königreichs. Regelmäßig verkehren Postkurse nach Regensburg, Wels, Salzburg, Innsbruck und Augsburg. Bis 1824 sind die wichtigsten Verbindungsstraßen für den Kutschenverkehr einigermaßen gut befahrbar.

Zuvor, am 1. März 1808, hat der Staat gegen eine angemessene Abfertigung vom Regalinhaber Karl Alexander Thurn und Taxis das Postwesen über-

Die Entwicklung der wirtschaftlichen Einheit Deutschlands (oben). – Die Eröffnung der ersten deutschen Eisenbahnlinie von Nürnberg nach Fürth wird zu einem Volksfest. Im Bild rechts verlässt der »Adler« den Bahnhof Nürnberg Plärrer.

nommen. Der Finanzminister verspricht sich gute Einnahmen. Doch Motor der Wirtschaft wird eine epochale technische Erfindung: die Eisenbahn.

Die Erfindung der Eisenbahn hat in Deutschland mehrere Protektoren. Unter ihnen den Bruder des bayerischen Arztes und Philosophen FRANZ XAVER VON BAADER, den Ingenieur JOSEPH VON BAADER.

Der in München geborene und in königlichen Bergdiensten stehende Joseph von Baader (1763-1835) zieht nicht nur durch den Bau der viel bewunderten Salzsoleleitung Reichenhall-Traunstein die Aufmerksamkeit der Öffentlichkeit auf sich, sondern 1803 auch durch die Installation einer eindrucksvollen Pumpanlage im Schlosspark von Nymphenburg, die heute die älteste ständig arbeitende Maschine in Europa ist.

EINE EPOCHALE ERFINDUNG

1807 entwirft Baader erste Eisenbahnmodelle. Als 1824 die erste Dampfmaschine aus England in Bayern eintrifft – sie kommt in der Cotta'schen Zeitungsdruckerei in Augsburg zum Einsatz –, errichtet Baader ein Jahr später in Nymphenburg das Modell einer Versuchsbahn.

Am 27. September 1825 unternimmt eine von GEORGE STEPHENSON (1781-1848) erbaute »Locomotion« ihre Jungfernfahrt zwischen Stockton und Darlington. Doch erst 1832 verlegt Österreich auf der 130 km langen Strecke zwischen Linz und Budweis mit Eisen beschlagene Holzschienen, auf der von Pferden gezogene Droschken verkehren.

Die erste deutsche Dampf betriebene Eisenbahn nimmt in Franken ihren Betrieb auf. Am 19. Februar 1834 bewilligt König LUDWIG den Bau einer „eisernen Comerzstraße« zwischen Fürth und Nürnberg. Ein Konsortium mittelfränkischer Kaufleute streckt die Finanzmittel vor.

Am 7. Dezember 1835 setzt sich die 10 PS starke, »Adler« genannte, noch in England gebaute Lokomotive in Bewegung.

Um 1840 beträgt die Länge der Eisenbahnlinien in Deutschland schon 581 km. Nur Bayern droht, den Anschluss an die übrigen Länder zu verlieren. Eine Verlängerung der Strecke Nürnberg-Fürth nach Sachsen, zum Main und zur Donau findet keine Geldgeber.

Hier zeigt König Ludwig einmal mehr staatsmännische Weitsicht. Obwohl eher ein Befürworter des Schifffahrtskanalbaus, erklärt er den Eisenbahnbau zur staatlichen Domäne, sodass Bayern als einer der ersten deutschen Staaten 1840 eine Staatseisenbahn besitzt. Freilich betrachtet er die Bahn nur als eine Ergänzung zur Kanalschifffahrt. Eine für die damalige Zeit weitschauende Verkehrsplanung.

Dennoch entsteht zwischen 1841 und 1854 die 600 km lange Ludwig-Süd-Nord-Bahn, die Lindau mit Hof an der sächsischen Grenze verbindet.

Für den Nürnberg-Fürther Raum bedeutet die erste Streckenführung den Auftakt zur Industrialisierung. Eingesessene Firmen wie SPAETH und KLETT rüsten ihre Betriebe auf den Eisenbahnbau um und bilden langfristig die Basis für die nachfolgende Markt führende Maschinen- und Metallindustrie.

Ludwig: Kunst und Frauen

Der Aufstieg Münchens in den Rang einer europäischen Kunst- und Kulturmetropole beginnt unter Kronprinz Karl August Ludwig, dem Sohn des ersten Königs von Bayern, Maximilian Josephs. Ludwig setzt nicht nur die begonnene Staatsreform fort und formt Bayern zu einem modernen Mittelstaat, er entwickelt auch einen ungeheuren Baueifer und verwandelt München in eine glanzvolle Residenz. Die Inspiration dazu gewinnt er als Kronprinz in der deutschen Künstlerkolonie in Rom, wo er einige Monate verbringt.

Ungewöhnlich früh studiert Ludwig die italienische Renaissance und beginnt 1816, von ihr inspiriert, noch unter der Regentschaft seines Vaters, die Glyptothek am Königsplatz und das Leuchtenbergpalais am späteren Odeonsplatz aufzuführen. Ihr Stil ist unter seiner Ägide Richtung weisend für die künftige Bautätigkeit . Als Fachkräfte holt er sich den Architekten Franz Karl Leo Graf (seit 1833) von Klenze, aus Schladen in Niedersachsen, und 1828 den Koblenzer Baumeister Friedrich Ritter (seit 1837) von Gärtner, der in Paris bei P. F. L. Fontaine und C. Percier studiert hat. Gemeinsam geben sie München in der ersten Phase der städtebaulichen Entwicklung zur Großstadt die Prägung, die es heute noch kennzeichnet: imposante Bauten und großzügig angelegte Boulevards. Sie und gediegene Kunstsammlungen sollen *„aus München eine Stadt machen, dass niemand Deutschland kennen soll, der München nicht kennt“*, lautet die Direktive des dynamischen und engagierten Kronprinzen.

Während der 23 Jahre dauernden Regierung, von 1825 bis 1848, entwickelt Ludwig I. Aktivitäten, die Kunst und die Wissenschaft zu fördern, die dem Kunsthistoriker Norbert Huse höchste Anerkennung abverlangen: *„Einen Herrscher, der – im Vergleich zur Größe des Landes – so viel bauen ließ wie Ludwig I., gab es in ganz Europa nicht.“*

Die Zeit zwischen Hofhaltung, Regierungsgeschäften und Bauüberwachung füllt er mit romantisch-emotionalen Phantasien, die in der Galerie des Schlosses Nymphenburg in 38, vom Hofmaler Joseph Stieler aus Mainz gemalten Portraits attraktiver Damen Gestalt annehmen. Unter ihnen auch welche mit »Ruf«. Ludwigs Gemahlin Therese Charlotte Luise von Sachsen-Hildburghausen fühlt sich durch die Nebenbuhlerinnen eher entlastet als gedemütigt. Sie schenkt ihrem Mann vier Söhne und vier Töchter. In ihrem Testament – Therese stirbt 1854 im Alter von 62 Jahren an Cholera – dankt sie ihm, *„für jeden Beweis der Liebe, durch welchen Er mir das Leben zu verschönern wusste.“*

Hofarchitekt Klenze errichtet zwischen 1826 und 1835 am Max-Josephs-Platz den 120 m langen repräsentativen Königsbau nach dem Vorbild des Palazzo Pitti in Florenz (oben). Hier wohnt Ludwig mit seiner Familie in einfach ausgestatteten Räumen ohne jeden höfischen Prunk.

So kann der 1810 geschlossenen Ehe auch der Auftritt einer bildschönen Frau von etwa 28 Jahren nichts anhaben.

Am 10. Oktober 1846, dem 36. Hochzeitstag des Königspaares, gibt Demoiselle LOLA MONTEZ im Münchener Hoftheater ein Gastspiel. Ein im Fürstentum Reuß ausgestelltes Reisepapier weist sie als MARIA DOLORES PORRIS Y MONTEZ aus, geboren 1823 in Sevilla, von Beruf Tänzerin. Tatsächlich wurde sie am 25. August 1818 im irischen Limerick geboren, als Kind eines schottischen Leutnants und einer Kreolin und heißt MARIA DOLORES ELIZA ROSANNA GILBERT. Bis zum neunten Lebensjahr lebt sie in Kalkutta und soll, nach dem Willen ihrer Mutter, mit 14 Jahren einen 60-Jährigen heiraten. Vom 30-jährigen Liebhaber ihrer Mutter verführt, heiratet sie diesen.

Nach kurzer Ehe lässt sich Montez in Spanien im Bühnentanz ausbilden, überzeugt aber auf ihren Tourneen weniger durch künstlerische Fähigkeiten, als durch Schönheit und Lebensfreude. In München verfällt ihr König Ludwig. Die sittenstrengen Münchner mögen wohl den König, nicht aber das *„Teufelsweib"*, das ihrem Regenten schon bei der ersten Begegnung mit entblößtem Busen den Kopf verdreht haben soll.

Den König am Gängelband, tritt Lola Montez arrogant und provokant auf. Verständlich, dass sich allmählich der Unmut der Bevölkerung nicht nur gegen die Ausländerin, sondern auch gegen Ludwig wendet, dessen Wahlspruch: *„Wir wollen Deutsche sein, und Bayern bleiben"* zunehmend auf Unglauben und Häme stößt.

LOLA MONTEZ BRINGT UNRUHE

Um 1847 versucht die schöne Lola, die Studentenschaft auf ihre Seite zu ziehen. Sie fördert durch Zuwendungen die studentische Verbindung »Alemannia«, deren Mitglieder alsbald nur noch »Lolamontanen« genannt werden, und damit ist der Friede an der Universität dahin. Nach einem Kommers geraten Pro- und Kontra-Montez-Gruppen aneinander, das Militär greift ein.

Vorsichtshalber schließt der König am 9. Februar 1848 die Universität und bringt dadurch *„tausend der achtbarsten Bürger"* gegen sich auf, die vor der Residenz die Öffnung der Universität fordern und im gleichen Atemzug politische Reformen und – die Ausweisung von Lola Montez.

Ludwigs Geliebte ist jedoch nur ein Vorwand für Unzufriedene, die an der Revolutionsfackel zündeln. In Mailand, Neapel und Palermo glimmt sie bereits bedrohlich. Paris wird schließlich wieder – wie 1792 – Ausgangsort einer Europa weiten Erhebung. Am 22. Februar 1848 stehen abermals Studenten, Arbeiter und diesmal auch Nationalgardisten auf den Barrikaden und feiern die Vertreibung der Bourbonen.

Die Eisenbahn macht es möglich. Innerhalb weniger Stunden erreicht die Nachricht vom gelungenen Umsturz in Frankreich Franken und Schwaben. Spontan erheben sich die Bauern gegen die Adelsherrschaften. Doch anders als in vielen Großstädten, Berlin und Wien eingeschlossen, bleiben die Unruhen in Bayern in erträglichem Rahmen.

Bedrohlich wird die Lage nur in München, als der Mob am 4. März 1848 das Zeughaus stürmt und bewaffnet gegen die Residenz zieht. Der Bruder des Königs, Prinz KARL VON BADEN, bringt die Meute, hoch zu Ross und ein Papier mit Reformen über den Kopf schwingend, am Promenadenplatz zum Stehen. Die Menge kehrt um und gibt gesittet die Waffen am Jakobsplatz wieder ab.

Lola Montez (rechts) reist von Bayern nach London, heiratet zum zweiten Mal, löst die Ehe wieder, schreibt in Paris ihre Memoiren und versucht im Herbst 1851 ihr Glück bei Goldgräbern in Kalifornien, gelangt über Australien nach New York und stirbt hier, 43-jährig, verarmt am 17. Januar 1861.

Am Beispiel Englands

Die so genannten Münchener Märzstürme wehen als milde Frühlingslüftchen durch die Stadt. Ein »Ministerium der Morgenröte« mit dem altliberalen Ministerpräsidenten Georg Ludwig von Maurer an der Spitze setzt Reformen um, die der Landbevölkerung schon im Juni Erleichterungen bringen. Der König festigt die Lage weiter. Er opfert zuerst seine geliebte Lola Montez - am 16. März 1848 verliert sie die Staatsbürgerschaft, einem Haftbefehl entgeht sie nur durch Flucht -, danach legt er auch die Krone ab. Am 19. März 1848, ein Uhr Mittag, erklärt er den vier volljährigen Söhnen, abdanken zu wollen: *„Regieren konnte ich nicht mehr, und einen Unterschreiber abgeben wollte ich nicht. Nicht Sklave zu werden, wurde ich Freiherr“.*

In der neuen Rolle nennt er sich *„beurlaubter Hofbaurat von München“* und bringt den Bau der Befreiungshalle in Kehlheim zu Ende.

„Man hat mich zum Schreiber und nicht einmal zum Oberschreiber, sondern zum Unterschreiber degradieren wollen. Dafür dankte ich - ab.“

Ludwig und die von ihm geschaffene Kulturmetropole München stehen am Beginn bayerischen Selbstbewusstseins, das gleichsam zum Fundament des bayerischen Staates wird.

Mit der Abdankung Ludwigs I. verliert Bayern nicht nur an Farbe im gesellschaftlichen Leben sondern auch einen Staatslenker von Format. Bis zu seinem Tod ist der rührige Ex-Monarch ein großzügiger Förderer der Kunst und der Künstler. Rund 18 Millionen Goldmark spendet er noch aus seinem Privatvermögen. Am 29. Februar 1868 stirbt er 81-jährig in seiner Villa in Nizza. In der Münchener Basilika St. Bonifaz liegt er begraben.

Seltsamerweise gedenkt man in Bayern zwar der Wittelsbacher bis zur Gründung des Königreichs, widmen sich Ausstellungen den Kelten oder dem Bauen im Dritten Reich. Auch Wolfgang Amadeus Mozart wird gedacht und der Fehlentscheidung des Kurfürsten Carl Theodors, der die Bewerbung Mozarts um eine Anstellung bei Hofe ablehnte und ihn nach Österreich entließ. König Ludwig I. hingegen gedenkt man nicht. Und doch leistete Ludwig I. auch Beispielhaftes für die Wirtschaft, damit sie den Anschluss an die beginnende Industrialisierung nicht verliert.

Ansätze der bayerischen Industrialisierung reichen wohl bis 1780 zurück, aber erst nach der napoléonischen Zeit und der Öffnung des europäischen Kontinents für Englands Waren und technologischem Fortschritt beginnt ab 1815 eine Aufholjagd gegenüber dem britischen Vorsprung. Im Rahmen eines - im heutige Sinne - Mobilitätsprogramms zur Förderung des Technologietransfers stattet Benjamin Thompson, besser unter seinem Adelstitel Reichsgraf von Rumford bekannt, Studenten mit Stipendien aus und lässt sie in England auf technischem Gebiet ausbilden. Aus diesem Kreis stammt Georg von Reichenbach.

Reichenbach richtet 1802 in München das Mathematisch-mechanische Institut ein, das sich auf feinmechanische Präzisionsprodukte spezialisiert und den Ruf der Landeshauptstadt als Hochtechnologiestandort begründet. 1803 konstruiert er die erste bayerische Dampfmaschine, die einen Prägestock in der königlichen Münze antreibt.

Anregungen zur Bierbrauerei holt sich der Eigentümer der Spatenbrauerei, Gabriel Sedlmayr der Jüngere, ebenfalls aus England. Dank des importierten Saccharometers zur Bestimmung der Stammwürze kann der Gärungsprozess genau verfolgt werden, und bayerisches Bier steigt zu internationalem Ruhm auf. Den Münchnern ist am 11. Oktober 1848 der Ruf ihres Bieres gleichgültig. Ziemlich genau sie-

König Ludwig I. verfolgt mehrere ehrgeizige Projekte. Der von ihm 1836 in Auftrag gegebene und am 25. August 1846 eröffnete, nach ihm benannte Kanal, der den Rhein mit der Donau verbindet, ist ein solches. Erhaltene Reste legen Zeugnis ab, von der Leistung damaliger Bauingenieure (oben).

ben Monate nach der überstürzten Abreise der geschmähten LOLA MONTEZ stürmen sie erneut auf die Straße und nehmen sich das Pschorrbräuhaus zum Ziel, weil das Bier teurer geworden ist. Sie geben freilich vor, Rache an den Bräuburschen nehmen zu wollen, die – so geht ein Gerücht um – Menschen in die siedende Bräupfanne geworfen hätten.

LANGSAME INDUSTRIALISIERUNG

Bis 1850 kommt die bayerische Industrialisierung kaum voran. Die überwiegend agrarische Gesellschaft verharrt in Ablehnung, seit bekannt ist, welche soziale Missstände – Armut, Alkoholismus, Prostitution und steigende Kriminalität – die Industrialisierung nach sich zieht.

Daneben wirken andere Faktoren einem schnellen Wandel der bayerischen Wirtschaft entgegen: Die ständische Ordnung, gestützt auf die Patrimonialgerichtsbarkeit des Adels (der Rechtsprechung durch den Grundbesitzer), wird 1848 abgeschafft, die Gewerbefreiheit 1868 eingeführt, die finanzielle Ablösung von Grund und Boden erst 1923.

Der Mangel ergiebiger Erz- und Kohlelager, auch die Binnenlage und die fehlende Verkehrsinfrastruktur erschweren eine zügige Industrialisierung.

Der Problematik, die sich durch die Zweiteilung des Landes in Altbayern und Rheinbayern ergibt, begegnet die Regierung frühzeitig mit einer flexiblen Zollpolitik. 1828 beseitigt der bayerisch-württembergische Zollverein die hemmenden Zollschranken.

Die enge Verflechtung der nordbayerischen Wirtschaft mit Preußen, Thüringen und Sachsen erleichtert 1834 Bayern den Beitritt zum preußisch-deutschen Zollverein. Zwei Jahre später ist auch der zollfreie Güterverkehr mit Rheinbayern möglich, da sich das Großherzogtum Baden ebenfalls dem preußisch-deutschen Zollverein anschließt.

Hand in Hand mit der schleppenden Industrialisierung geht das Wachstum der Städte nur langsam vor sich. Die Bevölkerung ist zu stark in der agrarischen Struktur des Landes verwurzelt: 1840 sind 65,7 % aller Beschäftigten in der Land- und Forstwirtschaft tätig, 1895 sind es immer noch 45,8 %. Bis 2005 sinkt der Anteil auf 3,0 %.

Bayerns Siedlungsstruktur ist durch seine Mittel- und Kleinstädte geprägt, die heute noch vorherrschend sind.

1840 erreicht noch keine Stadt in Bayern eine Einwohnerzahl von 100 000. München steht mit 95 500 (als kreisfreie Stadt zählt es allerdings 126 940 Einwohner) knapp vor dieser Schwelle. 1854 wird sie überschritten. Die alte Manufakturenstadt Nürnberg weist 1871 etwa 100 000 Einwohner aus, alle übrigen Städte folgen in weiten Zeitabständen: Augsburg im Jahr 1900, Würzburg 1939, Regensburg 1950, Ingolstadt 2004.

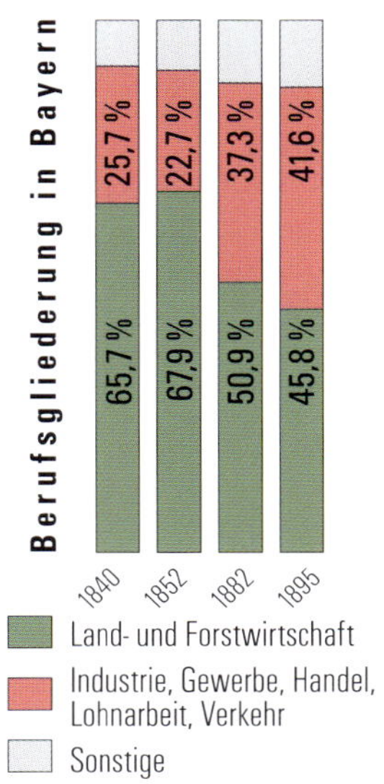

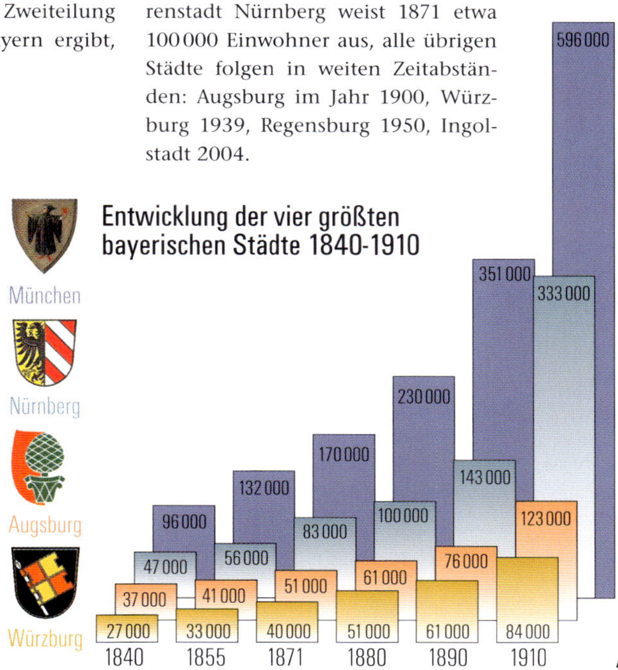

Die Industrialisierung und das Wachstum der Städte gehen Hand in Hand (oben). Die Berufsgliederung verschiebt sich mehr und mehr von der Agrarwirtschaft zu anderen Wirtschaftszweigen.

Zwischen Berlin und Wien

Abermals stellt Ludwig I. die Weichen. Seine Entscheidung, München den Weg zur Kunstmetropole zu weisen und Nürnberg dem Kommerz und der Industrie zu öffnen, wird zum Motor der bayerischen Wirtschaft. Zu beiden Städten gesellt sich der Finanzplatz Augsburg, in deren innovativem Spannungsfeld blüht gesundes Konkurrenzdenken. Vorerst nehmen die Franken ihrem König freilich übel, dass er ihre 1662 in Nürnberg gegründete Kunstakademie – die erste in Deutschland – zu einer »Provinzialkunstschule« degradiert. Dass er die 1823 in Nürnberg gegründete polytechnische Schule – ebenfalls die erste dieses Typus im deutschsprachigen Raum – aufwertet, indem er sie staatlicher Obhut unterstellt, wollen sie nicht so recht wahrhaben. Aber sie ist es, die Nürnberg eine wirtschaftliche Basis gibt.

Die Impulse, die alsbald von der alten Handelsstadt ausgehen, kunstgewerbliche und handwerkliche Qualität, auf hochwertigem technischen Wissen beruhend, erreichen von den insgesamt 235 000 Gewerbetreibenden Bayerns viele Handwerker sowie kleinere und mittlere Handelshäuser. Sie beginnen, neue industrielle Fertigungsverfahren zu entwickeln und passende Betriebsformen aufzubauen. In Nürnberg finden schließlich die meisten Handwerker, wenn auch verzögert, den Weg zur industriellen Fertigung.

Noch liegt der wirtschaftliche Schwerpunkt in der Textilfertigung, in der Nürnberg Beachtliches leistet. Die fränkische wie auch die Augsburger Bevölkerung, die Gewerbetreibenden und die Unternehmer eingeschlossen, fühlen sich der reichsstädtischen Tradition verbunden und verfügen über eine Mentalität, die der Entwicklung dieser Region zu einem Ausgangspunkt der Industrialisierung Bayerns förderlich ist.

Eine starke Wirtschaft nützt allen

Augsburg versteht es, die günstige Verkehrslage, die Erschließung der Wasserkraft sowie die Investitionsbereitschaft seiner Bankhäuser, allen voran des Bankhauses Schaezler, zu nutzen und ab 1830 in der Textilbranche den eindeutigen Spitzenplatz einzunehmen. 1845/46 verlegt der Nürnberger Unternehmer J. A. F. Merz seine Kammgarnspinnerei nach Augsburg. Hier eröffnet Friedrich P. Chur 1848 eine mechanische Spinnerei mit 200 Beschäftigten; um 1856 ist in der Augsburger Industrie ein Kapital von 6,65 Mio. Gulden investiert, das wenige Jahre später bereits auf 23,5 Mio. Gulden geschätzt wird.

Der Raum Nürnberg behauptet sich als Standort der Schwerindustrie. Er zieht Betriebe an, die auf Metallverarbeitung und Maschinenbau spezialisiert sind. Aus der von Johann Friedrich Klett 1837 gegründeten Eisengießerei und Maschinenfabrik geht die Maschinenfabrik Augsburg-Nürnberg – das Unternehmen MAN – hervor.

Die Nachfragen nach Investitionskapital befriedigen Bankgründungen. Die Bayerische Hypotheken- und Wechselbank, wie die Nürnberger Bank eine Aktienbank, kommt ab 1834 dem Finanzbedarf der Landwirte entgegen. Mit der Industrialisierung entstehen in den bayerischen Industriestädten Privatbanken, zu denen sich Aktienbanken wie die Bayerische Vereinsbank oder die Bayerische Handelsbank gesellen, die Kapital auch den mittelständischen Unternehmen anbieten. Dem gewerblichen Mittelstand sowie Kleinlandwirten steht außerdem ein genossenschaftliches Darlehenskassensystem zur Verfügung. Auch die Kapitalsicherung ist nun vorhanden.

Die 1846 gegründete Flachsspinnerei in Laineck/Bayreuth ist die erste in Bayern – eine staatlich geförderte »Musteranstalt« (Lithographie von Heinrich Stelzner, links). – Maximilian II. (28.*

Am 20. März 1848 spricht der 36-jährige MAXIMILIAN II. JOSEPH (1811-1864) mit heller Stimme die Eidesformel und fügt sein persönliches Credo hinzu: *„Ich bin stolz, mich einen konstitutionellen König zu nennen."* Ein mutiges Bekenntnis, in einem Europa, in dem die Monarchen vom Thron gestoßen werden, und KARL MARX sein »Kommunistisches Manifest« präsentiert. Bayern hat einen neuen König.

Im Deutschen Bund muss sich Maximilian der deutschen Frage stellen. Seit der durch Preußen initiierten Zolleinheit Deutschlands, positioniert sich Berlin zum neuen Kraftzentrum. Das unheilvolle Ringen der beiden mächtigsten Länder Deutschlands, Preußens und Österreichs, um die Vorherrschaft im deutschen Raum beginnt.

Bayerns Lage zwischen den beiden Mächten ist denkbar schwierig. Seit Juli 1848 berät das Parlament des Deutschen Bundes in der Frankfurter Paulskirche über eine neue Reichsverfassung. Am 14. April 1849 liegen den 28 Staaten die 179 Artikel zur Abstimmung vor. Preußen, Österreich und Bayern verwerfen sie. Damit war die bürgerliche Revolution von 1848 vergeblich. Die Vermählung der 16-jährigen ELISABETH (sie nennt sich »SISI«), Herzogin in Bayern, mit dem 23-jährigen österreichischen Kaiser FRANZ JOSEPH I. am 24. April 1854 stellt die bayerisch-österreichische Beziehung auf eine neue gut nachbarschaftliche Basis. Ein Signal der Annäherung setzt König Max bereits im Dezember 1849 mit der Ernennung seines Außenministers, LUDWIG KARL HEINRICH FREIHERR (seit 1854) VON DER PFORDTEN, zum Ministerpräsidenten.

Pfordten, am 11. September 1822 im oberösterreichischen Ried, dem Hauptort des damals bayerischen Innkreises, geboren, ist ein entschiedener Gegner der preußischen Hegemoniebestrebungen und stützt dadurch indirekt Österreichs Deutschlandpolitik. Pfordtens Ziel, Bayern als Vermittler zwischen den Mächten ins Spiel zu bringen, um die Selbstständigkeit seines Landes zu stärken, scheitert.

Sein Vorschlag eines Vierkönigsbündnisses, vom 27. Februar 1850, welches Bayern, Württemberg, Sachsen und Hannover unter die Hegemonie Österreichs stellen soll, wird nicht angenommen, auch seine »Trias-Idee«, die deutschen Mittelstaaten der Führung Preußens, Österreichs und Bayerns anzuvertrauen, stößt auf Ablehnung.

Doch nicht an der verfehlten Außenpolitik scheitert Pfordten, sondern an seinem innenpolitischen Reformprogramm. Seine Vorschläge zur Ministerverantwortlichkeit, der Trennung von Verwaltung und Justiz, der Einführung von Schwurgerichten, der Abhaltung freier Wahlen und der Gewährung der Versammlungsfreiheit werden von den Liberalen in geradezu wütenden Protesten abgelehnt. Pfordten demissioniert am 1. Mai 1859.

Sein Nachfolger KARL FREIHERR VON SCHRENCK VON NOTZING (* 17. August 1806 in Wetterfeld bei Cham; † 10. September 1884 in Wetterfeld) agiert außenpolitisch ebenso erfolglos wie Pfordten.

Im österreichisch-piemontesischen Krieg 1859 ruft er die deutschen Fürsten auf, der Präsidialmacht patriotisch beizustehen, vergeblich, die Sorge, das mit Piemont-Sardinien verbündete Frankreich könnte seine Drohung wahr machen, dem Deutschen Bund den Krieg erklären und – wie NAPOLÉON zur Jahrhundertwende – über den Rhein einmarschieren, schreckt sie ab.

November 1811 in München; † 10. März 1864, ebenda; oben), von 1848 bis 1864 König von Bayern, wäre nach eigenen Worten lieber Professor geworden. Mit der 1858 gegründeten Historischen Kommission an der Akademie der Wissenschaften ergänzt er das multikulturelle Konzept seines Vaters Ludwigs I.

Preussen will die Vorherrschaft

Ministerpräsident SCHRENCK steuert einen scharf antipreußischen Kurs, den Konflikt zwischen Preußen und Österreich kann er dennoch nicht abschwächen. Er schwelt trotz des gemeinsamen preußisch-österreichischen Vorgehens gegen Dänemark in der schleswig-holsteinischen Frage, 1864, weiter. Die Waffengemeinschaft führt zwei Jahre später zum »Bruderkrieg«, der auch Bayern in seinen Sog zieht.

Weder Preußen noch Österreich wollen einen gütlichen Ausgleich ihrer Interessen im Deutschen Bund. Sie bauen auf ihre Stärke. Preußen gleicht seine zahlenmäßige militärische Unterlegenheit durch neue strategische Konzepte und vor allem durch machtpolitische Motivation aus. Österreich hingegen ruht in sich und blickt, trotz der beschämenden Niederlage 1859 in Italien und des Verlustes der wirtschaftlich bedeutenden Lombardei, unerschüttert auf seine glorreiche Vergangenheit zurück.

Zwischen beiden Mächten übt sich Bayern in der vermittelnden Rolle, die freilich von keiner Seite in Anspruch genommen werden will. Preußen wähnt sich im Vorteil, einen Politiker von Format zu besitzen, den am 1. April 1815 auf Gut Schönhausen bei Stendal in der Altmark († 30. Juli 1898, Friedrichsruh bei Hamburg) geborenen OTTO VON BISMARCK.

Bismarck, der in Göttingen und Berlin Jura studiert, kommt über seine Frau JOHANNA VON PUTTKAMMER mit dem pommerschen Pietismus in Berührung und findet zu einer persönlichen, bis ans Lebensende bewahrten Form christlichen Glaubens. Auf dem äußersten rechten Rand der Konservativen positioniert setzt sich Bismarck zwischen 1851 und 1859 als Gesandter Preußens am Deutschen Bundestag in Frankfurt konsequent für die Gleichstellung Preußens mit der Präsidialmacht Österreich ein. Bei der daraus sich ergebenden Verschärfung der Gegensätze kommt Bismarck zur Überzeugung, dass im Deutschen Bund nur für eine Führungsmacht Platz sei, nämlich für Preußen.

Überzeugt von seinem Ziel, nimmt Bismarck im Bundestag bald eine dominante Rolle ein, in der er sich nicht scheut, die Fähigkeiten anderer Gesandter zu beurteilen. Im Allgemeinen, so behauptet Bismarck vom bayerischen Delegierten Freiherrn von Schrenck, strebe auch dieser *„gleich allen seinen mittelstaatlichen Collegen allzu ängstlich darnach, vor der öffentlichen Meinung fein säuberlich dazustehen und den Kammern gegenüber das Odium aller unpopulären Beschlüsse den beiden deutschen Großmächten zuzuschieben."* Und weiter über Schrenck: *„Im amtlichen Verkehr ist er offen und gefällig, so lange sein in der That hoch gesteigertes und sehr reizbares Nationalgefühl geschont wird, welchem Rechnung zu tragen ich mir besonders angelegen sein lasse".*

Die freundliche Geste verfehlt ihre Wirkung auf den Nachfolger Schrencks nicht. Freiherr von der Pfordten nimmt in dem sich bedrohlich verschlech-

Der französische Kaiser Napoléon III. und Preußens Kanzler Otto von Bismarck bei ihrem Geheimtreffen in Biarritz im Oktober 1865 (oben). Bismarck erklärt die Absicht der Errichtung eines Norddeutschen Bundes unter preußischer Führung. Napoléon fordert, Preußen dürfe die Mainlinie nicht überschreiten.

ternden preußisch-österreichischen Verhältnis eine zwiespältige Haltung ein. Im März 1866 vertritt er die Ansicht, Österreich sei politisch, militärisch und finanziell nicht in der Lage, Krieg gegen Preußen zu führen, und verdächtigt Wien, sich insgeheim mit Berlin auf Kosten der deutschen Mittelstaaten zu verständigen. Im gleichen Atemzug beschuldigt er Frankreich der Kriegstreiberei, um in den Besitz der Bayerischen Pfalz zu kommen. Gleichfalls im März erklärt er, Bayern werde sich an der Seite Österreichs am Krieg beteiligen. Die Taktik Pfordtens wird im April transparent: Er schlägt eine Dreiteilung des Deutschen Bundes vor, wobei die süddeutschen Länder unter der Führung Bayerns stehen sollen.

Eine »Achse« gegen Österreich

Als die preußisch-österreichische Konfrontation schon unausweichlich ist, rätseln Sachsen und Österreich noch immer über die Haltung Bayerns. Gegenüber Sachsen erklärt Pfordten, er könne ihm *„direct gar nichts, indirect nur durch Aufstellung eines Corps bei Coburg nützen"*. Sachsen dirigiert daraufhin seine Truppen nach Böhmen.

Den von bayerischen Militärs in Wien verabredeten Plan einer Vereinigung des bayerischen Heeres mit dem österreichischen in Mähren verwirft Pfordten: Wenn Österreich sich Preußen gegenüber für zu schwach halte, so sei dies ein Grund, sich ihm nicht anzuschließen. *„Bayern werde sich Österreich nicht unterordnen, welches immer glaube, über Bayern wie über eine Provinz verfügen zu können."*

Bismarck treibt unterdessen die Errichtung einer preußischen Hegemonie in Norddeutschland voran. Vorrangiges Ziel ist die Angliederung der gemeinsam mit Österreich eroberten Herzogtümer Schleswig und Holstein an Preußen. Österreich, das Holstein verwaltet, fordert dafür eine Entschädigung. Der Vorschlag, es gegen Teile Schlesiens zu tauschen und Schleswig-Holstein als neuen Mittelstaat unter einem angestammten Fürsten im Deutschen Bund aufzunehmen, findet zwar die Zustimmung der deutschen Staaten, scheitert aber am Einspruch des Königreichs Preußens.

Am 8. April 1866 wird der Öffentlichkeit der Abschluss eines preußisch-italienischen Offensiv- und Defensivbündnisses bekannt, das auf drei Monate befristet ist. Der Artikel 3 bestimmt: *„Wenn die Unterhandlungen Preußens über eine Bundesreform scheitern und dieses daher genötigt ist, die Waffen zu ergreifen, wird auch Italien an Österreich den Krieg erklären."*

Am 10. Juni legt Bismarck den Entwurf einer Bundesreform vor. Aus allgemeinen und direkten Wahlen soll ein Parlament hervorgehen. Preußen soll die militärische Oberhoheit über Norddeutschland und Bayern über Süddeutschland erhalten. Österreich und die niederländischen Landesteile gehören dem Deutschen Bund nicht mehr an.

Die Lage wird für Österreich bedrohlich: Seit dem 26. April macht Italien mobil. Wien lenkt ein und lässt Berlin wissen, dass für Schleswig der Deutsche Bund zuständig sei. Vergeblich. Die diplomatische Fehde treibt dem Krieg zu. An diesem will, egal wie er ausgeht, der französische Kaiser Napoléon III. partizipieren. Er bietet Preußen und Österreich gegen territoriale Zusagen das neutrale Verhalten Frankreichs an. Diesen Erpressungsversuch weist Bismarck zurück. Österreich hingegen ist bereit, zugunsten Italiens, das mit Frankreich verbündet ist, auf Venetien zu verzichten.

Zwischen dem 3. und 5. Mai befiehlt der preußische König Wilhelm I. die Mobilmachung. Auch Sachsen, Bayern und Württemberg mobilisieren.

Am 1. Juni 1866 bringt Österreich die schleswig-holsteinische Frage vor den Bundestag. Bismarck erklärt den Akt als einen Bruch bisheriger Vereinbarungen und reagiert mit der Besetzung des von Österreich verwalteten Holsteins. Beschuldigungen, er wolle Schleswig-Holstein gewaltsam annektieren, weist Bismarck strikt zurück.

Am 11. Juni beantragt Österreich die Mobilisierung des Bundesheeres, am nächsten Tag bricht es die diplomatischen Beziehungen zu Preußen ab. Am 14. Juni wird der österreichische, von Bayern modifizierte Antrag auf Mobilmachung der vier Armeekorps der Mittelstaaten mit neun gegen sechs Stimmen angenommen. Am 16. Juni richtet Wilhelm I. eine Proklamation an das deutsche Volk, am 17. Juni folgt das österreichische Kriegsmanifest. Eine offizielle Kriegserklärung gibt nur Italien am 20 Juni an Österreich ab. Eine neue Form Kriege zu eröffnen zeichnet sich ab: Überraschungsfeldzüge ohne diplomatische Etikett.

Der Schatten von Königgrätz

Der deutsch-deutsche Krieg von 1866 ist der letzte innerdeutsche Krieg. Die Geschichtsschreibung des Auslands bezeichnet ihn daher als Bürgerkrieg. Er beginnt am 27. Juni mit dem Einfall preußischer Truppen im damals österreichischen Böhmen und dauert nur wenige Wochen. Die Bundestruppen sind bereits Ende Juni geschlagen, die Entscheidungsschlacht zwischen den österreichischen und preußischen Streitkräften am 3. Juli 1866 endet mit einem klaren Sieg Preußens. Preußen verfügt über modernere Waffen und versteht es, neue technische Errungenschaften – die Eisenbahn für Truppentransporte und die Telegrafie für Nachrichten- und Befehlsübermittlung – koordiniert einzusetzen.
Nach den jeweiligen Generalstabswerken betragen die Verluste:

Österreich:	**von**	**1 313**	**Offizieren sind**	**330**	**gefallen, von**	**41 499**	**Mann sind**	**5 328 gefallen**
Sachsen:	**von**	**55**	**Offizieren sind**	**15**	**gefallen, von**	**1 446**	**Mann sind**	**120 gefallen**
Preußen:	**von**	**359**	**Offizieren sind**	**99**	**gefallen, von**	**8 794**	**Mann sind**	**1 830 gefallen**

Im Gegensatz zum Kriegsschauplatz in Böhmen, verzeichnet Österreich in Italien bei Custozza und in der Seeschlacht von Lissa bemerkenswerte Erfolge. Dennoch verliert es, wegen eines Abkommens mit Napoléon III.**, Venetien an Italien.**

Bayern ist auf einen Waffengang nicht vorbereitet. Am 10. Mai 1866 beginnt es mit den Vorbereitungen, doch erst am 22. Juni erreichen seine Truppen ihre Standorte. Am nächsten Tag rücken die 1. preußische Armee über Seidenberg und Zittau, die Elbarmee über Waltersdorf und Schluckenau schon in Böhmen ein. Nach mehreren Gefechten überschreitet am 27. Juni die 2. preußische Armee unter Kronprinz Friedrich Wilhelm das Riesengebirge. Am selben Tag erleiden preußische Truppen aus Minden und Hamburg bei Langensalza durch die hannoveranische Armee eine empfindliche Niederlage.

Es ist ein Pyrrhussieg, denn zwei Tage später müssen die Hannoveraner kapitulieren. Die Verluste sind zu hoch, die Preußen zahlenmäßig überlegen, der Nachschub bleibt aus. Ungehindert greifen die preußischen Verbündeten Kassel und Frankfurt an. Während der rechte Flügel der preußischen Elbarmee überraschend bis Nürnberg vordringt, befinden sich die Bayern auf dem Marsch nach Fulda, um sich mit dem VIII. Bundeskorps zu vereinigen.

Die Nachricht des preußischen Sieges über die Österreicher bei Königgrätz macht ihre Absicht zunichte. Das VIII. Korps des Bundesheeres geht am 9. 7. nach Hanau und Frankfurt zurück, um die Bundesversammlung gegen preußische Angriffe zu sichern. Die Bayern sind nun auf sich gestellt. In den Gefechten von Hammelburg und Kissingen werden sie am 10. 7. nach Schweinfurt zurückgeworfen, bleiben aber von einer Verfolgung verschont, da Bismarck der Mainarmee den Befehl gibt, Frankfurt zu besetzen, das er als wichtiges politisches Faustpfand betrachtet.

Die Vereinigung des süddeutschen Bundeskorps mit allen vorhandenen Kräften wird nun dringlich. Bei Uffenheim, südöstlich von Würzburg, soll sie stattfinden. Preußische Vorhuten drängen aber am 13./14. Juli das VIII. Bundeskorps bei Aschaffenburg über den Main ab. Ihr Zurückgehen nach Frankfurt endet unrühmlich: Preußische Abteilungen besetzen die Stadt am 17. Juli. Den Bundestruppen fehlt ein Oberkommando und eine gemeinsame Strategie. Die Regierungen in Karlsruhe und Stuttgart halten ihre Truppen an, nur das eigene Land zu verteidigen. Die bayrische Regierung drängt wieder zur Offensive und zur Rückeroberung der Mainlinie zwischen Aschaffenburg und Mainz. Zu schweren Kämpfen kommt es nirgends. Bei Uettingen entscheiden die Preußen am 26. Juli ein letztes Gefecht für sich, drei Tage nachdem in Nikolsburg die Friedensverhandlungen aufgenommen worden waren.

Die Bundestruppen ziehen in ihre Länder ab, die Preußen sind im Besitz der Länder nördlich des Mains.

Die Schlacht gegen die Österreicher am 3. Juli 1866 bei Königgrätz in Böhmen, unter der persönlichen Führung König Wilhelms von Preussen und dem preußischen Generalstabschef Graf von Moltke, der den gesamten preußischen Aufmarsch plante, hat zur vorzeitigen Entscheidung geführt. Die österreichische Seite unter Oberbefehlshaber war mit

- Preußen und Verbündete
- Österreich und Verbündete
- Ungarn
- preußische Erwerbungen 1866
- Deutscher Bundestag in Frankfurt
- Grenze des Deutschen Bundes (1815 bis 1866)
- Grenze des »Norddeutschen Bundes« (17. 4. 1867)

160 000 Mann gegenüber 250 000 Mann der Preußen nicht nur zahlenmäßig, sondern auch in der Bewaffnung, unterlegen. Mit modernen Zündnadelgewehren schossen die Preußen dreimal so schnell wie ihre Gegner. Die Statistik vermeldet sieben tote Österreicher auf einen toten preußischen Soldaten.

»Königgrätz« – wie das Volk den deutsch-deutschen Krieg nennt – verändert Europa nachhaltig. Die politischen Auswirkungen führen direkt in den deutsch-französischen Krieg von 1870/71.

Unter guter Führung und Ausnützung neuer technischer Errungenschaften siegt Preußen über das in seinen Strukturen erstarrte Österreich (oben). Österreich bietet Bismarck einen fairen Frieden an, er braucht es als kommenden Bündnispartner. Von Bayern hingegen fordert er Terrain und Kontribution.

Bayern sammelt Kraft

Frankreich empfindet die Schlacht von »Königgrätz« emotional. Der Plan, zwischen den Krieg führenden Parteien zu vermitteln und auf billige Art territoriale Gewinne einzustreichen, ist durch den schnellen preußischen Sieg durchkreuzt worden, und das für neutrales Verhalten von Österreich erhaltene Venetien muss vertragsgemäß an Italien weiter gegeben werden. Leer ausgegangen zu sein wird wie eine nationale Schmach empfunden, die in der Parole *„revanche pour Sadowa! – Rache für Königgrätz!"* ihren Ausdruck findet. Die Boulevardpresse schürt zusätzlich die Hassgefühle. Das unheilvolle deutsch-französische Missverhältnis ist geboren. In der Tat ist die mitteleuropäische Machtbalance durch »Königgrätz« in Schieflage gekommen. Am 22. August 1866 unterzeichnen Bayern, Württemberg und Baden mit Preußen neben den Friedensverträgen auch geheime Defensivabkommen, die sie verpflichten, ihre Heere im Kriegsfall dem preußischen König zu unterstellen. Nebenbei verhindern die Militärbündnisse die Errichtung eines Süddeutschen Staatenbundes. Beharrlich verfolgt Bismarck seine Idee eines deutschen Einheitsstaats weiter. Am 18. August 1866 errichtet er aus 17 norddeutschen Kleinstaaten den Norddeutschen Bund und stellt ihn unter preußische Vorherrschaft. Dem Bund schließen sich Hessen-Darmstadt mit seinem nördlich des Mains gelegenen Teil, das Königreich Sachsen, Sachsen-Meiningen und Reuß, die ältere Linie, an. Eine am 1. Juli 1867 erlassene Verfassung

Nach der Verdrängung Österreichs kann Bismarck ungehindert die nationale Einigung Deutschlands vorantreiben. Noch muss er auf Frankreichs Befindlichkeit achten, das misstrauisch darüber wacht, dass ihm kein mächtiger Nachbar erwächst. Die süddeutschen Länder (oben) bleiben vorerst souverän, sind allerdings schon

bildet die staatsrechtliche Basis. Sie wird fast unverändert bei der Reichsgründung 1871 übernommen.

Niederlage, Kontribution und territorialer Verlust, Bayern ist von Preußen bezwungen. Die neue Ordnung findet im Volk keineswegs ungeteilte Zustimmung. Den Katholiken West- und Süddeutschlands fällt es schwer, sich nach dem Abtreten der habsburgischen Schutzmacht zu orientieren. Ende August 1866 klagt der Mainzer Bischof Wilhelm Emanuel von Ketteler: Ein Deutschland ohne Österreich und ohne das Kaiserhaus sei kein Deutschland mehr. Sein Wunsch, *„dass Österreich einst wieder an die Spitze Deutschlands treten werde,"* ist damals weit verbreitet.

Bayern ist erstmals souverän

Bayern ist seit seiner Gründung als Königreich zum ersten Mal wirklich souverän. Das Militärbündnisse mit Preußen beengt die Unabhängigkeit nicht. Es kommt vielmehr vitalen Interessen entgegen, denn es mildert die Kontributionsforderungen Berlins. Die territorialen Verluste in Unterfranken sind unbedeutend, die hohenzollern'schen Stammlande Ansbach und Bayreuth bleiben bayerisch, die Reparationszahlungen halten sich mit 30 Mio. Gulden in Grenzen. Dafür bietet die Allianz die Sicherheit, dass die Pfalz nicht an Frankreich verloren geht.

Es steht außer Zweifel: Bismarck hatte nie erwogen, Napoléon III. die Pfalz zu überlassen. Aber indem er seine Absichten nicht offen legt, den französischen Kaiser mit Andeutungen hinhält, damit auch den bayerischen Ministerpräsident Pfordten im Ungewissen lässt, zeigen sich beide ihm gegenüber kooperativ. Zuletzt überzeugt er die Bayern, dass man gegenüber Frankreich zusammen stehen müsse, und alte Konflikte begraben sollte. Im deutsch-französischen Krieg 1870/71 beweisen die bayerischen Soldaten ihre Loyalität zu Preußen.

Am 29. Dezember 1866 demissioniert Ministerpräsident Freiherr von der Pfordten. Mit ihm klingt die Zeit Bayerns aus, in der es, auf der Suche nach seinem Rang unter den deutschen Staaten, zum souveränen Mittelstaat wurde.

Sein am 31. Dezember 1866 ernannter Nachfolger, Fürst Chlodwig von Hohenlohe-Schillingsfürst, führt Bayern in die Zukunft des kleindeutsch-nationalen Einheitsstaates. Hohenlohe entstammt einer reichsfreien Familie, die in der napoléonischen Ära zwar mediatisiert wird, deren Angehörige aber als »Standesherren« weiterhin einen besonderen Status genießen. In Bayern besitzen die Familienoberhäupter die lebenslange Mitgliedschaft in der zweiten parlamentarischen Vertretung, der »Kammer der Reichsräte«. Hohenlohe profiliert sich zwischen dem Gegensatz von München und Berlin sowie Katholizismus und Liberalismus als Politiker, der Meinungsbrücken zu bauen versteht, und deshalb nach der Reichsgründung für Bismarcks süddeutsche Integrationspolitik der geeignete Vermittler ist. In dieser Funktion muss sich Hohenlohe auf schwieriges Terrain begeben: Er avanciert 1874 zum Deutschen Botschafter in Paris. 1885 steigt er zum Statthalter von Elsass-Lothringen auf, ist also unmittelbarer Vertreter des Kaisers in Straßburg. Auf dem Höhepunkt seiner Laufbahn bekleidet er von 1894 bis 1900 das Amt des Reichskanzlers und Preußischen Ministerpräsidenten.

Hohenlohe bekundet seine propreußische Gesinnung in seiner ersten Regierungserklärung vor dem Bayerischen Landtag am 19. Januar 1867. Zugleich gibt er sich als bayerischer Patriot und weist alle Verdächtigungen zurück, Bayern der preußischen Politik auszuliefern.

Eine gezielte Angleichung Bayerns an eine künftige Reichsgründung betreibt Hohenlohe nicht. Der Widerstand im Land ist zu groß.

Die Katholiken haben den Schock des Verlustes ihrer habsburgischen Schutzmacht überwunden und werden politisch wieder rege. 1869 gründen sie in Baden eine großdeutsche Katholische Volkspartei, die gegen den protestantischen Norden polemisiert. In Bayern versucht eine Patriotenpartei, den liberalen Ministerpräsidenten Hohenlohe-Schillingsfürst zu stürzen, und schafft dies auch 1870. Im Großherzogtum Hessen-Darmstadt, dessen Nordteil dem Norddeutschen Bund angehört, denkt Ministerpräsident Freiherr von Dalwigk an eine Zugehörigkeitsrochade zwischen Berlin und Paris. Die Gegenströmung zur Reichsbildung ist so stark, dass Bismarck zeitweilig die Gründung eines Norddeutschen Kaiserreichs plant, um den partikularistischen Ambitionen einen Kristallisationskern in der Gestalt des Kaisers zu geben.

durch geheime Militärbündnisse mit Preußen verbunden. Das Großherzogtum Hessen - ein politisches Kuriosum – ist mit seinem Nordteil, Hessen-Kassel, sogar Mitglied des Norddeutschen Bundes.

BRICHT SÜD MIT NORD?

Habsburg besiegt und zum Balkan verwiesen, der nationaldeutsche Zentralismus könnte triumphieren, doch stattdessen wachsen Zweifel, ob der Ausschluss Österreichs der deutschen Sache nützlich sei. In der Diskussion über die kleindeutsche und großdeutsche Lösung scheiden sich die Geister. Die jeweiligen Anhänger bilden Gruppen, die sich zuerst Ziele geben, dann Programme, schließlich Ideologien: Die Geschichte der modernen politischen Parteien beginnt.

In ganz Deutschland befinden sich Fortschrittsanhänger und Liberale – vor 1866 noch im Aufwind – nun auf dem Rückzug.

Die am 6. Juni 1861 in Berlin gegründete Fortschrittspartei deponiert am 15. März 1863 in Nürnberg einen Ableger, der die kleindeutsche Lösung unter preußischer Führung bewirbt. Noch ist die nationalliberal orientierte Organisation keine Mitgliederpartei, umso bemerkenswerter ist der Erfolg, den sie in den neuen bayerischen Landesteilen verzeichnet. Bei den bayerischen Landtagswahlen desselben Jahres erringt sie auf Anhieb sechzehn Sitze. Ihre Wähler finden offenbar Gefallen an den Zielen der Partei: Verbesserung des Wahlgesetzes, Gleichberechtigung der Konfessionen, Zurückdrängung des Einflusses der Kirchen auf die Schulen. Sprachrohr der Fortschrittspartei sind die fränkischen Zeitungen und die am 9. April 1848 gegründeten »Neuesten Nachrichten« in München.

Den aus dem protestantischen Bildungs- und Besitzbürgertum rekrutierten Anhängern der liberalen »Fortschrittspartei« stehen die Kleinbürger, die Bauern, der Klerus und der katholische Adel gegenüber, die sich in der »Patriotischen Fraktion« formieren und im Landtag von katholischen, großdeutsch gesinnten, konservativen Abgeordneten vertreten werden. Ihr Wortführer ist der Archivar und Journalist EDMUND JÖRG. Er stammt aus dem »Eos-Kreis«, einem katholisch-konservativen Gesinnungsverein, den Freunde des Philosophen FRANZ VON BAADER, der Mediziner JOHANN NEPOMUK RINGEIS und der Theologe IGNAZ VON DÖLLINGER in den 20er Jahren

Mitglieder der Abgeordnetenkammer im Sitzungssaal des Bayerischen Landtags, 1868 (oben).

des 19. Jahrhunderts gründen. In dem streitbaren Publizisten JOSEPH GÖRRES finden sie im Herbst 1827 eine Führernatur. Die »Patrioten« wenden sich gegen Freigeister, gegen ein von Preußen geführtes Deutschland und reden einer sozialpolitischen Verantwortung das Wort.

Die Annahme der Verfassung durch den Norddeutschen Reichstag am 27. Februar 1867 und die Neuordnung des Zollvereins zum nationalen Wirtschaftsraum haben zwar den Prozess der Reichsgründung in Gang und Deutschland auf den Weg zur industriellen Großmacht gebracht, dem »Süden« bieten die zukunftsweisenden Entscheidungen dennoch keinen Anreiz, sich dem »Norden« freiwillig anzuschließen. Die Zollparlamentswahlen 1868 – 30 Sitze für Konservative und Großdeutsche, 13 für die Fortschrittspartei, 5 für die Mittelpartei – spiegeln die antipreußische Haltung wider.

BAYERN MIT BEDACHT BEHANDELN

Die süddeutsch-preußische Disharmonie bedeutet für Bismarcks Einigungsgedanken ein starkes Hemmnis. Ein Paktieren Bayerns mit Österreich sowie Württembergs und Badens mit Frankreich ist nicht auszuschließen. Als preußischer Ministerpräsident und Kanzler des Norddeutschen Bundes verhält sich Bismarck gegenüber Süddeutschland extrem vorsichtig. Ein Bruch zwischen Nord und Süd hätte irreparable Folgen nach sich gezogen. In diesem Sinne weist er seinen Gesandten in München, von Werthern, am 26. Februar 1867 an, auf bayerische Empfindlichkeiten besondere Rücksicht zu nehmen. Bedachtsames Vorgehen mahnt Bismarck von seinem Gesandten in Bayern auch zwei Jahre später ein: *„Ein willkürliches, nur nach subjektiven Gründen bestimmtes Eingreifen in die Entwicklung der Geschichte hat immer nur das Abschlagen unreifer Früchte zur Folge gehabt; und dass die deutsche Einheit in diesem Augenblicke keine reife Frucht ist, fällt meines Erachtens in die Augen ... Wir können die Uhren vorstellen, die Zeit geht deshalb aber nicht rascher, und die Fähigkeit zu warten, während die Verhältnisse sich entwickeln, ist eine Vorbedingung praktischer Politik."*

Trotz der moderaten Haltung Bismarcks, nimmt die antipreußische Stimmung in Bayern zu und flaut auch nicht ab, als 1867 die Öffentlichkeit vom Schutz- und Trutzbündnis mit Preußen erfährt. In den Landtagswahlen vom 20./22. Mai 1869 erreichen die katholisch-konservativen Patrioten 78 Mandate gegenüber 76 Mandaten der Fortschrittspartei. Dazu resümiert Hohenlohe: *„Damit war ein völliger Umschwung in der bayerischen Parteienkonstellation in den Mehrheitsverhältnissen der Abgeordnetenkammer eingetreten."* Die Patrioten hätten ihren Sieg *„mittels der vorgeschobenen Sorge für die Selbstständigkeit der Krone und des Landes und mittels der wohl benützten Abneigung der Mehrheit des Volkes gegen eine Unterwerfung unter preußische Oberhoheit"* errungen, konstatiert Hohenlohe-Schillingsfürst.

Die Neuwahlen vom 2. November 1869 festigen das Maiergebnis. Der Sieg des Klerus, des Königshofs und der Großdeutschen über die »protestantischen Militärs« fällt eindeutig aus: 80 Mandate der Patrioten stehen gegen 74 der Liberalen. König LUDWIG II. sieht sich gezwungen, seinen Regierungschef Hohenlohe am 8. März 1870 zu entlassen, ein Regieren gegen den Mehrheitswillen ist bei fortgeschrittenem Parlamentarismus nicht mehr möglich.

Unter den Liberalen – BISMARCK ausgenommen – fasst der Gedanke Fuß, den Krieg als Mittel der Politik ins Kalkül zu ziehen, bevor sie ihre Macht zur Gänze verlieren. Sie nehmen Frankreich ins Visier.

*Chlodwig Karl Viktor Fürst zu Hohenlohe-Schillingsfürst, Prinz von Ratibor und Corvey (*31. März 1819 Rotenburg an der Fulda, † 6. Juli 1901 Ragaz; Porträt von Franz von Lenbach, 1896; oben).*

Ungeliebte »Zugereiste«

Zwei Jahre vor Ausbruch des deutsch-deutschen Kriegs, am 10. März 1864, stirbt vollkommen unerwartet König Maximilian II. Joseph. Maximilian fehlte zwar der dynamische Schwung seines Vaters Ludwig I. und dessen genialer Weitblick für die Zukunft Bayerns, aber sein Amt erfüllte er gewissenhaft und mit pedantischer Pflicht. Viel Engagement wendete er in sozialen Angelegenheiten auf, noch mehr in der Positionierung Münchens als Zentrum der geistes- und naturwissenschaftlichen Lehre. Seinem Ruf folgten Chemiker, Historiker, Soziologen, Geographen, Staats- und Völkerrechtslehrer. Literaten und Dichter zogen in das mittlerweile »Isar-Athen« genannte München. Mit einer privaten Zuwendung von 1000 Gulden lockte Maximilian den Lyriker Paul von Heyse (1830-1914) von Berlin weg, der – für Zeitgenossen der »Statthalter Goethes auf Erden« – am 10. Dezember 1910 mit dem Nobelpreis für Literatur ausgezeichnet wird. Maximilians sichtbares Denkmal seiner von 1848 bis 1864 dauernden Herrschaft, der nach ihm benannte Nobelboulevard, die Maximilianstraße, zeigt einen bewusst entwickelten bayerisch-nationalen Stil, die Verschmelzung gotischer Formen mit rationaler Gliederung und zeitgemäßer Bautechnik – den Maximilianstil.

Den optischen Abschluss der von Staatsbauten politischer und musealer Nutzung, Hotels, Miethäusern, Geschäften flankierten neuen städtebaulichen Achse bildet das von ihm gestiftete Maximilianeum. Ein Monumentalbau in so genannter Kulissenarchitektur von beeindruckender Fernwirkung. Das Bauwerk, von Friedrich Bürklein (* 1813, † 1872 Werneck) errichtet, beherbergt zwischen 1857 und 1874 unter anderem den Bayerischen Landtag.

Zu Lebzeiten von der Fachwelt vordergründig wegen seines Baustils ungerechterweise hart kritisiert, erliegt der König neidischen Einflüsterern und wechselt Bürklein bei laufender Arbeit am Maximilianeum gegen den Dresdner Architekten Gottfried Semper aus. Diese Schmach treibt den sensiblen Bürklein in den Wahnsinn. Er stirbt 59-jährig in der Heilanstalt Werneck in geistiger Umnachtung.

Maximilian, der nach eigener Aussage lieber Professor als König geworden wäre und sich ab 1850 vorzugsweise mit Gelehrten und Literaten umgibt, klagt, kaum im Amt, unmittelbar nach den Märzunruhen 1848 seinem Vater: *„Die Krone hat mir bisher nur Dornen gebracht, bin, seit ich sie trage, meines Lebens nicht froh geworden“.*

Viele von den nach Bayern gebetenen Geistesgrößen genießen internationale Anerkennung, nicht jedoch in Bayern. Günstlinge des Königs seien sie, murren die Münchner, »Außenseiter«, die ein privilegiertes Leben führen, ohne zu arbeiten.

Kein Zweifel, vom Regenten umworben, werden manche überheblich, arrogant und die Einheimischen in ihren Augen zu Bauerntölpeln. Von *„Zugereisten hochmütig von oben herab als inferior behandelt zu werden“*, stellt damals eine Dame der feinen Gesellschaft fest, mag der Münchner nicht, *„der gutmütig und respektvoll einem menschenfreundlichen Großen gegenüber“* tritt.

Maximilian II. (28. November 1811, † 10. März 1864, oben), von 1848 bis 1864 König von Bayern. Verheiratet mit Marie Friederike von Preußen. Sohn König Ludwigs I., Vater von Ludwig II. (dem »Märchenkönig«) und Otto I. von Bayern (vom 30. Januar 1833 bis zum Sturz 1862 König von Griechenland).*

Ein lokalpatriotischer Journalist bezeichnet die »Zugereisten« aus dem Deutschland nördlich des »Weißwurst-Äquators« – der Main-Linie – als »Nordlichter«. Rund hundert Jahre später bringt CSU-Politiker Franz Josef Strauss diesen Begriff in die Politik ein. Er bezeichnet seine Parteikollegen von der CDU-Schwesterpartei als solche: Sie hatten ihm bei der Kanzlerkandidatur 1980 die Unterstützung versagt und dem SPD-Konkurrenten Helmut Schmidt in die Steigbügel geholfen.

Der phantastische Realismus Ludwigs

König Ludwig II. (1864-1886) steht über dem bayerischen Alltag. München meidend flieht er in seine geliebten Alpen und gibt sich einer Traumwelt hin, die kein Jagdschuss stören darf. In der Einsamkeit sucht er *„Trost und Balsam für so manches Herbe und Schmerzliche, das die traurige Gegenwart, das mir sehr zuwidere 19. Jahrhundert mit sich bringt."* Die Münchener haben ihm eine herbe Enttäuschung bereitet.

Der Musik zugetan berauscht sich Ludwig an den Operndramen Richard Wagners, die Europa in ein Lager begeisterter Bewunderer und wütend Entrüsteter spalten. Am 4. Mai 1864 holt er den Maestro in die Stadt an der Isar und vertraut ihm seine Pläne an. München soll Hort der modernen Musik werden und Wagner möge an der Revolutionierung der Oper mitwirken.

Ludwig überschlägt sich förmlich mit Versprechungen. Ein eigenes Schauspielhaus wolle er für ihn bauen, damit der »Ring des Nibelungen«, an dem Wagner arbeitet, in würdigem Rahmen uraufgeführt werden könne: *„Im Geiste sehe ich unser ersehntes Gebäude vor mir stehen in all seiner Pracht. ... Es ertönen die mystischen Töne – es steigt der Vorhang, und nun entrollt sich vor unseren Seelen und Blicken die Handlung, das herrliche Drama: Ich sehe die Götter und Helden vor mir, den Fluch des Ringes sich erfüllen"*, schwärmt der junge König.

Der galoppierenden Phantasie Ludwigs legen nüchtern kalkulierende Minister Zügel an: Für geistige Erleuchtung benötige man kein Theater. Dies ist für die Presse ein willkommenes Thema. Wagner wird zum Ziel der Kritik. Der »Neue bayerische Courier« mokiert sich über den luxuriösen Lebensstil Wagners und bezichtigt diesen eines *„unersättlichen Appetits"*, der nur *„mit monatelang die Sonne verfinsternden Heuschreckenschwärmen"* zu vergleichen sei. Ludwig muss sich entscheiden: Die Ruhe im Lande oder Richard Wagner.

Das Maximilianeum auf einer Postkarte um 1900. Eindrucksvoll am Isarhochufer gelegen, zieht es den Blick in der Sehlinie der Maximilianstraße auf sich.

Richard Wagner in Bayern

Der Unmut der Bayern über ihren »Kini«, der den Gast aus Sachsen mit Geschenken überhäuft, ihm ein fürstliches Gehalt bezahlt und ihm sogar ein eigenes Theater bauen lassen will, gleicht beinahe jenem, den sie über die spanische Tänzerin Lola Montez empfanden, die König Ludwig I. umgarnte.

Am 4. Mai 1864 waren sie einander zum ersten Mal begegnet, Bayerns König Ludwig II. und der 30 Jahre ältere Opernkomponist Richard Wagner. Ludwig empfindet eine tiefe Freundschaft zu Wagner, die er in seinem Abschiedsbrief vom 8. Dezember zum Ausdruck bringt: *„Mein theurer, innig geliebter Freund! Worte können den Schmerz nicht schildern, der mir das Innere zerwühlt."* Aber er versichert: *„Unsere Ideale sollen treu gepflegt werden."* Am Morgen des 10. Dezember verlässt Wagner die bayerische Hauptstadt und reist in Begleitung seines Dieners Franz und seines Hundes Pohl nach Genf. Die Abreise, die einem Hinauswurf gleichkommt, verschuldet Wagner selbst. Seinen Versuch, in der bayerischen Politik mitzumischen, verübeln ihm die Münchner. Seine Gunst bleibt ihnen dennoch erhalten: »Tristan und Isolde« (1865), Die »Meistersinger von Nürnberg« (1868), »Rheingold« (1869) und »Die Walküre« (1870) werden in München uraufgeführt. Wagners Festspielhaus aber errichtet das fränkische Bayreuth.

Die Trennung vom *„teuren Freund"* nimmt Ludwig zum Anlass, sich ganz dem Bau seiner spektakulären Schlösser Neuschwanstein, Linderhof und Herrenchiemsee zu widmen. Zur architektonischen Ausgestaltung Münchens trägt er nur noch wenig bei, dafür bereichert er es musisch und bildnerisch. Um 1865 leben hier mehr Maler und Bildhauer als in Berlin und Wien zusammen. Die Maler Franz von Lenbach oder Franz von Stuck werden über Bayerns Grenze hinaus bekannt. Schriftsteller und Musiker wandern zu und entwickeln eine reiche schöpferische Tätigkeit.

Zu den bekanntesten Musikschaffenden zählt der Operndirigent Hermann Levi (* 7. November 1839 in Gießen, † 13. Mai 1900 in Garmisch-Partenkirchen), ein Sohn des hessischen Landesrabbiners Be-

Gesellschaft in der Villa »Wahnfried« der Familie Wagner in Bayreuth (oben). Unter dem Bildnis Königs Ludwigs II., des großen Förderers der Künste: Hermann Levi (Mitte), Franz Liszt am Klavier. Richard Wagner, Cosima Wagner sitzend.

nedikt Levi. Der 30-jährige Levi, der ein Angebot aus Wien ablehnt, um Kapellmeister des 80-köpfigen bayerischen Hoforchesters werden zu können, bildet dieses zwischen 1872 und 1896 zu einem der besten Klangkörper Europas aus.

In Levi findet Ludwig II. einen gleich gesinnten Enthusiasten Wagner'scher Musik, der dem Repertoire seines Hoftheaters, als erster Bühne in Deutschland, sämtliche Werke Wagners einverleibt. Auch den »Parsifal«, der (bis 1903) nach Wagners Willen nur Bayreuth vorbehalten ist. Den »Parsival« dirigiert Levi zwischen Mitternacht und vier Uhr früh für einen einzigen Zuhörer, den im abgedunkelten Zuschauerraum der Wirklichkeit entrückten König.

Wagner und Levi, zwei Antipoden

Wagner und Levi hatten einander in Karlsruhe kennen gelernt, als Levi die »Meistersinger« dirigierte. Als er bayerischer Hofkapellmeister wird, intensiviert sich der Kontakt zu Wagner, der ihn in den Kreis seiner Familie aufnimmt. Im Haus »Wahnfried« spielt Levi mit Wagners Kindern und diskutiert mit seiner Frau Cosima über Literatur und Kunst. Im engen Kontakt entwickelt sich ein eigenartiges Verhältnis: hier ein angesehener Künstler, der einem wachsenden aggressivem Antisemitismus anhängt, da ein Jude, der im deutsch-französischen Krieg 1870/71 für Deutschland freiwillig Sanitätsdienste leistet und Wagner abgöttisch verehrt.

So sehr Wagner Hermann Levi als Musiker und hoch gebildeten Mann schätzt, bringt er ihm doch unüberwindbare antisemitische Vorbehalte entgegen. Levi beugt sich in einem Akt der Selbsterniedrigung Wagners Anschauung, als Jude ein Mensch minderen Wertes zu sein. Er erträgt alle Demütigungen, die ihm Wagner und nach dessen Tode Cosima zufügen, und bleibt dafür bis 1894 autorisierter Dirigent der »Parsifal«-Aufführungen bei den Bayreuther Festspielen.

Wagners Wandel zum beinahe aggressiven Antisemiten geht in kleinen Schritten, aber radikal vor sich.

Im Sommer 1848 verfasst der 35-jährige Wagner, verfangen im Sog aufbrechender deutsch-nationaler Emotionen, das Traktat »Die Wibelungen«. Darin leitet er eine Weltgeschichte aus dem Reich der Sage ab und verarbeitet sie im Drama »Der Nibelungen-Mythus«. Das deutsche Volk, so behauptet er, trüge das älteste urberechtigte Königsgeschlecht der Welt in sich. Dieses stamme von einem Gottessohn ab, der den Deutschen als Siegfried, anderen Völker als Christus nahe stünde. Die Revolution von 1848/49 und das nationale Erwachen Deutschlands bilden den Nährboden für diese vom jungen Wagner konzipierte Religion, die der alternde Wagner zur Ideologie entwickelt.

In jungen Jahren ein Apologet jüdischer Musiker, schwärmt Wagner von Felix Mendelssohn-Bartholdy, einem jüdischen Komponisten, den er *„das größte Musikgenie seit Mozart"* nennt. Doch mit einem Mal verkehrt sich seine überschwängliche Wertschätzung ins Gegenteil: *„Sehr natürlich geräth im Gesange, als dem lebhaftesten und unwiderleglich wahrsten Ausdrucke des persönlichen Empfindungswesens, die für uns widerliche Besonderheit der jüdischen Natur auf die Spitze ... [seine Kompositionen] beweisen Zerflossenheit und tragisches Gefühl der eigenen Impotenz ... Gestaltungslose, seichte, mit dem Anschein der Solidität matt sich übertünchende Manier ... sind die Folgen der Einmischung des Judentums in der Musik"*, urteilt er gehässig wenig später.

Zwiespältig empfindet Richard Wagner auch gegenüber Giacomo Meyerbeer, dem Sohn des jüdischen Berliner Bankiers Juda Herz Beer, der zu den erfolgreichsten Opernkomponisten des 19. Jahrhunderts aufsteigt und als Meister der französischen Grand Opéra gilt.

1841 bekennt Wagner noch: *„ohne Meyerbeer wäre ich nichts"*, um 1852 gegen ihn schwere Anschuldigungen zu erheben: *„Dieser täuschende Komponist ... wusste, ohne Künstler zu sein, doch Kunstruhm sich zu verschaffen ... Die Periode des modernen Judentums in der Musik ist geschichtlich als die der vollendeten Unproduktivität, der verkommenen Stabilität zu bezeichnen ..."*

Zwei Jahre zuvor, 1850, hat Wagner seine Gedanken über »Das Judenthum in der Musik« zum ersten Mal offen gelegt. In der »Neuen Zeitschrift für Musik« spricht er unter dem Pseudonym K. Freigedank den Juden die Fähigkeit ab, in der Musik und in der Kunst kreativ zu sein. Wagner gibt vor, *„den Einfluss der Juden auf unsere Musik mit Aussicht auf Erfolg"* zu bekämpfen.

Wagner und Hitler

Wagners Ansicht über »Das Judenthum in der Musik« findet keinen Widerhall. Daher veröffentlicht er ihn 1869 – gegen den Willen seiner Frau – erneut. Diesmal mit vollem Namenszug und einer Widmung an Marie von Mouchanoff-Kalergis, seiner großen Gönnerin. Mouchanoff-Kalergis hatte ihn 1860 vor einem finanziellen Debakel in Paris bewahrt und das Defizit seiner Konzerte mit 10 000 Francs ausgeglichen. Schwer getroffen hatte der ehrgeizige Wagner hinter Meyerbeer zurückstehen müssen, den das französische Publikum enthusiastisch feiert. Wagner wandelt sich zum erklärten Gegner Meyerbeers und zum Antisemiten. Sein Essay steht am Beginn eines in Deutschland schon schwelenden Antisemitismus, der 1879 offen ausbricht.

Nachdem Hamburg und Baden vorausgegangen waren, stellt 1867 auch Bayern Juden mit Nichtjuden gleich. Wagner beunruhigt 1869 die fortschreitende deutsch-jüdische Integration und der wachsende Einfluss des Judentums auf Kultur und Politik. Er fühlt sich verfolgt, wähnt die Presse ganz *„in Meyerbeers Händen“*, bringt alle ihm entgegenstehenden Schwierigkeiten mit Juden in Verbindung und glaubt an eine gegen ihn gerichtete jüdische Verschwörung. Die Verschwörungstheorie vom Weltjudentum gegen alles Deutsche wird zum Leitmotiv der NS-Ideologie.

Feinbild Paris

Adolf Hitler, seit seiner Jugend ein glühender Verehrer Wagner'scher Musik, der keine Aufführung in der Wiener Hofoper versäumt, dringt wohl nicht durch die von germanischen Helden verklärte Oberfläche Wagner'scher Opern bis zu ihrem antisemitischen Kern vor. Aber er fühlt ihn und bringt ihn zur Deckung mit der eigenen Weltanschauung.

Es ist denkbar, wenngleich schwer zu beweisen, dass die Obsession Wagners sich mit jener des nach der Herrschaft um jeden Preis strebenden Hitler zu einer »Religion« vereinigt, die bei Wagner einen neuen, den deutschen Menschen, bei Hitler eine arische Herrenrasse hervorbringen soll.

Wagner versucht, seine Philosophie des Zusammenhangs von Religion, deutscher Identität und Antisemitismus in einem Brief dem Gleiwitzer Gymnasialpädagogen Theodor Uhlig näher zu bringen:

„Wie wird es uns aber erscheinen, wenn das ungeheure Paris in schutt gebrannt ist, wenn der brandt von stadt zu stadt hinzieht, wir selbst endlich in wilder begeisterung diese unausmistbaren Augiasställe anzünden, um gesunde luft zu gewinnen? – Mit völligster besonnenheit und ohne allen schwindel versichere ich Dir, dass ich an keine andere revolution mehr glaube, als an die, die mit dem niederbrande von Paris beginnt ...“

Eine gerade Linie von Richard Wagner zu Adolf Hitler besteht gewiss nicht. Auch wird Hitler keine Kenntnis von Wagners Brief an Ludwig Uhland gehabt haben. Umso erstaunlicher ist der Gleichklang ihres Verhaltens.

Am 25. August 1944 beschließt der Kommandant des besetzten Paris, General Dietrich Hugo Hermann von Choltitz, gegen den Befehl Adolf Hitlers, Paris den Alliierten unzerstört zu übergeben. Hitler bestürmt unterdessen in seinem ostpreußischen Hauptquartier »Wolfschanze« den Chef des Generalstabs: *„Jodl, brennt Paris?“ – „Jodl, sagen Sie mir: brennt Paris? Brennt Paris in diesem Augenblick, Jodl?“* – Ist Hitler ein Vollstrecker Wagnerscher Rachegelüste?

Im Brief an Uhland fasst Wagner bedeutsame Momente seiner religiös begründeten Werkidee zusammen: Der Brand von Paris – der Stadt des jüdischen Konkurrenten Meyerbeer – ist Symbol der vernichtenden, aber heilsamen Feuerkur des zerstörenden Erlösers Siegfried.

Wagners oftmals in Frage gestellten oder relativierten Hass auf Juden belegen Tagebucheintragungen Cosimas. Am 11. Oktober 1879 ist er für die *„völlige Ausweisung“* der Juden. Zum Wiener Ringtheaterbrand am 17. und 18. Dezember 1881 notiert Cosima: *„Dass 416 Israeliten bei dem Brand umkamen, steigert R.s Teilnahme für das Unglück nicht.“* Und: *„Er sagt im heftigen Scherz, es sollten alle Juden in einer Aufführung des »Nathan« verbrennen.“*

Heute steht das Judentum Wagner distanziert gegenüber. Dem israelischen Symphonie Orchester ist die Aufführung der Werke Wagners verboten.

In der jüngsten Vergangenheit zeigt Israel großes Interesse, dem »Problem« Wagner mit einer Öffnung seiner Sichtweise näher zu kommen. Beim Sympo-

sium »Wagner und die Juden – nach der Katastrophe« am 21. August 1998 in Bayreuth hält der israelische Botschafter in Bonn, AVI PRIMOR, die Eröffnungsrede, weil *„man die Vergangenheit nicht mehr verdrängen will"*.

Zwar weichen in der Diskussion Juden und Deutsche mit innerer Scheu Wagners Pamphlet über die »Juden und die Musik« aus und geben akademischen Themen den Vorrang, etwa der hypothetischen Erlösung des Judentums, wie sie Wagner in seinem letzten Werk, dem »Parsifal«, zur Kunstreligion stilisiert. Der Beginn, sich einander näher zu kommen, ist jedenfalls gemacht, und hat auch große Aufregung verursacht. Die Ansicht deutscher Musiktheoretiker, Wagners Erlösungstheorie basiere auf dem Urchristentum, dem Buddhismus und der antiken jüdischen Geheimlehre, der »Kabbala«, wird als versuchter Freispruch für Wagner empfunden, der nach Meinung von Musikwissenschaftlern an eine totale Integration des Judentums jenseits von religiösen, nationalistischen oder rassistischen Begriffen, im Sinne einer »ästhetischen Kabbala« glaubte. Das hieße, den Opfern die Schuld an der Shoa anzulasten und die Verursacher frei zu sprechen.

Der Protest bleibt daher nicht aus. Man kann einfach nicht *„die verbalen Äußerungen Richard Wagners negieren oder sich die »Verharmlosung des Ungeheuerlichen« leisten"*, kritisiert der österreichische Musikwissenschaftler MANFRED WAGNER seine deutschen Kollegen. Juden mit »Ratten und Mäusen, mit Trichinen, mit einem Schwarm Fliegen, mit Warzen, mit der wahren Pest« zu vergleichen, wie Cosima Tiraden ihres Gatten im Tagebuch festhält, haben wenig mit »ästhetischer Kabbala« zu tun. Klare Worte, die zum Problem zurückführen.

Als die Uraufführung von Wagners Alterswerk »Parsifal« in Bayreuth die Frage nach dem Dirigenten aufwirft, versucht Wagner, König LUDWIG II. von seinem krausen antisemitischen Weltbild zu überzeugen. Ludwig entscheidet nicht nach Stand, Herkunft oder Konfession, sondern einzig nach bester Eignung. LEVI und niemand sonst wird die Hofkapelle dirigieren. Seinen Groll wagt Wagner nur bei Cosima los zu werden: *„Ungetauft darf er* [Levi] *den »Parsifal« nicht dirigieren"*, poltert er. Levi dirigiert und bleibt – ungetauft.

Am 26. Juli 1882 wird die Uraufführung des »Parsifal« in Bayreuth für Wagner und Levi der absolute Höhepunkt ihres gemeinsamen Wirkens.

EIN TOTENKULT WIRD INSZENIERT

Im Februar 1883 besucht Levi den Komponisten in Venedig im Palazzo Vendramin-Calergi. Beim Abschied küsst Wagner seinen Parsifal-Dirigenten wiederholte Male, als ob es ein endgültiger wäre. 24 Stunden später, am 13. Februar 1883, stirbt Wagner. Beim Begräbnis in Bayreuth trägt Hermann Levi den Sarg auf der Schulter zum Mausoleum.

Mit den Opern Wagners entsteht ein multimedial aufbereiteter Totenkult, der Heldentum und Tod durch Text, Musik und monströse Bühnenbilder ins Groteske, zum erstrebenswerten Lebensideal übersteigert. Das NS-Regime nimmt Wagners Inszenierungen zum Vorbild.

Am 13. August 1876, bei der Eröffnung des Bayreuther Festspielhauses, stimmen die Rheintöchter in »Rheingold« die Apotheose an: *„Treulich und treu ist's nur in der Tiefe, falsch und feig ist, was dort oben sich freut"*, und ernten überschwenglichen Jubel.

Unter den Gästen der deutsche und der brasilianische Kaiser, der König von Württemberg, die Komponisten ANTON BRUCKNER, CAMILLE SAINT-SAËNS und PETER TSCHAIKOWSKI. Nur der bayerische König ist abwesend. LUDWIG II. reiste am 9. August ab.

Wilhelm Richard Wagner (22. Mai 1813 in Leipzig, † 13. Februar 1883 in Venedig, im Palazzo Vendramin-Calergi). Der französische Impressionist Pierre-Auguste Renoir (* 25. Februar 1841 in Limoges; † 3. Dezember 1919 in Cagnes) malt Wagner 1882 (Paris, Musée d'Orsay; oben).*

Ludwig II.: Mord oder Unfall

Trotz der *„Darlehen ohne jede Hoffnung auf Deckung"*, wie Bismarck findet, wachsen Ludwigs Schulden von Jahr zu Jahr. 1884 betragen seine Verbindlichkeiten 8,25 Mio. Mark. Damit übersteigen sie seine Einnahmen beträchtlich: sein Jahreseinkommen von rund 4,2 Mio. Mark, die Erträge aus Zinsen und Verpachtungen in der Höhe von 63 000 Mark sowie eine halbe Million Mark aus dem König-Max-Fideikommiss. Nach Abzug der Ausgaben für Hofhaltung, Repräsentation und Unterhalt der Residenz stünden dem König eine knappe Million für sonstige Investitionen zur Verfügung. Im selben Jahr verschlingen jedoch Neuschwanstein 536 000 Mark, Linderhof 163 000 Mark und Herrenchiemsee 2,53 Mio. Mark.

Der Revisionsbericht des Finanzministers Emil Herr von Riedel ist niederschmetternd: *„Die Lage der königl. Kabinettskasse ist eine sehr ernste, so ernst, dass ich, seitdem ich mich näher mit derselben beschäftige, in der Tat von schweren Sorgen fast niedergedrückt bin..."*

Ludwigs Bauleidenschaft droht den Staat zu ruinieren. Da Ludwig, trotz mahnender Appelle Zurückhaltung zu üben, weiter bauen lässt, verweigert ihm die liberale Regierung, seine Schulden aus öffentlichen Mitteln zu begleichen. Die Finanzmisere droht nun vor die Zweite Kammer zu kommen, die überwiegend aus konservativ-katholischen Patrioten gebildet wird. Diese würden gegen die Regierung stimmen und sie zwingen, zurückzutreten. Nun setzt Ludwig selbst Ministerpräsident Lutz unter Druck. Er droht, das liberale Ministerium zu entlassen und durch eines von der Patriotenpartei gebildetes zu ersetzen. Ministerpräsident Lutz hat nur noch eine Möglichkeit, sein Amt und die Regierung zu retten: Der König muss, wie sein Bruder Otto, für geisteskrank erklärt und entmündigt werden.

Bismarck durchschaut das Ränkespiel. Er habe den Eindruck, sagt er zu Hugo Max Graf von und zu Lerchenfeld und Koefering, dem bayerischen Gesandten in Berlin, *„dass unsere Minister, weil sie sich nicht mehr halten könnten, den König »schlachten« wollten"*.

Ein vertrauliches Gespräch mit Ludwigs nächstem Agnaten, seinem Onkel, Prinz Luitpold, beruhigt Lutz. Er würde bei seiner Regentschaft im Amt bleiben, versichert ihm Luitpold. In aller Eile werden nun Beweise für Ludwigs Geisteskrankheit gesammelt. Der mit Luitpold befreundete Psychiater Bernhard von Gudden arbeitet ein Gutachten aus, das von weiteren Ärzten, unter ihnen Guddens Schwiegersohn, Friedrich Wilhelm Hagen, Rudolf Grashey und der königliche Direktor Prof. Hubrich, gegengezeichnet wird. Keiner der Ärzte untersucht oder spricht mit Ludwig.

Am 8. Juni 1886 liegt das Gutachten vor: *„Se. Majestät sind in sehr weit vorgeschrittenem Stadium seelengestört, und zwar leiden Allerhöchstdieselben an jener Form von Geisteskrankheit, die den Irrenärzten aus Erfahrung wohl bekannt, mit dem Namen Paranoia (Verrücktheit) bezeichnet wird ... Durch die Krankheit ist die freie Willensbestimmung Sr. Majestät vollständig ausgeschlossen, sind Allerhöchstdieselben verhindert an der Ausübung der Regierung zu betrachten und wird diese Verhinderung nicht nur länger als ein Jahr, sondern für die ganze Lebenszeit andauern."*

König Ludwig II. (oben), die Nachwelt nennt ihn wegen der von ihm erbauten romantischen Schlösser den »Märchenkönig«, flieht die Menschen. In den bayerischen Bergen sucht er „Trost und Balsam für so manches Herbe und Schmerzliche, das die traurige Gegenwart, das mir sehr zuwidere 19. Jahrhundert mit sich bringt."

Im Einvernehmen mit Prinz Luitpold, stellt das Ministerium am 9. Juni die Regierungsunfähigkeit Ludwigs fest, Luitpold übernimmt die Regentschaft.

Ludwig wird unterdessen auf Schloss Berg am Starnberger See interniert, selbst der Besuch eines Geistlichen wird ihm verweigert. Für seinen Aufenthalt sind bereits Vorkehrungen getroffen: Die Türklinken seiner Zimmer sind entfernt, die Fenster vergittert, die Türen haben Gucklöcher.

„Es scheint", äußert sich Ludwig, dessen Mäzenatentum und seine Lebensweise als exzentrisch kritisiert werden, *„dass es im Haushalt des Lebens nur Raum gibt für eine einzige Sorte von Menschen. Wer etwas sein will, muss roh, grob, phlegmatisch sein; wer von anderer Art ist, den heißen Freund und Feind excentrisch"*.

Rätselhafter Tod

Kurz danach ist der König tot. Am 13. Juni 1886, gegen 19 Uhr, bergen ihn Schlossbedienstete aus dem Starnberger See. Ludwig, stattliche 1,91 m groß, ein guter Schwimmer, soll ihm brusttiefen Wasser, nahe des Ufers ertrunken sein, heisst es offiziell. Mit ihm Leibarzt Gudden.

Auf Schloss Berg haben es die Verantwortlichen eilig, den zu Tode gekommenen Köni nach München zu bringen. Am 14. Juni, Pfingstmontag, um acht Uhr abends wird der Tote ausgesegnet, um zwei Uhr nachts trifft er mit dem Leichenwagen in der Residenz ein. Die Obduktion am folgenden Tag *„hat die von den Irrenärzten gestellte Diagnose in vollem Maße bestätigt, insofern sie nachwies, dass sowohl abnorme Entwicklungsvorgänge als auch Produkte chronischer Entzündungen älteren und neueren Datums am Schädel und Gehirn in mannigfaltiger Form vorhanden waren..."*

Drei Tage nimmt das bayerische Volk vom *„Kini"* Abschied, am 19. Juni findet er in der Krypta von St. Michael, nahe der Grablege des Kurfürsten Maximilian I., seine letzte Ruhe. Das heftige Sommergewitter, das nach der Trauerfeier über der Stadt niederging, deutet das Volk, dass der Tod des Königs nicht mit rechten Dingen zugegangen sei.

In der Tat hat die Regierung die Bevölkerung über den Schuldenstand der königlichen »Zivilliste« und ebenso über sein Krankenbild im Ungewissen gelassen. Die Zeitungen schweigen. Nur die »Neue Wiener Presse« berichtet schon am 25. Mai, dass in München die Regentschaft des Prinzen Luitpold für den schwer erkrankten König Ludwig II. »reif zur Ausführung sei«.

Die Zeit zwischen der Entmündigung und dem Tod des Königs – vom 10. bis 13. Juni 1886 – entbehrt der politischen Betrachtung; sie ist Teil einer persönlichen Tragödie.

Das tragische Ende des noch nicht 41-jährigen König Ludwigs beginnt jedoch die Nachwelt zu beschäftigen und hält ihn in der Erinnerung, wie kaum einen anderen bayerischen Monarchen, lebendig.

Als König Ludwig II. und sein Psychiater Gudden aus dem Starnberger See geborgen werden (oben), sollen sie noch Lebenszeichen von sich gegeben haben. Reanimationsversuche verlaufen aber erfolglos. Bis heute ist die Todesursache ungeklärt.

Zaubertrank der Geselligkeit

Kaum haben die Münchner den Sachsen Richard Wagner aus ihrer Stadt hinausgeekelt, bilden sich erste Fangemeinden, die mit den Erfolgen ihres verehrten »Meisters« auch Einfluss auf die bayerische Gesellschaft nehmen. Doch mit Wagner hat sich der musikalische Schwerpunkt unwiederbringlich nach Bayreuth verlagert. Hier entsteht ein Mekka der neuen Musik, das von Levi und den Dirigenten Mottl und Richter gepflegt wird. Sie unterstützen Cosima in der Leitung der Festspiele nach Kräften. Levi dirigiert bis zu seiner Pensionierung 1894 nahezu alle Parsifal-Aufführungen und trotzt allen antisemitischen Anfeindungen. Die lokale Presse nennt ihn ein »fremdes Element«, das keine Berechtigung habe, »deutsche Musik«, die *„christlichste aller Opern"* – »Parsifal« – aufzuführen. Cosima hält zwar die schützende Hand über Levi, zugleich aber bedrängt sie ihn, den *„Makel"* der jüdischen Herkunft abzulegen und zum christlichen Glauben zu konvertieren.

Hermann Levi bleibt standhaft. Er stirbt im 60. Lebensjahr, am 13. Mai 1900, an Nierenversagen in der Villa am Riedberg in Garmisch-Partenkirchen. Sein Freund Hildebrand, der die Totenmaske abnimmt, stellt verwundert fest: *„Sein Kopf sah herrlich aus, ein verklärtes Christusbild."* Selbst im Tode lässt man Levi nicht das sein, was er immer sein wollte: Jude.

Dreiunddreißig Jahre danach bereitet sein Wirken Kopfzerbrechen. Die Nationalsozialisten sind an der Macht und ihre Menschen verachtende Ideologie befiehlt, alles »fremdstämmige«, jüdische, »auszumerzen«. Plötzlich stehen sie vor der Tatsache, dass ein konvertierter Jude, Lorenzo da Ponte, das Libretto der beliebten Mozartoper »Le Nozze di Figaro« (»Figaros Hochzeit«) geschrieben und ein Jude es übersetzt hatte: Hermann Levi.

Im letzten Drittel des ausgehenden 19. Jahrhunderts, im »goldenen Zeitalter« Bayerns, ist die Welt im Großen und Ganzen noch in Ordnung. München erfreut sich des Rufs, die toleranteste, bürgerfreundlichste und lebenslustigste Stadt des deutschen Sprachraums zu sein. Während Wien immer mehr antiquierter Moder anhaftet, Berlin wegen seines preußisch-militaristischen Gehabes gemieden wird, vermittelt München mit seinen prachtvollen Bauten und breiten Straßenzügen, den heiteren Eindruck eines zu groß geratenen Dorfes, in dem jeder jeden kennt. Damit verbindet sich eine liebenswürdige, ungezwungene Geselligkeit, die von den großen Orten der gesellschaftlichen Begegnung, den Biergärten und Bierkellern getragen wird, so dass der US-amerikanische Konsul 1874 zu dem Schluss kommt: *„Das Bier ist ein großer konstitutioneller, politischer und sozialer Gleichmacher. ... Auf dem Oktoberfest sieht man Große und Geringe eng aneinandergeschmiegt auf den rohen Bänken sitzen."* Dem stimmt der amerikanische Weltreisende Robert Schaumer 1909 zu: *„Wenig andere Orte sind*

Jedes Land und jede Stadt haben ihre Klischees, so ist Bier beinahe ein Synonym für Bayern oder München. Dafür sorgen Oktoberfeste, Bierkeller und -gärten, auch Gartenschänken wie im Bild oben im Hofbräuhaus, im Sommer 1896.

Der US-Amerikaner Robert Schaumer berichtet 1909 über «Munich – A City of Good Nature»:

„In den großen Bierkellern, wo München einen erheblichen Teil seiner Freizeit verbringt, ist ein Mensch gerade so gut wie der andere. Man findet dort einen Bürgermeister und einen Armeehauptmann in engster Tuchfühlung mit einem Kaminfeger und einem Straßenhändler, und alle unterhalten und amüsieren sich miteinander ohne jede Berührungsangst."

Bierkeller und -gärten sind Bestandteil des Münchner Stadtbildes, das Bierbrauen ein Wirtschaftsfaktor ersten Ranges, die Hopfenfelder prägen weite Landstriche Flachlandbayerns. Bayern ohne Bier ist kein Bayern.

Zu den international bekanntesten bayerischen Biersorten zählt zweifellos das Löwenbräu. Die Brauerei wird vermutlich 1383 vom »prewmaister« Erhart gegründet, 1524 nennt ein Dokument einen „Jörg Schnaitter, *pierprew*" auf dem Anwesen in der Löwengrube 17. Der Name »Löwenbräu« scheint erstmals 1746 im Biersudverzeichnis von München auf. Man hat ihn von einem Fresko »Daniel in der Löwengrube« im genannten Brauhaus aus dem 17. Jahrhundert auf das Getränk übertragen. Der Aufstieg beginnt mit Georg Brey, der die Brauerei am 9. Oktober 1818 erwirbt. Er steigert den Ausstoß von 6000 Hektoliter im ersten Jahr auf 18 000 hl 1824 und 40 000 hl 1839. Im Jahr 1851 muss der ständig wachsende Braubetrieb auf das heutige Gelände an der Nymphenburgerstraße verlegt werden. 1865 deckt die Löwenbräu ein Viertel des Münchner Bierkonsums.

Am 8. Januar 1872 verkauft die Familie Brey ihre Brauerei an eine Aktiengesellschaft, die bis zur Jahrhundertwende die Löwenbräu zur größten Brauerei Deutschlands ausbaut. 1921 kommt durch Fusion das Bürgerliche Brauhaus München hinzu. 1927 wird erstmals Weißbier gebraut. Ein Jahr später klettert die Produktion auf über eine Million Hektoliter Bier pro Jahr.

Die gegenwärtige Großbrauerei unterhält 50 Niederlassungen in der ganzen Welt. 1997 trennt sich der Großaktionär August von Finck jun. vom Unternehmen, das mit dem Spaten-Franziskaner-Bräu zur Spaten-Löwenbräu-Gruppe vereinigt 2003 in der belgischen Interbrew-Gruppe und 2004 in der INBEV aufgeht.

so demokratisch." Und der Dramatiker Max Halbe wundert sich: Es gibt hier keinen Unterschied *„zwischen Reich und Arm, Vornehm und Gering, ja nicht einmal zwischen Minister und Droschkenkutscher"* – 1895 zieht er von Berlin nach München.

Vom Konflikt, der Deutschland erschüttert, bemerken die meisten nichts, obwohl der von 1871 bis 1887 zwischen Staat und katholischer Kirche gefochtene »Kulturkampf« das Reich zu zerreißen droht und das dem Vatikan zuneigende Bayern nicht ausspart. Eine starke Hand an der Isar hätte vielleicht zur Beruhigung im ganzen Reich beitragen können. Immerhin ergeht am 30. November 1870 von König Ludwig II. im Namen aller deutschen Fürsten, im so genannten Kaiserbrief, das Anerbieten an seinen preußischen »Standeskollegen« König Wilhelm I., er möge die deutsche Kaiserkrone annehmen.

Coletta, das resche Serviermädel der Sterneckerbräu, steht 1881 dem Maler Friedrich August von Kaulbach dreimal Modell. Die königlich privilegierte Schützengesellschaft kauft eines der Bilder für ihre Schützenhalle. Seither heißt das dralle Dirndl »Schützenliesl« (oben).

Ein Krieg der Diplomaten

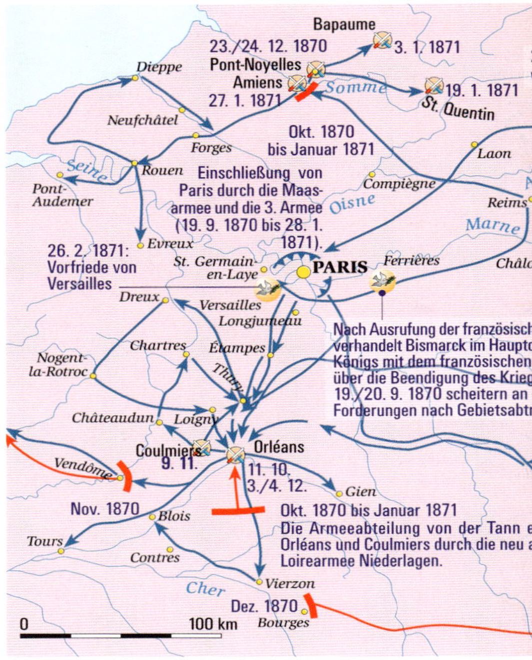

Der deutsch-französische Gegensatz bekommt 1867 Sprengkraft. Wissentlich arbeiten beide Seiten auf eine militärische Auseinandersetzung hin.

Das Bekanntwerden des zwischen Preußen und den Süddeutschen Staaten getroffenen Schutz- und Trutzbündnisses sorgt in Frankreich für eine erste ernste Aufregung. Die Nationalisten fühlen sich von Bismarck hintergangen, der Napoléon III. zugesichert hatte, Preußen nicht über den Main ausgreifen zu lassen. Sie fordern als Kräfteausgleich das Großherzogtum Luxemburg, das eine Personalunion mit den Niederlanden verbindet. Der Großherzog ist gleichzeitig niederländischer König.

Napoléon bemüht sich, Luxemburg von den Niederlanden zu erwerben, scheitert jedoch am deutschen Protest. Ein Schiedsgericht in London weist Luxemburg neutralen Status zu. Diese weitere diplomatische Niederlage Napoléons mindert im Inland abermals sein politisches Ansehen, sein Thron beginnt zu wackeln.

Die Kandidatur Prinz Leopolds von Hohenzollern-Sigmaringen – Spross einer süddeutschen Nebenlinie der Hohenzollern – für die spanische Königskrone stürzt Napoléon vollends ins Dilemma. Von zwei Seiten durch Preußen bedroht, gibt er den Falken seiner Regierung nach: Außenminister Herzog von Gramont sieht den Kriegsanlass gegeben.

Preußens König Wilhelm I. hält es für ratsam, die Kandidatur zurückzuziehen, und Prinz Leopold gehorcht. Der diplomatische Erfolg stellt Gramont nicht zufrieden. Er hält das preußische Nachgeben für einen Akt der Schwäche und stellt weitere Forderungen. Wilhelm I. möge sich offiziell entschuldigen und die Garantie abgeben, keine Ansprüche mehr auf den spanischen Thron zu erheben. Gramonts Forderungen überbringt Frankreichs Botschafter Vincent Graf Benedetti am 13. Juli 1870 dem in Bad Ems kurenden preußischen König. Wilhelm ist empört. Sein Adjutant Heinrich Abeken reicht die Note telegrafisch an Bismarck zur Veröffentlichung weiter. Bismarck kürzt den Text dieser »Emser Depesche«, dass sie zwar korrekt, aber im Ton scharf ist:

„Nachdem die Nachrichten von der Entsagung des Prinzen von Hohenzollern der Kaiserlich französischen Regierung von der Königlich spanischen amtlich mitgeteilt worden sind, hat der französische Botschafter in Ems an S. M. den König noch die Forderung gestellt, ihn zu autorisieren, dass er nach Paris telegraphiere, dass S. M. der König sich für alle Zukunft verpflichte, niemals wieder seine Zustimmung zu geben, wenn die Hohenzollern auf ihre Kandidatur zurückkommen sollten. S. M. hat es darauf abgelehnt, den französischen Botschafter nochmals zu empfangen, und demselben durch den Adjutanten vom Dienst sagen lassen, dass S. M. dem Botschafter nichts weiter mitzuteilen habe."

Frankreich ist blamiert

Frankreich sieht sich vor aller Welt bloß gestellt. Die Aufregung der Franzosen ist ungeheuer. Napoléon, völlig in der Hand der Kriegspartei, erklärt am 19. Juli 1870 Preußen (völkerrechtlich dem Norddeutschen Bund) den Krieg. Bismarck, ein gewiefter Taktiker, ist seinem Ziel, der Reichseinigung, ein beachtliches Stück näher gekommen.

Der deutsch-französische Krieg (oben) wird von Bismarck als »Einigungskrieg« in Szene gesetzt. Die Länder des Norddeutschen Bundes und der Süddeutschen Staaten stellen ihre Truppen unter ihren eigenen Heerführern unter das Oberkommando des preußischen Generalfeldmarschalls Helmuth Karl Bernhard Graf

Es hätte der militärischen Beistandsbündnisse mit den Süddeutschen Staaten nicht bedurft: Im Juli 1870 zögern sie keinen Augenblick, an der Seite Preußens in den Krieg zu ziehen. *„Mit Begeisterung werden meine Truppen an der Seite ihrer ruhmgekrönten Bundesgenossen für das deutsche Recht und deutsche Ehre den Kampf aufnehmen. Möchte er zum Wohle Deutschlands und zum Heile Bayerns werden!“* depeschiert König Ludwig II. am 20. Juli 1870 an König Wilhelm I.

Der Krieg gegen Frankreich, von der deutschen Führung bewusst als National- und Einigungskrieg geführt, nimmt den patriotischen Kräften Bayerns, die einem protestantischen, kleindeutschen Kaisertum distanziert gegenüberstehen, den Wind aus den Segeln. Resignierend hatte der nationalliberale Publizist GUSTAV FREYTAG am 1. Juli 1870, drei Wochen vor Kriegsausbruch, an den Herzog von Gotha geschrieben: *„Es ist nicht wahr, dass die Südstaaten uns allmählich genähert werden; sie werden uns notwendig fremder, je weiter die Gesetzesorganisation im Norden fortschreitet ... Und was dann? Zweiteiligkeit in sempiternum.“* Nun kann er jubeln.

Die Patriotenpartei, die ursprünglich die Bedingungen des bayerisch-preußischen Militärpaktes ignorierte und Kredite zur Mobilmachung der bayerischen Armee nicht bewilligen will, lenkt am 20. Juli 1870 ein. Die Abgeordneten billigen mit 101 gegen 47 Stimmen die Kriegskredite für den Kriegseintritt an der Seite Preußens.

Der Nachfolger Fürst Hohenlohes, Ministerpräsident BRAY-STERNBURG begründet die Entscheidung: *„Gehen wir mit Preußen und gewinnt dieses den Krieg, so ist Preußen gezwungen, den Bestand Bayerns zu achten. Unterliegt Preußen, so verlieren wir vielleicht die Pfalz, aber mehr kann uns nicht geschehen, denn Frankreich muss die Selbstständigkeit der deutschen Einzelstaaten immer begünstigen; das Gleiche tritt ein, wenn wir neutral geblieben sind und Frankreich siegt. Siegt aber Preußen, obwohl wir es gegen den Vertrag im Stich gelassen haben, dann erwartet uns das Schicksal Hannovers* (die preußische Annexion von 1866, Anm.). *Es wäre das »finis Bavariae«.“* Das Einschwenken Bayerns auf die nationale Linie findet in Preußen die entsprechende Anerkennung. HEINRICH VON SYBEL, der Bismarck nahe stehende offiziöse Historiograf der Reichseinigung: *„Das bayerische Volk hatte gezeigt, dass zur rechten Stunde auch in seinem Herzen Hoffmanns Dichterwort: "Deutschland, Deutschland über alles", voll tönenden Widerhall fand.“*

*von Moltke (*20. 10. 1800 Parchim, † 24. 4. 1891 Berlin). – Ludwig Samson Heinrich Arthur Freiherr von und zu der Tann-Rathsamhausen (* 18. Juni 1815 zu Darmstadt; † 26. April 1881 in Meran) führt die bayrischen Truppen.*

Sonderrechte für Bayern

Am Vormittag des 16. Juli 1870, um 9.20 Uhr, schickt König Ludwig I. von Schloss Berg am Starnberger See ein chiffriertes Telegramm an seinen Ministerpräsidenten Otto Graf von Bray-Sternburg nach München: *„J'ordonne la mobilisation; informez-en la Ministère de la guerre. Louis." „Ich befehle die Mobilmachung; informieren Sie davon den Kriegsminister. Ludwig."* 55 000 Bayern unter dem Oberkommando des preußischen Kronprinzen Friedrich Wilhelm, angeführt von den bayerischen Generälen Ludwig Samson Heinrich Arthur Freiherr von und zu der Tann-Rathsamhausen und Jakob Freiherr von Hartmann ziehen gegen Frankreich, das Bayern vor einem halben Jahrhundert zu einem Staat mit zentraleuropäischer Bedeutung gemacht hatte.

Der Vormarsch der deutschen Truppen erfolgt in hohem Tempo. Am 28. Januar 1871 kapituliert Paris. Napoléon III. war am 1. September bei Sedan in Gefangenschaft geraten, am 4. September war in Frankreich die Republik ausgerufen worden. Der Friedensvertrag von Frankfurt am 5. Mai 1871 verpflichtet Frankreich zur Zahlung von 5 Mrd. Francs. Es verliert das Elsass und Teile Lothringens. Der Konfliktstoff für den Ersten Weltkriegs ist geboren.

Ludwig hofft, durch betonte Loyalität Bayerns gegenüber Preußen und dem Norddeutschen Bund, bei der zu erwartenden Gründung des gesamtdeutschen Reichs eine Sonderstellung Bayerns zu erreichen. Der so genannte Kaiserbrief steht mit Ludwigs demonstrativer propreußischer Haltung zu Kriegsbeginn 1870 in keinem direkten Zusammenhang. Er ist vielmehr das Ergebnis eines vertraulichen Handels, der wohl auf eine Initiative Ludwigs zurückgeht, aber in einem Dreiecksgeschäft zwischen ihm, Reichskanzler Otto von Bismarck und Ludwigs Oberstallmeister, Maximilian Graf von Holnstein, abläuft. Ludwig bietet Bismarck die bayerische Hilfe bei der Ernennung Wilhelms zum Kaiser an. Gegen Geld und absolutes Stillschweigen. Bismarck, der die Abneigung des preußischen Königs Wilhelms I. gegen den Kaisertitel kennt, ist für jede Hilfe dankbar und setzt für Ludwig den »Kaiserbrief« auf. Die Begründung, warum der preußische König nun Kaiser des Deutschen Reiches werden soll, ist ihm besonders wichtig. Bismarck betont, dass die Ausdehnung der Präsidialrechte des preußischen Königs auf alle deutschen Staaten durch den Beitritt der süddeutschen Länder zum deutschen Verfassungsbündnis den Kaisertitel rechtfertige. Diese Rechte würde der Kaiser im *„wiederhergestellten"* Deutschen Reich im Namen aller Fürsten ausüben. König Ludwig II. unterzeichnet den »Kaiserbrief«.

Nach der Auflösung des Deutschen Bundes, an dessen Spitze der habsburgische Kaiser stand, erscheint den deutschen Fürsten der Entschluss Bismarcks legitim und sie stimmen ihm mit einer Ausnahme zu: Die bayerischen Abgeordneten enthalten sich der Stimme. In langen und heftigen parlamentarischen Debatten zögern sie im November 1870 die Unterzeichnung der so genannten Versailler Verträge hinaus, die einem kleindeutschen Kaiserreich das Fundament geben sollen. Am 1. Januar 1871 treten die Verträge in Kraft, ohne bayerische Zustimmung. Erst nachträglich, nach einem

Otto Eduard Leopold von Bismarck-Schönhausen, genannt der »Eiserne Kanzler« (1. April 1815 in Schönhausen (heute Sachsen-Anhalt); † 30. Juli 1898 in Friedrichsruh bei Hamburg; Gemälde von Franz von Lenbach, oben).*

zehntägigen Rededuell, kommt am 18. Januar 1871 die Zweidrittelmehrheit zustande, die mit einem Überhang von nur zwei Stimmen die Änderung der bayerischen Verfassung ermöglicht. Den Protest gegen die Gründung des kleindeutschen Kaiserreichs trägt paradoxerweise König Ludwig zur Schau, er bleibt der Kaiserproklamation im Spiegelsaal des Schlosses von Versailles, am 1. Januar 1871, fern.

Erfolgreiches Taktieren

Die Bayern haben klug taktiert. Während die süddeutschen Staaten ihre staatsrechtliche Unabhängigkeit verlieren, behält Bayern viele Sonderrechte. Ein Vertrag vom 23. November 1870 legt sie fest. Die besonderen Hoheitsrechte bewilligen dem Königreich das Fortbestehen der eigenen bayerischen Staatsbürgerschaft, die Verwaltung, Post, Telegraf und Bahn, der König bleibt im Frieden Oberbefehlshaber des Heeres, die Bier- und Branntweinsteuer fließt in den bayerischen Staatssäckel. Bayern erhält den stellvertretenden Vorsitz im Bundesrat und den Vorsitz von dessen Auswärtigem Ausschuss. Das Königreich darf seine bisherigen diplomatischen Vertretungen in Wien, St. Petersburg, in Rom beim Vatikan, in Bern und Paris weiter unterhalten, und das Reich finanziert sie. Und es darf bei allen Friedensverhandlungen vertreten sein. Beim Frieden von Brest-Litowsk, 1917, zwischen Russland und den Mittelmächten, tritt Bayern neben dem Deutschen Reich, Österreich-Ungarn, Bulgarien und der Türkei ebenbürtig auf. Im Bundesrat nimmt es sechs, im Reichstag 48 von 382 bzw. 392 Sitzen ein. Mit Württemberg und Sachsen kann es Verfassungsänderungen beeinspruchen.

Die Hoffnung Ludwigs, die deutsche Kaiserkrone würde zwischen den Hohenzollern und den Wittelsbachern alternieren, erfüllt sich zwar nicht, dennoch hat er keinen Grund zur Klage.

Ein Geheimvertrag sichert ihm 5 Mio. Mark zu, die ihm Bismarck zwischen 1873 und 1885 aus dem »Welfenfonds« zukommen lässt. GRAF HOLNSTEIN, der einstige Kurier des »Kaiserbriefs«, übermittelt die vertraulichen Gelder, für seine Dienste erhält er 10 % an der Gesamtsumme.

Die Geldmittel stammen vom blinden Hannoveranerkönig GEORG V., der 1866 an der Seite Bayerns und Österreichs gegen Preußen kämpfte und trotz der Niederlage auf seine Herrscherrechte nicht verzichtete. Preußen zieht sein Privatvermögen – 48 Mio. Mark – ein und vertreibt ihn ins österreichische Exil. Über die Zinsen des requirierten Betrages verfügt Bismarck. Mit ihnen besticht er Journalisten, finanziert er Sicherheitsdienste und – den König von Bayern, den seine Bauwut in den »Schuldenturm« zu bringen droht.

Die Kaiserproklamation im Spiegelsaal von Versailles, am 18. Januar 1871 (Gemälde in dritter Fassung von Anton von Werner, oben). Da der preußische König Wilhelm I. weder Kaiser von Deutschland noch Deutscher Kaiser genannt werden will, bringt Großherzog Friedrich von Baden einen Hochruf auf „Kaiser Wilhelm" aus.

Fortschritt und Stillstand

OTTO VON BISMARCKS Schema der politischen Parteien ist denkbar einfach: Er unterscheidet sie in Reichsfeinde, das sind vornehmlich Linksliberale, Sozialdemokraten und Katholiken, und Reichstreue, zu denen Nationalliberale und Konservative zählen. Der Jongleur vieler Kugeln spielt mit Vorliebe die Parteien gegeneinander aus. Dabei ist es ihm gleichgültig, zu welcher der beiden Gruppen sie gehören. Er sieht in den Parteien Vertreter von Sonderinteressen, die der, dem Gemeinwohl dienenden Regierung gegenüberstehen. Da das Parlament keinen Einfluss auf die Regierung hat, sind die Parteien zu Kompromissen nicht angehalten. Dadurch ruht die demokratische Entwicklung Preußens, später auch des Reichs.

Die politische Geschichte Bayerns beginnt mit der Beschlussfassung der Verfassung am 26. Mai 1818. Ab diesem Zeitpunkt finden regelmäßige Sitzungen der beiden Kammern des Landtags statt. Die erste Kammer, die der Reichsräte, gebildet aus Adeligen und Konservativen, und die zweite Kammer, die der Abgeordneten, die sich an ständischen Prinzipien orientiert. Das Übergewicht des Adels im Landtag ist festgeschrieben, aber auch die zweite Kammer, die »Volksvertretung«, verfügt über ein nicht zu verachtendes Machtinstrument, das alte Steuerbewilligungsrecht, das den Ständen ihren Einfluss sichert. In der Präambel der Verfassung sind bereits wesentliche Grundrechte garantiert.

König LUDWIG I. (1825-1848) unterbricht die Linie des sich abzeichnenden liberalen Parlamentarismus durch die Rückkehr zum autoritären Regierungssystem. Die französische Julirevolution von 1830 und ihre negativen Auswirkungen auf die Pressefreiheit schrecken Ludwig vor weiteren verfassungsrechtlichen Experimenten ab. Er schließt sich der restaurativen Politik des österreichischen Staatskanzlers METTERNICH an, der Verfassungen und liberales Denken für Fehlentwicklungen hält. Die konstitutionellen Freiheiten schränkt Ludwig bis 1848 rigoros ein. Die Affäre mit LOLA MONTEZ und der Münchener »Märzsturm« veranlassen ihn am 20. März 1848 zum Rücktritt.

Schon der erste Reformlandtag, den sein Sohn Sohn MAX II. (1848-1864) einberuft, bringt die seit langem geforderten Verbesserungen: ein neues Wahlgesetz, das Recht der Gesetzesinitiative des Landtags, die Ministerverantwortlichkeit. Die Zensur wird aufgehoben, das Vereins- und Versammlungsrecht gestärkt. Die Grundherrschaft schafft man ab, Öffentlichkeit und Mündlichkeit der Rechtspflege setzen sich durch. Das politische Pressewesen, die Vereinskultur und die Parteien blühen auf. Ein entscheidender Schritt zum Rechtsstaat ist getan, der sich an der englischen und französischen Verfassungstradition orientiert.

Bayerns geografische Lage stellt das Land vor die zukunftentscheidende Frage, welchen Kurs der Mittelstaat einschlagen soll: den der preußischen oder den der österreichischen Führungsmacht. Eine weitere Richtung, die einer »Triaspolitik« als ein »Drittes Deutschland«, wird von keinem der beiden großen deutschen Staaten gut geheißen.

Der Krieg von 1866 bringt die Entscheidung zugunsten Preußens und der kleindeutschen Lösung. Schutz- und Trutzbündnisse binden Bayern fürderhin an den neu gegründeten, von Preußen dominierten Norddeutschen Bund. Dieser und die Wiedererneuerung des Zollvereins sowie die

Das große Bayerische Königswappen (oben). – Die bayerischen Liberalen sind seltsamerweise Geburtshelfer ihrer eigenen Konkurrenz, der Sozialdemokraten. Ein erster liberaler Arbeiterverein in Nürnberg entsteht schon 1861. Drei Jahre später fasst die eigentliche sozialistische Arbeiterbewegung in Bayern Fuß: In Augsburg wird

Mit zunehmender Industrialisierung und dem Wachstum der Städte bekommen die Liberalen Konkurrenz, die sie langsam von der Mehrheitsposition verdrängt: die Sozialdemokratie.

Errichtung eines Zollparlaments bereiten das preußisch-deutsche Reich vor.

Die auf Preußen ausgerichtete Politik der bayerischen Regierung weckt das im bayerischen Volk tief verwurzelte Selbstbewusstsein. 1868 konstituiert sich die konservative Patriotenpartei, die einerseits der propreußischen Entwicklung im Land den Kampf ansagt, andererseits gegen die 1863 entstandene liberale Fortschrittspartei und deren kleindeutsche Nationalpolitik zu Felde zieht.

König LUDWIG II. (1864-1886), mehr für seine künstlerischen Visionen lebend, als der Politik zugetan, gibt dennoch ein eindeutiges Bekenntnis zu Preußen ab und tritt 1870 an dessen Seite in den Krieg gegen Frankreich ein. Im November 1870 bestätigt Bayern seinen Beitritt zum Norddeutschen Bund.

Auf Initiative Ludwigs II. nimmt König WILHELM I. von Preußen 1871 die Kaiserkrone an. Zwar versucht die bayerische Abgeordnetenkammer, die Kaiserkrönung zu torpedieren, aber gegen eine Fülle von Sonderverträgen, den »Reservatrechten«, die Bayern erhält, stimmt sie schließlich zu. Die bayerische Geschichte schlägt ein neues Kapitel auf.

Da König Ludwig II. der Politik den Rücken kehrt, bestimmen seine liberalen Minister im Schulterschluss einer preußenfreundlichen hohen Bürokratie den politischen Kurs des Landes. Im Kielwasser Bismarcks misst man im so genannten Kulturkampf mit der Kirche und ihrer politischen Vertretung im Landtag, der katholisch-klerikalen Patriotenpartei einerseits und in der Gegnerschaft zu den Sozialdemokraten andererseits die Kräfte. Diese, durch die »Sozialistengesetze« von 1878 in den Untergrund verbannt, beweisen jedoch ihre Stärke und erobern nach der Aufhebung des Verbots 1887 in Nürnberg den ersten bayerischen Wahlkreis für den Reichstag. 1893 ziehen die Sozialdemokraten mit zwölf Abgeordneten in den bayerischen Landtag ein, gleichzeitig wächst die Macht ihrer Verbände, der Gewerkschaften, des Bayerischen Bauernbundes und der christlichen Bauern- und Arbeitervereine.

STILLSTAND UNTER LUITPOLD

Während der Ära des Prinzregenten Luitpolds (1886-1912), dem Repräsentanten der »guten alten Zeit«, stagniert die politische Entwicklung Bayerns und die Führungsschicht wird immobil. Den Anstoß zum Aufbruch bringt ein Wahlbündnis des Bayerischen Zentrums, wie sich die Patriotenpartei seit 1887 nennt, und der SPD. 1906 erfolgt die Liberalisierung des bayerischen Wahlrechts und die Anpassung an den Reichstag.

Luitpolds Sohn, LUDWIG III., erwirkt eine Verfassungsänderung und lässt sich zum König erklären. Dieser Rückschritt in der Parlamentarisierung löst eine Autoritätskrise aus, die der Ausbruch des Ersten Weltkriegs noch für kurze Zeit in den politischen Hintergrund drängt, die aber umso schärfer hervorbricht, als die Führungsclique des Reiches versagt und Deutschland in die schlimmste Niederlage seiner Geschichte schlittert.

Ein SPD-Antrag vom September 1917, der eine Parlamentarisierung Bayerns fordert, stößt noch auf Ablehnung. Als es am 2. November 1918 endlich zum Abkommen zwischen Regierung und Landtagsparteien kommt, ist es für die Rettung der Monarchie zu spät. Am 6. November stimmt die 2. Kammer zu, am 7. November wird die neue Ministerliste vorgestellt, am 8. November soll die 1. Kammer den Gesetzesentwurf billigen, doch am Morgen des 8. November 1918 lesen die überraschten Münchner auf Plakaten: *„Bayern ist fortan ein Freistaat"*.

eine erste örtliche Sektion des »Allgemeinen Deutschen Arbeitervereins« gegründet. Der radikalere, marxistisch orientierte »Eisenacher« Flügel etabliert sich ebenfalls in Nordbayern. 1870 vereinigen sich beide Organisationen zur Sozialdemokratischen Arbeiterpartei.

Ruhe und Ordnung

Sowohl König Ludwig II. – er regiert vom 11. März 1864 bis 13. Juni 1886 – als auch Prinzregent Liutpold – 10. Juni 1886 bis 12. Dezember 1912 – halten den Schein der einstigen politischen Größe Bayerns aufrecht. Doch wie auch die anderen deutschen Länder setzt Bayern seit der Gründung des Deutschen Reiches der von Preußen dominierten zentralistischen Reichspolitik keine eigenstaatliche betonte Standpunkte mehr entgegen. Gesellschaft, Gesetzgebung, staatliche Einrichtungen, Verwaltung und Justiz der deutschen Länder verschmelzen. Die Vision Bismarcks vom nationalen Einheitsstaat wird allmählich Wirklichkeit. Am 1. Januar 1900 tritt das Bürgerliche Gesetzbuch (BGB), das den größten Teil des Privatrechts regelt, in Kraft und ist für die Rechtsprechung in ganz Deutschland verbindlich. Die Länder befinden sich auf dem Weg zur »Gleichschaltung«, die der Nationalsozialismus 1933 zum Abschluss bringt.

Prinzregent Luitpold, dritter Sohn Ludwigs I., zeichnet sich durch persönliche Bescheidenheit, militärische Pünktlichkeit und Disziplin aus. Drahtig und bei bester Gesundheit übernimmt der 65-Jährige das Amt eines Reichsverwesers, hält sich aber der Politik fern, lässt lieber regieren oder hält Probleme in Schwebe, in der Hoffnung, dass sie sich von selbst erledigen werden. Unter seiner Ägide verlagert sich die Staatspolitik in die Ministerialbüros und in seine Geheimkanzlei, deren Chefs – durchwegs Militärs – im Hintergrund die Fäden ziehen: Generalmajor Ignaz Freiherr Freyschlag von Freyenstein (*1827, †1891), Generalmajor Friedrich von Zoller (*1843, †1900) und von 1900 bis 1912 Generalleutnant Peter von Wiedmann (*1847, †1917), Sohn eines protestantischen Schneidermeisters, der zum Karriereoffizier aufsteigt und als einer der fähigsten politischen Köpfe der Prinzregentenära gilt.

Der greise Luitpold und seine Geheimkanzlei garantieren Stabilität, Bürgerruhe und Ordnung. Die Prinzregentenzeit wird die glücklichste Epoche bayerischer Geschichte und zum Synonym für die »gute alte Zeit«. Die Militarisierung der Staatsführung kann dennoch den Wandel von der monarchischen Autokratie zum Parlamentarismus nicht aufhalten. Die Umschichtung der Gesellschaft, der Wandel der wirtschaftlichen Strukturen treten auch in Bayern in ersten Arbeitskämpfen, Streiks, Arbeiterprotesten zu Tage und werden im Gegenzug von den Unternehmern mit Aussperrungen und Kündigungen beantwortet. Der Kampf innerhalb der Gesellschaft hat sein Gegenstück im Landtag, in dem ein nationalliberales, vom Monarchen gestütztes Ministerium und die vom Volk gewählte Zweite Kammer einander feindselig gegenüber stehen. Die weltanschaulichen Differenzen des bayerischen Landtags erregen mitunter Aufsehen im ganzen Reich.

Demokratische Reife

Der Konflikt um den – und das ist ungewöhnlich – liberalen, dennoch prokatholischen Kultusminister Robert von Landmann schont sogar den Kaiser vor scharfer Polemik nicht. Der auf Verständigung und Verständnis bedachte Landmann versucht, eine der katholischen Mehrheit angepasste Ausgleichspolitik zu betreiben, und löst begreiflicherweise heftige Kritik in der eigenen Partei aus. Sie führt schließlich zu seiner Entlassung und zum Misstrauensantrag der Zweiten Kammer. Diese nutzt ihr Einspruchsrecht in Budgetfragen und verweigert im Juli 1902 die Bewilligung von 100 000 Mark für den Kauf *„ausgezeichneter Kunstwerke"*, den der Prinzregent angeregt hat. Der Affront gegen den Prinzregenten empört Kaiser Wilhelm II. In der so genannten Swinemünder

Luitpold (oben), am 12. März 1821 als drittes Kind des Kronprinzen Ludwig, und späteren Königs Ludwig I. – in Würzburg geboren, tritt nach dem Tod Ludwigs II. die Prinzregentenschaft an. – König Ludwig III. von Bayern (7. Januar 1845 in München; † 18. Oktober 1921 auf Schloss Nádasdy in Sárvár, Ungarn), Prinzregent und*

Depesche rügt er die bayerischen Zentrumsabgeordneten wegen ihrer *„schnöden Undankbarkeit"* und stellt die Überweisung des gestrichenen Betrages aus seiner Tasche in Aussicht. Diese Einmischung in bayerische Angelegenheiten empört die Zentrumsabgeordneten ungemein. Den Bamberger Domkapitular Franz Xaver Schädler lässt sie von der Kanzel wettern: *„die Seele des bayerischen Volkes koche nicht nur über, sondern schäume über ... diese Einmischung ... des Königs von Preußen, welcher den Namen Deutscher Kaiser führt ..."* Georg Heim, bayerischer Reichstagsabgeordneter des Zentrums, nennt auf dem Parteitag vom 28. Januar 1903 den Kaiser sogar einen *„gekrönten Agitator"*. Bayerns Ministerpräsident Krafft Graf von Crailsheim versäumt nun, die Aufregung zu beruhigen, schürt im Gegenteil den Konflikt und erklärt *„dem Zentrum den offenen Krieg"*. Die Kalmierung kommt von der innenpolitischen Peripherie. Der Chef der Geheimkanzlei Klemens von Podewils-Dürnitz, er ist Nachfolger Robert von Landmanns, findet den Ausgleich und wird am 1. März 1903 von Luitpold zum neuen Ministerpräsidenten ernannt. Podewils-Dürnitz leitet das letzte liberale Ministerium Bayerns. Die Zeit der Liberalen ist vorbei. Sowohl Podewils-Dürnitz, als auch sein Nachfolger Anton von Wehner, sind gläbige Katholiken, die der liberal-antikatholischen Politik nichts abgewinnen. Beide wechseln zum Zentrum, das den aufkommenden linksliberalen und sozialistischen Trends nur gmeinsammit den konservativen Katholiken Paroli bieten kann.

Der nunmehr 91-jährige Prinzregent Luitpold fügt sich dem Wunsch seines Sohnes Ludwig III. und ersetzt Podewils-Dürnitz am 9. Februar 1912 durch Georg Graf von Hertling. Als Luitpold am 12. Dezember 1912 stirbt, geht auch die liberale Epoche zu Ende.

Unter Luitpold blüht München nochmals auf. Kunst, Kultur, Bildung und Wissenschaft vereinigen sich im Begriff: Kulturpolitik, die nirgendwo sonst so konsequent verwirklicht wird. Niemand ist ausgeschlossen, jeder Stil, jede Meinung ist willkommen. In einem Dorf abseits des Siegestores am Nordrand der Stadt, in Schwabing versammelt sich, was Rang und Namen hat. Rilke, Wedekind, Klee, Kandinsky, Mann, Halbe, Ibsen, Marc, Thoma, Kaulbach, Makart, Ganghofer, Strauss, Reger, Pfitzner.

Die Investitionen der Herrscher und ihrer Regierungen tragen Früchte und ihr Vermächtnis wird weiter gepflegt. Im Haushaltsjahr 1906/07 schlägt der Etat des Kultusministeriums als größter Einzelposten mit 37,9 Mio. Mark nieder. Für Erziehung und Bildung sind weitere 27,7 Mio. Mark vorgesehen. Schulen, Institute, Kliniken, das Prinzregententheater (1901), das Bayerische Nationalmuseum (1900), das Deutsche Museum (1903) – das weltgrößte seiner Art –, ein Operhaus in Nürnberg, die Universität in Würzburg, das Staatsarchiv in Bamberg und andere Bauten wachsen aus dem Boden. 1900 werden in München 6349 Wohnungen gebaut, eine Zahl die erst wieder 1951 erreicht wird.

Die Finanzierung erfolgt überwiegend aus dem Betrieb der bayerischen Staatseisenbahnen (rund 45 Mio. Mark), den Zuwendungen des Reichs (63 Mio.) und dem Bierexport, der 1913 ein Zehntel der Weltbierproduktion abdeckt.

Nur knapp 20% stammen aus direkten und indirekten Steuern, bei einem Durchschnittseinkommen von 1100 Mark pro Jahr und Steuerpflichtigem. Das Pfund Kalbfleisch kostet 68, der Liter Milch 16, die Maß Bier 24 Pfennig. Georg von Vollmar, Führer der bayerischen Sozialdemokratie bescheinigt, dass in Bayern *„weniger Luxus und Bettelarmut"* herrschen.

letzter bayerischer König (rechts), wird 1918 abgesetzt. Mit ihm endet die 738 Jahre währende Herrschaft der Wittelsbacher. Im Bild mit Erzherzog Franz Ferdinand von Östereich, im Jahre 1914.

„Na warte, Wittelsbach!"

Das bayerisch-preußische Verhältnis trübt sich nach dem Tod Kaiser Wilhelms I. und dem Rückzug Bismarcks aus der Politik immer mehr. Vor allem das caesarenhafte Auftreten Kaiser Wilhelms II. missfällt den Bayern. Der Besuch des Kaisers in München am 8. September 1891 endet beinahe mit einem Eklat. Wohl beteuert Wilhelm II., dass die Metropole einen warmen Platz in seinem Herzen habe, doch dann provoziert er die Bayern. Mit symbolträchtiger Adlerfeder schreibt er ins Goldene Buch der Stadt: *„Regis voluntas suprema lex esto!" – „Des Königs Wille ist das oberste Gesetz!"* Damit drückt Wilhelm den kaiserlichen Anspruch auf einen Bundesstaat aus und stellt die konstitutionelle Ordnung Bayerns in Frage.

Prinzregent Luitpold 1900 rächt sich. Zum Geburtstag des Kaisers und obersten Kriegsherren lässt er nur die Militärgebäude beflaggen. Die übrigen öffentlichen Gebäude sollen nur an seinem Geburtstag mit Fahnen geschmückt werden. Der Kaiser tobt, nennt die bayerischen Gesandten in Berlin *„unverschämte Schurken"* und droht: *„Na warte Wittelsbach! Du sollst noch das Reich achten und kennen lernen!"*

Die Sticheleien nehmen in der Folge nicht ab, ohne freilich zu ernsthaften Komplikationen zu führen. Bayern hat seinen Platz im Reich und lernt mit den preußischen Eigenheiten zu leben. Anders Berlin, das weiterhin einen Austritt des Königreichs befürchtet, der unweigerlich zum Zerfall des Deutschen Reichs geführt hätte.

Der Nachfolger Luitpolds, Prinzregent Ludwig III., von seinem Großvater Ludwig I. als gescheitester seiner Enkel bezeichnet, ist zwar dem Reich loyal ergeben, doch seit ihm die Kugel eines preußischen Gewehrs 1866 das linke Bein partiell gelähmt hat, kein Freund der Hohenzollern. Betont katholisch, zieht er einen Strich unter die von seinen Vorgängern gepflogene Politik, ein prussophiles Ministerium mit der Regierung zu betrauen. Auf sein Betreiben hat noch sein Vater einen konservativen Ministerpräsidenten ernannt. In Georg von Hertling steht nach 65 Jahren, nach dem über Lola Montez gestürzten Carl von Abel, wieder ein gläubiger

*Wilhelm II., mit vollem Namen Friedrich Wilhelm Albert Victor von Preußen (oben; * 27. Januar 1859 in Berlin; † 4. Juni 1941 in Haus Doorn, Niederlande) entstammt der Dynastie der Hohenzollern und war von 1888 bis 1918 der letzte Deutsche Kaiser und König von Preußen. Die dreißigjährige Regentschaft Wilhelms (1888 bis*

Katholik an der Spitze der Regierung. Die Bestellung eines Mitglieds des Zentrums, der stärksten Partei in der Zweiten Kammer, ist als ein vorsichtiger Schritt in Richtung einer Parlamentarisierung zu werten. Mehr allerdings nicht, denn die Regierungspolitik ist alles andere als fortschrittlich. Sie ist nur eine Antwort auf die liberalen Strömungen dieser Epoche: Stärkung des konstitutionellen Systems, Schutz der christlichen Religion und Kampf gegen die Sozialdemokratie. 1913 versucht das Ministerium, den Eisenbahnern den Beitritt zum SPD nahen Eisenbahnerverband zu verbieten.

Eine Verfassungsänderung belebt den monarchischen Gedanken, der durch die Regentschaft abgeschwächt worden war. Am 4. November 1913 beschließt das Ministerium das »Gesetz über die Regentschaft«. Damit endet die Regentschaftsära, die Königswürde geht von OTTO I. auf LUDWIG III. über. Nachträglich, am 7. November, stimmt der Landtag dem Gesetz zu, und am selben Tag bestätigt es auch der Reichsrat. Nur die Sozialdemokraten hatten dagegen gestimmt. Am 8. November leistet Ludwig den Eid auf die Verfassung, am 12. November 1913 nimmt er die Huldigung des Landes entgegen. Das Volk jubelt, wie stets bei solchen Anlässen, doch wird auch Kritik an der Usurpation Ottos laut. Sie erlischt erst mit seinem Tod am 11. Oktober 1916.

EIN »TOTALER KRIEG«

Trotz der gewährten Sonderrechte, übt Bayern seit 1870 keinen Einfluss mehr auf die Außenpolitik des Reiches aus. Beim Ausbruch des Ersten Weltkriegs vermeidet König Ludwig III., mit MARIE THERESE, PRINZESSIN VON MODENA aus habsburgischem Hause, verheiratet – der glücklichen Ehe entstammen 13 Kinder –, jeden persönlichen Kommentar zum Kriegsentschluss des Wiener Kabinetts und verhält sich auch beim Kriegseintritt des Reichs passiv.

Ludwig beschränkt sich darauf, die Mobilmachung Bayerns am 31. Juli 1914 bekannt zu geben: *„Ludwig III., von Gottes Gnaden König von Bayern ... Wir finden uns bewogen, auf Grund des Artikels I des Gesetzes über den Kriegszustand vom 5. November 1912 zu verordnen: Über das Gesamtgebiet des Königreichs wird der Kriegszustand verhängt."* Die »Frankfurter Zeitung« vom 1. Aug. 1914 berichtet:

„München. Als gestern die Erklärung der Verhängung des Kriegszustandes bekannt geworden war, wuchsen in den Hauptstraßen und auf den öffentlichen Plätzen die Menschenmassen so an, dass der Wagenverkehr fast unmöglich wurde. In der Nacht erfolgte auch eine große Volkskundgebung vor dem Wittelsbach-Palais. Der König hielt an die Volksmenge eine Ansprache, in der er den Segen Gottes für Deutschland und seine Verbündeten erbat. Er schloss seine Rede mit den Worten: Gehen Sie nach Hause und tun Sie Ihre Pflicht wie unsere Soldaten, die wahrscheinlich bald vor dem Feinde stehen werden. Die Menge sang darauf die Königshymne und ‚Deutschland, Deutschland über alles'."

Die Organisation der Mobilmachung unterscheidet sich wesentlich von der 1870. Ab der ersten Stunde werden alle Kräfte einschließlich der Reserven einberufen. Die Landwehr aus gedienten Soldaten bis zum 38. Lebensjahr und der Landsturm – die bis 45-Jährigen – müssen zu den Waffen eilen. Der Friedensstand des bayerischen Heers von etwa 87000 Mann erhöht sich bei Kriegsausbruch auf über 278000. Bis Kriegsende durchlaufen etwa 15 bis 20% der gesamten Bevölkerung Bayerns das Feldheer. In früheren Kriegen waren es 3%.

Das Schlagwort vom »Totalen Krieg« propagiert nicht erst NS-Propagandaminister JOSEPH GOEBBELS nach der verlorenen Schlacht von Stalingrad im Februar 1943. General ERICH LUDENDORFF prägt den Begriff schon 1916. Nichts ist wichtiger als der Krieg und sein Ziel, den Gegner zu vernichten. Krieg und Tod geben dem Leben erst den richtigen Sinn, behaupten die Militärtechnokraten. Allein der Gedanke, nach dem Krieg mit dem Feind wieder zusammenzuarbeiten, bedeutet Verrat am »totalen Krieg«. Der Krieg wird zum göttlichen Auftrag umgedeutet, zum Kreuzzug gegen den Feind. Auf beiden Seiten segnen Geistliche die Waffen, die unzählige Menschen töten oder Schaden zufügen und die europäische Zivilisation in einem Meer von Blut ertränken.

Wilhelm II. zieht sich am 4. August 1914 auf repräsentative und legitimierende Funktionen zurück und übt den Oberbefehl nur nominell aus. Das Handeln überlässt er den Militärs, Beamten und Interessensverbänden. Die Selbstentmachtung ist irreversibel. *„Der Wille des Königs"*, von ihm selbst aufgegeben, bedeutet das Ende der Monarchie.

1918) wird als die wilhelminische Epoche Deutschlands bezeichnet. Sie ist durch Streben nach nationalem Prestige und nach der Weltmacht gekennzeichnet. Damit eng verbunden sind die militärische Aufrüstung und die Forcierung der Kolonialpolitik in Afrika und in der Südsee.

Meldegänger Adolf Hitler

Am Mobilmachungstag strömen die Münchner auf die großen Plätze der Stadt, um ihre Kriegsbegeisterung kundzutun. Auch vor der Feldherrenhalle versammeln sich die Massen. Unter ihnen ein arbeitsloser 25-jähriger Kunstmaler aus Österreich, der im Mai 1913 zugereist war und in der Schleißheimerstraße 24 wohnt: Adolf Hitler.

In seiner Autobiografie »Mein Kampf« erinnert sich Hitler an den 2. August 1914: *„Ich schäme mich auch heute nicht, es zu sagen, dass ich überwältigt von stürmischer Begeisterung, in die Knie gesunken war und dem Himmel aus übervollem Herzen dankte, dass er mir das Glück geschenkt, in dieser Zeit leben zu dürfen."*

Am 5. Februar war Hitler der k. u. k. Stellungskommission in Salzburg zwangsweise vorgeführt, aber für *„zu schwach. Waffenunfähig"* befunden worden. In München meldet er sich am 5. August 1914 freiwillig beim I. bayerischen Infanterie-Regiment und erhält am 16. August die Aufforderung, im Rekruten-Depot VI die Ausrüstung für das 2. Ersatzbataillon des 2. Infanterie-Regiments entgegen zu nehmen. Diese Einheit – nach ihrem ersten Kommandanten »Regiment List« genannt – besteht überwiegend aus unerfahrenen Rekruten. Der Teilzeitkünstler und Einzelgänger Hitler, der bis jetzt jeder Einordnung in die Gesellschaft ausgewichen war, findet erstmals Halt. Die Armee wird für ihn die »Heimat«.

Am 21. Oktober verlegt das Regiment nach Flandern, und erhält schon wenige Tage später, am 29. Oktober, bei Ypern seine Feuertaufe. Einem Münchner Bekannten schreibt Hitler – in fehlerhaftem Deutsch – seine Erlebnisse:

„Ich springe und laufe so gut es geht, über die Wiesen und Rübenfelder springe über Gräben, komme über Drat und lebende Hecken und dann höre ich vor mir schreien ›Hier herein, alles hier herein‹. Ein langer Schützengraben liegt nun vor mir, einen Augenblick später springe ich hinein vor mir, hinter mir, links und rechts folgen unzählige Andere. Neben mir sind Württemberger, unter mir tote und verwundete Engländer ... Wir kommen blitzschnell über die Felder vor, und nach stellenweise blutigem Zweikampf werfen wir die Burschen aus einem Graben nach dem anderen heraus. Viele heben die Hände hoch. Was sich nicht ergibt, wird niedergemacht."

Wegen besonderer Tapferkeit wird Hitler zum Gefreiten befördert und Meldegänger des Regimentsstabs. Er bleibt Gefreiter bis Kriegsende, die Beförderung zum Unteroffizier schlägt er aus. Nur das »Eiserne Kreuz II. Klasse«, mit dem er am 2. Dezember

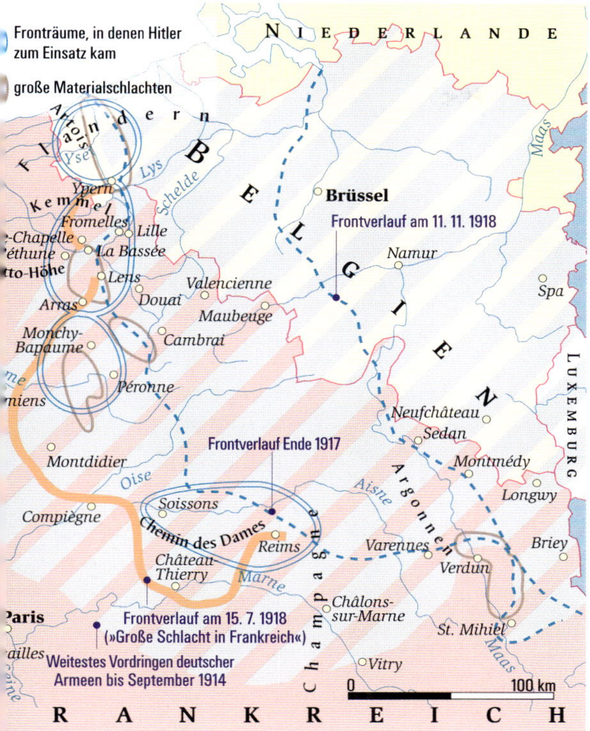

1914 ausgezeichnet wird, nimmt er an. Als Meldegänger *„leistet er sowohl im Stellungskrieg als auch im Bewegungskrieg Vorbildliches an Kaltblütigkeit und Schneid und war stets bereit, Meldungen in schwierigsten Lagen unter größter Lebensgefahr durchzubringen"*, bescheinigt ihm sein Vorgesetzter Oberstleutnant FREIHERR VON GODIN, und stellt am 31. Juli 1918 den Antrag, Hitler das »Eiserne Kreuz I. Klasse« zu verleihen. Hitler trägt es bis zum Lebensende. Dass er vom Regimentsadjutanten HUGO GUTMANN zur Ordensverleihung vorgeschlagen wurde, verschweigt er. Gutmann ist Jude.

DER HASS DES UNTERLEGENEN

Die Kriegsjahre prägen Hitler so sehr, dass er die Befehls- und Wertehierarchien des Militärs der Organisationsstruktur der NSDAP und der von den Nationalsozialisten propagierten »nationalen Volksgemeinschaft« zugrunde legt. Als Melder versieht er in unmittelbare Nähe der Kommandanten seinen Dienst. Hier eignet er sich jene strategischen Kenntnisse an, die er als Oberbefehlshaber der Deutschen Wehrmacht im Zweiten Weltkrieg anwendet. Die Kriegserlebnisse vertiefen alte Vorurteile. Seine bisher vagen völkisch-nationalen Vorstellungen erhalten schärfere Konturen, sein Hass auf alles Fremde, besonders auf das Judentum wächst.

Während eines Gasangriffs am 13./14. Oktober 1918 bei La Monzagne erblindet Hitler. Im Lazarett von Pasewalk bei Stettin erlebt er den Zusammenbruch des Reiches: *„Ungünstige Gerüchte kamen dauernd aus der Marine"*, berichtet Hitler. *„Und dann brach eines Tages plötzlich und unvermittelt das Unglück herein. Matrosen kamen auf Lastkraftwagen und riefen zur Revolution auf, ein paar Judenjungen waren die »Führer« ... Keiner von ihnen war an der Front gewesen. Auf dem Umweg eines so genannten »Tripperlazaretts« waren die drei Orientalen aus der Etappe der Heimat zurückgegeben worden. Nun zogen sie in ihr den roten Fetzen auf."*

In jenen Tagen steigert sich die bei Hitler seit seinen Wiener Tagen latent vorhandene Abneigung gegenüber allem Jüdischen zum abgrundtiefen Hass. Die Vorstellung, dass Judentum und Bolschewismus das gleiche Ziel verfolgen, nämlich die Vernichtung des Deutschtums, verfolgt ihn ab nun bis zum Lebensende.

Am 21. November 1918 verlässt Hitler das Lazarett und fährt zum Standort seines Infanterie-Regiments in München. Der König von Bayern ist geflohen, die politischen Zustände in der Landeshauptstadt verwirren ihn: Bayern ist seit dem 7. November eine »Räterepublik«.

Über Hitlers Regiment befehlen bolschewistische Soldatenräte, die ihn in die Kleiderkammer der Kaserne zum Sortieren von Uniformen abkommandieren. Hitler hat Muße, die massenhaft erscheinenden Flugblätter, vor allem die deutsch-völkischen, zu studieren. Ihre antisemitischen Angriffe auf vermeintliche jüdische Hintermänner, die zur Niederlage Deutschlands beigetragen haben, nimmt Hitler begierig auf. Er begreift sie als Bestätigung eigener Überlegungen: Schuld an Deutschlands Zusammenbruch seien die Juden.

Adolf Hitler auf dem Odeonsplatz in München, am 2. August 1914, einen Tag nach der deutschen Kriegserklärung an Russland (links. Das Foto machte Hitlers späterer persönlicher Fotograf Heinrich Hoffmann). – Hitlers Einsatz an der Westfront (oben).

Die »Judenfrage«

Ebenso wie in anderen großen Städten West- und Zentraleuropas werden auch im München Ende des 19. Jahrhunderts antisemitische Strömungen verstärkt spürbar. Einer der Gründe ist der sprunghafte Anstieg der Zahl jüdischer Einwohner. Leben 1875 in München 3451 Juden, so sind es um 1900 bereits 8739. Das rasche Wachstum geht auf die Verbesserung ihrer politischen und gesellschaftlichen Stellung zurück, die in den deutschen Ländern in der Gleichstellung mit Nichtjuden auf einer gesetzlichen Basis ruht. Mehr noch aber auf die Zuwanderung verfolgter Juden aus Polen und Russland, die so genannten Ostjuden. Städte sind ihre bevorzugten Ziele, da sie ihnen ein größeres Angebot an Arbeitsmöglichkeit bieten. In München lassen sie sich in bestimmten Vierteln nieder, am Bavariaring und am Gärtnerplatz. Ihre Kleidung, ihre Gewohnheiten, die Sprache heben sie aus der übrigen Menschenmenge ab. En lokaler Chronist schreibt 1895: *„Wie die Chinesen nach Californien, so kamen die Juden nach München – fleißig und sparsam, wachsend an Zahl, aber am besten gehasst."*

Natürlich gibt es in München auch etablierte Juden, die weder durch Sprache noch Kleidung auffallen, dafür aber beruflich hervorstechen. Die Familien Eichthal, Aufhäuser, Hirsch stehen im Bankgeschäft an der Spitze, Bernheimer und Wallach im Kunst- und Antiquitätenhandel, Tietz ist Kaufhauskönig, Pringsheim, ein zum Protestantismus konvertierter Jude, ist führender Kunstmäzen.

Obwohl der nichtjüdischen Gesellschaft assimiliert, bleiben ihnen judenfeindliche Angriffe nicht erspart. Heinrich Heine, der sich durch die Taufe ein »Entréebillett« in die Gesellschaft erhoffte, bewirbt sich vergeblich um eine Professur in München.

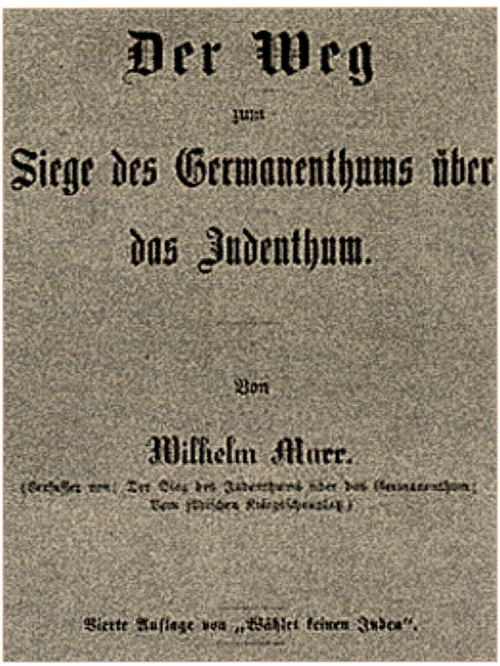
Der Weg zum Siege des Germanenthums über das Judenthum.

Von

Wilhelm Marr.

Vierte Auflage von „Wählet keinen Juden".

Im letzten Viertel des 19. Jahrhunderts tritt eine Verschärfung der antijudaischen Bewegung ein: Der Antisemitismus tritt in Erscheinung. Was Richard Wagner noch gelten lässt: die Bekehrung eines Juden zum Christentum durch die Taufe mache ihn erst zum »edlen« Menschen, gilt nicht mehr. Der rassistische und sozialdarwinistische »Antisemitismus« beruft sich auf wissenschaftliche Erkenntnisse und verbreitet die Überzeugung, dass der »Makel« des Judeseins durch Taufe oder Konvertierung nicht aufgehoben werden kann.

Zwischen 1853 und 1855 veröffentlicht der französische Diplomat und Schriftsteller Joseph Arthur Comte de Les Pléiades de Gobineau (* 14. Juli 1816 in Ville-d'Afray, bei Paris; † 13. Oktober 1882 in Turin) in seinem vierbändigen Essay »Die Ungleichheit der Menschen« seine Theorie von der arischen Herrenrasse. Zwar nicht ausdrücklich gegen die Juden gerichtet, wird das Werk dennoch zum Eckpfeiler des wissenschaftlichen Antisemitismus. Dieser bedient sich unter anderem auch der sozialdarwinistische These vom Kampf des Minderwertiges gegen das Höherwertige und dass Auslese und Anpassung die menschliche Gesellschaft bestimmen. Daraus leiten die Antisemiten höherwertiges Herrenmenschentum und niedere Rassen ab.

Organisierter Antisemitismus

In den europäischen Überseekolonien – nicht nur in den deutschen – wird diese Theorie gelebt. Im

Der deutsche Journalist Wilhelm Marr (1819–1904) gilt als der Erfinder des Begriffs »Antisemitismus«. Er verwendet ihn seit 1873, und macht mit ihm die Juden für den damaligen Gründerkrach verantwortlich. Von Marr stammt die Schrift »Der Weg zum Siege des Germanenthums über das Judenthum« (1880, oben).

Deutschen Reich ist die jüdische Minderheit Ziel der modisch gewordenen Rassentheorie. Neid, Missgunst, wirtschaftliche und soziale Motive – auch spezifisch sexuelle – stehen im Hintergrund aggressiv-gehässiger Anfeindungen.

Die Münchener Universität nennen boshafte Zungen wegen der vielen jüdischen Studenten eine »säkularisierte Talmud-Hochschule«. Der Kaufhausbesitzer Hermann Tietz (heute »HERTIE«) ist der Verleumdung ausgesetzt, seine weiblichen Angestellten zur Prostitution zu nötigen, weil er sie nicht ausreichend entlohne. Im Volk gilt es als selbstverständlich, dass Börsenspekulanten und Immobilienmakler Juden seien.

Gegen Ende des 19. Jahrhunderts steigert sich in München der Antisemitismus zum Judenhass. Zeitungen und satirische Wochenschriften bringen bösartige Anspielungen. Die konservative »Staatsbürgerzeitung« stellt eine *„erschreckende Zunahme des jüdischen Elements"* fest, das den *„Untergang des besten Kerns des Münchner Mittelstandes"* bewirken werde. Volkssänger schütten verletzenden Spott über die Juden. Der beliebte WEISS FERDL verunglimpft konvertierte Juden: *„A Schütz bleibt a Schütz/Ob er geht oder laft/und a Jud bleibt a Jud/Wenn man ihn hundertmal taft."* Die Häme spiegelt die Meinung des Volkes wider, Ressentiments, die um 1890 profilierungssüchtige Gruppen aufgreifen und damit ihr politisches Süppchen kochen. 1891 meldet als erste bayerische antisemitische Partei der »Deutsch-Soziale Verein« (DSV) seine Konstituierung an. Parteisprecher VIKTOR HUGO WELCKER wirft sich zum Sprecher der Parteimitglieder – Handwerker, Krämer, niedere Beamte – auf: *„Wir können ... es im Interesse der nationalen Selbsterhaltung nicht dulden, dass unser Volk bis aufs Mark ausgesaugt wird durch die internationale jüdische Börsenpumpe ..."*

Die dem Verein nahe stehende Wochenschrift »Deutsches Volksblatt – bayerische Zeitschrift für Stadt und Land« fordert die Gewerbebeschränkung der Juden, das Verbot bestimmter Tätigkeiten, den Ausschluss von allen Ämtern und Ehrenämtern sowie die Verringerung ihrer Zahl in der Ärzte- und Anwaltschaft.

Neben der antisemitischen Strömung macht sich die alldeutsche Bewegung bemerkbar, deren bayerische Anhänger – zumeist protestantische Ultranationalisten – beweisen wollen, womöglich noch deutscher zu sein als deutsch.

Die in der Mitte der neunziger Jahre gegründete Münchner Ortsgruppe des Alldeutschen Verbands zählt nicht nur zu den größten im Deutschen Reich, ihre Obmänner preisen 1898 die Stadt als Zentrum alldeutschen Denkens. München solle zur Basis der Expansion der Organisation nach Böhmen und Österreich werden, regen sie an.

Einer der Gründer des Vereins, der Verleger naturwissenschaftlicher und medizinischer Bücher, JULIUS FRIEDRICH LEHMANN, stellt seinen Verlag auf die Publikation rassistischer und nationalistischer Druckwerke um. Lehmann richtet einen »Wehrschatz« ein, der *„zur Kräftigung und Festigung des Deutschtums an den Sprachgrenzen und im Auslande ..., sowie auch zur Besiedlung unserer Kolonien über See"* verwendet werden soll. Lehmann erhält später von ADOLF HITLER als einer der ersten das Goldene Parteiabzeichen der NSDAP.

Die »Judenfrage«, ursprünglich ein sozialer Terminus – seit der Jahrhundertmitte ein feststehender Begriff –, drängt nach »Lösung«.

Juden als Ausbeuter und Frauenverführer darzustellen, ist keine Erfindung der Nationalsozialisten. 1899 erscheint in der satirischen Zeitschrift »Simplicissimus« ein Cartoon, in der ein jüdischer Unternehmer blonde (arische) Angestellte auffordert, ihren Arbeitsplatz am Abend, bei ihm in der Wohnung, zu »sichern« (oben).

Suche nach Schuldigen

Bei Ausbruch des Ersten Weltkriegs verfallen auch die Juden in Deutschland der allgemein herrschenden Begeisterung. Zionistische und nicht zionistische jüdische Vereinigungen rufen ihre Mitglieder auf, sich freiwillig zum Militärdienst zu melden. Bis Kriegsende dienen 100 000 Juden im Heer, das sind 17 % aller deutschen Juden. 78 000 stehen im Kampf. 30 000 erhalten Tapferkeitsauszeichnungen, 1500 das »Eiserne Kreuz Erster Klasse«, 12 000 Juden fallen.

„Man war froh, dabei zu sein. Viele von uns Juden beherrschte auch die Vorstellung, dass nun mit einem Schlage und für ewige Zeiten alle Judennot in Deutschland ihr Ende haben würde, zumal nachdem der Kaiser gesagt hatte: ›Ich kenne keine Parteien mehr, ich kenne nur noch Deutsche‹", erinnert sich 1940 der ehemalige Studienrat Willy Cohn aus Breslau.

Die Juden fühlen sich verpflichtet, dem Deutschen Kaiserreich gegenüber ihre Loyalität zu beweisen. Sie begreifen sich als »deutscher Stamm«, ähnlich den Bayern oder Hessen, und die Eigenbezeichnung vom »jüdischen Stamm« im Deutschen Reich taucht während des Ersten Weltkriegs immer wieder auf.

Am 11. Oktober 1916 ordnet der deutsche Kriegsminister Adolf Wild von Hohenborn eine »Judenzählung« an. Er folgt dem Antrag eines antisemitischen Reichstagsabgeordneten, der statistisch nachweisen will, dass an der Front mehr Nichtjuden dienen als Juden und umgekehrt, mehr Juden die so genannten Reklamierten – im Volksmund Drückeberger – stellen.

Die Sozialdemokratische Partei Deutschlands (SPD) und die Fortschrittliche Volkspartei werten den Vorstoß des Kriegsministeriums als *„Bruch des Burgfriedens"*, der alle Deutschen gleich welcher politischen Überzeugung und Konfession hinter dem Kaiser vereinen soll. Der deutschnationale Reichstagsabgeordnete Gustav Stresemann warnt im Januar 1917 vor einer *„antisemitischen Bewegung ..., wie sie noch nie da gewesen ist."*

Das Ergebnis wird nicht veröffentlicht. Es stellt sich heraus, dass sich unter den Nichtjuden wahrscheinlich mehr »Drückeberger« befinden als unter den Juden.

Die »Judenzählung« ist nicht die einzige antisemitische Maßnahme im kaiserlichen Heer. Am 15. September 1918 bildet General von Gebsattel einen »Judenausschuss«, der die Juden für die drohende Niederlage verantwortlich machen will. Damit wird die »Dolchstoßlegende« schon vorweg genommen. Generalfeldmarschall Paul von Beneckendorff und Hindenburg vertritt die These der »Dolchstoßlegende« am 18. November 1919 vor dem parlamentarischen Untersuchungsausschuss der Nationalversammlung.

Demnach sei *„das im Felde unbesiegte Heer durch den von der sozialistischen Agitation geschürten Defätismus in der Heimat und der Etappe geschwächt"* und schließlich durch die Novemberrevolution von *„hinten erdolcht"* worden. Kaiser Wilhelm II. und Hindenburgs rechte Hand und Erster Generalquartiermeister Erich Ludendorff verbreiten die historisch unhaltbare Legende über den Zusammenbruch. Deutschnationale und Nationalsozialisten diffamieren mit ihr den Weimarer Staat. Zur Zeit der »Judenzählung« heilt Hitler in München

Flugblatt des »Reichsbundes jüdischer Frontsoldaten« gegen die Schmähungen rechter Organisationen und Parteien (oben). Die von der Heeresleitung angeordnete »Judenzählung« schürte den Antisemitismus innerhalb der Armee und schwächte die Kampfkraft, war daher hochverräterisch, ohne je geahndet zu werden.

eine Verwundung am Bein aus, die er in der Sommeschlacht erlitten hat. Im Militärlazarett in Beelitz bei Berlin war er mit *„Feiglingen" und „gesinnungslosesten Hetzern"* in Berührung gekommen. In München trifft er zu seiner großen Enttäuschung auch keine patriotische Gesinnung mehr an, dafür »Drückeberger« und Juden. Die Kasernenkanzleien, schreibt er, *„waren mit Juden besetzt. Fast jeder Schreiber ein Jude und jeder Jude ein Schreiber."* Antisemitisch veranlagt, indoktriniert ihn die »Judenzählung« nun vollends.

Die Dauer des Krieges, das Ausbleiben militärischer Erfolge und des versprochenen schnellen Sieges, auch die britische Seeblockade erhöhen die Not der Bevölkerung. Die katastrophale Lebensmittelversorgung im »Steckrübenwinter« 1916/17 steigert, auf der Suche nach Schuldigen, die antisemitische Stimmung, die zum Judenhass entflammt, als antisemitische Hetzschriften Juden zu Nutznießern der Kriegswirtschaft und des grassierenden Schleichhandels stempeln.

BAYERNS KÖNIG WILL BELGIEN

Die antisemitischen Organisationen »Alldeutscher Verband« und der »Reichshammerbund« werfen den Juden vor, »Kriegsgewinnler« zu sein, und schüren die traditionellen antisemitischen Vorurteile von jüdischem Wucher, Spekulanten- und Schiebertum. Gestützt werden diese Klischees, durch die hohen staatlichen Positionen, die Juden einnehmen. So der jüdische Industrielle ALBERT BALLIN (1857-1918), der Leiter der Zentraleinkaufsgesellschaft ist, oder WALTHER RATHENAU, der bis zu seinem Rücktritt als Chef der Kriegsrohstoffabteilung im März 1915 die deutsche Kriegswirtschaft organisiert. Dem radikalen antisemitischen Agitator und Bundeswart des »Reichshammerbunds« ALFRED ROTH (1879-1948), fällt es daher leicht, das »System Ballin-Rathenau« 1921 – wenn auch ohne Beweise – in einer Hetzschrift für die Niederlage Deutschlands verantwortlich zu machen und der »Dolchstoßlegende« neue Nahrung zu geben.

Wenige Monate nach Beginn des Krieges wird der Reichsführung bewusst, dass er länger dauern wird, als Reichskanzler BETHMANN HOLLWEG Anfang August 1914 prophezeit hatte: *„Es wird ein heftiges, aber kurzes, sehr kurzes Gewitter werden. Ich rechne mit einer Kriegsdauer von drei, höchstens vier Monaten ..."* Die Schlacht an der Marne war zwischen dem 5. und 12. September 1914 wegen einer Reihe militärischer Fehlentscheidungen verloren, die Umfassung von Paris missglückt. Aber im Vorgefühl des greifbaren Sieges schwelgen Kaiser, Generalität und Politiker hemmungslos in Annexionsgelüsten. Auch Bayerns KÖNIG LUDWIG III. meldet, obwohl der Sieg in weite Ferne gerückt ist, 1915 Gebietsansprüche an. Sollte sich Preußen Belgien aneignen, so wünsche er mit Teilen des Elsass entschädigt zu werden. Später erinnert er sich an seinen kurfürstlichen Vorgänger KARL THEODOR, der seinen Fürstenhut gegen die belgische Königskrone tauschen wollte. Ludwig träumt von einem »Neuen Burgund«, das er aus Elsass-Lothringen und Belgien unter bayerischer Herrschaft vereint errichten will. Eine Vision, die möglicherweise den am 7. Oktober 1900 in München geborenen späteren Reichsführer SS, HEINRICH HIMMLER, inspiriert. Auch er gibt sich der Idee hin, nach dem »Endsieg« im Zweiten Weltkrieg einen SS-Staat »Burgund« zu errichten.

Ludwigs auf Mäßigung bedachter Ministerpräsident GEORG VON HERTLING bewegt den König 1916 zur Aufgabe der Annexion von Belgien, doch auf ein bayerisch verwaltetes Elsass-Lothringen will Ludwig nicht verzichten. Hertling tritt damit als verhandlungsbereiter und gemäßigter Politiker in Erscheinung und schärft dieses Profil im Sommer 1915 durch den Vorschlag, mit Belgien Sonderverhandlungen aufzunehmen und mit Russland einen Sonderfrieden zu schließen. Als Gegner des von den Falken rund um Wilhelm geforderten unbeschränkten U-Boot-Krieges – Hertling befürchtet als Reaktion den Kriegseintritt der USA –, kann er am 1. August 1917 in enger Zusammenarbeit mit dem päpstlichen Nuntius in München, EUGENIO PACELLI (ab 1939 Papst PIUS XII.), einen – freilich erfolglosen – Friedensappell von Papst BENEDIKT XV. bewirken. Die weitere Karriere des 75-jährigen Hertling ist vorgezeichnet. Als die Reichsführung die drohende Niederlage vor Augen Verhandlungstaktiker braucht, scheint der aus Darmstadt stammende Hertling der richtige Mann zu sein. Am 1. November 1917 löst er GEORG MICHAELIS ab und wird preußischer Ministerpräsident und Reichskanzler.

Es ist zu spät

Je länger der Krieg dauert, desto stärker brodelt die Gerüchteküche. Der König habe sich aus Angst vor den Untertanen nach Sachsen abgesetzt, lautet ein Gerücht. Die Bayern würden von der preußischen Heeresleitung an den am meisten umkämpften Fronten verheizt, lautet ein anderes. Verwässertes Bier und das Einschmelzen von 35 % aller Münchner Kirchenglocken lässt die Bevölkerung verzagen. Rufe nach *„Frieden und Brot"* werden laut. Die Agitation greift um sich. Soldaten schmuggeln ihre Waffen von der Front nach Hause: *„Wenn es draußen gar ist"*, berichtet ein Fronturlauber, *„dann geht es daheim an."* Revolutionäre Ideen finden immer mehr Sympathisanten.

Am 16. Mai 1917 versammeln sich in München die Anhänger der Unabhängigen Sozialdemokratischen Partei Deutschlands. Die USPD – der äußerste linke Flügel der SPD – hatte sich im Vormonat von der Mutterpartei losgesagt. Sie will so rasch wie möglich den Krieg beenden. Neben Rosa Luxemburg und Karl Liebknecht ist Kurt Eisner einer der führenden Köpfe der Bewegung. Er macht die bayerische Hauptstadt zur Hochburg der USPD.

Der freie Schriftsteller Kurt Eisner, Berliner und Jude, hat einen bemerkenswerten Wandel hinter sich: Als SPD-Mitglied schwenkt er vom Befürworter der Kriegsanleihe 1914 zum Pazifisten um und tritt in die USPD ein.

Am 14. Januar 1918 legen in Wiener Neustadt, einem Rüstungszentrum der Österreichisch-Ungarischen Monarchie, etwa 200 Beschäftigte der Daimler-Motorenwerke die Arbeit nieder. Linksradikale Arbeiterräte verbreiten Flugblätter mit aufrührerischen Parolen: *„Das Volk steht auf!"* oder *„Lasst alle Räder stille stehen ... Wählt Arbeiterräte, so wie in Russland ... Proletarier aller Länder vereinigt Euch!"*

Der Ausstand greift schnell um sich. Am Abend des 17. Januar streiken bereits über 200 000 Arbeiter. Kuriere des Streikkomitees in Wiener Neustadt tragen die Streikfackel nach allen Richtungen. Auch nach Berlin. Am 28. Januar 1918 bricht der Massenstreik im Deutschen Reich aus.

Am 28./29. Januar 1918 bestreiken 42 000 Arbeiter rund 120 Nürnberger Betriebe. Am 29./30. schließen sich ihnen die Beschäftigten in Fürth und Schweinfurt an. Am 30./31. folgen jene aus Ludwigshafen, Oppau und Frankenthal. Es sei eine *„Warnung an die herrschende Klasse"* teilen die Streikführer auf einer Schlusskundgebung in Nürnberg mit.

In München versucht unterdessen Kurt Eisner, in den Krupp-Geschützwerken von Freimann einen unbefristeten Generalstreik zu inszenieren. Auf dem

Obwohl seit langem beabsichtigt, trifft der Kriegsausbruch die Reichsregierung völlig unvorbereitet. Für eine längere Dauer war keine Vorsorge getroffen worden. Vor den Geschäften bilden sich lange Warteschlangen, um vielleicht doch etwas Essbares zu ergattern (oben).

Höhepunkt des Ausstands, als 8000 Arbeiter feiern, wird Eisner mit seinen Helfern wegen Verdachts des Landesverrats festgenommen und im Untersuchungsgefängnis Stadelheim arretiert. Erst im November wird Eisner entlassen.

In der Zwischenzeit stellt die Regierung mit Reformversprechungen nicht nur streikanfällige Arbeiter ruhig, sie hält auch den konservativeren SPD-Flügel an ihrer Seite.

Parlamentarisierung kommt zu spät

Der Antrag der SPD-Abgeordneten Erhard Auer und Max Süssheim vom 18. September 1917 über eine Reform der Verfassung wird erneut diskutiert, nachdem ihre Forderung, die konstitutionelle Monarchie in eine parlamentarische umzuwandeln, den Adel, die königlichen Privilegien und die Erste Kammer abzuschaffen sowie das Frauenwahlrecht einzuführen, in der Zweiten Kammer die Zweidrittelmehrheit nicht erreicht hatte.

Da einige Vorschläge die Zustimmung anderer Parteien genießen, gelangt der Auer-Süßheim-Antrag erneut in den Beratungsausschuss. Die Verhandlungen dauern bis zur letzten Minute des schon im Zusammenbruch befindlichen Reichs.

Am 2. November 1918 einigen sich die Parteien auf die Abschaffung des Zensuswahlrechts und die Einführung der Verhältniswahl auch für Frauen bei allen Wahlen, die Aufnahme von berufsständischen Vertretern in die Reichsratskammer, die Festlegung der Finanzperiode auf ein Jahr und die Errichtung einer parlamentarischen Monarchie. Minister ernennt nicht mehr der Monarch, sondern die Abgeordnetenkammer. Die wichtigsten Anliegen der SPD – sie nennt sich nach der Abspaltung der USPD Mehrheitliche Soziademokratische Partei Deutschlands (MSPD) – sind erfüllt, die Parlamentarisierung erreicht. Je zwei Vertreter des Zentrums, der Liberalen und der MSPD sollen ihr Ministeramt antreten.

Am 5. November 1918 erreicht München die Nachricht von einer Meuterei im Flottenstützpunkt Kiel. Am gleichen Abend bespitzeln Angehörige der königlichen Leibgarde den aus der Haft entlassenen Kurt Eisner, der auf der Theresienwiese vor Zuhörern verspricht, *„dass München in den nächsten Tagen aufstehen und die Regierung stürzen"* werde.

Am 6. November tagt die scheidende bayerische Regierung gemeinsam mit dem neuen »Reform-Kabinett, das ab 8. November regieren soll. Kriegsminister Philipp Freiherr von Hellingrath beteuert, dass trotz einiger unruhiger Elemente das Heer *„noch fest in unserer Hand"* sei. Dem widerspricht der designierte Minister ohne Geschäftsbereich, Ernst Müller-Meinigen. Kurt Eisner, so sagt er, käme ihm *„in seiner Kopierung von Christus mit der langen Propheten-Mähne außerordentlich gefährlich"* vor, man solle ihn nicht unterschätzen. Doch die meisten Abgeordneten nehmen Eisner nicht ernst. Unter ihnen auch Auer, der dem neuen Kabinett angehört. *„Reden Sie doch nicht immer von Eisner, Eisner ist erledigt"*, faucht er ungehalten. *„Sie können sich darauf verlassen!"*

Bevor noch die Reichsratskammer die reformierte Verfassung verabschiedet und die parlamentarische Regierung gebildet werden kann, bricht am 7. November 1918 die Revolution aus. An ihrer Spitze steht Kurt Eisner.

Der Januarstreik von 1918 rührt nicht an der Loyalität des Volkes zum Kaiserhaus (rechts). Zehn Monate später stürzt es zusammen. Bayerns Parlamentarisierung kommt um wenige Stunden zu spät.

Freistaat Bayern

KAMPF UM BAYERN

Der britische Militärbeobachter in München, GERALD D. FELDMAN, analysiert Anfang April 1919 die Haltung der Bevölkerung in der bayerischen Hauptstadt:

„Die größte Gefahr liegt darin, dass dem deutschen Volk offenkundig die Nerven durchgegangen sind. Ein Volk von beschränktem politischen Verstand, bildeten sie sich, als der Waffenstillstand unterzeichnet wurde, ein, dies bedeute, dass der Friede sofort einkehren und die Entbehrungen der viereinhalb Jahre vorbei sein würden. Nunmehr sind fünf Monate verstrichen, und ihre überzogenen Hoffnungen auf einen zügigen Frieden, eine baldige Versorgung mit Lebensmitteln und Bekleidung – Hoffnungen, die von einer etwas leichtfertigen Presse fälschlich genährt wurden – sind enttäuscht worden. An unerfüllter Hoffnung hat das deutsche Herz Schaden genommen. Von den Gipfeln der Hoffnung im letzten November - und trotz der ihnen zugestoßenen Katastrophe wurde der Waffenstillstand in Deutschland mit ehrlichem Freudenjubel begrüßt - sind sie in tiefe Schluchten der Verzweiflung gestürzt. Und diese Verzweiflung ist es, die dem Bolschewismus eine Chance eröffnet."

Gegen die tief wurzelnde konservative Geisteshaltung der bayerischen Gesellschaft kann sich der Bolschewismus allerdings nicht durchsetzen.

KURT EISNER geht am 14. Oktober 1918 aus dem Gefängnis in Stadelheim frei. Offiziell entlässt ihn die Bayerische Regierung, damit er sich um ein Mandat im Münchener Landtag bewerben kann. Dieses war wegen Erkrankung des bayerischen SPD-Führers GEORG VON VOLLMAR vakant geworden. In Wirklichkeit handelt die Regierung aus zwei Überlegungen heraus: Zum einen will sie der äußersten Linken die Bereitschaft zur Kooperation signalisieren, zum anderen rechnet sie damit, dass der Berliner Jude Eisner gegen den volksnahen, gemäßigten SPD-Kandidaten ERHARD AUER, einem gebürtigen Bayer aus bäuerlichem Haus, keine Chance haben werde. Schon Eisners erster öffentlicher Auftritt hätte der bayerischen Führung zu denken geben müssen. In der Schwabinger Brauerei attackiert Eisner seinen Konkurrenten Auer: *„... wer seine Stimme jenen Bewilligern der Kriegskredite gibt, jenen Verbrechern, die das ganze Elend dieses blutigsten Massenmordes mit heraufbeschworen haben, wer das Auerlicht wählt, der bestätigt dieses Verbrechen als rechtmäßig!"* Auch Eisner 1914 stimmte als SPD-Mitglied der Kriegsanleihe zu.

Seit die Parlamentarisierung feststeht, lockert die Regierung die Zensur, die Presse wird freier, berichtet OSKAR MARIA GRAF, ein der USPD nahe stehender Literat: *„Mit jedem Tage fühlbarer geriet die Maschinerie der so fest geglaubten Ordnung aus den Fugen."*

Die Stadt ist unruhig. Aber der Großteil der Bevölkerung verbirgt seinen Groll gegenüber dem Regime, das die Opfer des Krieges, die Entbehrungen nicht verhinderte. Regierung und Monarch stecken in einer tiefen Autoritätskrise.

GESELLSCHAFT IN DER KRISE

Sie zeichnet sich schon um 1890 ab, als technischer Fortschritt, Industrialisierung und wachsende Mobilität der Bevölkerung die Gesellschaftsstruktur einem starken Wandel unterwerfen. Breite Volksschichten geraten in wachsendem Gegensatz zur herrschenden liberalen Regierung, zum Adel und zum Staat. Der Krieg verschärft ihn durch die verschleierte preußische Militärdiktatur, der sich König und Regierung widerstandslos fügen, ohne dass die drückenden Versorgungsprobleme gelöst werden können oder der versprochene Sieg näher rückt.

Das Klima im Königreich Bayern ist vergiftet und reif für den Umbruch.

Dieser gelingt der relativ kleinen Gruppe der USPD rund um ihren Führer Kurt Eisner. Er entwickelt die Tatkraft, zur geeigneten Zeit so viele Mitläufer zu mobilisieren, dass der Eindruck einer Revolution entsteht. Völlig verunsichert schwenkt die gemäßigte MSPD – die keinen Umsturz plant – auf Eisners Linie ein und unterstützt aktiv dessen Herrschaft, während der größte Teil der Bevölkerung nichts unternimmt, um die Monarchie zu retten.

Am Donnerstag, dem 7. November 1918 notiert THOMAS MANN: *„Auf der Theresien-Wiese war 3 Uhr große Volksversammlung. Keine Zeitung darum, keine Post. Alle Läden geschlossen. Ein Massenumzug hat stattgefunden. Rote Fahnen, ein Soldat auf*

Bayern entsendet Truppen nach Tirol, um gegen Italien zu sichern (rechts). – Vorhergehende Doppelseite: Die Löwen der Feldherrnhalle in München. Einer der Löwen ist der Überlieferung nach bayerischen, der andere, mit offenem Maul, preussischen Ursprungs. Erzählen die Münchner.

den Schultern der Leute, der an verschiedenen Stellen »Reden« gehalten. Rufe: ‚Nieder mit der Dynastie!' ‚Republik!' Albernes Pack.

Am gleichen Tag reist eine deutsche Delegation hochrangiger Politiker von Berlin nach Compiègne, um Waffenstillstandsverhandlungen aufzunehmen. Ungeachtet dessen dauern die Kämpfe an der Maas an. Nach dem Zusammenbruch der österreichisch-ungarischen Front in Italien droht Bayern Kampfgebiet zu werden. Der bayerische Kriegsminister General PHILIPP VON HELLINGRATH spricht dies aus: *„Die Waffenstillstandsbedingungen, die unserem bisherigen österreichischen Verbündeten auferlegt worden sind, eröffnen dem Feind die Möglichkeit, unsere Süd- und Ostgrenze militärisch zu bedrohen."* Der Minister beruhigt zwar: *„Es sind Vorkehrungen für den Schutz der Heimat getroffen und im Gange"*, und versichert, *„die Bevölkerung darf das höchste Vertrauen haben, dass sie rückhaltslos davon unterrichtet wird, falls wider Erwarten eine unmittelbare Gefährdung des Landes eintreten sollte."* Sein beschwörender Appell: *„Deshalb Ruhe und Zuversicht!"* geht an der Bevölkerung vorbei, sie vertraut der Führung nicht mehr.

Der Aufruf des Kriegsministers verbreitet Halbwahrheiten: Verlässliche kampfkräftige Truppen haben um Mitternacht des 5. Novembers München verlassen. Sie sollen in Tirol und Salzburg strategisch wichtige Positionen zur Abwehr eines italienischen Flankenstoßes besetzen. In den Garnisonen liegen unausgebildete Einheiten ohne Kampfwert.

Für die beiden sozialdemokratischen Parteien, MSPD und USPD und ihre Führer, Auer und Eisner, ist es ein Leichtes, mit der Parole nach einer kompromisslosen und sofortigen Beendigung des Krieges, die Münchner zu mobilisieren. Von der königlichen Regierung genehmigt, rufen sie die Bevölkerung für den Nachmittag des 7. November 1918 zu einer Friedensdemonstration auf der Theresienwiese auf. Auer glaubt, er habe die Arbeiterschaft fest im Griff. Eisner hingen hat schon den Sturz des Regimes vorbereitet, und sich der Unterstützung des Führers des Bayerischen Bauernbundes, CARL GANDORFER, und dessen Bruders LUDWIG versichert.

SCHÜSSE ZUR MARSCHMUSIK

Am 7. November steht die Münchner MSPD-Führung vor der Entscheidung, ob sie den bei Kriegsbeginn mit Kaiser und Regierung eingegangenen patriotischen »Burgfrieden« einhalten oder den Aufruf der USPD zu einer Massendemonstration unterstützen soll. 1914 hat sich die SPD verpflichtet, für die Dauer des Krieges Streikbewegungen keinen Vorschub zu leisten. Um ihre Loyalität zum Vaterland unter Beweis zu stellen, nimmt sie sogar die Abspaltung ihres radikalen Flügels hin, aus dem die USPD hervorgeht.

Noch am 2. November, als die äußerste Linke der Unabhängigen Sozialdemokraten, die »Revolutionären Obleute«, Vorbereitungen für einen Generalstreik am 11. November treffen, erklärt die MSPD mit den anderen im bayerischen Landtag vertretenen Parteien ihre Bereitschaft, mit der Regierung eine Verfassungsreform zu erarbeiten.

Doch dann verändert sich die innenpolitische Lage grundlegend. Am 3. November unterzeichnet das verbündete Österreich-Ungarn einen Waffenstillstand mit der Entente. Einen Tag später übernimmt im Marinehafen Kiel ein Arbeiter- und Soldatenrat die Macht. In Windeseile erfasst der Umsturz die anderen norddeutschen Hafenstädte. Einen Tag später glimmt der Revolutionsfunke in Bayern. In München fordert der Führer der bayerischen USPD-Fraktion KURT EISNER die Errichtung einer Republik Bayern. Seine Anhänger wollen sofort auf die Barrikaden. Eisner hält sie zurück. Er will die Bewegung auf eine breite Basis stellen, kündigt aber an: *„Nur noch kurze Zeit, ich setze meinen Kopf zum Pfande, ehe 48 Stunden verstreichen, steht München auf."*

Eisner verspricht nicht zu viel. Unmittelbar nach dem Umsturz in Kiel, am 4. November, trifft er mit den Führern der bayerischen MSPD und der Freien Gewerkschaften, ERHARD AUER und JOHANNES TIMM, zusammen. Er kann sie für den 7. November zu einer gemeinsamen Friedensdemonstration überreden. Weder Auer noch Timm erkennen Eisners Absicht, sie in eine geplante Revolution einzubinden. Auer, der das Vertrauen des königlichen Innenministers FRIEDRICH VON BRETTREICH genießt, erwirkt sogar die Bewilligung zur Abhaltung der Kundgebung.

Am Nachmittag des 7. November ziehen die Münchner in Scharen zur Theresienwiese. Auf dem riesigen Gelände sprechen bis zu zwanzig Redner gleichzeitig an verschiedenen Orten. Eisner hält seine Rede an der Ecke Gollierstraße/Theresienhöhe.

Über eine Stunde redet Eisner auf die Zuhörer ein. Da hebt der noch in feldgrauer Uniform gekleidete USPD-Aktivist FELIX FECHENBACH die Faust: *„Genossen! Unser Führer Kurt Eisner hat gesprochen ... Wer für die Revolution ist, uns nach! Mir nach! Marsch!"*

Mit Eisner an der Spitze marschieren die Demonstranten los. Vorne mit dabei der Münchner Schriftsteller OSKAR MARIA GRAF:

> *„Mit einem Schlage gerieten die johlenden Massen ins Vorwärtsdrängen. Wie eine schwarze Welle wälzten sich die tausend und aber tausend Menschen hangaufwärts auf die Straße; weiter ging es im Schnellschritt, an geschlossenen Häusern und herabgezogenen Rollläden vorbei, den Kasernen zu."*

Ziel ist die Guldein-Schule an der heutigen Trappentreustraße. Sie dient vorübergehend als Kaserne und Waffenlager, das die Demonstranten bis zur letzten Patrone plündern.

Über die Donnersbergerbrücke zieht die Menge weiter zu den großen Kasernenanlagen am Oberwiesenfeld und teilt sich danach. Jede Gruppe soll eigenverantwortlich die umliegenden Kasernen nehmen. Der Widerstand der Hofwache in der Türkenkaserne muss mit Warnschüssen und Tränengasgranaten gebrochen werden. Vor der Residenz sammeln sich die Revoluzzer unter Geschrei und Gejohle wieder: *„Nieder mit dem König! Millibauer raus!" „Wir brauchen keinen König mehr!"*

BAYERN, EIN »FREIER VOLKSSTAAT«

Gegen Abend kehrt wieder Ruhe ein. Erich Auer und seine Anhänger waren an der Spitze eines Musikzuges durch die Innenstadt gezogen, als würde die königlich-bayerische Sozialdemokratie einen Trachtenumzug veranstalten.

Ein Großteil der USPD-Demonstranten hat inzwischen die Revolution in den größten Bierkeller Münchens, die Mathäserbräu, verlegt und wählt durch Zuruf einen Soldaten- und Matrosenrat, bis Eisner und sein engstes Gefolge eintreffen.

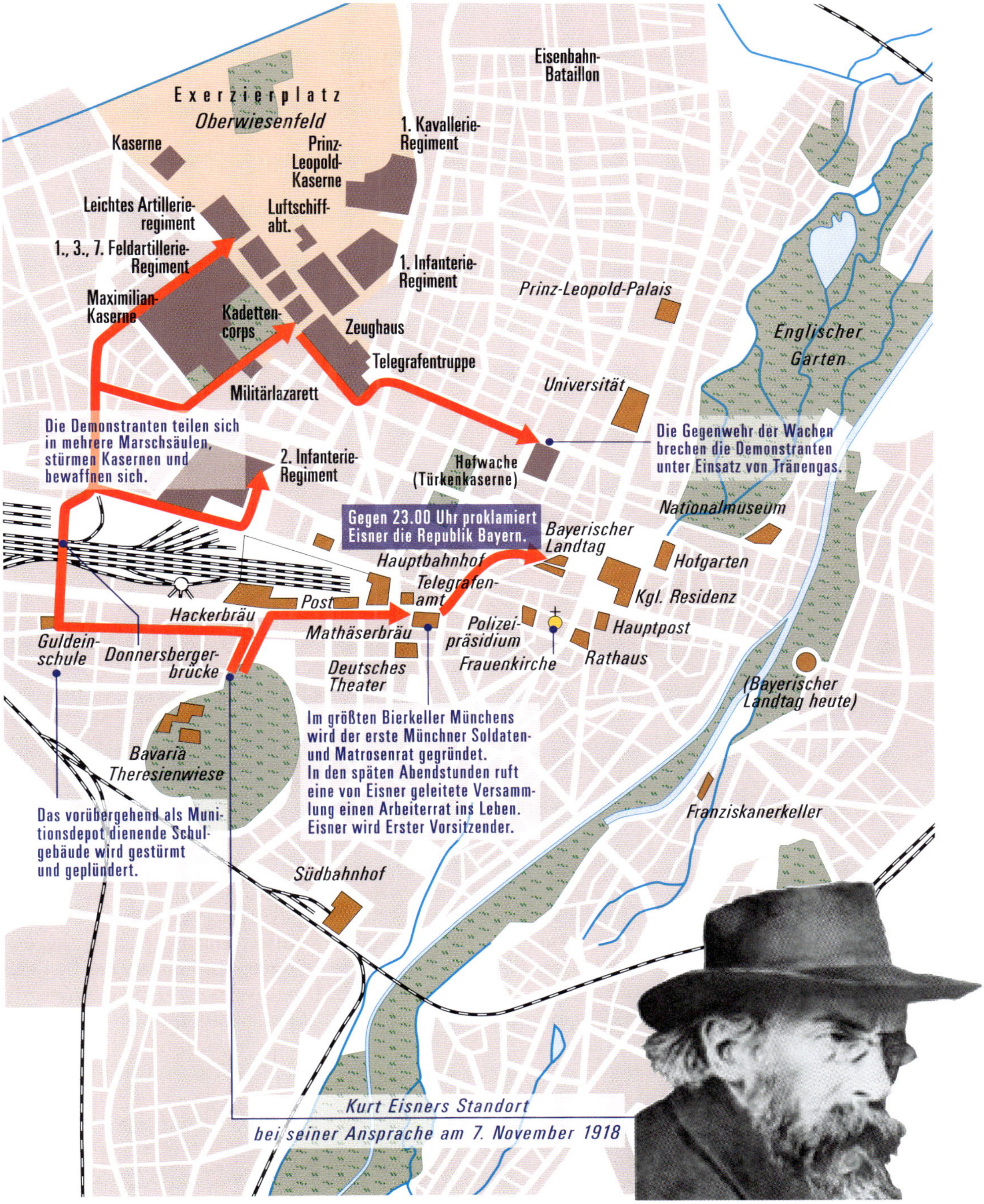

München im November 1918. Die wichtigsten Schauplätze der Revolution am 7./8. November (oben). – Der Schriftsteller Kurt Eisner (rechts unten), selbsternannter und erster Ministerpräsident der von ihm ausgerufenen Republik Bayern, hatte bis dahin noch kein politisches Amt eingenommen.

BAYERN IST ANDERS

Am Morgen des 8. November 1918 verkünden in München rote und gelbe Plakate den Beginn einer neuen Zeit:

„Volksgenossen! Um nach jahrelanger Vernichtung aufzubauen, hat das Volk die Macht der Zivil- und Militärbehörden gestürzt und die Regierung selbst in die Hand genommen. Die Bayerische Republik wird hierdurch proklamiert. Die oberste Behörde ist der von der Bevölkerung gewählte Arbeiter-, Soldaten- und Bauernrat, der provisorisch eingesetzt ist, bis eine endgültige Volksvertretung geschaffen werden wird. Er hat gesetzgeberische Gewalt. Die ganze Garnison hat sich der republikanischen Regierung zur Verfügung gestellt. Generalkommando und Polizeidirektion stehen unter unserem Befehl. Die Dynastie Wittelsbach ist abgesetzt. Hoch die Republik!
Der Arbeiter- und Soldatenrat. – Kurt Eisner"

Obwohl EISNER bisher kein politisches Amt inne hatte oder eine Führungsposition erfüllte, beherrscht er die hektische, chaotische Szene. Er segnet den gewählten Soldaten-, Matrosen- und Arbeiterrat ab und erweitert ihn durch Bauernvertreter.

Gegen 22.00 Uhr bricht Eisner in Begleitung sechzig Bewaffneter zum Landtagsgebäude auf. Im großen Sitzungssaal ergreift Eisner das Wort und proklamiert den »Freien Volksstaat Bayern«: *„Die bayerische Revolution hat gesiegt, sie hat den alten Plunder der Wittelsbacher Könige hinweggefegt. ... Der, der in diesem Augenblick zu Ihnen spricht, setzt Ihr Einverständnis voraus, dass er als provisorischer Ministerpräsident fungiert."*

Am Morgen des 8. November 1918 wehen am Münchner Rathaus rote Fahnen. Eine neue Ära hat begonnen.

Unrasiert und ungewaschen eilt Eisner ins Palais Montgelas, um den königlich-bayerischen Ministerpräsidenten OTTO VON DANDL abzulösen. Die Amtsübernahme geht so unspektakulär vor sich, als wären Revolutionen und Machtwechsel in Bayern gang und gäbe. Innerhalb weniger Stunden ist die Herrschaft der Wittelsbacher Geschichte.

EISNERS Umsturz findet zum denkbar günstigsten Zeitpunkt statt: Von den revolutionären Umwälzungen in Deutschland gebannt, nehmen die Münchner die eigenen kaum wahr.

Am ersten Tag der Republik erscheint nur eine Zeitung, die »Münchner Neuesten Nachrichten«. Einer totalen Zensur unterworfen, besteht ihr Inhalt aus einem Appell an die Bauern, die Städte weiterhin mit Lebensmitteln zu versorgen, und der Proklamation Eisners, dass Bayern nun ein Freier Volksstaat und Republik sei.

Im Gegensatz zu anderen deutschen Städten, verläuft die Münchner Novemberrevolution 1918 vergleichsweise glimpflich. Eine Schließung aller Säle und Gaststätten ab 20.00 Uhr und eine Sperrstunde ab 21.00 Uhr, schränken übermäßigen Alkoholkonsum ein. THOMAS MANN vermerkt über den 8. November:

«München, wie Bayern, regiert von jüdischen Literaten. Wie lange wird es sich das gefallen lassen? Übrigens soll sich Herzog [ein Mitglied des Rates] bereits pikiert über Eisner geäußert haben, der ihm bei weitem nicht radikal genug. Herzog selbst dagegen ist ultra-bolschewistisch, ... ein schmieriger Literaturschieber ..., der sich ...von einer Kinodiva aushalten ließ, ein Goldmacher und Geschäftsmann im Geist, von der großstädtischen Scheißeleganz des Judenbengels, der nur in der Odeonbar zu Mittag aß, aber [des Zahnarztes] Ceconi's Rechnungen für die teilweise Ausbesserung seines Kloakengebisses nicht bezahlte. Das ist die Revolution!"

Seltsamerweise nimmt die USPD nur in Bayern eine führende Rolle in der Revolution ein. Aber der Umsturz in Bayern, der die durchaus volksverbundene Wittelsbacher'sche Dynastie nach 738-jähriger Herrschaft sang- und klanglos beseitigt, ist ein Signal für ganz Deutschland. Eine Monarchie nach der anderen stürzt, der Adel verliert schlagartig seine bisherige bestimmende politische Bedeutung.

Während auf der Straße die Revolution marschiert, erfüllt sich hinter den Mauern der Residenz das Schicksal des Wittelsbacher'schen Herrscherhauses. Am frühen Nachmittag des 7. November 1918 erholt sich König LUDWIG III., wie jeden Tag, beim Spaziergang im Englischen Garten von seinen schweren Magenblutungen. Die Nachricht vom

Ausbruch einer Revolution nimmt Ludwig nicht allzu ernst. Erst als ihm zwei Minister gegen halb acht Uhr abends eindringlich vor Auge führen, dass in München keine loyalen Truppen mehr stünden, entschließt sich Ludwig zur Flucht. Über Schloss Wildenwarth im Chiemgau erreicht er Salzburg.

Auf Schloss Anif gibt der Monarch am 13. November eine Erklärung ab: *„Die Sorge für das Wohl meines geliebten Bayerns war stets mein höchstes Streben. Nachdem ich ... nicht mehr in der Lage bin, die Regierung weiter zu führen, stelle ich allen Beamten, Offizieren und Soldaten die Weiterarbeit unter den gegebenen Verhältnissen frei und entbinde sie des geleisteten Treueeides.“*

Drei Jahre später, am 18. Oktober 1921, stirbt Ludwig auf Schloss Nádasdy, im ungarischen Sárvár, ohne abgedankt zu haben.

Eisner ist kein Lenin

Eisner kann die Entbindung der Beamten vom Treueeid nur begrüßen. Damit vermeidet er ein Chaos in der staatlichen Verwaltung. Die Linke freilich verübelt ihm die Übernahme der Staatsdiener, die die Revolution für sie unvollkommen macht.

In der Sowjetunion hat Wladimir Iljitsch Uljanow, Lenin genannt, die zaristischen Beamten entlassen und sein Regime von Grund auf erneuert. Den daraus folgenden Zusammenbruch der meisten staatlichen Funktionen setzt er als Mittel des Terrors gegen die Bevölkerung ein. In der Versorgungskrise kommen damals mehrere Millionen Menschen ums Leben.

Gewiss hat Eisner die Schriften Uljanows studiert. Uljanow war am 6. September 1900 nach dreijähriger Verbannung nach München gekommen, als Eisner noch in Berlin lebte. Unter dem Namen Meyer quartierte sich Uljanow mit seiner Frau N. K. Krupskaja illegal beim sozialdemokratisch gesinnten Gastwirt Rittmeyer in der Kaiserstraße 52 in München-Schwabing ein. Eisner liegt es fern, die Lenin'schen Terrormethoden gegen die Bevölkerung anzuwenden. Im Gegenteil.

Am 8. November lädt er Erhard Auer ein, mit ihm und den Linksliberalen eine Regierung zu bilden. Auer nimmt an und wird Innenminister, Heinrich von Frauendorfer (1855 - 1921) bleibt, wie in der königlichen Regierung, Verkehrsminister. Er ist der einzige im Kabinett, der über Regierungserfahrung verfügt.

Eisner, der gewiss große Sympathien für das bolschewistische Russland empfindet, ist weder Bolschewist noch Revolutionär. Aber Politiker ist er auch keiner, sagt ihm Ministerkollege Frauendorfer unverblümt ins Gesicht: *„Sie sind kein Staatsmann, machen Dummheiten, sind ein Anarchist, getrauen sich nicht alles, ich warne Sie, Sie sind kein Staatsmann, Sie sind ein Narr!“*

Der Regierungsstil Eisners ist tatsächlich anarchisch und isoliert ihn im Ministerrat. Die Chancen, mit seiner Partei in den am 12. Januar 1919 stattfindenden Landtagswahlen ins Parlament einzuziehen, sind gering.

Am 14. November 1918 holt Eisner den schriftstellerisch und rhetorisch begabten Theoretiker Gustav Landauer nach München. Landauer, ein Anarchist, soll *„durch rednerische Betätigung an der Umbildung der Seelen mitarbeiten“*. Landauer wird am 7. April 1919, sechs Wochen nach Eisners Tod, »Beauftragter für Volksaufklärung« und einer der führenden Köpfe der »ersten« Münchner Räterepublik.

In der 105-tägigen Amtszeit Eisners als bayerischer Ministerpräsident bleiben revolutionäre Neuerungen aus. Die Regierung ist auf die legitimierende Landtagswahl fixiert und betrachtet sich nur als Provisorium. So wird der Streit über die grundsätzliche Regierungsform – demokratisch oder räterepublikanisch – nicht entschieden.

Eisner selbst strebt eine Zwischenlösung an: Die Räte sollen einem gewählten Parlament beratend oder kontrollierend zur Seite stehen. Legislative oder exekutive Gewalt sollen sie nicht erhalten. Zu Beginn der Revolution sind die Räte für ihn nur Werkzeug, um die Bevölkerung zu demokratischem Bewusstsein zu erziehen: *„Die Revolution ist nicht die Demokratie. Sie schafft erst die Demokratie“*, sagt er wiederholt, deshalb werden Bankinstitute und Wirtschaftsunternehmen nicht verstaatlicht.

Kurt Eisner nimmt in gewissem Sinne das Schicksal des späteren Ministerpräsidenten Heinrich Held vorweg. Eisner ist Barriere gegen den Bolschewismus, Held gegen den Nationalsozialismus. Ihr Ziel, dem Parlamentarismus eine Gasse zu öffnen, verfehlen beide.

„Bayern ist eine Republik"

Eisner liegt eine Verbesserung der Lebensumstände der bisher benachteiligten Bevölkerungsschichten, vor allem der Arbeiterschaft, besonders nahe. Durch seinen persönlichen Einsatz erreicht er in Bayern die Einführung des Achtstundentages, des Frauenwahlrechts und die Abschaffung der von den Arbeitern scharf kritisierten kirchlichen Schulaufsicht. Für das von Eisner solcherart verprellte bürgerliche Lager ist er heute noch ein rotes Tuch.

Eisner ist nicht nur »erster Vorsitzender des Rats der Arbeiter, Soldaten und Bauern«, er ist auch Außenminister und befürwortet, gegen den Willen der Reichsregierung, eine Donauföderation mit Österreich und der neu errichteten Tschechoslowakischen Republik. Ob er ihren Widerstand brechen wollte, indem er geheime königlich-bayerische Gesandtschaftsberichte an die Alliierten weitergab, aus denen eine Kriegsschuld des Deutschen Reichs ersichtlich ist, mag eine Überlegung Eisners gewesen sein, für die Siegermächte ist dies völlig belanglos. In der Heimat handelt sich Eisner freilich die Verachtung der Militärs, der Reichspatrioten und der Nationalen ein, die ihn des Verrats beschuldigen.

Anfang Januar 1919 streckt die Kommunistische Partei Deutschlands (KPD) ihre Fühler auch nach Bayern aus. Max Levien, ein Anarchist, übernimmt die Münchner Sektion. Im Auftrag der Berliner Zentrale fordert er die Regierung Eisner zu radikalen gesellschaftspolitischen Maßnahmen auf. Unversehens findet sich Eisner zwischen der bürgerlichen und der extrem linken Front wieder. Die beinahe gewaltfreie bayerische Revolution geht in eine Zeit endlosen Schreckens über, die erst im Zusammenbruch des Dritten Reichs ihr Ende findet.

Zum Jahreswechsel 1918/19 erreicht die wirtschaftliche Lage Bayerns ein vorläufiges Tief. Die Nahrungsmittelversorgung bricht zusammen, sie erfüllt das Soll von täglich 1500 Kalorien für Normalverbraucher nicht mehr. Deutschland steht mit Bayern vor einer katastrophalen Hungersnot, die von den Siegern künstlich erzeugt wird: Sie halten die Seeblockade aufrecht, die keine Lebensmittelimporte ins Land lässt. Das hervorgerufene Elend soll die Reichsregierung zur Annahme des Friedensdiktats von Versailles zwingen.

Die Notlage wird durch die deutsche Wirtschaft verschärft, die ausschließlich auf Kriegsgüter spezialisiert nun auf Alltagsprodukte umsteigen soll und dafür kein Kapital aufbringt. Die Betriebe entlassen ihre Belegschaft ins Heer der abgerüsteten arbeitslosen Soldaten. Am 3. Februar 1919 suchen in München allein fast 34 000 Beschäftigungslose nach Arbeit. Um die Ruhe einigermaßen aufrecht zu erhalten, verspricht Eisner am 8. November 1918, ehest Landtagswahlen abzuhalten. Zuvor aber soll Bayern eine neue Verfassung erhalten.

Am 5. Januar 1919, eine Woche vor den Landtagswahlen, verabschiedet das so genannte sozialistische Kabinett – eine von Ministerpräsident Eisner gebildete provisorische SPD-USPD-Koalition – die »Soziale Neuordnung«, die einer vorläufigen Verfassung gleichkommt: *„Bayern ist eine Republik. Bayern ist Mitglied der Vereinigten Staaten Deutschlands (Deutsches Reich)."*

Das Grundgesetz streicht Adelsprivilegien und beseitigt die erbliche Mitgliedschaft bei der Reichsrätekammer. Es nennt als einziges gesetzgebendes

*Kurt Eisner (oben, * 14. Mai 1867 in Berlin, Sohn des jüdischen Textilfabrikanten Emanuel Eisner; † 21. Februar 1919 in München, ermordet) stimmt als Mitglied der SPD 1914 für die Kriegsanleihe, tritt ab 1917 der bayerischen Fraktion der USPD bei und wird ihr führender Kopf. Eisner, weder Bolschewist, nur bedingt*

Organ den frei gewählten Landtag, lässt aber eine Volksabstimmung bei strittigen Gesetzen zu. Offen bleibt, welche Rolle die Räte übernehmen sollen. Die Formulierung, die Demokratie möge sich in den *„freien Organisationen des Volkes"* vollenden, gibt darüber keine Auskunft.

Nach einer ganz anderen Art von »Demokratie« streben jedenfalls die radikalen Linken. Am Abend des 6. Dezember besetzen 400 Anarchisten unter Führung ERICH MÜHSAMS die Redaktionen mehrerer konservativer Zeitungen. Sie erzwingen die Herausgabe einer Sondernummer des »Bayerischen Kuriers«, in der sie als selbst ernannte «Internationale Revolutionäre von Bayern« ihre Anhänger zur Revolution aufrufen. Sie nehmen Innenminister ERHARD AUER in Geiselhaft und fordern ihn mit vorgehaltener Pistole auf, seinen Rücktritt bekannt zu geben. Eisner vermittelt. Von einer Bestrafung der Rädelsführer nimmt er Abstand, weil er ihre Aktion für *„sicherlich gut gemeint..."* hält.

Die Nachsicht ermuntert die Anarchos zu neuer Aktivität. Nach dem Vorbild der Berliner Spartakusrevolte vom 5. Januar holen sie zum Schlag gegen die Regierung Eisner aus. Am 7. Januar 1919 stürmen 4000 aufgehetzte Arbeitslose das Münchener Sozialministerium. Nun lässt Eisner keine Milde mehr walten. Er folgt der am 8. Januar von der Regierung Ebert-Scheidemann in Berlin ausgegebenen Parole, *„Gewalt kann nur mit Gewalt bekämpft werden"*, und beauftragt die Polizei hart durchzugreifen. Vier Tote und 8 Verletzte sind das Ergebnis des Tumults.

EISNER SOLL GESTÜRZT WERDEN

Vorsorglich lässt Eisner führende KPD-Mitglieder und Anhänger des Revolutionären Arbeiterrats (RAR) festnehmen. Unter ihnen Erich Mühsam und MAX LEVINÉ. Beide hatten am 11. Dezember in München eine Teilorganisation des Spartakusbundes gegründet, einer Sammlung oppositioneller SPD- bzw. USPD-Mitglieder, aus dem Ende 1918 die Kommunistische Partei Deutschlands (KPD) hervorgegangen war. Die Niederschlagung des Aufruhrs beantworten die Linksradikalen mit einem Aufruf zum Boykott der Landtagswahlen. Es ist offensichtlich: Eisner soll gestürzt werden. Auf Ausgleich bedacht steht er den Spartakisten im Wege.

Eisner hatte die Wahlen angeregt, in der Annahme, die Mehrheit der bayerischen Bevölkerung stünde hinter ihm und der USPD. Das Wahlergebnis ernüchtert ihn: Mit nur 2,5 % der Stimmen aller Wahlberechtigten erleidet die USPD eine vernichtende Niederlage. Eisner ist zum Rücktritt aufgerufen: Mit drei von 180 Sitzen kommt der USPD keine politische Bedeutung mehr zu. Auch die SPD unter Erhard Auer erreicht mit 33 % oder 61 Mandaten nicht den erhofften eindeutigen Abstand zu den Konservativen. Auf die Bayerische Volkspartei (BVP) entfallen 35 % der Stimmen. Ein respektabler Erfolg, den die erst am 12. November 1918 von den Zentrumsparlamentariern GEORG HEIM und SEBASTIAN SCHLITTENBAUER gegründete Partei, einer antisemitischen Diffamierungskampagne verdankt, die gegen Eisners *„jüdisch-bolschewistische"* Revolution polemisiert.

Heim und Schlittenbauer gründeten die BVP aus Protest über die von der Zentrumspartei mitgetragene preußische Kriegszielpolitik und gewiss auch aus bayerischer separatistischer Tradition.

Revolutionär, wird heute noch von Teilen der Linken und konservativen Bürgerlichen tendenziös beurteilt und zu Unrecht verurteilt. – Wahlplakat der Bayerischen Volkspartei zur Landtagswahl am 12. Januar 1919 (oben).

Mord aus Eitelkeit

Die BVP verfolgt nach der Gründungsversammlung am 15. November und der Bestätigung des Programms am 18. einen christlich-konservativen Kurs: Förderung des Föderalismus im Deutschen Reich und Zurückweisung der Vorherrschaft Preußens: *„Wir haben es satt, für die Zukunft von Berlin aus bis ins kleinste regiert zu werden! Berlin darf nicht Deutschland werden! In diesem Sinne fordern wir: Bayern den Bayern!"* Die scharfen Töne des BVP-Vorsitzenden Karl Friedrich Speck heizen den Radikalismus in Bayern weiter an. Daraus leitet Eisner die Begründung ab, nicht zurückzutreten. Er fühlt sich berufen, ausgleichend wirken zu können.

Drei Tage nach der Landtagswahl, am 15. Januar, ermorden in Berlin, vermutlich auf Befehl des Reichswehrministers Gustav Noske, Reichswehrsoldaten die Gründer der Kommunistischen Partei Deutschlands, Karl Liebknecht und Rosa Luxemburg. Der sich verschärfende Radikalismus greift nun auch auf Bayern über. Neben linken Extremisten treten rechte in Erscheinung.

Hinter den Rechtsradikalen steht eine okkulte Geheimgesellschaft, die sich nach der mythischen Insel Thule nennt. Um die Jahreswende 1917/1918 vom Abenteurer und Hochstapler Rudolf von Sebottendorf (alias Erwin Torre, eigentlich Adam Alfred Rudolf Glauer, * 9. November 1875 in Hoyerswerda, † 8./9. Mai 1945 in Istanbul) im Hotel »Vier Jahreszeiten« in München gegründet, verfolgt die Thulegesellschaft rassistische, speziell antisemitische Ziele. Sie unterstützt den Schlosser Anton Drexler, der zusammen mit 25 Arbeitern der Münchner Reichsbahnwerkstätten am 5. Januar 1919, im »Fürstenfelder Hof«, die Deutsche Arbeiter Partei (DAP) gründet. Die vorerst politisch bedeutungslose kleinbürgerliche »Biertischvereinigung« gewinnt erst ab dem 16. Oktober 1919 an Bedeutung. An diesem Tag tritt die Partei zum ersten Mal mit einer Abendveranstaltung an die Öffentlichkeit. Das Wort führt Adolf Hitler, der wenige Wochen zuvor in die Partei eingetreten ist. Ein Jahr später, am 24. Februar 1920 nennt sich die DAP Nationalsozialistische Deutsche Arbeiterpartei (NSDAP).

Während sich die DAP ein Profil zu geben versucht, ist der Pazifist Kurt Eisner – mehr Idealist als Realpolitiker – ernsthaft bemüht, die Gräben, die der Erste Weltkrieg zwischen Deutschen und Franzosen aufgeworfen hat, zu schließen. Sein Appell, die in Frankreich internierten deutschen Kriegsgefangenen mögen mithelfen, die verwüsteten Regionen aufzubauen, löst einen Sturm der Entrüstung aus. Konservative und Rechte nennen ihn einen *„Scharlatan oder Verbrecher"*, notiert der konservative Historiker Karl Alexander von Müller. Eisners Ruf in der Öffentlichkeit ist schlecht. Herbert Field, Repräsentant der US-Friedenskommission, notiert: *„Alle, mit denen ich zusammentreffe, rechnen mit einem Attentat auf Eisner. Ich fürchte, dass es noch in dieser Woche eine Bluttat geben wird."*

Am Morgen des 21. Februar 1919, Punkt 10 Uhr, begibt sich Kurt Eisner von seinen Assistenten Felix Fehrbach und Benno Merkle flankiert, unter dem Schutz zweier bewaffneter Leibwächter, vom Außenministerium zur Eröffnungssitzung des wieder einberufenen Landtags. Eisner will nun doch seinen Rücktritt bekannt geben.

Im Eingang der Bayerischen Vereinsbank, in der heutigen Kardinal-Faulhaber-Straße, wartet unterdessen Anton Graf von Arco auf Valley (* 5. Feb-

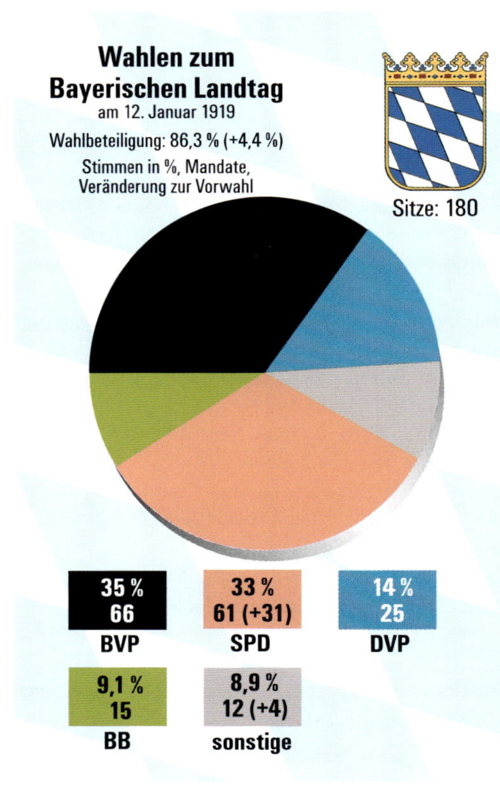

ruar 1897 in Sankt Martin im Innkreis; † 29. Juni 1945 in Salzburg). Der 23-jährige Arco diente im Krieg als Leutnant in der bayerischen Kavallerie. Heimgekehrt rissen ihm Linksradikale, wie anderen Offizieren auch, die Rangabzeichen von der Uniform. Für Arco eine Schmach sondergleichen. Er schwört Rache und wendet sich an die Thulegesellschaft, die ihm als rechter Hort bekannt ist. Wegen seiner jüdischen Großmutter (OPPENHEIMER) findet er keine Aufnahme. Als ihn seine Freundin einen Schwächling nennt, beschließt, in heroischer Anwandlung, den Mann zu töten, der für ihn Symbol nationalen Niedergangs ist: Kurt Eisner.

Arco jagt Eisner eine Kugel in den Kopf, eine zweite trifft die Lunge. Eisner ist sofort tot. Den fliehenden Arco schießt ein Leibwächter ins Bein. Vier weitere Schüsse treffen ihn, als er auf dem Boden liegt. Soldaten bringen Arco ins Klinikum rechts der Isar. Deutschlands berühmtester Chirurg, ERNST FERDINAND SAUERBRUCH, rettet Arco das Leben.

Die Gerüchte, die am Tatort entstehen, bezeichnen den SPD-Fraktionsführer ERHARD AUER als Attentäter. Der arbeitslose Metzger ALOIS LINDNER holt sein Gewehr, eilt in den Landtag und streckt Auer im Sitzungssaal nieder.

EISNER – VERFLUCHT ODER VOLKSHELD?

Auch Auer überlebt durch Sauerbruch. Im Tumult der im Sitzungssaal herrscht, fallen weitere Schüsse, ein Unbekannter trifft einen BVP-Abgeordneter tödlich in den Kopf und flieht.

Die Münchner, die vor kurzem Eisner verfluchten, stilisieren ihn nun zum Märtyrer und Volkshelden. Manche weinen ihm freilich keine Träne nach. Die Frau des Verlegers JULIUS LEHMANN erzählt: *„Wir atmeten erleichtert auf, da wir Eisner für einen bösen Geist hielten."*

Am 26. Februar 1919 wird Kurt Eisner auf dem Münchner Ostfriedhof zu Grabe getragen.

Augenblicklich übernimmt ein revolutionärer »Zentralrat der Bayerischen Republik« die Macht. Seine elf Mitglieder gehören der USPD, der KPD und dem linken SPD-Flügel sowie dem Soldaten- und Arbeiterrat an. Sie wählen den aus Schlesien stammenden ERNST NIEKISCH (* 23. Mai 1889 in Trebnitz; † 23. Mai 1967 in Berlin) vom linken Flügel der SPD zum Vorsitzenden. Die ersten Aktivitäten des Zentralrats bestehen in der Ausrufung eines Generalstreiks, der Verhängung einer Ausgangssperre über München, der Schließung der Universität und dem Aufziehen von MG-Posten an wichtigen Straßenkreuzungen. Die Ankündigung, die Arsenale zu öffnen und die Arbeiter zu bewaffnen, versetzt die Bürgerlichen in Angst und Schrecken. Als die Geiselnahme von 50 Vertretern bürgerlicher Organisationen und die Drohung, drei von ihnen für jeden zu Schaden gekommenen Revolutionär zu erschießen, bekannt werden, sehen sich die Münchner einer bolschewistischen Schreckensherrschaft ausgeliefert.

Das Muskelspiel soll die linken Extremisten besänftigen, danach schwenkt der Zentralrat auf einen gemäßigten Kurs um. Ein Kongress am 25. Februar 1919 soll über die künftige Regierungsform entscheiden: Räte oder Parlament. Unter den Kongressteilnehmern weilt einer ihrer Mitverschworenen, der in Moskau geborene, von Hugenotten abstammende Vizefeldwebel MAX LEVIEN.

Levien fordert eine Räterepublik, doch der Kongress lehnt mit 234 gegen 70 Stimmen ab. Die Mehrheit will die Einberufung des Landtags.

Die wütenden Proteste tausender Räteanhänger auf der Theresienwiese sprengt eine wenige Tage zuvor aufgestellte, der SPD nahe stehende »Republikanische Schutztruppe«. Drei Teilnehmer kommen ums Leben. Doch der Beschluss des Kongresses ist gefasst: Der Landtag soll aus seiner Mitte ein Kabinett bilden und eine Verfassung auf parlamentarischer Basis ausarbeiten. Am 17. März tritt der Landtag zusammen und ernennt den SPD-Gefolgsmann JOHANNES HOFFMANN – unter Eisner Unterrichts- und Kultusminister (* 3. Juli 1867 in Ilbesheim bei Landau in der Pfalz; † 15. Dezember 1930 in Berlin) – zum Ministerpräsidenten. Der vom linken Flügel der SPD zur Mitte gewanderte Hoffmann gilt als Verfechter einer pluralistisch-parlamentarischen Demokratie.

Die Regierung Hoffmann sieht sich unversehens einem Problem gegenüber. Die am 6. Februar 1919 nach Weimar übersiedelte Reichsregierung legt ihr einen Verfassungsentwurf vor, der Bayern die Hoheitsrechte abspricht. Hoffmann sucht einen Mittelweg zwischen Partikularismus und Nationalstaatlichkeit. Und scheitert.

Mit 2,5 % der Stimmen tritt die USPD in der Wahl vom 12. Januar 1919 (links) nur mehr marginal, unter dem Begriff »sonstige«, in Erscheinung. Ihr Terror hat eine eindeutige Absage erfahren. Mit ihm hat der Pazifist Kurt Eisner nichts gemein. Er proklamiert 1918 den »Freistaat Bayern«, auf den Bayern heute noch stolz ist.

Revolutionäre an der Macht

Der Grimm gegen die Westmächte und ihre unerhört hohen Reparationsforderungen ist dermaßen groß, dass nicht wenige Bayern wünschen, die Kommunisten mögen die Macht ergreifen und den Alliierten einen gehörigen Schrecken einjagen. *„Ich finde Bayern urkomisch und sehe kaum mehr als Unfug, aber der Entente würde ichs doch gönnen, und soweit er Entente-feindlich ist, liebe ich den Kommunismus beinahe"*, **notiert Thomas Mann am 5. April in sein Tagebuch.**

Die Koalitionsregierung zwischen SPD, USPD und Bayerischem Bauernbund, in der Johannes Hoffmann (SPD) Ministerpräsident, Außenminister und Kultusminister ist, Martin Segitz (SPD) Innenminister, Ernst Schneppenhorst (SPD) Militärminister und Karl Neumaier (parteilos) Finanzminister, bewegt sich auf unsicherem Parkett. Obwohl der Regierung auch ein Mitglied des links orientierten Bauernbundes und Mitglieder der USPD angehören, ist sie eine Minderheitsregierung, die unter den unsicheren revolutionären Umständen von den meisten anderen bürgerlichen und konservativen Parteien des Landtags zwar toleriert wird, aber kaum aufmunternde Unterstützung bekommt. Es gelingt dieser parlamentarischen Regierung nicht, die Spannungen zwischen Befürwortern des Rätesystems und des Parlamentarismus abzubauen. Von der Rätebewegung in München abgelehnt, hat sie so gut wie keinen Handlungsspielraum.

Unerwartet erhalten die Linksradikalen Aufwind aus dem Ausland. Am 21. März stürzen Bolschewisten die bürgerliche Regierung in Budapest und rufen eine Räterepublik aus. Béla Kun, der neue starke Mann Ungarns, plant eine Räterepublik aus Ungarn, Bayern und Österreich. Seinem Aufruf, es seiner Revolution gleich zu tun, folgen Bayerns Linksaktivisten. Freilich nicht mit dem Schwung der Ungarn. Ministerpräsident Hoffmann hat Zeit, um den Landtag für den 8. April einzuberufen, zwei Monate früher als geplant.

Die Linksradikalen fürchten, verfolgt zu werden, und weichen nach Augsburg aus. In der alten Fuggerstadt fordern sie am 3. April lauthals die Errichtung eines »bayerischen Sowjetregimes«, sowie Bündnisse mit Moskau und Budapest. Eine Delegation will Hoffmann in München ein Ultimatum stellen: verhandeln oder – Generalstreik. Doch Hoffmann berät derweil in Berlin mit der Reichsregierung Philipp Heinrich Scheidemann die kritische Lage in der bayerischen Landeshauptstadt. Hier beugt sich Hoffmanns Zentralrat aber schon der Augsburger Delegation und verschiebt den Landtagstermin, zweifellos auch unter dem Eindruck von 4000 im Löwenbräukeller demonstrierenden Linken und der Warnung der Münchner Garnison, bei einem Generalstreik an der Seite der Arbeiter zu stehen. Alle Anzeichen deuten auf Sturm: Der Ruf *„Alle Macht den Räten!"* gellt bereits durch die Straßen Münchens.

Münchens politisches Drama findet am Abend des 6. April 1919 im Wittelsbacher Palais einen vorläufigen Höhepunkt.

Der Schriftsteller Ernst Toller (* 1. Dezember 1893 in Samotschin, Landkreis Kolmar im Wartheland; † 22. Mai 1939 im Mayflower Hotel am Central Park in New York, Freitod) notiert in sein Tagebuch: *„Wo früher Zofen und betresste Lakaien herumwedelten, stapfen jetzt die groben Stiefel von Arbeitern, Bauern und Soldaten, an den seidenen Vorhängen der Fenster des Schlafzimmers der Königin von Bayern lehnen Wachen, Kuriere, übernächtige Sekretärinnen."*

Die Räte beraten die Weiterführung der Revolution. Niekisch, der Vorsitzende des Zentralrats, übernimmt die Leitung, das Wort aber führt der Anarchopazifist Gustav Landauer (* 7. April 1870 in Karlsruhe; † 2. Mai 1919, ermordet in München-Stadelheim). Ähnlich wie Eisner, strebt er nach einer gewaltlosen Beseitigung des kapitalistischen Systems.

Anders als Eisner, ist er bekennender Jude, der im Judentum die missionarische Aufgabe sieht, den Völkern das friedliche Zusammenleben und den Menschen die geistige Läuterung nahe zu bringen.

Im ehemaligen Schlafzimmer der Königin appelliert Landauer in flammenden Worten an die Anwesenden, einen *„schöpferischen Akt der Revolution"* zu vollziehen, erklärt Hoffmann mit sofortiger Wirksamkeit für abgesetzt und sich selbst zum neuen

Ministerpräsidenten. Sein Antrag wird angenommen, nur Niekisch enthält sich der Stimme.

Das von starken antisemitischen Untertönen begleitete Gerangel um die einzelnen Ministerposten endet erst in den Morgenstunden des 7. April. Noch vor der letzten Abstimmung jagen bereits Telegramme ins Land hinaus und fordern die Landgemeinden auf, die Kirchenglocken zu läuten, und die »Neue Ordnung« zu begrüßen. Das Echo darauf ist schwach. Bis auf Regensburg, Augsburg, Rosenheim und einige andere Gemeinden will niemand mit dem neuen Regime paktieren.

München im Revolutionstaumel

Skepsis erfasst auch die Revoluzzer. Landauer schreibt an einen Freund: *„Ich bin nun Beauftragter für, Unterricht, Wissenschaft, Künste ... Lässt man mir ein paar Wochen Zeit, so hoffe ich, etwas zu leisten; aber leicht möglich, dass es nur ein paar Tage sind, und dann war es ein Traum."*

Der 25-jährige Ernst Toller, der am 8. April unversehens Staatspräsident wird, weil Vorgänger Niekisch am Amt keinen Gefallen findet, fragt: Was wird die Revolution *„schaffen, wie wird sie enden?"*

Thomas Mann rechnet *„mit einer vierten, ganz radikalen Umwälzung, bevor der Rückschlag kommt."* Er behält Recht.

Während die Regierung Hoffmann in Bamberg Schutz sucht, bricht die »Scheinräterepublik« – in einer dritten Revolution – die Beziehungen zu Berlin ab und proklamiert den Anschluss an die Weltrevolution. Nach sechs Tagen ist die »Schnapsidee« des »Schwabinger Sowjet«, wie sich die Münchner ausdrücken, zu Ende.

Am Palmsonntag, den 13. April 1919, befiehlt Ministerpräsident Hoffmann der »Republikanischen Schutztruppe«, den Bahnhof und wichtige Regierungsgebäude zu besetzen und die Räteregierung festzunehmen. Unter den zwölf Arretierten befinden sich Erich Kurt Mühsam (* 6. April 1878 in Berlin; ermordet † 10. Juli 1934 im KZ Oranienburg) und der Leiter für Auswärtige Angelegenheiten, Franz Lipp. Lipp hat in seinem Amt eine erstaunliche Aktivität entwickelt. So klagt er Lenin, der *„Flüchtling Hoffmann"* habe bei seiner Flucht aus dem Ministerium die *„Abtrittschüssel"* mitgenommen. Ähnlich ungezwungen korrespondiert er mit dem Papst. Lipp war kurz zuvor aus einer Nervenheilanstalt entlassen worden.

Der Rest der Räteregierung verteidigt sich einstweilen mit Einheiten ihrer Roten Armee, die unter dem Kommando des Matrosen Rudolf Egelhofer steht. Egelhofer hat seine Feuertaufe bei der Meuterei in Kiel erhalten. Die Räterepublikaner sind zum Äußersten entschlossen.

Nach der Ausrufung der Räterepublik in München am 7. April 1919, versammelt sich eine große Menschenmenge auf dem Stachus (oben).

„WIR BAIERN SIND KEINE RUSSEN!"

Beim Bahnhof toben noch heftige Kämpfe, als im Hofbräuhaus die Revolution neu geboren wird. Betriebs- und Kasernenräte, Vertreter der SPD, der USPD und der KPD wählen einen fünfzehnköpfigen Aktionsausschuss, der den vierköpfigen Vollzugsrat ernennt, der die ins Leben gerufene, neue Räterepublik steuern soll. Ihm gehören nur Kommunisten an: der aus St. Petersburg stammende jüdische Kaufmannssohn EUGEN LEVINÉ-NIESSEN, der Vorsitzende der bayerischen KPD, MAX LEVIEN, PAUL FRÖHLICH und TOWIA AXELROD. Sie rufen die Münchner Arbeiterschaft auf, zwischen 14. und 22. April, die Arbeit nieder zu legen. Die neue Räterepublik müsse verteidigt werden. Dazu werden 10 000 Freiwillige, von bewaffneten, politischen Sympathisanten ergänzt, rekrutiert.

Die Räteregierung arbeitet nach den Vorgaben eines kommunistischen Programms. Betriebsräte übernehmen die Stadtverwaltung, requirieren Lebensmittel, kontrollieren Betriebe und Produktion. Banken kommen unter staatliche Aufsicht, die Münchner bürgerliche Presse wird verboten, die Spitzen der Kirchen werden verfolgt. MICHAEL KARDINAL VON FAULHABER versteckt sich, Nuntius EUGENIO PACELLI flieht im Trachtenanzug in die Schweiz. Seine Abneigung gegenüber dem Bolschewismus kann er später als Papst PIUS XII. nicht verhehlen, sie stammt aus den Münchner Tagen.

Mittlerweile rücken preußische, württembergische, bayerische und Freikorps-Truppen näher. Die Bolschewiki formieren sich unterdessen unter dem mittlerweile zum Münchner Stadtkommandanten aufgestiegenen ehemaligen Matrosen Rudolf Egelhofer. Am 15. April wehren sie ein Vorauskommando so genannter Weißgardisten in Dachau ab. Der Kampf um die bayerische Landeshauptstadt beginnt. Levinés Vollzugsrat hat jedoch ein Arrangement mit den Bauern des Münchner Umlandes verabsäumt. Sie schließen um München einen Blockadering und unterbinden die Zufuhr von Nahrungsmitteln. Die Ernährungslage der Stadt verschlechtert sich dramatisch. Als die Milchanlieferung auf ein Zehntel der üblichen Menge sinkt, erlässt der Vollzugsrat ein Milchtrinkverbot, von dem nur Kleinkinder und Kranke ausgenommen sind, und ahndet die Verarbeitung von Milch zu Butter oder Käse mit der Todesstrafe. Eugen Leviné-Niessen (* 10. Mai 1883 in Sankt Petersburg, hingerichtet am 5. Juni 1919 in München) sieht in der Milchkrise langfristig Vorteile, da der größte Teil der Milch ohnehin an *„die Kinder der Bourgeoisie"* ginge.

Wohl sind die Tage der »Diktatur des Proletariats« gezählt, denn die viel zitierten *„brüderlichen Bande"* mit der Sowjetunion und Ungarn bestehen in Wirklichkeit nicht. Die Sowjetunion liegt im Bürgerkriegsfieber und die Regierung BÉLA KUN steht vor

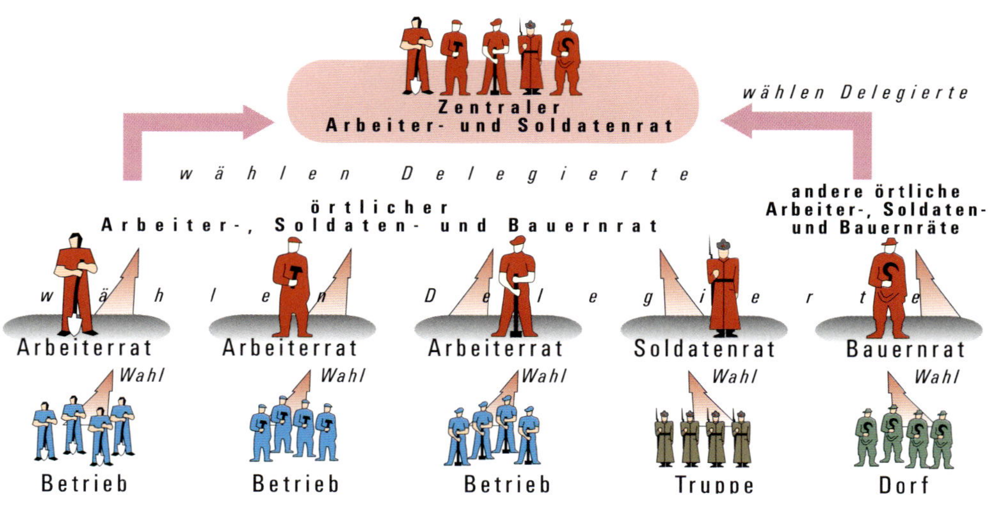

Funktionsschema des Rätesystems (oben). Ohne Zweifel, auf den einfachsten demokratischen Nenner gebracht, für alle verständlich, aber nur für Arbeiter, Soldaten und Bauern gedacht. Die anderen gesellschaftlichen Gruppen haben in diesem System keinen Platz.

dem Zusammenbruch. München ist isoliert. Die Aussichtslosigkeit der Lage spaltet die Revolutionäre. Ernst Toller, oberster Repräsentant der Räterepublik und Freund Thomas Manns sowie Rainer Maria Rilkes, erklärt: „*Wir haben kein Recht, die Arbeiterschaft zu einem Kampf aufzurufen, der zur sicheren Niederlage, zu sinnlosem Blutvergießen führt.*" Toller findet Gleichgesinnte.

Während einer Ratsversammlung am 26. April richtet er einen Misstrauensantrag gegen den Vollzugsrat um Leviné und stellt eine Gegenregierung auf. Toller behauptet, dass die deutschen Kommunisten vom „*magischen Glanz*" der russischen Revolutionäre - wie Leviné - geblendet seien und einheimische revolutionäre Kräfte keine Entwicklungsmöglichkeiten vorfänden. „*Wir Baiern sind keine Russen!*" stellt er fest. Toller spricht aus, was viele Münchner heimlich verfluchen: die jüdisch-russischen „*Ausländer*" und die jüdischen Mitbürger, die der russischen Mittäterschaft verdächtigt werden.

Ein zweischneidiger Aufruf

Die Hungerkatastrophe, der München entgegengeht, setzt die Regierung Hoffmann in Bamberg unter Zugzwang. Seine Appelle an die Bauern, die Stadt weiter zu versorgen, verhallen ungehört. Gräuelberichte über Plünderungen und Misshandlungen durch Soldaten der Roten Armee sowie hungernde Kinder erzwingen ein militärisches Vorgehen gegen das Räteregime Levinés. Ministerpräsident Hoffmann ruft deshalb seine Landsleute auf, sich einem der vielen paramilitärischen Freikorps anzuschließen, die in ganz Deutschland darauf warten, tätig werden zu können:

„Bayern! Landsleute! In München rast der russische Terror, entfesselt von landfremden Elementen. Diese Schmach Bayerns darf keinen Tag, keine Stunde weiter bestehen. Hierzu müssen alle Bayern helfen, ohne Unterschied der Partei, und zwar sofort. ... Ihr Männer der bayerischen Berge, des bayerischen Hochlandes, des bayerischen Waldes, erhebt Euch wie ein Mann, sammelt Euch womöglich mit Waffen und Ausrüstung in Euren Gemeinden und wählt Eure Führer.... München ruft um Hilfe! Auf! Tretet alle an! Sofort! Die Münchner Schmach muss verschwinden. Das ist bayerische Ehrenpflicht."

Der Aufruf, gewiss aus großer Sorge um die Münchner verfasst, hat negative Folgen. Die gegen die Landeshauptstadt marschierenden Freikorps rekrutieren sich aus radikalen Antidemokraten, abgemusterten Soldaten, jungen arbeitslosen Heiß-spornen und Rassisten. Kommandant des bedeutsamsten bayerischen Freikorps ist der national gesinnte Berufssoldat Franz Xaver Ritter von Epp (* 16. Oktober 1868 in München; † 31. Dezember 1946 ebenda). Sein Adjutant, der Hauptmann a. D. Ernst Röhm, wird später Befehlshaber der Sturmabteilung (SA) eines Saalschutzes Hitlers. Epp steht in engem Kontakt zur antisemitischen Thulegesellschaft, die ihm Geld und Kämpfer zuführt.

Am 10. April erreicht Hoffmann eine verzweifelte Geheimbotschaft des Münchner Stadtrats: Die Stadt werde vom Räteregime brutalisiert, sollten seine Truppen angreifen, würde sich die Bevölkerung erheben.

Am 16. April kommt es bei Dachau zum ersten Gefecht zwischen Truppen der Roten Armee, dem Räteregime ergebenen Werktätigen und einem Vorauskommando der Weißen. Ernst Toller, führt die Rotgardisten und schlägt den Spähtrupp zurück.

Hoffmann fürchtet, militärisch unterlegen zu sein, und ersucht Reichswehrminister Gustav Noske in Berlin um Verstärkung. Noske sagt sofort zu und 20 000 Mann, hauptsächlich Preußen, setzen sich in Marsch. Die Befehlsgewalt geht von Epp auf den preußischen General Ernst von Oven über.

In München kursieren einstweilen die wildesten Gerüchte. Ein Proteststreik der öffentlichen Bediensteten gegen das Räteregime sei gescheitert, weil jüdische Staatsanwälte und Richter zu Loyalität gegenüber dem Räteregime gemahnt hätten. Auch jüdische Ärzte wollen nicht am Streik teilnehmen, um sich die Praxen ihrer nichtjüdischen Kollegen anzueignen, raunt man sich zu. Der Journalist Josef Hofmiller notiert: „*Die Galizier, die unsere Arbeiter immer verhetzen und die im Ernstfall die ersten sind davonzulaufen, die gehören ... alle erschossen.*" Mit der Not und der Gefahr wächst xenophober Hass und Menschen verachtender Rassismus. Der Nationalsozialismus findet für seine Saat guten Boden.

Terror erzeugt Gegenterror

Bei den beiden wichtigsten revolutionären Ereignissen in München 1918/19 sitzen nicht typische Revoluzzer an den Hebeln des Umsturzes, sondern Intellektuelle: die Schriftsteller Erich Mühsam, Ernst Toller und Gustav Landauer. In der am 7. April 1919 ausgerufenen Räterepublik – der dritten Revolution – wird Mühsam Mitglied des Zentralrates, Toller der Vorsitzende und oberster Repräsentant der Räterepublik, Landauer Volksbeauftragter für Volksaufklärung. Im politischen Ziel sind sie sich einig, sie versuchen, einem intellektuell geprägten Anarchismus zum Durchbruch zu verhelfen. Nach dieser Auffassung ist der Dichter *„der Weise, der Prophet", „Träger der Utopie und Künder des Ideals"* **vom** *„Gemeinschaftsleben ohne Obrigkeitszwang und Kapitalistenherrschaft"*, **schreibt Landauer 1908 in seiner Schrift »Aufruf zum Sozialismus«.**

Ernst Toller sieht die Revolution in seiner 1933 abgelegten Rechenschaft (»Eine Jugend in Deutschland«) realistischer: *„Diese Räterepublik ist ein tollkühner Handstreich verzweifelter Arbeitermassen, die verlorene deutsche Revolution zu retten... Wir hätten das Volk früher über die wahren Machtverhältnisse aufklären müssen, dass wir es nicht taten, war unsere Schuld."* **Seine Erkenntnis,** *„wer heute auf der Ebene der Politik, im Miteinander ökonomischer und menschlicher Interessen, kämpfen will, muss klar wissen, dass Gesetz und Folgen seines Kampfes von anderen Mächten bestimmt werden, als von seinen guten Absichten"*, **hat zeitlose Gültigkeit. Allerdings bedient sich das hehre Wollen Tollers, Mühsams und Landauers der falschen Mittel, nämlich der Gewalttätigkeit, die der damaligen Zeit eigen ist, in der politisch begründeter Mord üblich ist. Dass ihr Engagement für das Rätesystem scheitern muss, liegt in ihrer Position begründet: Sie stehen zwischen den Fronten. Für das Bürgertum sind sie typische Schwabinger Bohèmiens, für die Kommunisten hingegen kraftlose Träumer.**

In den letzten Tagen der kommunistischen Räterepublik explodiert die aufgestaute Spannung in Gewalttaten auf beiden verfeindeten Seiten.

Der Freikorpsoffizier Manfred Freiherr von Killinger (* 14. Juli 1886 auf Gut Lindigt, heute Teil von Nossen; † 2. September 1944 in Bukarest, Suizid), ein abgerüsteter Marineoffizier, später Reichstagsabgeordneter und nationalsozialistischer Diplomat, erinnert sich: *„In München hatte die rote Brut das Heft fest in der Hand.* Levien, Leviné-Niessen, *Mühsam usw. was waren das für Namen. Waren das Bayer? Jüdisches, internationales Gesindel, die Intellektuellen aus Schwabing."* In diesem Sinne marschieren die Freikorpskämpfer gegen München.

Starnberg und Dachau ergeben sich am 30. April. In Dachau metzeln Freikorps fünf unbewaffnete Rotarmisten (die Räte sprechen von acht), in Starnberg zwanzig Sanitätshelfer nieder. Als Vergeltung erschießen Rotarmisten im Schulhof des Luitpold-Gymnasiums zehn Geiseln. Zwei preußische Husaren, die angeblich an der Ermordung von Rosa Luxemburg und Karl Liebknecht beteiligt waren, sieben Mitglieder der Thule-Gesellschaft – unter ihnen Gräfin Westarp – und einen jüdischen Kunstmaler, der Revolutionsplakate abgerissen hat. Stadtkommandant Egelhofer bewilligt die Exekution.

Mord als Alltäglichkeit

Der Geiselmord löst auf beiden Seiten Entsetzen aus. Toller eilt herbei und verhilft sechs Geiseln zur Freiheit. Eine Resolution des 1. Infanterieregiments hat vierzig Geiseln zur Erschießung gefordert. Die Toten bleiben neben Müllfässern mit Schweinekadavern bis zum Eintreffen der Weißen liegen. Der Mord wirkt sich unbeabsichtigt auf die eigene Truppe aus. Demoralisiert werfen Rotarmisten ihre Waffen weg. Kardinal Pacelli erklärt, der *„bestialische Geiselmord"* müsse gesühnt werden.

Als die Weißen einen Tag früher als vorgesehen, am 1. Mai, in München einmarschieren, empfängt sie die Bevölkerung mit Jubel. In der Ludwigstraße zieht die für ihre Brutalität bekannte Brigade Ehrhardt, ein weißes Hakenkreuz als Kennzeichen auf den Stahlhelmen, im Gleichschritt stadteinwärts. Thomas Mann ist angetan: *„Es sind preußische, und süddeutsche Korps, in Stahlhelmen, gut aussehend, wohl disciplinirt."*

Die Münchner Räterepublik vom 13. April bis 1./2. Mai 1919 (rechts oben). – Das Freikorps »Werdenfels« marschiert in München ein (links unten).

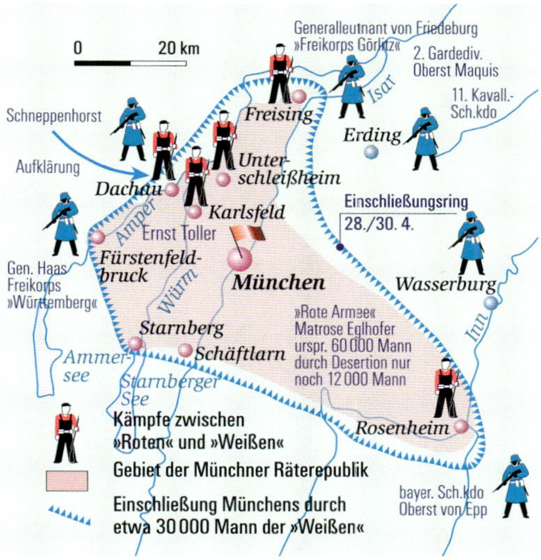

Nur an wenigen Plätzen der Stadt stoßen sie auf Widerstand. Am Stachus, beim Justizpalast, im Mathäserbräu, im Hauptbahnhof. Erst am nächsten Tag flauen die Kämpfe ab. Am 13. April begonnen, ist die Episode der Münchner Räterepublik am 1./2.Mai zu Ende. Nun folgt die Rache der Sieger.

Gustav Landauer wird in der Wohnung der Witwe Eisners aufgegriffen. Gedemütigt und misshandelt erschießt ihn ein Freikorpsoffizier. Den nackten Leichnam werfen Soldaten in eine Waschküche. Stadtkommandant Egelhofer wird standrechtlich erschossen. Am 5. Mai ermordet das Freikorps Lützow zwölf Arbeiter, ein Priester denunziert sie als Rotgardisten. Am 6. Mai erschießen Weißgardisten einundzwanzig Mitglieder eines katholischen Gesellenvereins in ihrem Stammlokal, man hat sie als Spartakisten angezeigt.

Eugen Leviné-Niessen kommt vor Gericht. Er erwartet keine Gnade: *„Wir Kommunisten sind alle Tote auf Urlaub."* Leviné wird erschossen.

Max Levien flieht nach Österreich, Ernst Toller taucht in Schwabing unter, fünf Wochen später wird er aufgegriffen. Thomas Mann rettet ihn vor der Exekution. Toller muss für fünf Jahre ins Gefängnis. Psychisch am Ende sucht er im »Mayflower Hotel« am Central Park in New York 1939 den Freitod.

Trotz theoretischer Rätemodelle (direkte Demokratie, Arbeitermitbestimmung in Betrieben), bleibt Bayern die einzige Räterepublik auf deutschem Boden. Nach ihrem Scheitern wird kein Versuch mehr unternommen, ein Räteregime zu errichten. Die Erfahrungen mit der kommunistischen Räterepublik, der radikalen und gewalttätigen Endstufe einer Revolution, die unter Eisner ohne Blutvergießen beginnt, traumatisiert weite Kreise der Bevölkerung, vor allem das Bürgertum. Es ruft die Reaktion der Konservativen auf die Revolution hervor. Novemberrevolution und Räteherrschaft sind Stufen zu Hitlers Aufstieg.

Forstrat mit Privatarmee

„Die Münchener kommunistische Episode ist vorüber; ... Eines Gefühls der Befreiung und Erheiterung entschlage auch ich mich nicht. ... Hoffentlich wird man der gewissenlosen »Massen«-Helden, die auch die verbrecherische Rammeldummheit des Geiselmordes auf dem Gewissen haben, habhaft und hält exemplarisches Gericht. Die Hinmetzelung der Frauen ist das abstoßendste Vorkommnis. Graf Moy *war ein menschlich angenehmer, verbindlicher, durchaus unpolitischer und unaggressiver Herr, seine Tötung stumpfsinnig",* **notiert** Thomas Mann **am 1. Mai 1919. Auch der weiße Terror findet sein Ende, und in München kehrt der normale Alltag ein. Ruhe herrscht aber nur an der Oberfläche. Darunter bereiten sich neue Agitatoren darauf vor, die Gesellschaft umzuformen. Unter ihnen** Adolf Hitler. **Er versteht es, die revolutionären Ereignisse und die Emotionen der Bevölkerung für seine »Revolution« zu nützen.**

Erst im August 1919 kehrt die Regierung Hoffmann von Bamberg nach München zurück. Der ehemalige Volksschullehrer und jetzige Ministerpräsident Johannes Hoffmann (* 3. Juli 1867 in Ilbesheim bei Landau in der Pfalz; † 15. Dezember 1930 in Berlin) wartet, bis sich die Lage in der Landeshauptstadt beruhigt hat. Die Wiederherstellung von Ruhe und Ordnung, die Ankurbelung der daniederliegenden Wirtschaft und die Verabschiedung einer neuen Verfassung auf republikanisch-demokratischer Grundlage sind seine vordringlichsten Ziele.

Der Anordnung des sozialdemokratischen Reichswehrministers Gustav Noske (SPD) vom 25. April 1919, im ganzen Deutschen Reich Schutzverbände – so genannte Einwohnerwehren – aufzustellen, folgt am 17. Mai auch Bayern. Innenminister Martin Segitz und der Minister für Militärische Angelegenheiten Ernst Schneppenhorst – beide SPD – rufen in Bayern die ersten Einwohnerwehren ins Leben. Die Aufnahme der Freiwilligen soll unpolitisch vor sich gehen, stillschweigend bleiben aber Anhänger der KPD sowie der USPD ausgeschlossen.

Für Revisionisten eröffnet sich die Möglichkeit, die strengen militärischen Auflagen des Versailler Friedensdiktats, das die Beschränkung der Heeresstärke auf 100 000 Mann vorschreibt, über die Einwohnerwehren legal zu unterlaufen. Die Stimmen, die den Aufbau einer landesweiten Organisation fordern, finden deshalb bei den Regierungsspitzen in Berlin und Bayern Gehör. Die Wehrführer von Isen und Rosenheim, Forstrat Georg Escherich (1870-1941) und Obergeometer Rudolf Kanzler (1873-1956), sind Vorreiter einer landesweiten Wehrorganisation. Sie genießen die besondere Unterstützung durch den Regierungspräsidenten von Oberbayern, Gustav Ritter von Kahr (1862-1934). Den Wehrführern, Kahr und der sozialdemokratischen Staatsregierung ist bewusst, dass eine solche Landes- bzw. Reichsorganisation formell nur als privatrechtlicher Verein aufgebaut werden kann, da einer staatlichen Organisation die Entwaffnungsbestimmungen des Versailler Friedensvertrags entgegenstehen.

Im Juli 1919 geben Staats- und Reichsregierung ihre Zustimmung zum Aufbau einer überregionalen Wehrorganisation. Escherich und Kanzler überziehen das gesamte rechtsrheinische Bayern mit einem Netz von Kreis- und Gauorganisationen. Innenminister Fritz Endres (1877-1963) übernimmt offiziell am 30. August 1919 die Kosten der de jure privaten Einwohnerwehr-Landesorganisation, und beeilt sich klarzustellen, dass *„die Behörden der inneren Verwaltung ... der Einwohnerwehr nicht leitend, sondern beratend und fördernd gegenüber"* stehen. Die Alliierten sind vorderhand zufrieden, der Grundstein für die öffentlich finanzierte, aber de facto private Wehrorganisation ist gelegt.

Staat finanziert Privatarmee

Escherich und Kanzler geben – rechtlich gedeckt – am 27. September 1919 in München die Gründung des Landesverbandes der Einwohnerwehren Bayerns bekannt. Major a. D. Hermann Kriebel (1878-1941) leitet ab 1. Oktober die Landesgeschäftsstelle in der Herzog-Max-Burg.

Der Vereinsvorstand, er nennt sich »Landesausschuss«, wählt am 16. Dezember 1919 Escherich zum »Landeshauptmann« und Kanzler zu seinem Stellvertreter. Die Folgesitzung legt am 10. März 1920 die Satzungen der Organisation fest. Schon am 4. März

Die Brigade Ehrhardt kommt im April/Mai 1919 im Kampf um München, unter ihrem Kommandanten Hermann Ehrhardt (29. November 1881 in Diersburg, heute ein Ortsteil von Hohberg; † 27. September 1971 in Krems an der Donau), als Notpolizei zum Einsatz. Ehrhardt, im Ersten Weltkrieg Marineleutnant, fällt in der*

1920 war in München der Eintrag ins Vereinsregister als »Landesverband der Einwohnerwehren Bayerns e. V.« erfolgt.

Der Verband umfasst 156 Gaue und zehn Kreise, die im Wesentlichen den amtlichen Verwaltungseinteilungen entsprechen. Laut Statuten sind die Kreisführer in demokratischer Wahl zu ermitteln. Sie bilden den Landesausschuss. Die beiden an der Organisationsspitze stehenden Landeshauptleute sollten vom »Wehrtag« - einer Versammlung aller Mitglieder - für drei Jahre gewählt werden. Der Wehrtag tritt jedoch nie zusammen, die Einwohnerwehren müssen auf Druck der Alliierten am 19. März 1921 aufgelöst werden. Bayern erhebt zwar Einspruch, muss aber dann, nach langem Streit mit der Reichsregierung, die unter dem Namen »Organisation Escherich« (»Orgesch«) zusammengefassten Wehren im Juni 1921 fallen lassen.

Vereinszweck der lokal organisierten Wehren ist die Sicherung von Ruhe und Ordnung. Sie unterstehen der Kontrolle der örtlichen Zivilbehörde.

Escherich gibt sich mit dieser Bestimmung nicht zufrieden, sondern verlangt nach reichsweit einsetzbaren Einheiten, so genannten Land- und Reichsfahnen. Obwohl der Zulauf wegen der drückenden Arbeitslosigkeit außerordentlich groß ist (November 1919 rund 200 000, Mai 1921 etwa 361 000 Wehrmänner), beharren die meisten auf den Einsatz in ihrer engeren Heimat. Die Landesleitung stellt daher vermehrt ehemalige Freikorpskämpfer in ihre Dienste. Daraus ergibt sich eine Konzentration politisch radikaler und aggressiver Kräfte. Dem Landesverband der bayerischen Einwohnerwehren kommt deshalb große politische Bedeutung zu.

Diese wird auch gezielt eingesetzt. Im März 1920 kommen Hermann Kriebel, Georg Escherich, General Arnold Ritter von Möhl (1867-1944) und Polizeipräsident Ernst Pöhner (1870-1925) überein, den sozialdemokratischen Ministerpräsidenten Johannes Hoffmann (1867-1930) zu bewegen, zugunsten Kahrs zurückzutreten.

In der Zwischenzeit legt der Landesverband in geheimer Absprache mit dem Militärgruppenkommando in München Waffenlager an, die aus den Beständen der Reichswehr aufgefüllt werden, vorgeblich um sie dem Zugriff der Alliierten zu entziehen. Kriebel sorgt darüber hinaus dafür, dass wichtige »Stabsleiterstellen« von ehemaligen Offizieren besetzt werden. Das Ziel, auf diese Weise einen paramilitärischen Kampfverband zu bilden, ist bis 1920 erreicht. Zwei Jahre nach Kriegsende stehen in Bayern etwa 300 000 konservativ-national indoktrinierte Wehrmänner unter der Führung des Rechtsradikalen Georg Escherichs.

Seeschlacht von Skagerrak durch Umsicht und tatkräftiges Handeln auf. Eigenwillig legt er sich auch mit dem nationalsozialistischen Regime an. Beim Einsatz in Berlin (oben) und München tragen seine Soldaten auf ihren Stahlhelmen bereits weiß aufgemalte Hakenkreuze.

Die SPD wird ausgetrickst

Nach den Revolutionswirren ist eine Neubildung der Regierung Hoffmann dringend nötig geworden. Am 31. Mai 1919 stellt Ministerpräsident Hoffmann sein Kabinett I, Koalitionsregierung aus SPD, BVP und der Deutschen Demokratischen Partei vor.

Nun werden die Folgen der interimistischen Rätezeit sichtbar: Die Reichsregierung hatte eine Verfassung ausgearbeitet, an der Bayern verhindert war mitzuwirken. Die am 31. Juli 1919 beschlossene »Weimarer Verfassung« erklärt die deutschen Länder zu abhängigen Teilstaaten, zu *„Kostgängern des Reiches"*, die nur noch in wenigen Bereichen souveräne Rechte besitzen. Zweifelsfälle regelt der Artikel 13: »Reichsrecht bricht Landesrecht«. Bayern verliert die Hoheit über seine Bahn, die Post, sein Heer in Friedenszeiten und über die Finanz.

In vielen Bereichen nimmt die Weimarer Verfassung die so genannte Gleichschaltung der Länder durch das NS-Regime bereits vorweg. Das Kabinett Hoffmann II kann sich nur noch beeilen, dem Freistaat eine neue Verfassung zu geben, um letzte Freiräume zu sichern.

Die am 14. August 1919 gegen die Stimmen der drei USPD-Abgeordneten im Landtag in Bamberg verabschiedete neue bayerische Verfassung bezeichnet Bayern als »Freistaat und Mitglied des Deutschen Reiches«, dessen Staatsgewalt von der *„Gesamtheit des Volkes"* ausgeht. Sie enthält einen Grundrechtskatalog und sieht für alle Personen, die ihren Wohnsitz mindestens ein halbes Jahr in Bayern haben, die bayerische Staatsbürgerschaft vor. Wie schon das unter Ministerpräsident Kurt Eisner angenommene Staatsgrundgesetz (5. Januar 1919), bestätigt die »Bamberger Verfassung« die Abschaffung aller Adelsprivilegien, behält jedoch Adelstitel als Namensbestandteile bei.

Das Herrscherhaus der Wittelsbacher wird nicht erwähnt, das Porträt des Königs bleibt aber in öffentlichen Gebäuden und Schulen präsent. Das Kabinett Hoffmann II stürzt aus einem geringfügigen Anlass.

Im März scheitert in Berlin ein rechtsradikaler Umsturzversuch, der so genannte Kapp-Putsch. Die Unruhe strahlt bis Bayern aus, das eine neuerliche Revolution befürchtet. Der bayerische Militärbefehlshaber, General Arnold Ritter von Möhl, stellt auf

Vor den kommunistischen Unruhen flieht die Regierung Hoffmann II am 18. März 1919 über Nürnberg nach Bamberg. Hier wird die so genannte Bamberger Verfassung verabschiedet. (oben). – Gustav Ritter von Kahr (29. November 1862 in Weißenburg in Bayern; † 30. Juni 1934 in Dachau, ermordet) ist vom 16. März*

Drängen des oberbayerischen Regierungspräsidenten KAHR, des Münchener Polizeipräsidenten PÖHNER und des Landeshauptmanns der Wehrverbände, GEORG ESCHERICH, Ministerpräsident HOFFMANN das Ultimatum, ihm die vollziehende Gewalt zu übertragen, da er anders nicht für Ruhe und Ordnung in Bayern sorgen könne. Das hätte die Auslieferung der Sozialdemokratie an Rechtsradikale bedeutet. Dem kann Hoffmann nicht zustimmen, er tritt zurück.

Darauf warteten Escherich, Kahr und PÖHNER: Die Minister erteilen, angesichts der mächtigen Reichswehr und der Einwohnerwehr, Möhl die gewünschte Machtbefugnis, danach treten sie ebenfalls zurück. Zwei Tage später, am 16. März, wählt der Landtag Gustav Kahr zum Ministerpräsidenten. Er verspricht, mit Reichswehr und Einwohnerwehren den Freistaat zu einer »Ordnungszelle« im Reich zu machen. In Wirklichkeit aber wird Bayern ein Sammelbecken Rechtsradikaler.

Freie Bahn für die Rechten

Das Ende der Regierung Hoffmann II zieht für die SPD Folgen nach sich: Sie kann sich während der Weimarer Zeit nicht mehr aus der Oppositionsrolle befreien. Die BVP driftet dafür immer mehr ins rechte Lager ab und gerät schließlich in die Abhängigkeit der antidemokratischen Deutsch Nationalen Volkspartei (DNVP), die sich den Großagrariern verpflichtet fühlt.

Gustav Ritter von Kahr, der neue bayerische Ministerpräsident, sieht sich gern als Gegenbild zu KURT EISNER. Kahr unternimmt alles, um München und Bayern zum Zentrum der monarchischen Restauration in Mitteleuropa zu machen. Sein erster Schritt soll München in eine konservative »Ordnungszelle« verwandeln. Hier sollen die Bewohner wieder Ruhe, Sicherheit und Ordnung finden. Deshalb wird Kahr von den Einwohnerwehren, der Reichswehr und überhaupt von allen, die ideologisch rechts der Mitte stehen, geschätzt. In Scharen strömen sie auch von auswärts zu. Polizeipräsident Pöhner lädt Freikorpsführer EHRHARDT ein, in München sein Hauptquartier aufzuschlagen. Mit Hilfe der Thulegesellschaft und des Verlegers JULIUS FRIEDRICH LEHMANN lässt er sich in der Franz-Joseph-Straße nieder. Seine außer Dienst gestellten Freikorpskämpfer finden als Saisonarbeiter bei sympathisierenden Bauern der Umgebung Beschäftigung. Galionsfigur der in München sich sammelnden Rechten ist General LUDENDORFF. Er flieht nach dem wenig rühmlichen Ende des KAPP-Putsches in die Isarmetropole, in Kahrs »Ordnungszelle«. Zu seinem Hauptquartier in einer Villa der Prinz-Ludwigs-Höhe pilgern alle, die Deutschland zukünftig ins »rechte« Licht setzen wollen.

Für den ehemaligen Gefreiten ADOLF HITLER ist die Begegnung mit dem ehemaligen Ersten Generalquartiermeister des Deutschen Kaisereichs ein Erlebnis der besonderen Art. Sie gibt ihm die Überzeugung, dass nur er und Ludendorff Deutschland aus der Not herausführen können.

Gedeckt von Polizei und den Wehren, gründen Vertraute Ludendorffs und Ehrhardts die Organisation »Consul«. Sie nimmt »Reichsfeinde« ins Visier und mordet vom Dienstmädchen, das illegale Waffendepots rechter Gruppen verrät, bis hin zu Politikern alle, die den Rechten missfallen. Der Zentrumspolitiker MATTHIAS ERZBERGER (1875-1921), der 1918 den Waffenstillstand unterzeichnet und daher zum Kreis der »Novemberverbrecher« gezählt wird, fällt am 26. August 1921 auf einem Spaziergang gedungenen Consul- Attentätern zum Opfer.

1920 bis 11. September 1921 parteiloser bayerischer Ministerpräsident (rechts). Am 30. Juni 1934 wird Kahr im Zuge des so genannten Röhm-Putsches im KZ Dachau erschossen.

Blutsonnabend in Coburg

Der Weg Adolf Hitlers begann zwar in Wien, wie manche Publizisten meinen, um die prägende Bedeutung der Stadt auf die Psyche des späteren Diktators herauszustreichen, aber er hätte genau so gut irgendwo enden können und nicht 30 m unter der zerstörten Reichskanzlei in Berlin im Luftschutzbunker. Dazu bedurfte es München und des Jahres 1920. Durch das punktgenaue Zusammentreffen mehrerer einander ergänzender Umstände entsteht jener Nährboden, aus dem »der« Hitler wuchs. Nur im München von 1920 kann sich seine durch die Wiener Erfahrungen ergänzte Veranlagung entfalten. In keiner anderen Stadt, zu keiner anderen Zeit wäre ein »Hitler« möglich gewesen. Nahtlos fügen sich alle Voraussetzungen zusammen. Eine davon ist die Wahl Gustav Ritter von Kahrs zum bayerischen Ministerpräsidenten.

Bezeichnenderweise ruft nicht Erzbergers Partei, das Zentrum, zum Protest gegen den Meuchelmord auf, sondern die Coburger SPD und ihr nahe stehende Gewerkschaftsorganisationen. Das Zentrum ist schon zu rechtslastig. Coburg, wie Bayern mit Freistaat-Status ausgestattet, hat sich aufgrund eines Volksentscheids am 1. Juli 1920 Bayern angeschlossen. Bayerische Landpolizei greift daher ein, als die Coburger Linke am 3. September 1921 gegen die Ermordung Erzbergers demonstriert.

Der Mord dient nur als Vorwand für ein Muskelspiel der Sozialdemokraten, die ihre Kräfte mit den konservativen Ordnungshütern messen wollen. Die Stadtverwaltung, einschließlich des Oberbürgermeisters wird von der SPD bzw. der USPD gestellt.

Zweifellos versuchen die links orientierten Parteien, die bei den Wahlen zur Nationalversammlung am 19. Januar 1919 noch zwei Drittel der Stimmen auf sich vereinigen, bis Jahresende aber erhebliche Verluste erleiden, verlorenes Terrain wieder gut zu machen, zumal die rechten Kräfte, in siebzehn Kriegervereinen und diversen Kleinorganisationen zersplittert, weder über politisches Gewicht verfügen, noch eine ernst zunehmende Kraft darstellen.

Der Rechtsruck Kahrs in München alarmiert verständlicherweise die Linken und weckt separatistische Tendenzen; der Ruf *„Los von Bayern!"* wird laut. Dadurch weitet sich der Protest am 3. September zur Staatsaktion, einer Kraftprobe zwischen staatlicher Ordnungsmacht im neu gewonnenen Staatsgebiet und linken Separatisten. Als die Demonstranten vom Schlossplatz zu einem nicht genehmigten Protestmarsch aufbrechen, feuert die Landespolizei in die Menge. Zwanzig Demonstranten werden verletzt, einer stirbt. Der Blutsonnabend von Coburg deckt eine Kluft auf, die bereits quer durch die Gesellschaft geht und auch kleinere Gemeinden nicht mehr verschont.

Der Mord an Erzberger beunruhigt Linke und Liberale gleichermaßen in ganz Deutschland. Die Reichsregierung steht der wachsenden Gewalt auf der Straße noch ratlos gegenüber. Auf die Klage linker Gruppen über die bayerische Behörde, die allzu säumig die Verfolgung politisch motivierter Mörder verfolge, reagiert die Reichsregierung mit Zurück-

Anfang der 20er Jahre wird München ein Tummelplatz rechter Nationaler, die auf eine Revision des Versailler Friedensvertrags hinwirken, aber weder über ein geeignetes strategisches noch ein ideologisches Konzept verfügen. Hitler hat sich beides zusammengezimmert. Demokratie- und Republikfeinde, die in Kahrs

haltung. Die Rechten sitzen bereits fest im Sattel. Die Mahnung, Bayern möge Rechtsradikale sorgfältiger überwachen, beantwortet Kahr mit scharfem Ton: Berlin solle sich ein Beispiel an München nehmen und das eigene Haus von subversiven, unpatriotischen Elementen säubern.

Wehren aufgelöst

Der bedenklichen militanten Entwicklung schieben die Alliierten einen Riegel vor. Auf der Konferenz von Spa im Juli 1920 erzwingen sie die Auflösung der Einwohnerwehren. Kahr verliert dadurch einen starken Rückhalt. Zwar versucht er, mit Ehrhardt eine Sonderregelung zu erwirken, doch Berlin droht, norddeutsche Truppen gegen Bayern in Marsch zu setzen, sollte der Forderung der Siegermächte nicht entsprochen werden. Kahr scheut die Konfrontation. Am 4. Juni 1921 löst er die Einwohnerwehren auf. Der Effekt ist ein anderer, als ihn die Alliierten beabsichtigten: Die Wehrleute schließen sich zu weit rechts stehenden Vaterländischen Verbänden zusammen, oder wandern zu anderen rechten Gruppen ab, so zur Deutschen Arbeiterpartei; die militante Rechte entzieht sich jetzt jeder Kontrolle.

Adolf Hitler wird aus ihr seine SA rekrutieren. Am 24. Februar 1920 verkündet er vor etwa 2000 Personen im Münchner Hofbräuhaus ein neues, 25 Punkte umfassendes Parteiprogramm der Deutschen Arbeiterpartei, deren Namen er auf Nationalsozialistische Deutsche Arbeiterpartei (NSDAP) ändert. Das Parteiprogramm spricht bereits von einem »Führer«. Es fordert die Aufhebung des Versailler Vertrags und Vereinigung mit Österreich, lehnt die deutsche Staatsbürgerschaft für Juden ab und stellt sich den Aufbau eines autoritären Staates als Ziel. Nach der Machtübernahme werden viele der Punkte in kurzer Zeit verwirklicht. Offiziell ist Hitler der »Trommler« der Partei, Anton Drexler der Vorsitzende. Eine für den ehrgeizigen Hitler unerträgliche Situation, zumal zwischen beiden erhebliche Meinungsunterschiede über den Führungsstil bestehen. Hitler drängt ungestüm zur Macht, Drexler bremst. Am 29. Juli 1921 reißt Hitler die Führung der NSDAP an sich. Das von ihm entworfene Führerprinzip konzentriert die Parteistruktur auf seine Person. Der Aufstieg der Nationalsozialisten beginnt.

Der Gefreite der bayerischen Armee, Adolf Hitler (* 20. April 1889 in Braunau am Inn, Oberösterreich; † 30. April 1945 in Berlin durch Suizid) ist ab 1921 Parteichef der NSDAP, ab 1933 Reichskanzler und ab 1934 als »Führer und Reichskanzler« sowie Regierungschef und Staatsoberhaupt des Deutschen Reichs.

Hitler der gerne von seine Eindrücken nach der deutschen Kapitulation erzählt, schweigt über seine Tätigkeit während der Münchner Revolution. Nachforschungen ergeben, dass er seit dem 15. Februar 1919 als Vertrauensmann seiner Kompanie mit der Propagandaabteilung der Regierung Eisner zusammenarbeitet und das Kennzeichen der Roten Armee, die rote Armbinde trägt. Er ist Opportunist, wie viele jener Zeit und später.

Am 11. Mai 1919 erfolgt die Errichtung der Bayerischen Reichswehr, Gruppenkommando Nr.4, in das Hitler eintritt. Die Nachrichtenabteilung dieser Einheit befehligt Hauptmann Karl Mayr, der Hitlers Rednertalent entdeckt. Er bildet Hitler zum Schulungsredner aus, der der von Bolschewismus und Spatarkismus „verseuchten" Truppe nationalistische und antibolschewistische „*Gesinnung*" beibringen soll. Mayr, Starthelfer Hitlers, übt später heftige Kritik an ihm, er wird im Februar 1945 im KZ Buchenwald umgebracht.

In der zweiten Septemberhälfte 1919 tritt Hitler mit der Mitgliedsnummer 555 – nicht wie er stets behauptet mit Nummer 7 – der Deutschen Arbeiterpartei bei. Der „*begabte Demagoge*", so der Historiker Peter Claus Hartmann, wird am 29. 7. 1921 Parteivorsitzender. Das Hakenkreuz als Parteikennzeichen und mit dem »Völkischen Beobachter« als Sprachrohr macht Hitler, der sich ab 1922 Führer nennen lässt, die nationalsozialistische Bewegung zum politischen Machtfaktor. Hitler bekämpft das parlamentarisch-demokratische System und folgt nationalen, sozialrevolutionären Zielen. ER ist antikapitalistisch, antimarxistisch und rassistisch eingestellt, und vernichtet alles Andersartige, das seiner seine Ideologie entgegensteht. Die Deutschen selbst wären seiner Selektion letzten Endes zum Opfer gefallen.

»Ordnungszelle« Bayern nach Lösungen suchen, um das verhasste Weimarer Regime der »Novemberverbrecher« abzuschütteln. Polizeipräsident Ernst Pöhner, General Erich Ludendorff, Admiral Alfred von Tirpitz, Forstrat Georg Escherich (von links nach rechts).

Im Visier der Parteien

Ein tief greifender Wandel in der Parteienlandschaft kündigt sich bei den Reichstagswahlen und den gleichzeitig in Bayern stattfindenden Wahlen zum Bayerischen Landtag am 6. Juni 1920 an. Der Trend ist reichseinheitlich: Die Sozialdemokratie (MSPD bzw. SPD) muss schwere Verluste hinnehmen. Gewinner sind auf dem rechten Flügel DVP und DNVP (in Bayern die Mittelpartei und Bayerische Volkspartei), auf dem linken Flügel die USPD. Gegenüber den letzten Landtagswahlen (vom 12. Januar 1919) büßt die SPD mit 16,5% der abgegebenen Stimmen mehr als die Hälfte ihrer 61 Mandate ein und ist nur noch mit 26 Abgeordneten im bayerischen Landtag vertreten. Die regierende Bayerische Volkspartei kann ihren Stimmanteil von 35% auf 39,4% verbessern. Neu im Landtag vertreten ist die KPD, die 1,7% der abgegebenen Stimmen und zwei Mandate erzielt. Die USPD verbessert ihren Stimmenanteil gegenüber der letzten Landtagswahl von 2,5% auf 12,8%.

Die Wählerstromanalyse zeigt ein starkes Abwandern ehemals sozialdemokratischer Wähler zu den linken Flügeln der Bewegung. Bemerkenswert ist der Gewinn der weit rechts stehenden Mittelpartei, die von 5,8% auf 13,6% klettert.

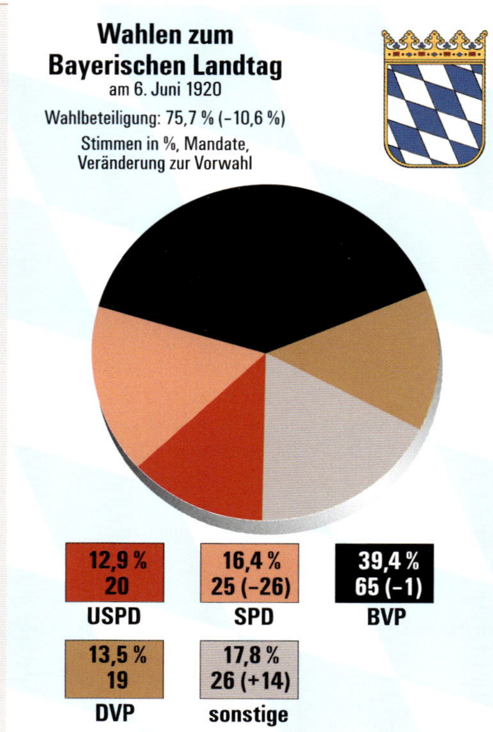

Dem Wahlergebnis entsprechend, bildet Kahr das Kabinett II (1920 bis 1921). Sein Gewicht verlagert sich von der bürgerlichen zur rechten Mitte. Auf der Regierungsbank sitzen nur noch je ein Minister der DDP, des Bauernbundes und der Mittelpartei, die mit Christian Roth den Justizminister stellt. Roth, der enge Kontakte zu deutschnationalen Kreisen pflegt, verändert sukzessive die Rechtsprechung in parteipolitischen Fällen nach rechts.

Kahr beugt sich zwar der Anordnung aus Berlin, die paramilitärischen Verbände aufzulösen. Die von Reichspräsident Friedrich Ebert verfügte Notverordnung, die den Reichsbehörden die Einschränkung des Presse-, Vereins- und Versammlungsrechts in Bayern ermöglicht, nimmt er nicht zur Kenntnis, sie ist gegen die von ihm geförderte Organisation Consul gerichtet. Berlin pocht auf das Grundgesetz: »Reichsrecht bricht Landesrecht«. Kahr legt das Amt des Ministerpräsidenten zurück.

Auch der am 21. September 1921 ernannte bayerische Nachfolger, Hugo Max Graf von und zu Lerchenfeld auf Köfering und Schönberg (* 21. August 1871 in Köfering, Bayern; † 13. April 1944 in München), Mitglied der Bayerischen Volkspartei (BVP), wendet sich gegen Eingriffe der Reichsregierung in die Hoheitsrechte der Länder. Er erwägt den Austritt Bayerns aus dem Reichsverband.

Die Ermordung des deutschen Außenministers Walther Rathenau am 24. Juni 1922 in Berlin, den abermals die »Organisation Consul« inszeniert, stellt nun Lerchenfeld-Köfering vor die Entscheidung, das am 18. Juli vom Reichstag verabschiedete Republikschutzgesetz zuzulassen oder abzulehnen.

München gegen Berlin

Lerchenfeld-Köfering erlässt für Bayern eine eigene Verordnung zum Schutz der Verfassung. Dennoch muss ein Kompromiss zwischen Reich und Land

Wenige Monate nach der Bildung des Kabinetts Kahr I werden am 6. Juni 1920 die ersten Landtagswahlen nach der Verabschiedung der neuen Verfassung durchgeführt (oben). Die Zahl der Mandate wird von 180 auf 158 reduziert, einschließlich der drei Sitze des hinzugekommenen Gebietes von Coburg.

gefunden werden. Am 9. August handeln ihn EBERT (MSPD) und Lerchenfeld-Köfering aus. Bayern lässt das Reichsgesetz am 24. August zu.

Sein Einlenken mobilisiert antidemokratische Kräfte. Die 62. Generalversammlung der Katholiken Deutschlands auf dem Katholikentag in München am 26. August wird zu einem antirepublikanischen Manifest, dem sich auch Kardinalerzbischof MICHAEL VON FAULHABER nicht entzieht: *„Wehe dem Staat, der eine Verfassung schafft, ohne den Namen Gottes, der die Rechte der Eltern in seinem Schulgesetz nicht anerkennt, der die Theater- und Kinoseuche nicht fernhält von seinem Volke, der die Ehescheidung erleichtert und die uneheliche Mutterschaft in Schutz nimmt. Wo die Gesetze eines Staates mit den Geboten Gottes im Widerspruch stehen, gilt der Satz: Gottes Recht bricht Staatsrecht. Die Revolution war Meineid und Hochverrat..."*

Nur der Oberbürgermeister von Köln, KONRAD ADENAUER – er ist Vorsitzender – legt ein *„Zeugnis seiner weltlich-politischen Wehrhaftigkeit"* ab, formuliert die Berliner »Vossische«. Adenauer bekennt sich zur Republik. Lerchenfeld-Köfering gibt nach und holt FRANZ GÜRTNER von der Mittelpartei ins Kabinett. Gürtner steigt 1932 zum Reichsjustizminister auf und behält die Stelle auch unter HITLER.

Lerchenfeld-Köfering hatte zu lange gezögert. Von Vaterländischen Verbänden und den Deutschnationalen gedrängt, erklärt er am 2. November 1922 seinen Rücktritt. Schon am 8. November steht der Nachfolger fest. Mit 86 Stimmen der BVP, der Mittelpartei und des Bauernbundes wählt die Mehrheit den BVP-Kandidaten EUGEN RITTER VON KNILLING (* 1. August 1865 in München; † 20. Oktober 1927 in München). Knilling bekleidete im Kaiserreich das Amt des bayerischen Kultusministers.

Die rasch gefällte Entscheidung erfolgt unter der Annahme, dass die sozialdemokratischen Parteien MSPD (SPD) und die USPD in allernächster Zeit wieder erstarken könnten. Am 24. September waren beide Flügel auf einem gemeinsamen Parteitag in Nürnberg übereingekommen, die seit dem 17. April wegen unterschiedlicher Auffassung über die Kriegspolitik getrennten Wege wieder zu vereinen.

Die Wiedervereinigung beginnt mit einem Handschlag der beiden Parteivorsitzenden OTTO WELS (MSPD) und ARTHUR CRISPIEN (USPD) und mündet beinahe in eine neue Trennung. Die künftig gemeinsam einzuschlagende Richtung öffnet abermals Klüfte. Die MSPD will vom Bekenntnis zu ihrem am 17. September 1921 beschlossenen »Görlitzer Programm« und zur parlamentarischen Demokratie keinen Abstand nehmen, die USPD hingegen erkennt darin revisionistische Absichten. Die Kritik der Unabhängigen alarmiert die MSPD, sie fürchtet, die radikalen Kräfte könnten die gemäßigten übertreffen. Eine kleine Gruppe USPD-Anhänger trotzt der Vereinigung. Im Raum Nürnberg führt sie ein Eigenleben, bis sie in der KPD aufgeht.

Zur Rückenstärkung holt der politisch schwache Knilling vor seiner Kandidatur erst die Zustimmung nationaler Kreise ein. Die benötigt Knilling, denn eine Wirtschaftskatastrophe bahnt sich an: Innerhalb weniger Tage stürzt der Wert der Mark ins Bodenlose, eine Hyperinflation bricht über Deutschland herein.

Bis 1920/21 konnte die Reichsregierung die Währung leidlich stabilisieren, die während des Krieges durch unentwegtes Drucken von Banknoten ohne Wertsicherung ins Schwanken geraten war. Nach dem Krieg steigt die Inflation nur mäßig, die Löhne der Arbeiter können ihr angeglichen werden. Die Produktions- und Arbeitskosten liegen unter dem Niveau des Auslands, der Export floriert. Von ihm sind freilich 12 % als Reparation an die Siegermächte, mit Ausnahme der USA, abzuführen. Insgesamt, so beschließen es die Alliierten am 24. Januar 1921, muss Deutschland 226 Milliarden Goldmark an Reparationen in 42 Jahresraten an Frankreich (52 %), England (22 %), Italien (10 %) und Belgien (8 %) zahlen. Die letzte Rate wäre 1963 fällig geworden. Um der Verpflichtung nachzukommen, nimmt Deutschland im Ausland teure Kredite auf. Als es dennoch in Zahlungsrückstand kommt, handelt der DDP-Politiker WALTHER RATHENAU, im Auftrag der Regierung, am 6. Januar 1922 eine Ratenzahlung aus: Alle zehn Tage, beginnend am 18. Januar, sind 31 Mio. Goldmark in Devisen zu zahlen. Der Industrielle Rathenau ist auf den Ausgleich mit Frankreich bedacht, und wird deshalb von den Nationalsozialisten angefeindet. Am 31. Januar wird Rathenau zum Außenminister ernannt, am 24. Juni ermordet ihn die »Organisation Consul« und löst dadurch die beispiellose Talfahrt der Mark aus.

Ein Pfund Butter: 2400 Mark

Als im Juli 1922 der Wertverfall der Mark nicht mehr zu stoppen ist, ersucht die Reichsregierung die Alliierten um eine Senkung der monatlichen Reparationsrate von 2 Mio. Pfund Sterling (Anfang August entspricht dies etwa 5,9 Mrd. Mark). England, die USA, Belgien und Frankreich beraten darüber vom 7. bis 14. August in London. Frankreichs Ministerpräsident Raymond Poincaré ist jedoch zu keinem Kompromiss bereit. Englands Premier David Lloyd George vertagt daher die Konferenz. Die Mark stürzt weiter ab, gleichzeitig steigen die Preise täglicher Bedarfsgüter und Nahrungsmittel in unerschwingliche Höhen. Ein Jahr zuvor hat die Bereitschaft ausländischer Anleger, in Deutschland zu investieren, wegen der anhaltenden innenpolitischen Unsicherheit nachgelassen. Die verminderte Investitionstätigkeit setzt mittelfristig den Impuls für die Hyperinflation. Die Krise heizt Frankreich Ende 1922 zusätzlich an. Das Deutsche Reich gerät vom 26. Dezember 1922 auf den 9. Januar mit der Reparationsleistung von Kohle und Holz in Verzug. Dies nehmen Frankreich und Belgien zum Vorwand, um das hoch industrialisierte Ruhrgebiet zu besetzen. Die Wirtschaftskatastrophe ist nicht mehr abzuwenden.

Zum Jahreswechsel 1922/23 werden in Bayern alarmierende soziologische Details bekannt: Arbeiterschaft und mittelständisches Bürgertum ringen ums nackte Leben. Allein in München unterstützt die städtische Wohlfahrtspflege rund 40000 Personen. Darunter 12000 Sozial- und Kleinrentner, etwa gleich viele Kriegsinvalide und Kriegshinterbliebene. Im November 1923 kostet die kürzeste Trambahnfahrt in München 250 Milliarden Mark, ein Ei rund 80 Milliarden, eine Maß Bier 150 Milliarden. Vergleichsweise billig ist eine Essiggurke zu 4 Milliarden und eine Prostituierte für eine »Sklave-Herrin-Stunde« um 6 Milliarden – und eine Zigarette. Die Hyperinflation hat auch positive Seiten: Dutzende Buchhalter müssen für die täglich schwankenden Umrechnungskurse und die Rechenoperationen mit zwanzigstelligen Zahlen zusätzlich eingestellt werden.

Der Verfall der Mark macht Bayern als touristisches Ziel für ausländische Besucher wieder interessant: In Scharen kommen sie, bringen harte Devisen und werden auf charmant-bayerische Art – geschröpft. Der Nepp ist allgegenwärtig und nicht auf Ausländer beschränkt. Die Preußen, so

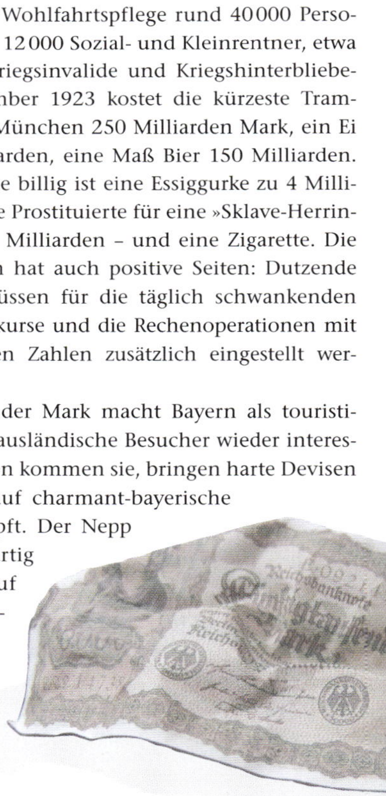

1922: Die Unmengen an Geldnoten, die täglich gebraucht werden, müssen in Waschkörben transportiert werden. Im Bild vor der Zentrale der Deutschen Bank in Berlin (oben).

mutmaßt der Berliner Journalist KURT TUCHOLSKY, unterliegen besonderer Schikane. Von ihnen verlangt die Polizei *„Einreisebewilligungen, die schwerer zu haben sind als ein Pass nach Nicaragua."* Tatsächlich stehen die Dinge *„so schlecht"*, klagt Handelsminister EDUARD HAMM *„dass Tausende von respektablen und ehrlichen Menschen den Nazis zulaufen."*

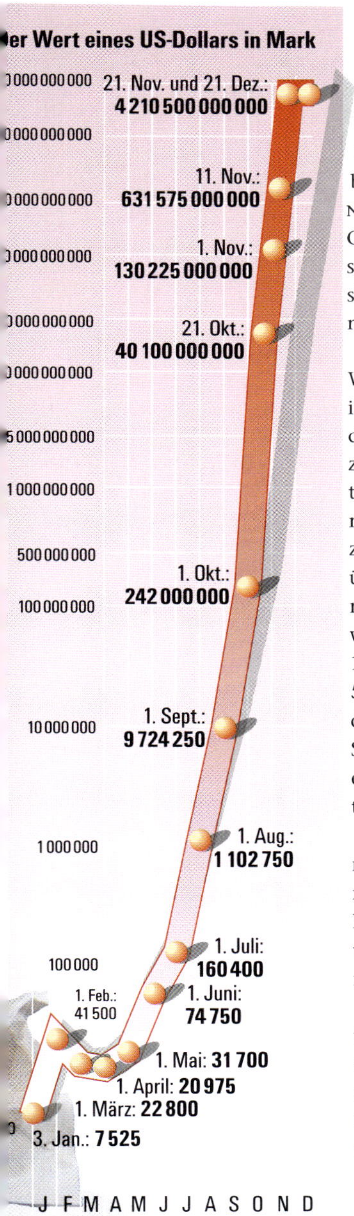

HITLER hat mittlerweile sein Vorbild gefunden: BENITO MUSSOLINI, den Chef der italienischen Faschisten, der sich Duce, »Führer« nennt.

Wie die deutsche Wirtschaft liegt die italienische danieder. Der Duce bezichtigt die sozialistischen Regierung nicht wirtschaften zu können, und überzieht das Land mit Terror und Gewalt. Am 2. Juni 1922 belagert er mit 50000 Anhängern die oberitalienische Stadt Bologna und erzwingt den Rücktritt des Präfekten.

Vom Erfolg ermutigt, brechen Benito Mussolinis Anhänger am 28. Oktober zum Marsch nach Rom auf.

Widerstandslos tritt Ministerpräsident Luigi FACTA zurück und überlässt den Faschisten das Regieren.

Knilling verfolgt einen betont nationalen Kurs. Er lässt die »Vaterländischen Verbände« ungeschoren und den deutschnationalen Justizminister GÜRTNER gewähren.

Die von seinem Vorgänger Lerchenfeld-Köfering gezogene klare Abgrenzung zur NSDAP verwischt. Nur Innenminister FRANZ XAVER SCHWEYER verteidigt die Staatsautorität gegenüber Rechte und Linke, deren »Schutztruppen« sich auf der Straße blutige Schlachten liefern.

MILITANTE TRUPPEN DES HASSES

1920 entstehen in nordbayerischen Industriestädten sozialdemokratische und teils kommunistische Selbstschutzformationen. 1924 werden die sozialdemokratischen Verbände im Reichsbanner Schwarz-Rot-Gold, einer Gründung (22. Februar 1924) des Magdeburger Oberpräsidenten FRIEDRICH OTTO HÖRSING (1874-1937), zusammengefasst. Offiziell ein Wehrbund aller republikanischen Kräfte, steht er den Anhängern der DDP und des Zentrums offen, kann aber in Bayern nur in großen Städten, so im links-republikanisch geprägten Nürnberg, Anhang gewinnen.

Auch der im September 1924 auf Reichsebene gegründete Rote Frontkämpferbund der KPD behauptet sich nur in Nürnberg und kleinen Industriestädten Oberfrankens und der Oberpfalz. Hitler nimmt sich die paramilitärische Selbstschutztruppe der Sozialdemokraten, die so genannte Auergarde, zum Vorbild und baut im August 1921 eine Turn- und Sportabteilung auf, die am 4. November 1921 den Namen Sturmabteilung (SA) annimmt. Ihre Aufgabe ist die Agitation und die paramilitärische Vorbereitung für den so genannten Freiheitskampf der nationalsozialistischen Bewegung gegen das »Weimarer System«.

In der mit völkisch-nationalistischem Gedankengut angereicherten Atmosphäre der »Ordnungszelle Bayern« kann sich die streng hierarchisch strukturierte SA zu einer aggressiv-antisemitischen Organisation entwickeln. Ihre Gewaltaktionen, zunächst unter der Führung des im Ersten Weltkrieg hoch dekorierten Jagdfliegers (»Pour le Mérite«) HERMANN GÖRING, richten sich gegen Juden und politische Gegner, vornehmlich die Kommunisten.

Marsch auf Berlin?

Von nationalsozialistischem Gedankengut beeinflusst, versäumt die Regierung Knilling eine einmalige Chance, Adolf Hitler auf einfache und korrekte Weise los zu werden. Anfang 1923 spricht eine Abordnung von Frauen bei Innenminister Franz Xaver Schweyer vor. Angeführt von den Pazifistinnen des radikalen Flügels der bürgerlichen Frauenbewegung, Anita Augspurg und Lida Gustava Heymann sowie der Sozialpolitikerin Ellen Aurora Elisabeth Ammann, fordern sie Schweyer auf, den Österreicher Hitler in seine Heimat abzuschieben. Hitler ist wegen Landfriedensbruchs verurteilt worden und saß vom 24. Juni bis 27. Juli 1922 im Gefängnis München-Stadelheim ein. Schweyer sind die Hände gebunden: Der zuständige – deutschnationale – Justizminister Gürtner lehnt die Abschiebung ab, und Ministerpräsident Knilling hält sie aus Staatsräson für nicht opportun. Hitler bleibt, und bereitet einen Putsch vor, der mit einem Marsch auf Berlin beginnen soll.

Anfang September 1923 entwickeln der ehemalige Gefreite Adolf Hitler und der Ex-General Erich Ludendorff den Plan eines Staatsstreichs. Hitler beherrscht nicht nur seine Partei, die NSDAP, er beeinflusst auch stark die beiden militanten nationalen Verbände »Reichskriegsflagge und »Oberland«. Auf sie gestützt, rechnen sich beide Erfolgschancen bei einem Umsturz aus. Unter der scheinbar glatten Oberfläche der »Ordnungszelle Bayern« brodelt das hochverräterische Vorhaben. Ministerpräsident Knilling beunruhigt vor allem die Vereinigung der drei Organisationen NSDAP, »Reichskriegsflagge« und »Oberland«.

Hitler ist aber noch nicht bereit, den Putsch zu wagen. Zur Sondierung der Lage in der Partei beruft er für die Zeit zwischen 27. und 29. Januar 1923 einen Parteitag nach München ein.

Die Regierung befürchtet Schlimmes und verhängt über die Stadt den Belagerungszustand. Nichts geschieht. Einem Massenaufmarsch der SA auf dem Marsfeld folgen zwar martialische Reden Hitlers, doch ein Putsch bleibt aus. Im Gegenteil. Hitler betont, keine Umsturzpläne zu hegen. Die Lage entspannt sich.

Knilling meint nun, auch die restriktiven Maßnahmen gegenüber der Linken lockern zu können, und genehmigt den Sozialdemokraten die Abhaltung ihrer traditionellen Parade zum 1. Mai, dem Tag der Arbeit. Ein Affront für das Münchner Bürgertum, das mit dem 1. Mai die Erschießung der Geiseln des Jahres 1919 in Zusammenhang bringt. Hitler erhebt aus Prinzip Protest, er verbindet den Maibeginn mit dem Sieg der Freikorps über die Herrschaft der Räte. Da die Regierung ihre Genehmigung nicht zurücknimmt, befiehlt auch Hitler seine SA zum Aufmarsch nach München. Am 1. Mai 1923 treten etwa 2000 SA-Männer mit Gewehren, Maschinengewehren und einigen Geschützen auf dem Oberwiesenfeld zum Manöver an. Die Reichswehr – die offizielle Streitkraft der Weimarer Republik – beteiligt sich nicht. Hitlers Freund und Kommandant der paramilitärischen Organisation »Reichsflagge«, Ernst Röhm, kann die Reichswehrkommandanten für die Teilnahme an den SA-Manövern nicht gewinnen. Gerüchte besagen, dass Hitler den Umsturz plane. Nun zeigt sich, was Knilling im Schilde führt: Er lässt das Manövergelände von Landpolizei umstellen und die SA entwaffnen. Erbittert und ohne Waffen zieht die SA ab. Ihr Grimm trifft ein Grüppchen kommunistischer Marschierer, denen sie auf dem Weg zum nächsten Bierkeller die Fahne entreissen und verbrennen. Für Hitler Anlass zu prophezeien, dass dies nur ein kleiner Vorgeschmack auf die Brände sei, die kommen werden. Seine düstere Prophezeiung sollte Wirklichkeit werden.

*General Otto von Lossow (oben; * 15. Januar 1868 in Hof, Bayern; † 25. November 1938 in München). Als deutscher Militärattaché in Istanbul, protestierte er im Juli 1915 – wenn auch erfolglos – gegen den Genozid des Jungtürkenregimes gegenüber den Armeniern: „eine neue Form des Massenmordes, d. h. die ganze arme-*

Der gelungene Coup macht Knilling nicht sicherer. Solange das Elend der Massen nicht beseitigt ist, laufen die Unzufriedenen den Rattenfängern von links und rechts nach. Für Hitlers mehrmals angedrohten »Marsch auf Berlin« sind die Bayern besonders empfänglich, denn von Berlin – davon sind sie überzeugt – ginge alles Übel aus. Die Regierung Knilling wird nervös, nicht nur in Bayern, in ganz Deutschland liegt der Umsturz in der Luft. Deshalb beugt sie vor.

Bayern stellt sich gegen Berlin

Unter Berufung auf Artikel 48 der Weimarer Verfassung und § 64 des Bayerischen Grundgesetzes verkündet sie den Notstand, den eigentlich nur die Reichsregierung verhängen darf. Doch die lässt Knilling gewähren und erhebt auch keinen Einspruch, als dieser am 23. September 1923 Gustav Ritter von Kahr zum Generalstaatskommissar ernennt. In der Hoffnung, Kahr könne die Rechten ruhig halten, erhält er die vollziehende Gewalt übertragen sowie die Vollmacht, die Verfassung außer Kraft zu setzen.

Kahrs erste Maßnahmen richten sich aber nicht gegen die Rechten, sondern gegen die Linken: Er verbietet ihre Schutztruppen und erlässt ein Streikverbot. Die Nationalsozialisten, die keine Sympathie für den monarchistischen »Stehkragenpolitiker« Kahr empfinden, gewinnt er dennoch nicht.

Deshalb versucht er es mit Anbiederung. Unter dem Vorwand, der Wirtschaft helfen zu wollen, schlägt er in die antisemitische Kerbe der Nationalsozialisten und führt eine Kampagne gegen Juden nichtdeutscher Staatsangehörigkeit. Mehr als hundert wegen Wuchers und Kriegsspekulation angeklagter, aber nicht verurteilter Juden müssen das Land innerhalb von zwei Wochen verlassen. *„Das jüdische Element ist für einen großen Teil des deutschen Unglücks und der wirtschaftlichen Not seit dem Kriege verantwortlich“*, begründet Kahr sein rigoroses Vorgehen. Die Reichsregierung sieht keinen Anlass einzuschreiten, reagiert aber auf Hetzartikel des »Völkischen Beobachters«, die sich gegen Reichskanzler Gustav Stresemann und den Chef der Heeresleitung, General von Seeckt, richten. Seeckt besitze die Loyalität der Reichswehr nicht, behauptet das NS-Organ, weil er, wie Stresemann, mit einer jüdischen Frau verheiratet sei, unter deren politischem Einfluss er stünde.

Reichswehrminister Otto Gessler sieht sich genötigt, Seeckt zu verteidigen, und erteilt seinem Statthalter in München, Reichswehrgeneral Otto von Lossow, die Anweisung, das Erscheinen des »Völkischen Beobachters« zu verbieten. Lossow, der eine Revolte der SA befürchtet, wendet sich an Kahr. Dieser erteilt die Order – schon um Bayerns Eigenständigkeit zu demonstrieren –, Geißlers Anweisung zu ignorieren. Den militärischen Ungehorsam ahndet Reichspräsident Ebert mit der Dienstenthebung Lossows. Kahr entscheidet auch gegen den Präsidenten und beruft Lossow am 20. Oktober erneut auf den Posten:

„Die bayerische Staatsregierung und der Generalstaatskommissär wissen sich eins mit allen Deutschgesinnten, wenn sie eine solche Maßnahme ablehnen. Bayern betrachte es als seine Pflicht, in dieser Stunde eine Hochburg des bedrängten Deutschtums zu sein. Die bayerische Staatsregierung hat deshalb ... von Lossow mit der Führung des bayerischen Teils des Reichsheeres betraut.“

Unmittelbar darauf, am 22. Oktober, verpflichtet Kahr die in Bayern stationierte 7. Reichswehrdivision auf den Freistaat, und entzieht sie damit der Reichsgewalt. Das ist offene Rebellion.

Zwei Tage später legt General von Lossow hohen bayerischen Militärs und Führern Vaterländischer Organisationen Putsch und Diktaturpläne vor, die sich gegen Berlin richten:

„Meine Herren! Es gibt drei Möglichkeiten: 1. Einmarsch nach Berlin und Ausrufung der Errichtung der nationalen Diktatur. 2. Weiterwursteln und in ›Bayern bei der Stange bleiben‹. 3. Trennung Bayerns vom Reich. Für uns in Bayern kommt nur die erste Möglichkeit in Betracht.“

Der alte bayerisch-preußische Gegensatz bricht wieder hervor. Hitler beobachtet mit Genugtuung den Konflikt. Er befürwortet kompromisslos den Zentralismus. Für den bayerischen Partikularismus hat er nichts übrig. Aber er hofft, aus dieser Kontroverse die Konservativen, auch Kahr und Lossow, zu gewinnen. Gleichzeitig bedrängt er mit Ludendorff Kahr, er möge endlich gegen Berlin »losschlagen«. Doch nun zögert Kahr.

nische Nation durch völlige Abschließung verhungern zu lassen.“ Lossows Vorschlag eines Marsches auf Berlin ist in der Geschichtsschreibung in Vergessenheit geraten. Von Hitler indoktriniert plant er ihn generalstabsmäßig und erwägt – anders als Hitler – das Für und Wider.

Schüsse in die Decke

Auflehnung gegen das Reich und der Abfall der in Bayern stationierten Reichswehrregimenter kennzeichnen die Lage der ersten Novembertage 1923 im Freistaat. Hitlers Duzfreund Hauptmann Ernst Röhm hat seine paramilitärische Truppe der »Reichskriegsflagge« mobilisiert, und in Nordbayern steht der ehemalige Freikorpsführer Hermann Ehrhardt zum »Marsch auf Berlin« bereit. Am 6. November erklärt Generalstaatskommissar Gustav von Kahr den Führern der ultrarechten Organisationen: *„Erst wenn alles dazu bereit ist, beginnt die Tat, und den Befehl dazu gebe ich."* General Otto von Lossow versichert, er werde mit seiner Reichswehrdivision gegen Berlin ziehen, *„aber nur, wenn 51 Prozent Wahrscheinlichkeit für das Gelingen"* spreche.

Ganz Deutschland erwartet den Aufstand der »Ordnungszelle Bayern« gegen das Reich. Die Gerüchtebörse handelt General Ludendorff bereits als »Reichsdiktator«. Kahr und Lossow aber zögern.

Vermutlich um die Stimmung an der Basis zu testen, lädt Kahr für Freitag Abend, dem 8. November, dreitausend Vertreter von Wirtschaft- und Bauernverbänden, der Kirche und den gemäßigten rechten Vereinigungen in den Bürgerbräukeller ein. Bei Schweinshaxn und Ochsenfleisch spricht Kahr über die Übel des Marxismus. Sein Dozieren verbreitet gähnende Langweile, manche Zuhörer nicken ein.

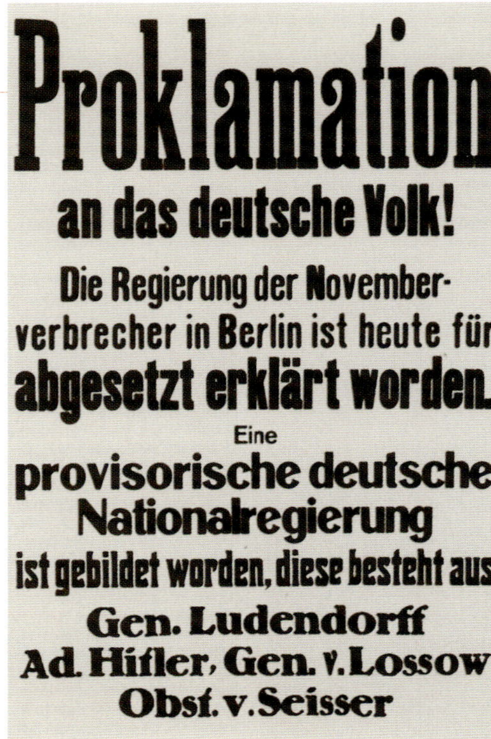

Proklamation
an das deutsche Volk!
Die Regierung der November-
verbrecher in Berlin ist heute für
abgesetzt erklärt worden.
Eine
provisorische deutsche
Nationalregierung
ist gebildet worden, diese besteht aus
Gen. Ludendorff
Ad. Hitler, Gen. v. Lossow
Obst. v. Seisser

Als Hitler von der Versammlung Kahrs erfährt, wird er nervös: Kahr könnte seinen privaten Staatsstreich inszenieren, oder den bayerischen Kronprinzen Rupprecht in einem Akt der Restauration zum König erklären, mutmaßt er. Eilig mobilisiert er SA und paramilitärische Verbände.

Während Kahr im Bankettsaal der Bräu noch referiert, fährt Hitler im rot lackierten Mercedes vor. Am Eingang der Gaststätte erwarten ihn Gefolgsleute. Unter ihnen sein enger Vertrauter Ernst (»Putzi«) Hanfstaengl (* 2. Februar 1887 in München; † 6. November 1975 ebenda). Hanfstaengl, ein vermögender Verleger, hat Hitler den Kauf des »Völkischen Beobachters« finanziert. Schwer bewaffnete SA-Männer umstellen das Gebäude, ein Maschinengewehr im Haupteingang des großen Saales zielt genau auf das Publikum. Hitler bahnt sich den Weg durch die Tischreihen. Polternd fallen Sessel und Tische um. *„Adolf Hitler, bleich, die dunkle Haarsträhne ins*

Hitlers Putsch ist schon gescheitert, als die Proklamation erscheint. Eigenartigerweise fehlt auf ihr Kahrs Name (oben). Ein Versehen des Setzers? Oder Hitlers volle Absicht? – Der Düngemittelvertreter Heinrich Himmler (links mit der Reichskriegsflagge) steigt unter Hitler zum mächtigsten Mann im Dritten Reich auf.

Gesicht hereinhängend, rechts und links von ihm ein Sturmtruppler mit roter Armbinde, Pistolen in den erhobenen Händen ...", berichtet der Augenzeuge Karl Alexander von Müller. Hitler stieg *„auf einen Stuhl und gab dem Begleiter zu seiner Rechten ein Zeichen. Ein Schuss krachte, man sah das Loch, das die Kugel in die Saaldecke riss. ‚Die deutsche Revolution ist ausgebrochen!' rief Hitler in die Stille. ‚Der Saal ist umstellt!'"*

„Ihr Bier haben Sie ja!"

Dann geht er zu Kahr, Lossow und dem Chef der bayerischen Landespolizei Oberst Hans von Seisser, die wie versteinert am Rednerpult stehen, und fordert sie auf, ihm ins Nebenzimmer zu folgen. In die neue bayerische Regierung, die er bilden wird, erklärt Hitler, würden sie aufgenommen werden, sofern sie ihn jetzt unterstützen. Eine halbe Stunde redet Hitler auf sie ein. Hitlers Gefolgsmann, Hermann Göring beruhigt einstweilen die Gäste im Saal: Niemandem wird ein Haar gekrümmt werden, aber man müsse in dieser Geburtsstunde eines neuen Deutschlands Geduld haben. *„Nebenbei meine Damen und Herren, ihr Bier haben sie ja."* Erlösende Worte, die von der Menge mit dem Absingen des Deutschlandliedes bedankt werden. Zurück im Saal, stellt Hitler die Ruhe durch einen weiteren Schuss in die Decke wieder her. Dann erklärt er sein Vorhaben: Er wolle eine neue bayerische Regierung bilden, General Ludendorff an die Spitze setzen, die Kräfte aller deutschen Länder sammeln und gegen das verkommene *„Sündenbabel"* Berlin marschieren.

Die bisher ablehnende Haltung der Gäste kehrt sichmit einem Mal um, *„wie man einen Handschuh umdreht"*, erzählt Augenzeuge Müller. Begeisterung schlägt Hitler entgegen. Doch Kahr, Lossow, Seißer schwenken erst zu Hitler, als General Ludendorff und Ex-Polizeipräsident Pöhner ostentativ an dessen Seite terten.

Auf der Straße zertrümmern einstweilen SA-Leute das Eigentum unliebsamer Mitbürger. Das Verlagsgebäude der sozialdemokratischen »Münchner Post«, die Wohnung ihres Herausgebers Erhard Auer werden erbarmungslos verwüstet, politisch Andersdenkende und Juden verprügelt, in Kellerräumen festgehalten und mit dem Erschießen bedroht. Göring verhindert die Liquidation Gefangener: *„Das Recht zum Erschießen haben wir noch nicht!"* sagt er.

Um Mitternacht widerruft das »Triumvirat« Kahr, Lossow und Seißer die mit Handschlag besiegelte Zusage, den Putsch zu unterstützen. Jetzt verbieten sie die NSDAP und die SA und verurteilen den versuchten Putsch.

Da Röhms Einheiten Kasernen und andere Schaltzentralen der Macht nicht in ihre Gewalt bringen, ist Hitlers Putsch gescheitert.

Die Vision von einer glanzvoll paradierenden Truppe, die Hitler am Morgen des 9. November 1923 hat, löst sich im nasskalten Schneeregen, der tagsüber auf München niedergeht, zu einem Zug übermüdeter, frierender und verkaterter Marschierer auf (oben).

Marsch ins Desaster

Hitler befallen schwere Depressionen. Ludendorff hingegen sieht noch Möglichkeiten, die Putschaktion zu retten. In den frühen Morgenstunden des 9. November 1923 muntert er Hitler auf: *„Wir marschieren!“* Augenblicklich schlägt Hitlers Fatalismus um. Sein Wunschdenken gaukelt ihm eine glanzvolle Parade strammer Formationen vor, der sich die Münchner jubelnd anschließen.

Von diesem Gedanken beflügelt, trommelt er seine Gefolgsleute zusammen. Viele harren noch immer in den Gaststätten aus. Gegen Mittag, als sich vor dem Bürgerbräukeller etwa 2000 Mann zum Demonstrationsmarsch einfinden, fällt feuchtkalter Schneeregen. Die von der Bier geschwängerten Nacht Übermüdeten fühlen sich so, wie sie aussehen und ein Augenzeuge sie schildert: *„ein geschlagenes Heer, das sich nicht geschlagen hatte.“* Einer der Teilnehmer fällt durch gepflegtes Aussehen auf: Theodor von der Pfordten, er ist Rat am Obersten Landesgericht München.

An der Spitze der Kolonne, die sich die Rosenheimerstraße abwärts, Richtung Isar bewegt, marschieren Hitler, Ludendorff, Göring, Hitlers Leibwächter Ulrich Graf, der Militärchef des Kampfbundes Hermann Kriebel, der Führer des Bundes Oberland Friedrich Weber und andere. In graugrünen Uniformen, den Karabiner umgehängt, Handgranaten im Gürtel, wirken sie martialisch. Nur Ludendorff, Hitler und Julius Streicher tragen Zivilkleidung. Streicher hat am Vormittag auf dem Marienplatz wieder Gift und Galle gegen die Juden versprüht. Dicht an dicht waren die Menschen gestanden, zwischen ihnen eingekeilt Musikanten, Obstverkäufer und die Trambahn. Streicher, einer der radikalsten Antisemiten der NSDAP, Organisator von Pogromen und Boykotten gegen Juden, hetzte gegen die jüdischen Profitmacher, die *„an den Laternenpfählen aufgehängt werden sollten“*. Nun marschiert er im zweiten Glied, von bewaffneten SA-Männern umgeben, die das Gewehr lässig über die Schulter gehängt haben. Einigen Schusswaffen fehlt die Zündnadel, sie sind zum Schießen unbrauchbar. Hitler wollte, dass die Waffen nicht geladen werden. Manche Marschierer halten sich nicht an das Verbot.

Marsch ins Chaos

Auf der Ludwigsbrücke stellen sich den Anmarschierenden Polizeieinheiten entgegen. Ein Angriffskeil sprengt die Sperre. Gefangene Polizisten werden beschimpft und bespuckt und in der Bürgerbräu gefangen gesetzt. Die Putschisten geraten in Hochstimmung. Über das Tal erreichen sie den Marienplatz. Immer mehr Leute säumen die Straße. Vom Rathaus weht eine Hakenkreuzfahne. SA-Männer haben sie aufgezogen, und anschließend den sozialdemokratischen Oberbürgermeister Eduard Schmidt und mehrere Stadträte festgenommen.

Die Szenerie nimmt Volksfestcharakter an. Manche meinen, man feiere schon den Umsturz. Ludendorff jedoch befiehlt den Weitermarsch. Röhm wartet mit seinen Leuten, von Polizeikräften eingeschlossen, im Gebäude des Wehrkreiskommandos an der

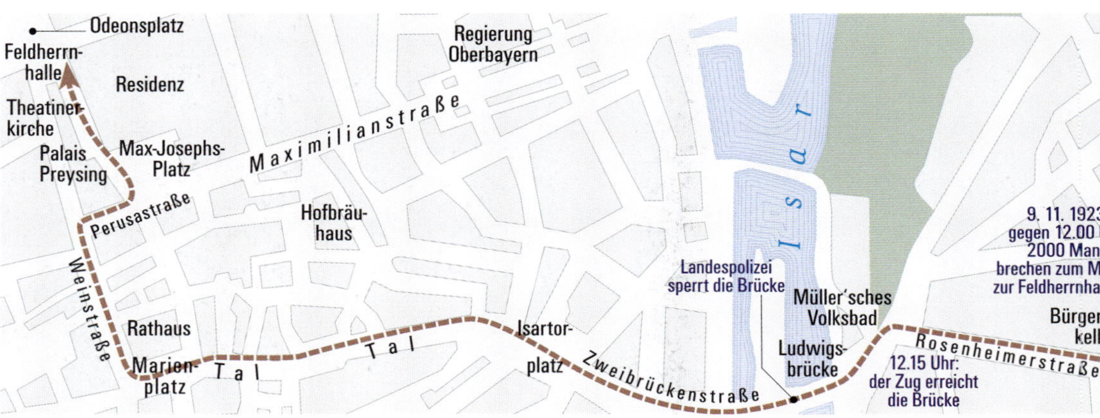

Die Marschroute der NS-Putschisten vom Bürgerbräukeller zur Feldherrenhalle (oben).

Schönfeldstraße. Zwei enge Straßen führen über Odeonsplatz und Feldherrnhalle dorthin.

Ludendorff wählt die breitere Theatinerstraße. Doch ihr Ende versperrt die Landespolizei. Ludendorff biegt nach rechts in die Perusastraße, und dann nach links in die Residenzstraße, an deren Ende zur Linken die Feldherrnhalle steht, eine von LUDWIG I. zu Ehren bayerischer Generäle erbaute Ruhmesstätte. Auch hier versperren Landespolizisten den Putschisten den Weitermarsch.

Ludendorff verlangsamt den Schritt, Hitler folgt, den Arm bei seinem außenpolitischen Berater MAX ERWIN VON SCHEUBNER-RICHTER untergehakt. Ihnen und den Nachdrängenden gelingt der Durchbruch des ersten Polizeiriegel. Dann fällt ein Schuss, ein Polizeiwachtmeister stürzt in den Kopf getroffen zu Boden. Nun feuern beide Seiten.

Im Kugelhagel der Polizei fallen die Putschisten. Sie schießen zurück, manche haben intakte Waffen, Panik bricht aus, die Menschen fliehen nach allen Richtungen. Göring trifft eine Kugel in die Leisten. Er kriecht zum Eingangstor der Residenz, bricht zusammen. Ein Gefolgsmann schleppt ihn zu einem Wohnhaus. Hier leistet die Frau eines jüdischen Möbelhändlers erste Hilfe. Nach dem Kampf gelingt es Göring, nach Tirol zu fliehen und dort seine Verletzung zu kurieren. Die Schmerzen stillen die Ärzte mit Morphium, von ihm kommt Göring nicht mehr los, er wird süchtig.

Hitler durch den Krieg geübt, wirft sich schon beim ersten Schuss zu Boden, prallt mit Wucht auf und kegelt sich die Schulter aus. Immer noch untergehakt, liegt neben ihm Scheubner-Richter. Eine Kugel hat ihm die Lunge durchschlagen. Auf Hitler liegt sein Leibwächter. Elf Kugeln hat sein Körper aufgefangen. Hitler rafft sich auf, robbt in eine Seitengasse, wo ihn der SA-Arzt SCHULTZE in sein Auto lädt.

Auch Ludendorff lässt sich am Beginn des Schusswechsels zu Boden fallen. Doch dann geht er geradewegs auf die Frontlinie der Polizisten zu und quer über den Odeonsplatz. Hinter ihm liegt ein Schlachtfeld mit Toten und um Hilfe rufenden Verwundeten, Ludendorff ist unverletzt. Ein Polizeileutnant grüßt ihn militärisch und führt ihn ab.

Am so genannten Kahrfreitag verlieren die Putschisten dreizehn Mann. Ein vierzehntes Opfer, der Kellner KARL KULM, stirbt am nächsten Tag. Der am Putsch unbeteiligte Kulm wird auf dem Heimweg von der Arbeit in den Kopf getroffen. Von Röhms Truppe fallen zwei Mann. Auf der Seite der Exekutive verlieren vier Polizisten ihr Leben.

Am nächsten Tag gibt Generalstaatskommissar GUSTAV VON KAHR bekannt, dass der Nazispuk vorbei sei. Die »New York Times« schreibt: *„Der Münchner Putsch markiert das sichere Ende für Hitler und seine nationalsozialistischen Anhänger."*

Hitler flieht ins Haus seines Gönners HANFSTAENGL in Uffing am Staffelsee. Am 11. November folgt die bayerische Polizei dem Tipp eines Gärtners aus der Nachbarschaft und nimmt Hitler fest.

Zehn Jahre später werden die Toten in Ehrentempel auf dem Königsplatz umgebettet und zu Märtyrern der Bewegung hochstilisiert. Der Polizisten, die einen Anschlag auf die Republik abwehren und ihr Leben geben, gedenkt niemand.

München am 9. November 1923, Vormittag. Eine gewaltige Menschenmenge legt in Erwartung eines Putsches auf dem Marienplatz unweit der Feldherrnhalle den Verkehr lahm (oben). Julius Streicher hält am Fuße der Mariensäule eine antisemitische Hetzrede. Gegen 13.00 Uhr treffen die Putschisten ein.

„Urteil ein Aprilscherz“

Unter den Toten ist auch der Jurist von der Pfordten. In seiner Jackentasche findet die Polizei ein Blut verschmiertes Manuskript. Am nächsten Tag bringt die »Bayerische Staatszeitung« einen Nachruf auf von der Pfordten, der *„ein echter deutscher Mann, voll glühender Liebe zum Vaterland“* gewesen sei. Das entzifferte Manuskript enthält den Entwurf einer »Notverfassung«, die nach dem gelungenen Putsch in Kraft treten sollte. Es sieht die Aufhebung der Weimarer Verfassung, den Übergang der Staatsgewalt auf *„Reichsverweser“* und die Auflösung der Länderparlamente vor. Es fordert eine Dienstenthebung aller jüdischen Beamten, die Einweisung aller in Deutschland *„aufhältlichen Juden“* in Sammellager, die Beschlagnahme ihrer Vermögen und droht, jeden, der mit den Inhaftierten in Kontakt tritt, mit dem Tode zu bestrafen. Die Todesstrafe gilt auch für jene, die sich der *„Überführung“* entziehen. Die Schrift deckt das weite Vordringen des Antisemitismus in höchste staatliche Organe, sogar der Justiz, auf.

In der Auseinandersetzung der beiden konkurrierenden gesellschaftspolitischenStrömungen des bürgerlich-konservativen und des revolutionär-völkischen Nationalismus behaupten sich die konservativen Kräfte, die in der Reichswehr und in der Polizei eine Stütze finden.

Rechtzeitig haben sich die Männer des »Triumvirats« Kahr, Seisser und Lossow auf die republikanische Seite geschlagen. Mehr noch, sie befreiten die Berliner Zentralregierung vom Druck gegen Bayern gewaltsam vorgehen zu müssen. Nun muss die bayerische Rechtsprechung mit der Hitlerbewegung fertig werden.

Nach Monate langen Voruntersuchungen tritt am 26. Februar 1924 – genau vier Jahre nach der ersten Großveranstaltung der NSDAP im Hofbräuhaus – ein Sondergericht im so genannten Hitler-Ludendorff-Prozess zusammen. Die Anklage lautet auf Hochverrat. Zwischen Verhaftung und Prozessbeginn bezieht Hitler die Zelle Nummer 7 der Festung Landsberg. Sein Vorgänger, Graf Arco, der Mörder Kurt Eisners, muss deshalb in ein anderes Quartier umziehen. Die Anklageerhebung in München ist ein Rechtsbruch, denn für Hochverratsfälle ist der eigens eingerichtete Republikschutz-Senat am Reichsgericht Leipzig zuständig. Die Regierung Knilling anerkennt das Reichsgericht aus mehreren Gründen nicht. Erstens, um das bayerische Hoheitsrecht zu wahren, und zweitens, um die Aufdeckung der Verstrickung des »Triumvirats«, vor allem Kahrs, mit dem Hitler-Putsch zu verhindern. Sicher auch, um den Angeklagten ein mildes Urteil zukommen zu lassen. Schon im Arco-Prozess hat der Vorsitzende der Schwurgerichtskammer, Georg Neithardt seine wohlwollende, rechte Gesinnung gezeigt. Im Hitler-Ludendorff-Prozess bekundet er sie wieder. Er schränkt den Spielraum der Staatsanwaltschaft auf eine Mindestmaß ein, und gewährt der Verteidigung jede Freiheit. Hitler verteidigt sich selbst und nutzt den ihm gebotenen Spielraum, um Kahr in die Enge zu treiben. Der britische Konsul, der Kahr im Zeugenstand beobachtet, bezeichnet dessen Auftritt als gradezu jämmerlich.

Ovationen für Hitler

Im Prozess lässt Ludendorff seiner Abneigung zu Hitler freien Lauf. Er schiebt dem »ausländischen Agitator« alle Schuld zu und bedauert ihm ein zu großes Vertrauen entgegengebracht zu haben. Der Sympathie, die Hitler in der Bevölkerung genießt, tut dies keinen Abbruch. Das Publikum im stets vollbesetzten Gerichtssaal spendet ihm Szenenapplaus. und im Hofbräuhaus unterhält Weiss Ferdl mit Gstanzeln die Gäste: *„Deutsche Männer stehen heute/ vor den Schranken des Gerichts/Mutig sie die Tat bekennen, zu verschwiegen gibt's da nichts!/Sagt, was haben die verbrochen?/Soll es sein gar eine Schand/Wenn aus Schmach und Not will retten/Man sein deutsches Vaterland?“*

Am 1. April 1924 erfolgt die Urteilsverkündung. Ludendorff wird aufgrund seines fortgeschrittenen Alters freigesprochen – was er als Beleidigung empfindet. Hitler wird zu fünf Jahren Festungshaft auf Burg Landsberg verurteilt. *„München lacht sich ... ins Fäustchen, es wird als ausgezeichneter Aprilscherz gewertet“*, schreibt die Londoner »Times«.

Schon während des Prozesses zeigen die Laienrichter national-konservative Sympathien für die Angeklagten, vor allem für Hitler. Die rhetorischen Fähigkeiten des Angeklagten beeindruckt sie. Als ihm die Richter Tapferkeit, ehrliches Streben, reinen

Die Haft auf Landsberg gleicht einem Landaufenthalt mit Freunden. Hier diktiert Hitler seine programmatische Schrift »Mein Kampf« Rudolf Hess (zweiter von rechts) in die Schreibmaschine. Hess wird 1932 Hitlers Stellvertreter. Zweiter von links Emil Maurice, in der Mitte Hermann Kriebel, ganz rechts Friedrich Weber.

vaterländischen Geist und *„Selbstaufopferung für die Idee, die ihn beseelte"* bescheinigen, ernten sie von den Gerichtssaalkiebitzen kräftigen Applaus.

Eine Ausweisung Hitler verwirft der Vorsitzende aus: *„Hitler ist Deutschösterreicher. Er betrachtet sich als Deutscher. Auf einen Mann, der so deutsch denkt und fühlt wie Hitler, der freiwillig viereinhalb Jahre lang im deutschen Heer Kriegsdienste geleistet, der sich durch hervorragende Tapferkeit vor dem Feind hohe Kriegsauszeichnungen erworben hat, verwundet und sonst an der Gesundheit beschädigt und vom Militär in die Kontrolle des Bezirkskommandos München I entlassen worden ist, kann nach Auffassung des Gerichtes die Vorschrift des § 9 Absatzes II des Republikschutzgesetzes ihrem Sinn und ihrer Zweckbestimmung nach keine Anwendung finden."*

Hitler tritt eine Strafe an, die eher einem Umzug in ein komfortables Hotel gleicht: Die Fenster des bequem eingerichteten großen Zimmers im ersten Stock bieten einen prächtigen Ausblick auf die schöne Landschaft Oberbayerns. Anhänger und Gönner überhäufen ihn mit Geschenke und Blumen. Gattinnen von Industriellen, die ihn schon in der »Kampfzeit« umschwärmten, bewunderten, zum Teil finanziell unterstützten und ihm den Zugang zur feinen Gesellschaft Münchens verschafften, vergessen ihn nicht, und besuchen ihn auch in der Haft. Unter ihnen Helene Bechstein, Frau des Klavierfabrikanten Carl Bechstein, die Hitler, als sie ihn kennen lernte, adoptieren wollte. Oder Elsa Bruckmann, geborene rumänische Prinzessin Cantacuzene, die mit dem namhaften Kunstverleger Hugo Bruckmann verheiratet ist.

Auf Landsberg bleibt Hitler Zeit zum Nachdenken. Er kommt zum Schluss, dass ein Versuch, gegen den Widerstand der Streitkräfte die Macht zu ergreifen, zum Scheitern verurteilt ist. Er beschließt, auf legalem Weg die Spitze des Staates zu erklimmen. Seine programmatischen Gedanken bringt er zu Papier. Die Schrift unter dem Titel »Mein Kampf«, im Dritten Reich jedem Deutschen als Pflichtlektüre aufgenötigt, enthält Hitlers politische Zukunftsvisionen. In Deutschland wird sie kaum gelesen, noch weniger Ernst genommen, sonst hätte die Gesellschaft alarmiert reagieren müssen.

Trotz der Hymnen, die über Hitler während seiner Haftzeit verbreitet werden, stürzt die Partei ohne ihn ab. Bei den Reichstagswahlen am 4. Mai 1924 erhält die Völkische Liste, die anstelle der reichsweit verbotenen NSDAP kandidiert, 1,9 Millionen Stimmen, am 7. Dezember nur noch 0,9 Millionen.

Die allmähliche politische und wirtschaftliche Stabilisierung der Republik nimmt der Hitler-Bewegung den Wind aus den Segeln. Sie scheint ihrem Ende entgegen zu gehen.

Ein schwieriges Jahr

In der Rückschau ist 1923 für die junge Weimarer Republik das schwierigste Jahr seit ihrem Bestehen. Am 11. Januar haben Frankreich und Belgien das Ruhrgebiet als »produktives Pfand«, wegen eines vergleichsweise geringfügigen Rückstands in den Reparationszahlungen, militärisch besetzt. Auf die wirtschaftliche Geiselnahme reagiert die Reichsregierung mit einem Aufruf zum passiven Widerstand. Die Reparationsleistungen werden mit Zustimmung der Parteien – auch der KPD – eingestellt, nur Hitler lehnt die Politik des passiven Widerstands ab, da sie, nutzlos und ohne Rückwirkung auf die französische Außenpolitik, nur exorbitante Kosten verursache. Der Finanzbedarf des Reichs steigt tatsächlich sprunghaft und ist im April 1923 nur noch zu einem Siebtel der Staatseinnahmen gedeckt, den Rest bringt die Notenpresse auf, die Mark stürzt in ungeahnte Tiefen. Die zweifellos verfehlte Politik des parteilosen Reichskanzlers Wilhelm Cuno nutzt Hitler demagogisch zur Vertiefung der Kluft zwischen Weimarer Regierung und nationalvölkischer Bewegungen.

Die Ruhrbesetzung und die katastrophale Wirtschaftslage bewirken eine innenpolitische Krise, die auf einen Bürgerkrieg hinsteuert und das Reich vor die Zerreißprobe stellt. Im Herbst 1923 erreicht die Krise ihren Höhepunkt. Die »Schwarze Reichswehr«, eine illegale paramilitärische Formation, die von der legalen Reichswehr gefördert und teilweise finanziert wird, unternimmt am 1. Oktober in Küstrin und Spandau einen Putschversuch und muss niedergeschlagen werden. Im Rheinland rufen von Frankreich unterstützte Separatisten am 21. Oktober die Rheinische Republik aus. Am 23. Oktober proben in Hamburg Kommunisten den Aufstand. Am 29. Oktober unterbindet auf Weisung der Reichsregierung die Reichswehr einen kommunistischen Umsturzversuch in Sachsen. Am 8./9. November putscht der Führer der NSDAP, Adolf Hitler, gemeinsam mit dem Weltkriegsgeneral Erich Ludendorff in München. Am 12. November proklamieren Separatisten in Speyer die Pfälzische Republik. In dieser für Deutschland prekären Lage verlässt die SPD am 3. November auf Druck ihres radikalen Flügels die große Koalition. Am 23. November lehnt die Reichstagsmehrheit die Vertrauensfrage der Regierungsparteien ab, damit ist das Kabinett Gustav Stresemann (DVP) gestürzt. Gustav Stresemanns Nachfolger ist der Jurist und Zentrumspolitiker Wilhelm Marx.

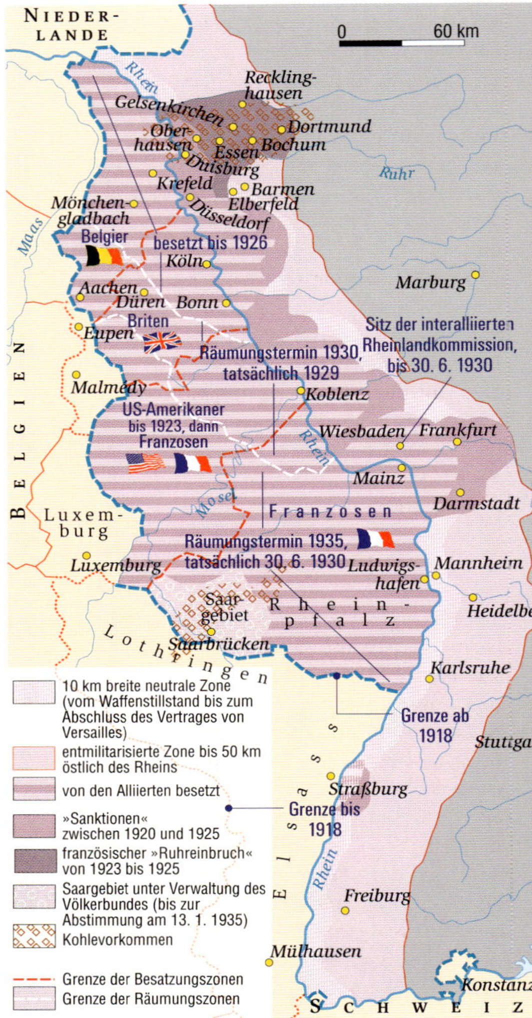

Zu Jahresende 1923 kehrt langsam wieder Beruhigung in Politik und Gesellschaft ein. Separatistische Tendenzen und Putschversuche sind bereinigt, die Reparationsfrage bearbeiten zwei internationale Sachverständigenkomitees unter Beteiligung der USA, die der Finanzpolitiker Charles Gates Dawes vertritt. Während die Galionsfigur der gefährlichs-

Rheinlandbesetzung (oben): Als Sicherheit für die Ausführung des Versailler Vertrags bleibt das linke Rheinufer in drei Zonen (Köln, Aachen-Koblenz, Trier-Pfalz-Mainz) auf 5, 10 und 15 Jahre besetzt. Zudem muss das Rheinland entmilitarisiert werden.

ten rechtsradikalen Bewegung, der NSDAP, Adolf Hitler, hinter Gittern sitzt, harrt auf Reichsebene das Problem der galoppierenden Inflation noch der Lösung. Die Regierung Wilhelm Marx wird sich beweisen müssen. Ein erster Ansatz, die Hyperinflation zu stoppen, erfolgt am 15. Oktober durch die Errichtung der »Deutschen Rentenbank«. Sie bildet die Grundlage für die Währungsreform vom 16. November 1923.

Eine Beruhigung der Wirtschaftssituation wirkt sich auf die Gesellschaft im ganzen Reich aus. Bayern kämpft seit November 1923 allerdings auch mit dem Problem separatistischer Bewegungen im eigenen Land, in der Rhein-Pfalz. Eigentlich verwundernswert, sehen sie doch das leuchtende Beispiel des bayerischen Kernlandes, das seine Reichszugehörigkeit gewiss nicht zimperlich interpretiert und oft genug in Frage stellt.

Los von Bayern

Die pfälzischen Abtrünnigen warten relativ lange, bevor sie sich in der Öffentlichkeit zeigen. Denn schon im Herbst 1918 gründet der Chemiker Eberhard Haass in Landau, unter dem Schutz des französischen Generals Gérard, den »Bund Freie Pfalz«. Im Mai 1919 bedrängt Haaß den pfälzischen Regierungspräsidenten Theodor von Winterstein, an die Spitze der separatistischen Bewegung zu treten. Seine Weigerung nehmen die französischen Besatzungsbehörden krumm: Sie weisen Winterstein aus. Haaß proklamiert ungeachtet dessen am 1. Juni 1919 die »Pfälzische Republik« und versucht, allerdings vergeblich, das Regierungspräsidium in Speyer zu besetzen. Just am selben Tag findet eine von den Besatzungsbehörden genehmigte Demonstration für den Verbleib bei Bayern statt. Über 10 000 Menschen bekunden ihre Loyalität zum Mutterland. Durch die Abberufung General Gérards am 20. Oktober 1919 verliert Haaß den Rückhalt, und der »Bund Freie Pfalz« löst sich auf.

Die französische Besetzung des Ruhrgebiets nach der zweiten Londoner Konferenz (1921), und die dadurch für das Deutsche Reich entstandenen großen wirtschaftlichen Probleme – insbesondere die Inflation –, stehen am Anfang der zweiten Phase des pfälzischen Separatismus.

Rentenmark gegen Hyperinflation

Die Rentenmark soll als Übergangswährung die Hyperinflation von 1923 stoppen.

Am 15. Oktober 1923 wird die Errichtung der »Deutschen Rentenbank« angeordnet. Sie gibt ab dem 16. November 1923 Bargeld in kleinen Scheinen und Münzen aus. Der Wechselkurs zur Papiermark ist mit 1:1 Billion festgesetzt, zu einem Zeitpunkt (im November 1923), als der Devisenkurs 4,2 Billionen Papiermark = 1 US-$ ausmacht, und der Goldmarkparität zum Golddollar vor dem Krieg entspricht. Die Rentenmark ist wieder durch den Gegenwert gedeckt, aus Rentenpapieren über Sachwerte von 3,2 Milliarden Goldmark, die Hypotheken auf Immobilien der Landwirtschaft, Industrie und Gewerbe absichern.

Die Deckung der Rentenmark ist rein fiktiv und wäre illusorisch, würde das Volk die Währung nicht annehmen. Das System ist ein Bluff, denn es scheint durch riesige Sachwerte gedeckt zu sein. Die nunmehr wieder normal kleinen Zahlenwerte vermitteln zudem den Eindruck der Wertbeständigkeit. Das Volk, der ungeheuren Banknotenmengen überdrüssig, die für kleinste Käufe mitgeführt werden müssen, akzeptiert die neue Währung. Der Finanzexperte Hjalmar Schacht, der dieses System ausknobelte, hat das Verhalten der Konsumenten ins Kalkül gezogen.

Obwohl die Rentenmark (RM) kein gesetzliches Zahlungsmittel ist, d.h. kein Zwang zur Annahme besteht, kommen die offiziellen Banknoten bald ab, die Inflation wird schlagartig gestoppt. Das »Wunder der Rentenmark« tritt ein.

An die Stelle der RM tritt am 30. August das neue gesetzliche Zahlungsmittel, die Reichsmark, mit einem Wechselkurs von 1:1. Die Rentenbank besteht fort und die ausgegebene Rentenmark bleibt im Umlauf. Die letzten Rentenmarkscheine zu 1- und 2-Rentenmark sind mit 30. Januar 1937 datiert, werden am 05. September 1939 ausgegeben und verlieren ihre Gültigkeit erst 1948.

Vor der Rentenmark sollte die durch Getreide gedeckte »Roggenmark« die Inflation beenden. Der Gedanke wird nicht weiter verfolgt.

Rechtsruck in Bayern

Der Putsch HITLERS im Bürgerbräukeller und der Staatsstreichversuch LUDENDORFFS legen schlagartig die latenten Spannungen zwischen zwei großen politisch rechts orientierten Gruppen offen. Zur einen gehören die Bayerische Volkspartei (BVP), die auf dem Boden der Verfassung das föderale Prinzip vertritt, und die monarchistisch-katholisch-föderalistischen Kräfte, die dem Verfassungsprinzip nicht unbedingt anhängen. Diese Gruppe vertreten KAHR, LOSSOW und der Chef der bayerischen Landespolizei, HANS RITTER VON SEISSER, das »Triumvirat« genannt, sowie der im Hintergrund agierende Ministerpräsident KNILLING. In der anderen Gruppe finden Anhänger alldeutsch-militanter Strömungen, mit ihrer Galionsfigur Ludendorff, und völkisch-national-revolutionäre Kreise, durch HITLER versinnbildlicht, zusammen. Hitlers Putschversuch im Bürgerbräukeller vereint kurz beide Gruppen. Dann geht das »Triumvirat« mit dem im Hintergrund verharrenden Knilling auf Distanz. Nicht, weil sie Hitlers Bluff durchschauen, der die »nationale Revolution« verkündet, sondern weil sie merken, von ihm vereinnahmt zu werden. Sein Angebot, in seiner neuen Regierung einen *„Posten"* zu erhalten, läuft ihren Absichten, selbst die Macht zu ergreifen, entgegen. Ihre Abkehr von Hitler erfolgt noch in der Nacht vom 8. auf den 9. November.

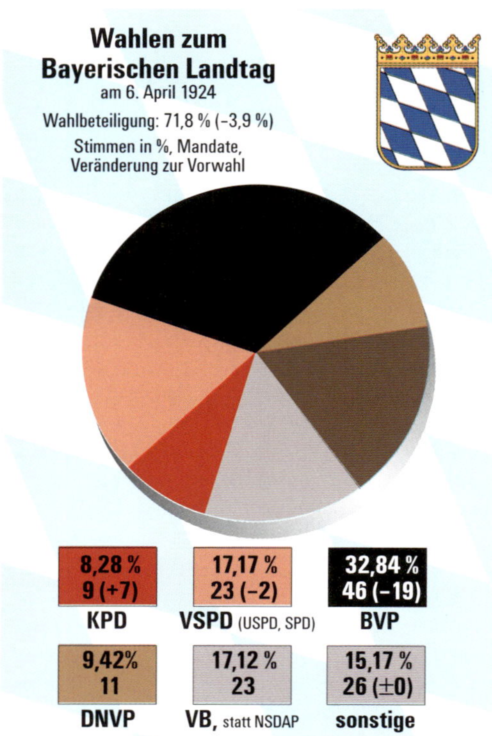

Auch das Bündnis Ludendorff-Hitler hält nicht. Ludendorff, auf die militanten Kader Hitlers angewiesen, reißt ihn, der den Umsturzversuch schon aufgegeben hat, am Morgen des 9. November durch die Worte *„Wir marschieren!"* noch mit sich.

Die Spannungen lösen sich

Im Prozess schiebt Verschwörer Ludendorff alle Schuld Hitler zu: Er selbst, verteidigt sich Ludendorff, habe sich an dem Putsch nur beteiligt, weil ihm Hitler weisgemacht habe, die Reichswehr werde auf der Seite der Putschisten stehen.

Putsch, Staatsstreich und Hochverratsprozess lösen alte Spannungen scheinbar Gleichgesinnter auf und ziehen schärfere Trennungslinien.

Kahr und Knilling holt die politische Konsequenz ein. Der Generalstaatskommissar Kahr – »bestgehasster Mann in Bayern« – tritt am 17./18. Februar 1924

Heinrich Held (oben) studiert Rechts- und Staatswissenschaften sowie Geschichte in Straßburg, Marburg an der Lahn und Heidelberg. 1899 wird er Chefredakteur des »Regensburger Morgenblattes« und 1900 Chefredakteur des »Regensburger Anzeigers«, gründet mit anderen 1918 die BVP. – Landtagswahlen 1924

zurück, Ministerpräsident Knilling am 5. Mai. Mit ihnen geht die »Ordnungszelle Bayern«, die reichlich Unordnung verursachte, zu Ende. Die aufgewühlten nationalen Emotionen bleiben.

Die Landtagswahl vom 6. April, fünf Tage nach der Urteilsverkündung, die Hitler (und Ludendorff) „höchst ehrenvolle nationale Motive" gerichtlich bescheinigt, bringt den erwarteten Rechtsruck. Der »Völkische Block«, der anstatt der verbotenen NSDAP antritt, liegt mit 17,1 % der Stimmen gleich auf mit der SPD (17,2 %). Die anderen Parteien verlieren oder versinken in Bedeutungslosigkeit, so die linksliberale DDP. In München ist der Völkische Block die Nummer eins (34,9 %).

In der Vergangenheit hat sich die Ernennung von Beamten zu Ministerpräsidenten als wenig erfolgreich erwiesen. Nun soll wieder ein Politiker das Amt besetzen, der BPV-Vorsitzende Heinrich Held. Er ist nach Abel und Hertling der dritte bayerische Ministerpräsident, der aus Hessen kommt.

Heinrich Held (* 6. Juni 1868 in Bad Camberg-Erbach, Taunus; † 4. August 1938 in Regensburg) erfreut sich bei der Wahl zum Ministerpräsidenten der breiten Zustimmung parlamentarischer Parteien. BVP, Deutschnationale Volkspartei (DNVP), Deutsche Volkspartei (DVP) und Bauernbund heben ihn im Juli 1924 auf den Ministerpräsidentenstuhl. Die deutliche Abgrenzung der BVP nach links und rechts erleichtert ihm die Regierungsbildung nicht. Zum Hindernis wird auch ein Programmpunkt, den er in seiner Amtszeit erfüllt sehen möchte: Der Abschluss eines Konkordats mit dem Vatikan. Vorgänger Knilling setzt den ersten Schritt und unterzeichnet das Konkordat mit dem päpstlichen Nuntius in München, Eugenio Pacelli, am 29. März 1924. Der Landtag nimmt es am 15. Januar 1925 mit 73 gegen 52 Stimmen der SPD, KPD und des VB an. Der Vertrag, der am 24. Januar 1925 in Kraft tritt, bildet noch heute die Grundlage der Beziehung Bayerns zur katholischen Kirche.

Das sechzehn Artikel umfassende Werk unterstreicht den christlichen Charakter des Freistaates und sichert die Bekenntnisschule und das Pflichtfach Religion im Rahmen des allgemeinen Schulunterrichts. Das 1817 getroffene Reglement der Ernennung der Bischöfe durch das Staatsoberhaupt ist gestrichen. Dem Ministerpräsidenten bleibt jedoch das Recht, gegen Bischofskandidaten politische Bedenken zu erheben.

Auch der beiden protestantischen Kirchen wird gedacht. Die den katholischen Verträgen ähnlichen Abkommen sind am 15. November 1924 zur Unterzeichnung bereit. Held hat sich in den Kirchen einen kräftigen Rückhalt geschaffen.

(links unten). – Austausch der Ratifikationsurkunden des bayerischen Konkordats 1925 (oben). In der Mitte Nuntius Eugenio Pacelli (2. März 1876 in Rom, † 9. Oktober 1958 in Castel Gandolfo, als Papst Pius XII. von 1939 bis 1958.). Rechts von ihm Ministerpräsident Heinrich Held.*

GESPALTENE GESELLSCHAFT

Die Rückkehr aus der Haft in den politischen Alltag stellt HITLER vor den Trümmerhaufen seiner Partei. Zu ihrem Aufbau greift er zur bewährten Methode des Appells an die Einheit der Partei und der Beschwörung, dass nur die Nationalsozialisten mit dem Marxismus und dem *„geistigen Träger dieser Weltpest und Seuche, den Juden"* fertig werden könnten.

Die Hasstiraden Hitlers lässt die bayerische Obrigkeit diesmal nicht mehr zu. Sie legt Hitler am 9. März 1925 ein Redeverbot für Bayern auf. Preußen, Sachsen und Baden folgen dem Beispiel.

Das Verbot trifft Hitler in seiner schwächsten Phase: eine zerstrittene Gefolgschaft und Wähler, die sich verlieren, sowie Ebbe in der Parteikasse. Den Rat seiner Mitarbeiter, den Hauptsitz der NSDAP aus München zu verlegen, weist er dennoch zurück. Im sächsischen Plauen begründet er dies: *„Rom, Mekka, Moskau! Jeder der drei Orte verkörpert eine Weltanschauung…"*. München *„… muss das Moskau unserer Bewegung werden!"* Vorerst wird es ein Prüfstein der Bewegung.

SA-Führer ERNST RÖHM wendet sich von Hitler ab und geht 1928 als Militärberater nach Bolivien. Der ehemalige Freikorpsführer Ehrhardt geht zu Hitler auf Distanz und verbreitet Misstrauen: *„Vergesst nicht, dass der Mann Österreicher ist!"* Der spätere Propagandaminister JOSEPH GOEBBELS, Geschäftsführer des Gaues Rheinland-Nord in Eberfeld, zieht insgeheim die Fäden für ein »Los von München«. Eberfeld solle nach seinem Willen das Zentrum der neuen Bewegung werden. GREGOR STRASSER, ein Apotheker aus Deggendorf in Niederbayern, am linken Flügel der Partei angesiedelt, unterstützt ihn dabei. Im Umfeld der faulen, engstirnigen Münchner, diesen beschränkten Bürokraten, könne eine fortschrittliche Partei nicht gedeihen, wettert Strasser. Goebbels überlegt sogar, den *„kleinen Bourgois Adolf Hitler"* aus der Partei auszuschließen.

Von der Verschwörung erfährt Hitler. Auf einer eilig einberufenen Tagung in Bamberg lässt er vor den versammelten Gauführern keinen Zweifel aufkommen: München bleibe das Zentrum des Nationalsozialismus, und am Programm lasse er nicht rütteln: Es ist *„die Gründungsurkunde unserer Religion, unserer Weltanschauung."*

In der Zwischenzeit vollzieht THOMAS MANN eine erstaunlichen Schwenk. Ihn überkommt plötzlich die Erkenntnis, dass München, die einstige »Hauptstadt der Kunst«, in Provinzialismus und Rüpelhaftigkeit verkommt. 1922 ruft er zur Verteidigung der deutschen Demokratie auf. Sein Bruder, HEINRICH, der sich der linken Szene verschieben hat, beklagt den kulturellen und geistigen Rückschritt der Stadt. Beide versuchen, in einem »Kampf um München« eine Bewegung ins Leben zu rufen, die der liberalen Kunststadt München neues Leben einhauchen soll. Denn zeitgemäßes Theater und moderne Literatur sind der Verfolgung durch die SA ausgesetzt. Der jüdische Schriftsteller LION FEUCHTWANGER wagt sich nicht mehr vor sein Haus. Der in Augsburg geborene BERTOLD BRECHT flieht nach Berlin, ebenso ÖDÖN VON HORVATH, RICARDA HUCH und andere. Der in Lübeck geborene, 1883 zum Wahlmünchner gewordene, Thomas Mann – er wird am 12. November

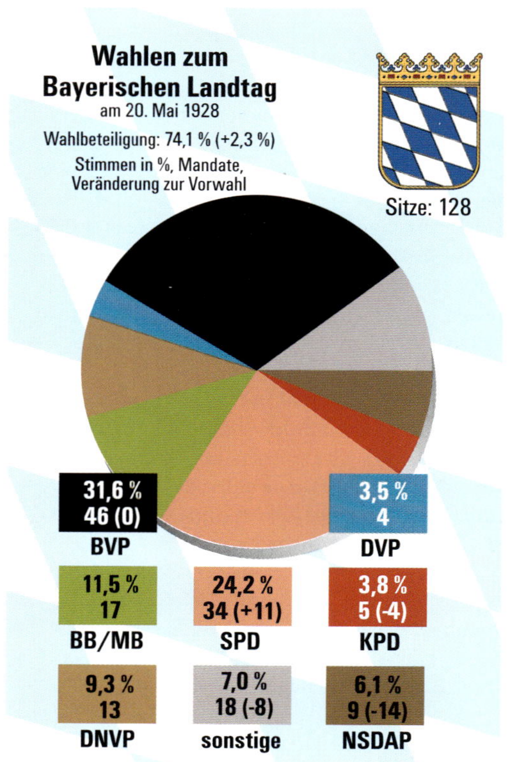

Am 20. Mai 1928 finden in Bayern Reichstags- und Landtagswahlen statt. Aufgerufen sind knapp dreieinhalb Millionen Wähler. Sieger der Landtagswahl ist die Bayerische Volkspartei. Sie erhält 31,6 % der Stimmen, die SPD erreicht 24,2 %. Der Stimmenanteil der Nationalsozialisten stürzt von 17,1 auf 6,1 % ab (oben).

1929 für sein Werk »Die Buddenbroooks« mit dem Literaturnobelpreis ausgezeichnet, überlegt, die Stadt zu verlassen. München ist nicht mehr die kunstsinnige offene Stadt, wie sie die Wittelsbacher geschaffen haben.

Hitler eilt einstweilen wegen des ihm auferlegten Redeverbots in Bayern durch das übrige Deutschland, während in München sich seine Anhänger verlieren. Bayerns Innenminister KARL STÜTZEL meint sogar, die braune Gefahr sei endgültig gebannt und hebt Hitlers Redeverbot auf.

Am 9. März 1927 ist Hitler wieder in München. Im Zirkus Krone hält er nach langer Abwesenheit wieder eine Rede. Unter den Zuhörern seien auffallend viele Angehörige besserer Schichten gewesen, stellt ein Polizeibericht fest. SA-Männer bieten Hakenkreuzfähnchen zum Kauf an, die reißend Absatz finden, geht aus dem Bericht hervor und fügt hinzu: Der Beifall für Hitler sei gegen Ende eher spärlich ausgefallen. Sein zweiter Auftritt am 27. März 1927 findet vor fast leeren Bänken statt. Hitlers Faszination ist verflogen.

HITLERS PARTEI IM TIEF

Im Januar 1928 fasst die Münchner Polizeidirektion die Entwicklung der NSDAP der letzten Zeit zusammen: *„Die von Hitler immer wieder behaupteten Fortschritte der nationalsozialistischen Bewegung treffen insbesondere für Bayern nicht zu. In Wirklichkeit ist das Interesse an der Bewegung sowohl auf dem Land als auch in München im Abflauen begriffen. Sektionsversammlungen, an denen im Jahre 1926 300 bis 400 Personen teilnahmen, sind nur mehr von höchstens 60-80 Mitgliedern besucht."* Hitler ist kein Magnet mehr. Das bestätigen die Wahlen auf Reichs- und Landesebene im Mai 1928. Die NSDAP fällt bei der Reichstagswahl in München mit 10,7 % der Stimmen hinter die SPD (32,6 %) und BVP (23,1 %) zurück. Den meisten Zulauf verzeichnet der königstreue Monarchist General RITTER VON EPP, der für die NSDAP antritt. Bei der Landtagswahl am 20. Mai 1928 stürzt die NSDAP von 17,1 % (1924) auf 6,1 % ab.

Der aufwendige Wahlkampf hinterlässt nur einen gewaltigen Schuldenberg. Hitler plant den Parteitag in Nürnberg abzusagen.

Trotz des schlechten Abschneidens der Nationalsozialisten bei der Landtagswahl 1928, hat es Ministerpräsident HELD keine Spur leichter, eine Regierung zu bilden. Seine antisozialistische Grundhaltung verbietet ihm – wider jede Vernunft –, eine Koalition mit der SPD einzugehen, obwohl diese von 17,2 % auf 24,2% zulegte. Held nimmt wieder das Bündnis mit der DNVP (9,3%, 1924: 9,42 %) und dem Bauernbund (BB, 11,5 %, 1924: 7,1%) auf. Dieser hat einen Linksrutsch vollzogen und wird einen schwierigen Partner abgeben. In einer Zeit, in der Bayern eine starke Regierung braucht, gibt ihr Ministerpräsident Held eine unberechenbare labile.

Das Braune Haus in der Münchner Brienner Straße beherbergt die Zentrale der NSDAP. (oben). Kauf und Umbau der alten Patriziervilla finanziert der Großindustrielle Fritz Thyssen.

EIN »DEUTSCHER TAG« IN COBURG

Nach fünf Jahren der Stagnation und Misserfolge kann die NSDAP-Führung aufatmen. Am 23. Juni 1929 gelingt der Partei abermals der Durchbruch. Bei der Kommunalwahl von Coburg schafft sie zum ersten Mal die absolute Mehrheit. In dem am 1. Juli 1920 an Bayern gefallenen Coburg votieren 43,1 % der Wähler für die Nationalsozialisten und erringen von den 25 Mandaten 13 Stadtratssitze. Die Wahl ist ein Persönlichkeitsvotum und auf FRANZ SCHWEDE, dem Maschinenmeister der Städtischen Coburger Werke ausgerichtet.

Der gelernte Schlosser Franz Schwede (* 5. März 1888 in Drawöhnen im Kreis Memel, Ostpreußen; † 19. Oktober 1960 in Coburg) wird im März 1922 von der Stadt Coburg angestellt.

Der Mitbegründer der NSDAP Ortsgruppe Coburg (Oktober 1922), deren Vorsitz er mit rund 800 Mitgliedern ein Jahr später übernimmt, fährt im Dezember 1924 einen ersten Erfolg ein. Mit 14,3 % der Wählerstimmen zieht die Partei mit drei Abgeordneten im Stadtrat ein. 1928 versucht Schwede, die Stagnation der Ortsgruppe aufzuheben.

In der Coburger NSDAP-Parteizeitung »Der Weckruf« startet er eine rücksichtslose Hetz- und Verleumdungskampagne gegen den Juden ABRAHAM FRIEDMANN, Generaldirektor des Coburger Fleischwarenunternehmens GROSSMANN AG. Der angegriffene Friedmann droht, den Städtischen Werken seine Aufträge für den Kauf von Koks und Strom zu stornieren, sollte ihr Angestellter Schwede seine Anschuldigungen nicht unterlassen.

Schwede hetzt weiter. Anfang 1929 entlässt ihn die Stadt. Die NSDAP inszeniert daraufhin ein Volksbegehren zwecks Auflösung des Stadtrats. Das Plebiszit gewinnen die Nationalsozialisten am 5. Mai 1929 mit 67 % der Wählerstimmen. Die kurz danach, am 23. Juni 1929, durchgeführte Stadtratswahl bringt der Coburger NSDAP die absolute Mehrheit.

Schwede wird rehabilitiert und in der Wahl vom 28. August 1930 dritter Bürgermeister. Er ist der erste nationalsozialistische Bürgermeister in Deutschland. Anfang 1931 steigt er zum 2. Bürgermeister, am 16. November 1931 zum 1. Bürgermeister und 1933 zum Oberbürgermeister Coburgs auf.

Unter seiner Ägide bricht im März 1933 in Coburg der Terror gegen Juden und Gegner der NSDAP los. Bis Ende April werden 152 Coburger in so genannte Schutzhaft genommen und im Beisein Schwedes schwer misshandelt. Schwede genießt den Kult um seine Person. 1933 stiftet die NSDAP Coburg dem Rathaus eine neue Glocke mit der Inschrift *„Zu Adolf Hitler ruf ich dich, Franz-Schwede-Glocke heiße ich."* Schwede, seit Oktober 1930 Abgeordneter der NSDAP im bayerischen Landtag, nimmt ab November 1933 auch im Reichstag einen Platz ein.

VOM SCHLOSSER ZUM GAULEITER

Am 1. Juli 1934 übernimmt er das Amt des Regierungspräsidenten von Niederbayern/Oberpfalz in Regensburg. Hitler ernennt ihn am 20. Juli 1934 zum Gauleiter des Gaues Pommern sowie zum Oberpräsidenten der preußischen Provinz Pommern und verleiht ihm den Namenszusatz »Coburg«. In Pommern nennt man ihn einfach »Nero«. 1937 zum SA-Gruppenführer, 1938 zum SA-Obergruppenführer und Bundesführer des Reichstreubundes ehemaliger Berufssoldaten sowie 1939 zum Reichsverteidigungskommissar des Wehrkreises II. ernannt, flieht er am 4. Mai 1945 per Schiff von Saßnitz auf Rügen nach Schleswig-Holstein. Vorher verhindert er in Pommern die rechtzeitige Evakuierung der Zivilbevölkerung vor der heranrückenden Roten Armee. Vom 13. Mai 1945 bis 1947 in englischer Kriegsgefangenschaft, verurteilt ihn ein Spruchkammergericht in

Franz Schwede-Coburg als Gauleiter von Pommern, 1943 (rechts). – Hitler in Coburg (ganz rechts).

Bielefeld 1948 wegen Zugehörigkeit zum NS-Führerkorps zu zehn Jahren Gefängnis, ein weiterer Schuldspruch 1951 in Coburg legt ihm wegen Amtsmissbrauchs und Körperverletzung während der Ausschreitungen im Jahr 1933 weitere zehn Jahre Haft auf. Eine Begnadigung setzt ihn Anfang 1956 frei. Franz Schwede stirbt 1960 in Coburg im Alter von 72 Jahren.

Die Karriere Franz Schwedes ist für viele Emporkömmlinge des NS-Interregnums typisch. Am Beispiel Coburg aber wird deutlich, wie aus zwei polarisierenden Elementen – der marxistischen und der deutschvölkischen Bewegung – durch einen dritten Faktor ein nationalsozialistischer Erfolg wird.

Am 14./15. Oktober 1922 lädt der »Deutschvölkische Schutz- und Trutzbund« zu einer Großveranstaltung, dem »Deutschen Tag«, ein – er ist der dritte nach Weimar (1920) und Detmold (1921). Aus dem »Alldeutschen Verband« 1919 hervorgegangen, führt der rechtsvölkische Schutzbund einen Kampf gegen die Weimarer Republik und bedient sich dabei eines starken antisemitischen Untertons.

Nach dem Attentat auf Reichsaußenminister Walther Rathenau (1922) in fast allen deutschen Ländern – nicht in Bayern – verboten, zeigt der Bund demonstrativ Flagge. Sein Coburger Gauleiter, der Lehrer Hans Dietrich (1898-1945), organisiert den »3. Deutschen Tag« und lädt auch die NSDAP in München ein. Die sagt gerne zu, ermöglicht doch der »Deutsche Tag« in Coburg eine Ausweitung ihrer Tätigkeit nach Nordbayern. Hitler reist im Sonderzug mit 650 SA-Mann an. Die harmlose Veranstaltung, bei der über »Neue Arbeitsmethoden in der völkischen Bewegung« und die »Lage der Deutschvölkischen« referiert wird, und Mysterien- sowie Hans-Sachs-Spiele den kulturellen Rahmen abgeben, gerät nach der Ankunft der SA und Adolf Hitlers außer Kontrolle. Militärisch gedrillt und gewaltbereit stürzt die SA auf alle Personen, die im Verdacht stehen, Kommunisten oder Juden zu sein. Am nächsten Tag bricht Hitler das offizielle Programm und inszeniert seinen eigenen Festzug zwei Stunden vor dem offiziellen.

Der Erfolg lässt in Hitler einen Entschluss reifen: Die SA sollte nicht länger nur eine *„lebensunwichtige Wehrbewegung"* sein, sondern eine *„lebendige Kampforganisation für die Errichtung eines neuen deutschen Staates"*.

In Coburg gründet nach dem »Deutschen Tag« Fritz Schwede eine eigene NSDAP-Ortsgruppe.

Reichsweit gerät der »Deutsche Tag« zum Parteimythos und Coburg – 1932 gefeiert und mit dem »Koburger Ehrenzeichen« bedacht – mutiert zum mythenhaften Ort der frühen »Kampfzeit«. Die wachsende Radikalisierung des nationalsozialistischen Systems, die am »Deutschen Tag« in Coburg sichtbar wird, alarmiert die Regierung Knilling nicht. Berichte über die Ereignisse weist sie als nicht glaubhaft zurück. Die Politiker führen das Land offenen Auges ins Verderben.

Ratlose Regierung

Im Jahr 1930 steuert Bayern einer finanziellen Katastrophe entgegen. Die Staatsschuld klettert von 5,4 Millionen RM im Jahr 1924 auf 381,8 Millionen RM im Jahr 1928/29. Die Regierung Held versucht, das Defizit über eine neue Steuer in den Griff zu bekommen. Sie überlegt die Einführung einer Schlachtsteuer, einer Art Verbrauchssteuer, wie sie 1820 bis zur Jahrhundertwende in Preußen für größere Städte obligatorisch, für kleinere auf in die Stadt gebrachtes Fleisch fakultativ war.

Die neue Steuer ist denkbar unbeliebt, daher wagt 1930 Ministerpräsident Held keinen Alleingang, sondern verbindet die Abstimmung über die Steuer im Landtag mit der Vertrauensfrage. SPD, KPD, NSDAP und sogar der mitregierende Bauernbund stimmen geschlossen dagegen. Schon am 16. Juli verlässt Landwirtschaftsminister Anton Fehr vom Bauernbund das Kabinett, im August 1930 tritt die gesamte Regierung zurück. Als Minderheitsregierung genießt das Kabinett Held die Akzeptanz der SPD und des Bauernbundes, freilich ohne besondere Autorität, die in Zeiten steigender politischer Radikalität dringend geboten wäre.

Der New Yorker Börsenkrach vom Oktober 1929 und die von ihm ausgelöste Weltwirtschaftskrise haben für Deutschland verheerende wirtschaftliche, finanzielle und politische Folgen. Der sprunghafte Anstieg der Arbeitslosigkeit treibt den außerparlamentarischen Parteien – Nationalsozialisten und Kommunisten – die verelenden Massen zu. Unzufrieden mit dem Regime, das keine wirksamen Mittel gegen die Massenarbeitslosigkeit findet, wächst das Aggressionspotenzial. Geradezu hilflos reagiert das Kabinett Held auf den täglichen Terror der Straße. Veranstaltungen im Freien bedürfen einer Genehmigung. In München und den anderen Städten ist das Servieren von Speisen und der Ausschank alkoholischer Getränke bei politischen Veranstaltungen in großen Brausälen untersagt. Aschenbecher müssen vom Tisch genommen werden, damit sie nicht als Wurfgeschoße Verwendung finden. Im Juni 1930 verbietet die Regierung Held den Mitgliedern der Parteien das Tragen von Uniformen in der Öffentlichkeit. Die Einschränkungen nehmen die radikalen Parteien als Jux hin, denn das Ausschankverbot umgehen sie durch rechtzeitigen Konsum, so dass viele schon alkoholisiert sind, bevor noch der erste Redner das Wort ergreift.

Das Uniformverbot führt die SA durch das Tragen von weißen Hemden und schwarzen Krawatten ad absurdum, und prügelt sich nach wie vor mit den Anhängern anderer Parteien. Im Landtag treten sie in ihren braunen Uniformen auf, da sie dort die parlamentarische Immunität schützt.

In dieser gespannten Atmosphäre läuft die Amtszeit des Reichspräsidenten aus.

Paul Ludwig Hans Anton von Beneckendorff und von Hindenburg (* 2. Oktober 1847 in Posen;

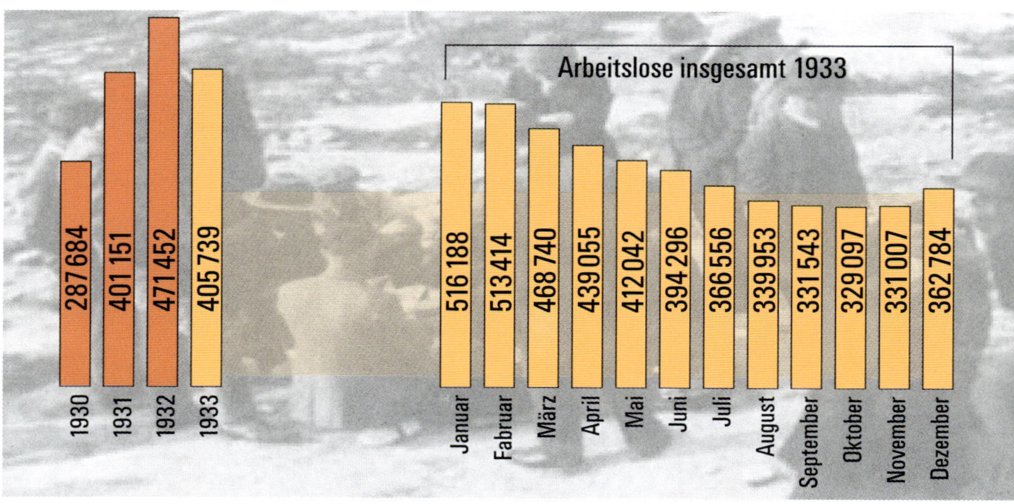

Unterstützte Arbeitslose und Kurzarbeiter in Bayern, 1930 bis 1933 (links). Von den vielen Arbeitslosen bleibt rund ein Viertel unversorgt. Sie sind auf verdienende Familienmitglieder und auf die Armenfürsorge ihrer Gemeinden angewiesen.

† 2. August 1934 auf Gut Neudeck, Westpreußen), im Ersten Weltkrieg Generalfeldmarschall und Held in der Schlacht von Tannenberg (26. August 1914), in der er die in Ostpreußen eingedrungenen russischen Armeen abwehrt, stellt sich 1925 für den zweiten Wahlgang der Reichspräsidentschaft zur Verfügung, nachdem beim ersten Wahlgang am 29. März 1925 keiner der Kandidaten die notwendige absolute Mehrheit gewinnt. Der 77-jährige Hindenburg wird am 26. April 1925 mit 48,3 % der Stimmen zum Nachfolger des an einer Blinddarmentzündung verstorbenen FRIEDRICH EBERTS gewählt und am 12. Mai vereidigt.

BVP: HINDENBURG UNERWÜNSCHT

1932 versucht die Bayerische Volkspartei eine zweite Kandidatur des mittlerweile 84-jährigen, bereits leicht senilen Hindenburg zu verhindern. Auf der Suche nach einem geeigneten Kandidaten stößt die BVP jedoch auf die Ablehnung der anderen Parteien, die an Hindenburg festhalten.

Neben Hindenburg bewerben sich der Vorsitzende der KPD, ERNST THÄLMANN, der 2. Bundesführer des monarchistisch-nationalistischen Wehrverbandes Stahlhelmbund, THEODOR DUESTERBERG, und der Führer der NSDAP, ADOLF HITLER.

Den Kandidaten der DNVP, Duesterberg, diskreditieren die Nationalsozialisten wegen seiner jüdischen Herkunft. Er erreicht im ersten Wahlgang am 13. März 1932 nur 6,8 % der Stimmen und zieht seine Kandidatur zurück. Thälmann, der bereits 1925 kandidierte, bleibt im Rennen, obwohl auch er keine Chancen hat.

Da die Radikalen – Duesterberg, Thälmann und Hitler – von der BVP nicht unterstützt werden können, empfiehlt diese wohl oder übel, Hindenburg zu wählen.

Hindenburg erreicht im zweiten Wahlgang am 10. April 1932 mit 53% die absolute Mehrheit. Hitler gewinnt aufgrund der Wahlempfehlung der DNVP dazu, erfüllt die Erwartungen seiner Anhänger aber nicht.

Obwohl zwei Drittel der deutschen Wähler durch ihr Votum für Hindenburg indirekt auch für die Demokratie entschieden haben, zeigt sich das Ausland über den hohen Stimmenanteil Hitlers besorgt. Hinzu kommt die unklare Haltung der evangelischen Kirche, die eine offene Diskussion zwischen Gegnern des Nationalsozialismus und Sympathisanten anregt.

Die in Bayern fest verwurzelte katholische Kirche hingegen nimmt eine entschlossen ablehnende Haltung ein. Die autoritative NS-Bewegung, betonen ihre Sprecher, sei unvereinbar mit der kirchlichen Lehre. Gemäß den pastoralen Anweisungen des Bistums Mainz führt eine NSDAP-Mitgliedschaft zum Ausschluss vom Empfang der Sakramente.

Deshalb wird der 1918 aus Böhmen ausgewiesene Benediktiner Abt ALBAN SCHACHLEITER, zum Problem für MICHAEL KARDINAL VON FAULHABER in München. ALBAN (JAKOB) SCHACHLEITER (* 20.1. 1861 in Mainz, † 20.6. 1937 in Feilnbach bei Rosenheim am Inn) unterzeichnet zwar am 15. Juni 1920 seine Resignation als Abt, widmet sich aber mehr der Politik. Seine besondere Aufmerksamkeit gilt Hitler. Im Juni 1923 treffen beide das erste Mal zusammen und empfinden Sympathie füreinander .

Im März 1933 tritt Schachleiter der NSDAP bei und nimmt die Suspendierung des Vatikans am 17. März 1933 Gott ergeben hin, er fühlt sich als Märtyrer. Von den Tschechen vertrieben, von den eigenen Leuten gebrandmarkt, schließt er sich noch enger an die NS-Bewegung an.

Am 12. Mai 1933 gratuliert ihm Hitler persönlich zum 50. Profess- und Ordensjubiläum in Schachleiters Wohnort Feilnbach. Als »Herzeige-Priester« und Ehrengast nimmt Schachleiter an den Parteitagen Hitlers teil. *„Sein Tod im Jahre 1937 hat das tragische Schauspiel und Ärgernis beendet und ihn selbst vor späteren bitteren Erfahrungen bewahrt“*, so der Historiker ALFRED LÄPPLE, 2005.

DIE REICHSPRÄSIDENTENWAHL 1932

Erster Wahlgang (13. März 1932)
*Paul von Hindenburg 49,6%; 18.652.000 Stimmen
*Adolf Hitler 30,1%; 11.339.000 Stimmen
*Ernst Thälmann 13,2%; 4.983.000 Stimmen
*Theodor Duesterberg 6,8%; 2.558.000 Stimmen

Zweiter Wahlgang (10. April 1932)
*Paul von Hindenburg 53%; 19.360.000 Stimmen
*Adolf Hitler 36,8%; 13.418.000 Stimmen
*Ernst Thälmann 10,2%; 3.707.000 Stimmen

Erbittertes Ringen

Der Wahlkampf um die Neuverteilung der Sitze im Bayerischen Landtag wird kurz, aber mit erbitterter Härte geführt. Zwei Ideologien prallen aufeinander, wie sie gegensätzlicher nicht sein können. Die konservative BVP, die sich als Verfassungspartei versteht, und die völkisch-nationalistische NSDAP, die antikommunistisch, antidemokratisch, antisemitisch, anfänglich auch antikapitalistisch und antisozialistisch ist.

Die BVP tritt für eine konstituierende Nationalversammlung ein sowie für einen gerechten Ausgleich aller Gesellschaftsschichten, mit den Mitteln der Sozialpolitik, ohne Verstaatlichungen und unter Wahrung des Privateigentums. Ihr staatspolitisches Ziel orientiert sich am Prinzip des föderalen Staatenbunds, in dem die Souveränität Bayerns gegenüber einer Zentralgewalt unangetastet zu bleiben hat. Der BVP-Parteitag von 1920 betont diesen Grundsatz in der »Bamberger Entschließung«. Das »25-Punkte-Programm« der NSDAP vom 24. Februar 1920 fordert eine Revision des Versailler Vertrags, die Rückgabe der Deutschen Kolonien und den Zusammenschluss aller Deutschen in einem Reich nach rassenbiologischen Gesichtspunkten.

Die NSDAP unterscheidet sich von der BVP – und von den anderen Parteien – nicht so sehr in der Programmatik, sondern im Wesen. Der Nationalsozialismus ist eine Glaubensbewegung mit großer Bandbreite. Möglichst viele sollen angesprochen werden. Dadurch erweckt die NSDAP, der offizielle Träger der Bewegung, den Eindruck, eine Volkspartei zu sein, in der die »Arbeiter der Stirn und der Faust« ihren Platz finden. Diese Öffnung nach allen sozialen Richtungen haben die anderen Parteien nicht. Unfähig, ihre traditionellen Zwänge abzulegen, geben sie sich mit ihrer Stammwählerschaft zufrieden. Es sind Parteien der Honoratioren, die zu allem Übel das Interesse der Jugend nicht gewinnen können. Die NSDAP entdeckt in der Jugend ein gewaltiges Potenzial und gibt ihr, was sie sich wünscht. Nicht nur Sport-, Spiel- und Abenteueraktivitäten, wie die anderen politischen Jugendorganisationen auch, sondern Aufgaben, Anerkennung, Herausforderung, Romantik und vor allem Ideale. Eines dieser vermeintlichen Ideale ist der mörderische Auftrag, für Führer, Volk und Vaterland zu sterben.

Mit dem Wahlergebnis der bayerischen Landtagswahl vom 24. April 1932 könnte die BVP zufrieden sein: Es ist das beste ihrer Geschichte. Sie erreicht 32,6 % der Stimmen bzw. 45 Sitze von insgesamt 128. Die BVP kann ihre Position als stärkste Partei im Lande halten. Doch dicht auf folgt die NSDAP mit erdrutschartigen Gewinnen. Nur noch ein Zehntelprozent oder 2 Sitze trennen sie von der Bayerischen Volkspartei.

Der Gewinn der NSDAP geht auf Kosten anderer Parteien. Stark sind auch die Kommunisten geworden, die 8 Sitze einnehmen. Einen kapitalen Absturz erleidet die SPD, sie fällt auf 15,4 % zurück. Die ehemaligen SPD-Wähler wechseln in geringem Maße zur KPD, der überwiegende Teil läuft zu den Nationalsozialisten über. Auch die Deutschnationalen wandern zur NSDAP. Die DVP verschwindet fast zur Gänze, von 13 Mandaten bleiben ihr noch drei, der Bauernbund sackt von 17 auf 9 Sitze ab. Noch kann der demokratische Block aus BVP, SPD und BB die absolute Mehrheit retten. In den anderen deutschen Staaten, z. B. in Preußen und im Reichstag verfügen nach den Wahlen von 1932 die Antidemokraten und Gegner der Weimarer Republik – NSDAP und KPD – über die absolute Mehrheit.

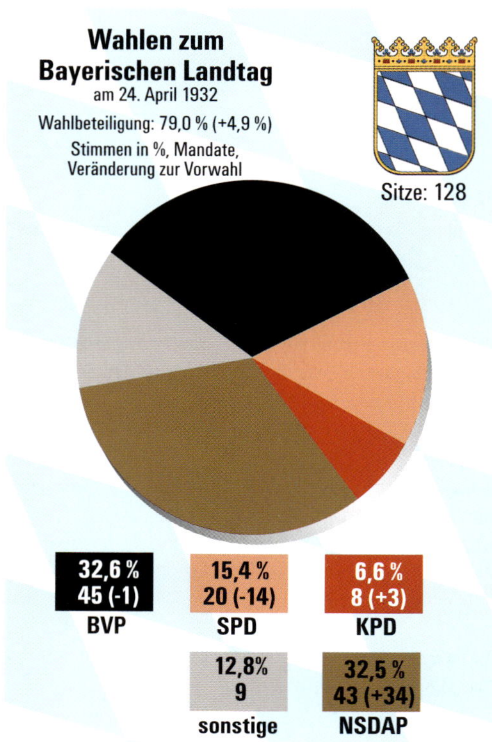

Die Wahl zum Bayerischen Landtag 1932 bringt den Nationalsozialisten einen erdrutschartigen Sieg (rechts).

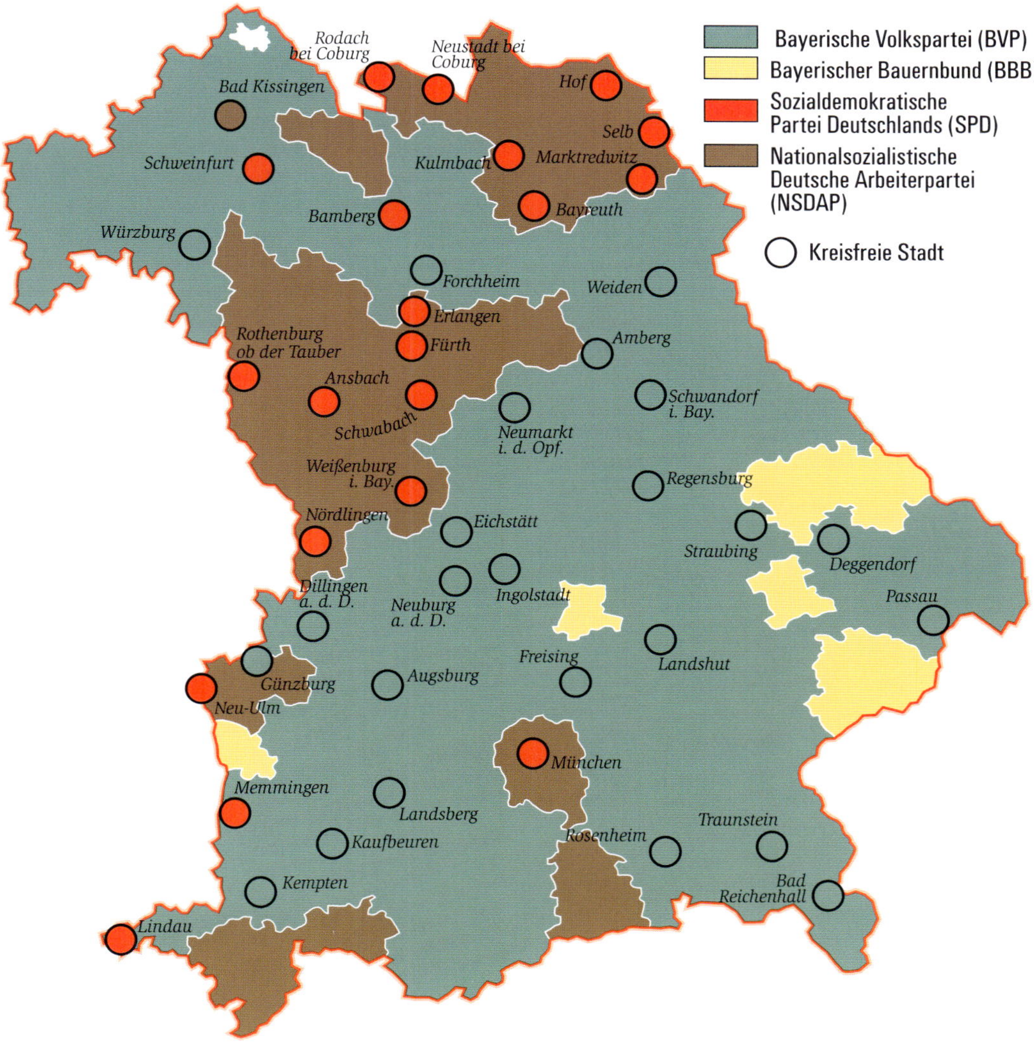

Die Ergebnisse der NSDAP bei der Bayerischen Landtagswahl 1932 sind regional sehr unterschiedlich. Ihre Wähler sind gleichmäßig auf Land und Stadt verteilt, während die BVP ihre Stimmen hauptsächlich aus den katholischen Landkreisen bezieht.

Die Bayerische Volkspartei behauptet sich in fünf mehrheitlich katholischen Regierungsbezirken als stärkste Partei: Schwaben 36,1% (30,7 %), Oberbayern 37,3% (24,6 %), Niederbayern 40,7 % (21,4 %), in Unterfranken 49,3 % (25 %) und in der Oberpfalz 53,6 % (20,5 %).

Große Gewinne verzeichnet die NSDAP in den drei überwiegend protestantischen Regierungsbezirken Pfalz 42,9 %, Oberfranken 44,2 % und Mittelfranken 45,6 %. NS-Hochburgen sind die Bezirksämter Gunzenhausen (67,9 %), Ansbach (68,4 %), Uffenheim (71,3 %), Neustadt a. d. Aisch (74,2%) und Rothenburg ob der Tauber (80,2%), die Städte Bayreuth (51 %) und Coburg (58,1 %). Die anderen Orte fallen deutlich ab. Das schlechteste NS-Ergebnis weist das Bezirksamt Altötting mit 9,7 % und Landau an der Isar mit 9,2 % aus.

Die stärksten Parteien bei der bayerischen Landtagswahl vom 24. April 1932 nach Kreisen und Kreisfreien Städten (oben).

BAYERN GEGEN DAS REICH

Das Problem der Regierungsbildung ist nach den Aprilwahlen für Ministerpräsident HELD nicht kleiner geworden. Die BVP als stimmenstärkste Partei kann die Partner für eine Koalition wählen. Diese ist sowohl mit der SPD und dem Bauernbund, als auch mit der NSDAP möglich. Tatsächlich verhandelt der Vorsitzende der Bayerischen Volkspartei, FRITZ SCHÄFFER (1888-1967), mit den Nationalsozialisten. Die von ihm ins Auge gefasste Ministerpräsidentschaft erfüllt sich nicht, die BVP-Landtagsfraktion entscheidet sich für Held. Dieser aber erwärmt sich nicht für eine Koalition mit der SPD, eine Partnerschaft mit der NSDAP schließt er grundsätzlich aus. In der Annahme, dass die SPD eine Minderheitsregierung erneut dulden wird, belässt er die meisten Kabinettsmitglieder im Amt. Der mit den Nationalsozialisten sympathisierende Justizminister FRANZ GÜRTNER scheidet aus, ihn ernennt der seit dem 1. Juni 1932 amtierende Reichskanzler FRANZ VON PAPEN zum Reichsjustizminister.

Gürtners Nachfolge tritt der DNVP-Abgeordnete HEINRICH SPANGENBERGER (1870-1942) an, der den Titel eines Staatsrats führt. Das Staatssekretariat für Landwirtschaft und Arbeit übernimmt der BVP-Abgeordnete und christliche Gewerkschafter LINUS FUNKE (1877-1961).

Ministerpräsident Held, der mit Reichskanzler HEINRICH BRÜNINGS ein gutes Verhältnis zwischen Reich und Freistaat aufgebaut hat, kommt mit Brünings Nachfolger Franz von Papen nicht mehr klar. Ein ernster Konflikt entzündet sich am Uniformverbot. Die Reichsregierung hebt am 14. Juni 1932 Verbote und Maßnahmen zur Eindämmung des politischen Radikalismus auf, die gezielt gegen die Nationalsozialisten und ihre SA gerichtet waren. Nach dem Prinzip »Reichsrecht bricht Landesrecht«, erzwingt der Reichsinnenminister die Aufhebung des am 17. Juni von Bayern erlassenen Uniformverbots.

Schon im April hat Papen das von Brüning erlassene Verbot der SA und SS aufgehoben. Konfrontationen der Nationalsozialisten und der Kommunisten sind deshalb vorhersehbar. Am 17. Juli brechen sie massiv zu Tage. Rund 7000 SA-Männer ziehen durch Altona, das wegen seiner mehrheitlich kommunistisch oder sozialdemokratisch wählenden Arbeiterschaft das »Rote« genannt wird. Die Demonstration, zweifellos provokant inszeniert, ist behördlich bewilligt. Plötzlich fallen Schüsse und töten zwei SA-Leute. Eine Schlacht hebt an. Aus Fenstern und von Dächern werden SA und Polizei unter Feuer genommen. Wahllos schießt die Polizei zurück und tötet 16 unbeteiligte Personen. Dem »Altonaer Blutsonntag« fallen insgesamt 18 Menschen zum Opfer, 68 Personen werden verletzt.

Rechtsgerichtete Kreise bezichtigen die KPD, den Überfall begangen zu haben, und werfen der preußischen Regierung unter OTTO BRAUN (SPD) vor, sie sei unfähig, die *„kommunistische Gefahr"* bannen zu können. Reichskanzler Papen nimmt die Bluttat zum Anlass, unter Berufung auf Artikel 48 der Weimarer Verfassung, die Regierungsmitglieder und die obersten Polizei- und Regierungsbeamten Preußens abzusetzen. Die vollziehende Gewalt überträgt er am 20. Juli 1932 Generalleutnant GERD VON RUNDSTEDT. Die Regierung Braun (SPD) ist entmachtet.

Bayern, stets für das föderale Prinzip im Reich eintretend, erhebt Protest. Gemeinsam mit Baden legt es beim Reichskanzler Rechtsverwahrung ein und klagt ihn beim höchsten deutschen Gericht, dem Leipziger Staatsgerichtshof. Der Klage schließt sich

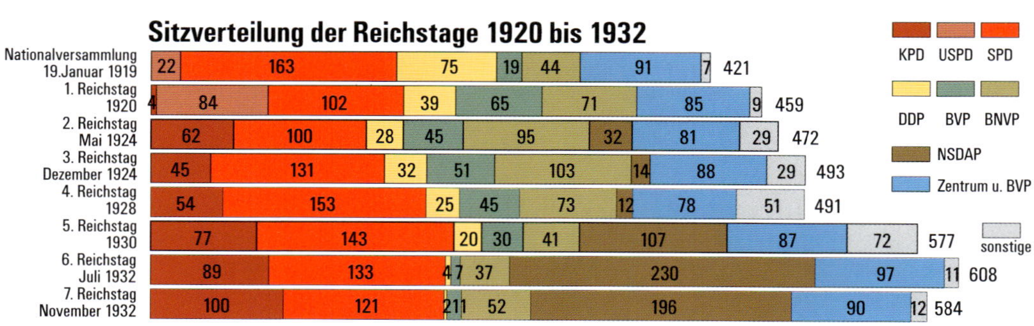

Die Sitzverteilung der Parteien im Deutschen Reichstag von 1920 bis November 1932 (oben). Der Niedergang der demokratischen Parteien und der Aufstieg der radikalen Kräfte gehen Hand in Hand. Kleine Splitterparteien werden zwischen den großen förmlich zerdrückt. Dennoch, eine geeinte Linke, KPD und SPD

die Regierung Braun an. Das Urteil ist janusköpfig. Es stellt fest, dass die Regierung Braun die verfassungsgemäße Landesregierung sei und das Recht habe, Preußen im Reichsrat und Reichstag zu vertreten. Gleichzeitig aber bestätigt der Staatsgerichtshof die Rechtmäßigkeit der Einsetzung von Reichskommissaren. Die Exekutivgewalt steht daher dem Reichskommissariat in Preußen zu, das von Reichskommissar Papen geführt werde, während die Regierungsgewalt dem Essener Oberbürgermeister FRANZ BRACHT obliege.

Der »Preußenschlag« Papens bietet die entscheidende Grundlage für die Gleichschaltung der noch nicht nationalsozialistisch regierten Länder.

Die Reichstagswahlen vom 31. Juli 1932 bringen den Nationalsozialisten, aber auch den Kommunisten, große Erfolge. Mit 37,3% und 230 von 608 Sitzen wird die NSDAP zur stärksten Partei im Reich. Im Bayern rechts des Rheins erreichen sie 31,2%, im gesamten Freistaat (einschließlich Rhein-Pfalz) 33%. Die BVP erzielt 32,8%.

DAS REICH IN DER KRISE

Das Reich verliert nun vollends die Orientierung. Zu viele Probleme warten auf eine Lösung. Die Wirtschaftskrise, ein vergreister Reichspräsident, der die politischen Vorgänge nicht mehr aufnimmt, ein Reichstag ohne regierungsfähige Mehrheit und eine autoritäre, aber schwache Präsidialregierung.

Die Bevölkerung ist am 6. November 1932 abermals zur Reichstagswahl aufgerufen. Die NSDAP verliert, sinkt im Reich auf 33,1%, in Bayern auf 30,5% der Stimmen. Die KPD gewinnt und besitzt weiterhin mit der NSDAP die Sperrmajorität. Ein demokratisches Regieren ist nach wie vor unmöglich. Bayern hingegen zeichnet sich – toleriert von der Mehrheit der demokratischen Parteien des Landtags (57,6%) durch relative Stabilität aus.

Doch alle Blicke richten sich nach Berlin. Reichskanzler Papen bringt keine Regierung zustande und tritt am 17. November 1932 zurück. Auch sein Nachfolger KURT VON SCHLEICHER scheitert am 28. Januar 1933. Hindenburg hat keine Wahl mehr. Er ernennt den Führer der stärksten Partei, der NSDAP, den *„böhmischen Gefreiten"*, wie er ihn verächtlich nennt, ADOLF HITLER, zum Reichskanzler.

FRANZ GÜRTNER

Der am 26. August 1881 in Regensburg als Sohn eines Lokführers geborene nationalkonservative Franz Gürtner bleibt auch nach der Machtübernahme der Nationalsozialisten 1933 für die DNVP im Kabinett HITLER Justizminister. Er soll der Rechtspolitik im Dritten Reich den Anschein von Kontinuität geben. Hitler erwartet von ihm, dass er das überkommene Recht mit der nationalsozialistischen Ideologie in Einklang bringe. Gürtner leitet die Gleichschaltung des Justizwesens im Reich. Das angestrebte Ziel, der deutschen Justiz Unabhängigkeit und Rechtstaatlichkeit zu bewahren, erreicht er nicht, wie auch seine Proteste gegen Misshandlungen und Morde in Konzentrationslagern vergebens sind. Hitler belässt Gürtner trotzdem im Amt, aus Dankbarkeit für sein Wohlwollen während des Hochverratsprozesses.

1934 unterzeichnet Gürtner das »Staatsnotwehrgesetz«, das die Morde im so genannten Röhm-Putsch legalisieren soll. 1936 führt er den Volksgerichtshof ein, der die Aburteilung politischer Straftaten besorgt. Der Schutz des Angeklagten tritt in den Hintergrund. Gürtner verliert zunehmend an Einfluss. Der von HEINRICH HIMMLER organisierte Polizeiapparat aus Geheimer Staatspolizei (Gestapo), dem Sicherheitsdienst (SD) und der Schutzstaffel (SS) übernimmt außerhalb des Justizbereichs Strafverfolgungen. Außergerichtliche Ahndungen von Straftaten sowie Korrekturen von Justizurteilen vollzieht die Polizei. Gürtners Widerstand erlahmt, als er selbst den Boden der Rechtstaatlichkeit unter seinen Füßen verliert. Seine Arbeit wird auf das gesetzeskonforme Bemänteln illegaler Übergriffe beschränkt. Im Januar 1937 müssen alle Mitglieder des Kabinetts Hitler, die nicht der NSDAP angehören, in die NSDAP übertreten, auch Gürtner. Ab 1939 arbeitet Gürtner an der Angleichung der Rechtsnorm zur strengeren Überwachung der Bevölkerung. Gürtner stirbt am 29. Januar 1941 in Berlin. Sein Nachfolger OTTO GEORG THIERACK wird die Justiz des Dritten Reiches zu einem Regime hörigen Blutwerkzeug umfunktionieren.

hätte mit insgesamt 221 Mandaten der NSDAP Widerstand leisten können. Doch die Auseinandersetzungen der beiden marxistischen Parteien sind ebenso unversöhnlich wie jene mit den Nationalsozialisten.

Hitler an der Macht

1933 ist ein Schicksalsjahr, das Bayern und Deutschland verändert. Am 30. Januar ernennt Reichspräsident Hindenburg den Führer der NSDAP, Adolf Hitler, zum Reichskanzler. In den folgenden Monaten beseitigt Hitler alle demokratischen Errungenschaften, die in den letzten vierzehn Jahren erarbeitet wurden. Der französische Botschafter in Berlin, André François-Poncet, berichtet seiner Regierung von einer Rede Hitlers am 1. Juli 1933, in der er das erfolgreiche Ende der »nationalen Revolution« und den Übergang zu einer neuen Ära nationalsozialistischer Herrschaft verkündet:

„In der Tat konnte sich Hitler zum Zeitpunkt seiner Rede rühmen, alles, was in Deutschland außerhalb der nationalsozialistischen Partei existierte, zerstört, zerstreut, aufgelöst, angegliedert oder aufgesaugt zu haben. Einer nach dem anderen mussten sich die Kommunisten, die Juden, die Sozialisten, die Gewerkschaften, die Mitglieder des »Stahlhelms«, die Deutschnationalen, die Frontkämpfer des »Kyffhäuserbundes«, die Katholiken in Bayern und im Reich und die evangelischen Kirchen unter sein Gesetz beugen. Er hat alle Polizeikräfte in seiner Hand. […] Eine unerbittliche Zensur hat die Presse vollständig gezähmt."

Deutsche Länder mit und ohne Regierungsbeteiligung der Nationalsozialisten (links).

Hitlers Einparteienstaat hält sich nicht nur durch Unterdrückung und Gewalt an der Macht, er findet auch in der wachsenden Zustimmung des Volkes seine Stütze. Hat vor 1933 die NSDAP in den vom sozialen Abstieg bedrohten Mittelschichten ihre Wähler gefunden – Kleinbauern, kleine und mittlere Kaufleute, Handwerker und Angestellte –, so wachsen ihr immer mehr Angehörige von Intelligenzberufen zu. Hitler kann nach 1933 damit überzeugen, dass sein Wirtschaftsprogramm hält, was er versprochen hat. Die einsetzende wirtschaftliche Prosperität verblüfft das Ausland, das alsbald von einem „deutschen Wirtschaftswunder" spricht. Die Schattenseiten des »Wunders« – Judenboykott, Rüstungsvorbereitung, Importbeschränkungen – will niemand im Detail wissen. Auch das Ausland nicht.

Paradoxerweise gewinnt Hitler bei keiner Reichstagswahl die absolute Mehrheit. Sein Ziel, die Macht in Deutschland, erreicht er auf gewundenem, aber legalem Weg.

Unmittelbar nach der Reichstagswahl vom 6. November 1932 fordert Hitler, trotz des unbefriedigenden Wahlergebnisses, die Kanzlerschaft. Eine Gruppe von Wirtschaftsführern – unter ihnen der ehemalige Reichsbankpräsident HJALMAR SCHACHT – ist bereit, ihn zu unterstützen. Sie richtet eine Eingabe an Hindenburg und drängt auf Hitlers Ernennung zum Kanzler. Hindenburg, der zu Hitler Distanz hält, zeigt sich nicht mehr abgeneigt, sofern Hitler eine parlamentarische Mehrheitsregierung bildet. Hitler lehnt ab. Er will die absolute Macht, ohne Beeinflussung durch demokratische Spielregeln. Doch ihm läuft die Zeit davon.

Das enttäuschende Reichstagswahlergebnis vom November, die enttäuschende Kommunalwahl in Thüringen am 4. Dezember, die Zersetzungserscheinungen in der Partei und der SA drängen ihn Ende 1932, Entscheidungen zu treffen. Seine Anhänger warten nicht länger auf die, von ihm so oft zitierte »Machtergreifung«.

Auch Hindenburg befindet sich im Dilemma, seit NSDAP und KPD mit ihrer Sperrmajorität dem Präsidialkabinett das Misstrauen aussprechen oder Notverordnungen aufheben können.

Am 4. Januar meldet sich der ehemalige Reichskanzler von Papen zu Wort. Er schlägt Hitler eine Koalition zwischen NSDAP und DNVP unter seiner und Hitlers Führung vor. Hindenburg stimmt zu und Papen kann jubeln, dem Deutschen Reich einen Kanzler und eine dauerhafte Regierung vermittelt zu haben. Seine Vertrauten lässt Papen wissen: *„Wir haben ihn uns engagiert, in zwei Monaten haben wir Hitler in die Ecke gedrückt, dass er quietscht!"*

Reichspräsident Paul von Hindenburg vereidigt am 30. Januar 1933 das Kabinett Hitler mit drei Nationalsozialisten und neun Konservativen. FRANZ VON PAPEN wird Vizekanzler.

Adolf Hitler begrüßt am 21. März 1933, am »Tag von Potsdam«, Paul von Hindenburg vor der Garnisonskirche in Berlin (rechts).

Bayern:
Reichsprovinz im
Dritten Reich

Der Reichstag brennt

Mit der Ernennung Hitlers zum Reichskanzler, sind beinahe alle Größen des Reiches zufrieden: Vizekanzler Franz von Papen mit seinem politischen Geschick, zum richtigen Zeitpunkt den seiner Meinung nach richtigen Mann zum Kanzler vorgeschlagen zu haben. Reichspräsident Hindenburg, der im neuen Kabinett vertraute Gesichter sieht, wie den Außenminister Konstantin von Neurath, Finanzminister Lutz Graf Schwerin von Krosigk und den aus Bayern stammenden Justizminister Franz Gürtner.

Als der neue starke Mann im Kabinett gilt allgemein der Parteiführer der DNVP, Alfred Hugenberg. Er herrscht über ein Zeitungsimperium, vereinigt das Wirtschafts- und Landwirtschaftsministerium in seiner Hand und übernimmt kommissarisch auch die entsprechenden preußischen Ministerien. Generalleutnant von Blomberg steht dem Reichswehrministerium vor.

Die drei Nationalsozialisten, neben Hitler noch Wilhelm Frick als Innenminister und Hermann Göring als Minister ohne Geschäftsbereich, scheinen dem überwiegend von Konservativen besetzten Kabinett nicht gefährlich werden zu können: Die Nationalsozialisten würden im ungewohnten Regierungsgeschäft bald abwirtschaften, lauten die Prognosen.

Hitler drängt zur totalen Macht

Nur Hitler ist unzufrieden, denn er ist noch nicht am Ziel. Konsequent setzt er den nächsten Schritt, um die totale Macht auf verfassungskonformem Weg zu erreichen. Überzeugend argumentiert er, dass seine Ernennung zum Reichskanzler der Bestätigung des Volkes bedürfe, und aufgrund des Votums die Regierungsmannschaft neu bestimmt werden müsse. Für die Auflösung des Reichstags und die Neuwahlen setzt er den 5. März 1933 fest.

Ein unvorhergesehenes Ereignis spielt Hitler in die Hände. Ein holländischer Anarchist, Marinus van der Lubbe, legt am 27. Februar 1933 am Reichstagsgebäude in Berlin Feuer. Aus Protest gegen die Unterdrückung der Arbeiterschaft durch die Nationalsozialisten, wie er später begründet. Marinus van der Lubbe (* 13. Januar 1909 in Leiden, nach anderen Quellen Oegstgeest, Niederlande; † 10. Januar 1934 in Leipzig durch das Fallbeil) wird am Tatort festgenommen. Als Göring vom Brand des »Symbols für Recht, Ordnung und bürgerliche Freiheit« erfährt, überfällt ihn die Erkenntnis: *„Das ist der Beginn des kommunistischen Aufstandes, sie werden jetzt losschlagen! Es darf keine Minute versäumt werden."*

Hitler nutzt sofort das ihm unterstehende Innenministerium. Minister Wilhelm Frick ergreift noch in der Nacht des Brandes scharfe Maßnahmen gegen Kommunisten und Sozialdemokraten. Am Tag nach dem Brand, dem 28. Februar 1933, fasst das Kabinett den Beschluss einer »Verordnung zum Schutz von Volk und Staat«, die die Grundrechte außer Kraft setzt. Die Basis des Rechtsstaates ist demontiert, der Willkürherrschaft der NSDAP Tür und Tor geöffnet. In den folgenden fünf Wochen bis zur Reichstagswahl am 5. März legt Hitler die Grundlagen der kommenden Diktatur.

In der Reichstagswahl vom 5. März 1933 gehen mit 88,8 % überdurchschnittlich viele Wahlberechtigte zur Urne. Die NSDAP erreicht im Reich 43,9 % und 288 von 647 Abgeordnetensitzen. Mit der DNVP, die 8 % und 52 Mandate erringt, verpasst die Regierung der »Nationalen Konzentration«, trotz aller Versuche, den Gegner einzuschüchtern, abermals die absolute Mehrheit. Die KPD verliert 4,6%, Zentrum, BVP und SPD nehmen leichte Verluste hin.

Die Reichstagswahlen vom 5. März bringen der NSDAP in Bayern den Durchbruch, sie wird mit 43,1 % die stärkste Partei im Land. Sie liegt nur noch 0,8 % unter dem Reichsdurchschnitt. Doch auch in Bayern ist für Hitlers Partei mit 47,2 % die absolute Mehrheit nicht zu holen. Eine Wahlanalyse für Bayern zeigt einen starken Zuspruch der Jungwähler zur NSDAP und zum ersten Mal den Einbruch der Partei in katholisch-ländliche Wählerschichten, besonders in Schwaben und Niederbayern.

Nur die »schwarze Hochburg« Altötting (25,6 % NSDAP, 45,6 % BVP) behauptet sich. Die katastrophale Lage der Bauern, deren Agrarpreise auf 35 % der Vorkriegspreise absinken, und die durch Zwangsversteigerungen vom Hofe gejagt werden, gibt den Ausschlag. Hitler und die NSDAP scheinen ihnen das kleinere Übel zu sein.

Auch die Reichstagswahlen von 1932 und 1933 bringen der NSDAP nicht die absolute Mehrheit. – Vorhergehende Doppelseite: „Der Führer befiehlt den ersten Rammschlag zum Bau der Münchener Untergrundbahn", berichtet der »Illustrierte Beobachter« am 2. Juni 1938. Hitler mit SA-Gruppenführer Giesler.

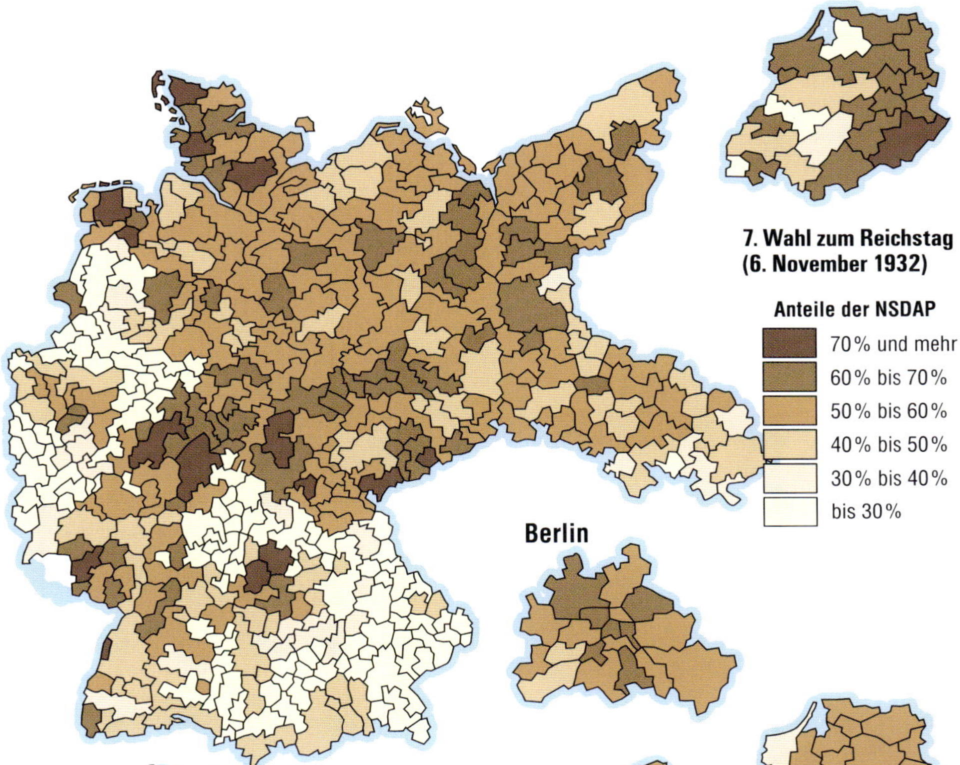

7. Wahl zum Reichstag (6. November 1932)

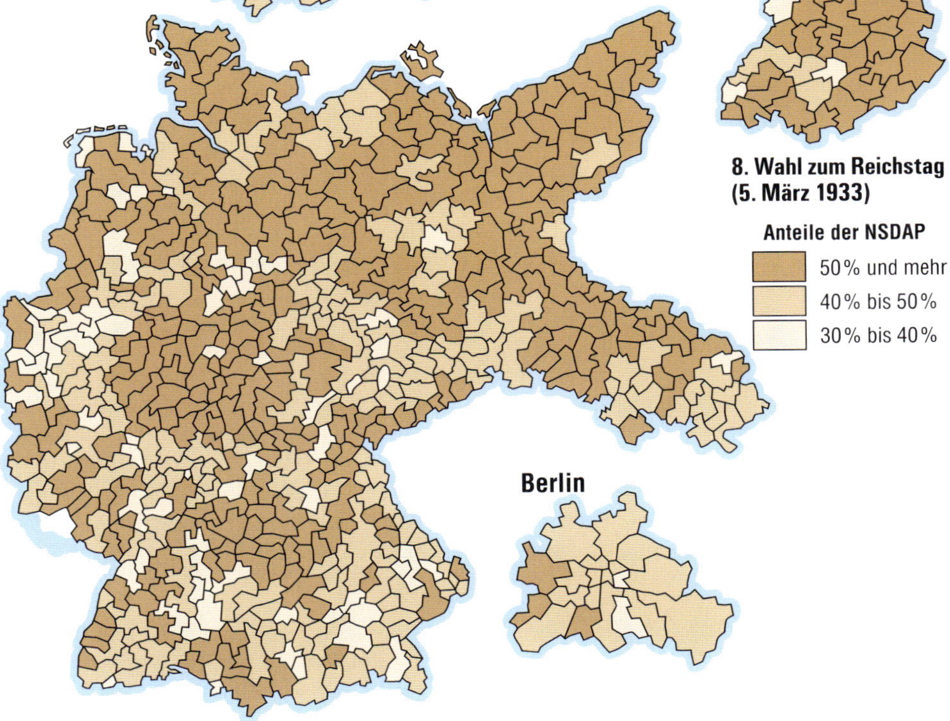

8. Wahl zum Reichstag (5. März 1933)

Die letzte Bastion der Demokratie

Trotz massiver NSDAP-Propaganda, Terror und Einschüchterung der oppositionellen Parteien, fällt das Votum für Hitlers Partei in Bayern enttäuschend aus. Die absolute Mehrheit erreicht sie nur in Mittelfranken (51,6%). Großen Erfolg verzeichnet sie in Gunzenhausen (72,9%), Ansbach (75,6 %), Uffenheim (78,2 %), Neustadt an der Aisch (79,2 %) und Rothenburg ob der Tauber (83%). In der Reichsparteitagsstadt Nürnberg wählen 41,7% der Stimmberechtigten die NSDAP. In München sind es 37,8%, die BVP wählen immer noch 21,9% und die SPD 20,5%. Die Regierung Held ist als bestätigt zu betrachten und wird auch von der demokratischen Mehrheit des bayerischen Landtags toleriert. Trotzdem ist es nur eine Frage der Zeit, bis auch diese Bastion der Demokratie fällt. Außer dem Freistaat besitzen nur noch Sachsen, Württemberg, Baden, Hessen, Schaumburg-Lippe und die drei Hansestädte Hamburg, Bremen und Lübeck demokratische Regierungen. Alle anderen Staaten unterstehen schon der so genannten nationalen Koalition aus NSDAP und DNVP.

Die von Hitler versprochene Ruhe und Ordnung lässt in Bayern noch immer auf sich warten. Terror, gewalttätige Demonstrationen, die Straßenschlachten der SA und SS mit Kommunisten und Arbeitern sind Alltag, zumal die NS-Organisationen, durch Reichsinnenminister Frick und dem kommissarischen preußischen Innenminister Göring vertreten, vor Strafmaßnahmen gefeit sind.

Schon vor der Ernennung Hitlers zum Reichskanzler mutmaßen bayerische Politiker eine Gleichschaltung des Freistaates nach dem Beispiel des »Preußenschlags«. Die Gefahr wächst, als NS-Größen zu putschen drohen, sollte die Märzwahl nicht zufrieden stellend ausfallen. Der BVP-Vorsitzende und bayerische Finanzminister Fritz Schäffer entwickelt deshalb im Februar 1933 den Plan, Kronprinz Rupprecht nach Artikel 64 der Landesverfassung zum Generalstaatskommissar (wie im Jahr 1923 Kahr) einzusetzen, oder ihn zum König auszurufen.

Ministerpräsident Held und Schäffer nehmen mit Zustimmung ihrer Parteien und der bayerischen SPD-Fraktion Kontakt mit Rupprecht, dem Oberhaupt des Hauses Wittelsbach, auf. Sie hoffen, dass Rupprecht, der älteste Sohn des letzten bayerischen Königs Ludwig III., über Parteigrenzen hinweg die monarchischen Kräfte des Landes für sich gewinnen kann. Rupprecht willigt ein, unter der Bedingung, dass die bayerische Staatsregierung die Initiative ergreife.

Berlin wird nervös, wie der württembergische Gesandte in München, Carl Moser von Filseck, zu berichten weiß. Die Errichtung eines Königreichs stand schon 1923 zur Disposition. Damals wäre sie nur unter dem Bruch der Weimarer Verfassung und im Konflikt mit dem Reich möglich gewesen. Das Reichswehrministerium teilte München mit, dass die Reichswehr jedweden bayerischen Widerstand brechen würde. Nun rächt sich das Versäumnis, die Verfassungsverhandlungen von 1918/19 nicht mitgetragen zu haben. Die bei der Reichsgründung 1871 erstrittenen Sonderrechte gehen mit der Weimarer Verfassung verloren. Die Drohung Schäffers, einen von Berlin entsandten Reichskommissar zu verhaften, erregt in der Reichskanzlei mildes Lächeln.

Ultimatum für Bayern

Die Märzwahl lässt Bayerns Patrioten nochmals aufatmen. Die Nationalsozialisten erhalten nicht das beschworene „überwältigende Votum“, mit dem sie Deutschland auf legale Weise in die Diktatur führen wollten. Das hindert sie nicht, alle Länder – bis auf Bayern – unter die Regierungsgewalt eines Reichskommissars, dem *„Befehl unseres Führers und Reichskanzlers“*, zu stellen. Als vorläufig *„letzte Störenfriede auf dem Weg zu einer nationalen Gesundung“* werden die Hansestädte »gleichgeschaltet«. Bayern erwartet nun, von zwei Seiten in die Zange genommen zu werden: von der Reichsleitung mit dem Wahlbayern Hitler als Reichskanzler und den lokalen SA- und SS-Trupps.

Der letzte Akt des Freistaats beginnt am Vormittag des 9. März 1933 mit der Vorsprache des Gauleiters von München-Oberbayern, Adolf Wagner, des Stabschefs der SA, Ernst Röhm, des Reichsführers SS, Heinrich Himmler, und des NSDAP-Reichstagsabgeordneten Franz Ritter von Epp bei Ministerpräsidenten Heinrich Held. Ohne Umschweife kommen die vier Abgesandten des Reichsinnenministeriums zum Punkt: Die bayerische Regierung habe

Die Zuständigkeitsbereiche der Polizei (rechts). Die Gestapo wird am 26. April 1933 auf Betreiben Hermann Görings gegründet. Die relativ kleine preußische Behörde, die in direkter Tradition zur politischen Polizei Preußens steht, hat die Beobachtung und Bekämpfung politischer Gegner zur Aufgabe. Laut dem ersten

ohne Verzug General Epp zum Generalstaatskommissar zu ernennen, andernfalls würde, nach Ablauf einer dreistündigen Frist, Reichsinnenminister Wilhelm Frick General Epp zum Reichskommissar für Bayern ernennen.

Held beruft den Ministerrat ein. Dieser weist das Ultimatum zurück. Im Gegenzug schlägt er die Einberufung des Landtags vor, damit dieser eine neue Regierung wähle.

Frick ist unschlüssig. Die Bayern sind unberechenbar. Erst um 20.15 Uhr schickt er ein Blitztelegramm ab: *„Ministerpräsident Dr. Held München"* – *„Da die infolge Umgestaltung politischer Verhältnisse in Deutschland hervorgerufene Beunruhigung in Bevölkerung öffentliche Sicherheit und Ordnung in Bayern gegenwärtig nicht mehr gewährleistet erscheinen lässt, übernehme für Reichsregierung gemäß Paragraph 2 Verordnung zum Schutze von Volk und Staat Befugnisse oberster Landesbehörden Bayerns soweit zur Haltung öffentlicher Sicherheit und Ordnung notwendig und übertrage Wahrnehmung dieser Befugnisse…"*

General Epp (1868-1946) übernimmt die vollziehende Gewalt, die kommissarische Leitung des Innenministeriums überträgt er Wagner, die der Polizei Heinrich Himmler, dem neuen Polizeipräsidenten Bayerns. Die Aktion, von langer Hand geplant, wird auf dem Marienplatz in München von Tausenden Adabeis schon erwartet, und als sie endlich in Szene gesetzt ist, mit Jubel begrüßt. Unter Absingen des »Horst-Wessel-Liedes«, dem Hissen der Hakenkreuzfahne auf dem Rathaus und öffentlichen Gebäuden feiert die Menge den Verfassungsbruch.

Im »Völkischen Beobachter« steht am nächsten Tag zu lesen: *„Der Jubel der Zehntausenden kannte keine Grenze mehr."* Grenzen kennt auch der Straßenterror nicht mehr.

Leiter, Rudolf Diels, soll die Abkürzung Gestapo eine Einführung der Reichspost gewesen sein, die den Laufstempel solcherart verkürzt. Die Gestapo wird aus dem Innenministerium herausgelöst und arbeitet als politische Polizei unabhängig von den übrigen Organen der Justiz.

Die Legalisierung der Gewalt

Die dramatischen Ereignisse des 9. März in München gleichen jenen der Revolutionstage im November 1918, doch diesmal nach nationalsozialistischer Vorgangsweise. Wilhelm Hoegner, **von 1924 bis 1930 SPD-Landtagsabgeordneter und von 1930 bis 1933 Mitglied des Deutschen Reichstages, erinnert sich:** *„Auf dem Rathaus war die Hakenkreuzfahne gehisst. Vor dem Landtagsgebäude war berittene Polizei gegen die andrängenden Nazihaufen angesetzt worden, war aber nach einem schwächlichen Versuch, die Straße zu räumen, wieder zurückgewichen. Hierauf hatte die SA den Landtag besetzt."* **Die bayerische Polizei, die Innenminister** Karl Stützel **gegen die bewaffnete SA und SS aufmarschieren lässt, versagt ihm den Gehorsam. General** Epp **nimmt de facto schon Stützels Position ein.**

Noch in der Nacht des Umsturzes besetzen Nationalsozialisten die Redaktionen missliebiger Journale, das Gewerkschaftshaus und andere öffentliche Gebäude. Schlagartige Verhaftungen politischer Gegner sind von langer Hand, generalstabsmäßig vorbereitet.

Misshandlungen und Demütigungen brechen jede Rechts- und Anstandsnorm. Innenminister Stützel wird ohne Haftbefehl im Nachthemd von SA-Männern auf die Schultern genommen und ins »Braune Haus« geschleppt.

Die Frau des SS-Standartenführers Reinhard Heydrich berichtet Freunden: *„Die Gaudi könnt Ihr Euch vorstellen. In Socken und Nachthemd steht der Herr Minister in der Halle, umgeben von einer Menge SA und SS, die vor Lachen nicht wissen wohin. Dann kommen sie und treten dem weinenden Minister mit ihren schweren Stiefeln auf die große Zehe, dass er zwischen ihnen hopst von einem Bein aufs andere ... Als nächster wird der Jude* Lewy *reingeführt. Mit dem machen sie kurzen Prozess. Sie hauen ihn mit Hundepeitschen durch, ziehen ihm Schuh und Strümpfe aus ... Sein Haus war unterdessen gut ausgeräuchert. Er war nämlich Leiter der Münchner Juden."*

Auf dem Marienplatz hält General von Epp währenddessen, unter dem Jubel der Massen, eine Ansprache und preist den Tag, *„als den Beginn des Aufstieges zu einem besseren und stärkeren Bayern."*

Ohne gesetzliche Basis gehen die neuen Machthaber ans Werk. Zug um Zug schalten SA-Angehörige Bayern gleich, setzen Bürgermeister ab und ernennen nach Gutdünken neue.

Der ehemalige Freikorpsführer Ritter von Epp (oben Mitte) verlässt im März 1933, von Hitler zum Reichsstatthalter ernannt, den Bayerischen Landtag.

In letzter Konsequenz legt Ministerpräsident HELD gegen die Übertragung der Polizeigewalt an Epp bei Reichspräsident HINDENBURG feierlich Verwahrung ein. Hindenburgs lapidare Antwort macht jede Hoffnung zunichte: Er empfiehlt, die Beschwerde Reichskanzler HITLER persönlich vorzutragen.

Mittlerweile ist die Nazifizierung öffentlicher Schaltzentralen in Bayern weiter gediehen, die »Gleichschaltung« Bayerns nur noch ein formaler Akt.

Zur letzten Sitzung des Kabinetts Held, am 10. März 1933, werden Stützel und BVP-Vorsitzender SCHÄFFER aus der Haft entlassen. In den Vorräumen des Plenarsaals beziehen bewaffnete SA-Leute Position, Staatskommissar Hermann Esser beaufsichtigt die Sitzung. Kurz danach verlässt Ministerpräsident Held den Landtag. Heinrich Held legt am 15. März 1933 sein Amt nieder und zieht sich nach Regensburg ins Privatleben zurück. Die letzte demokratische Regierung in Deutschland ist beseitigt.

Die offizielle Regierungsübernahme in Bayern durch die Nationalsozialisten erfolgt am 16. März 1933. Ministerpräsident wird zunächst General Epp (1868-1946), der als Freikorpskommandant 1919 München von der roten Räteregierung befreit. 1923 stößt Epp zu rechtsradikalen Kreisen und zieht 1928 mit einem NSDAP-Mandat in den Reichstag ein. Nach der Ernennung Epps zum Reichsstatthalter für Bayern, im April 1933, übernimmt Finanzminister LUDWIG SIEBERT auch den Ministerpräsidentenstuhl. Die wirklichen Machthaber in Bayern sind weder Epp noch Siebert, sondern WAGNER, SA-Chef RÖHM und Reichsführer SS HIMMLER, der am 1. April 1933 zum Chef der Politischen Polizei in Bayern und im November des gleichen Jahres zum Leiter der Gestapo in der Berliner Zentrale aufsteigt.

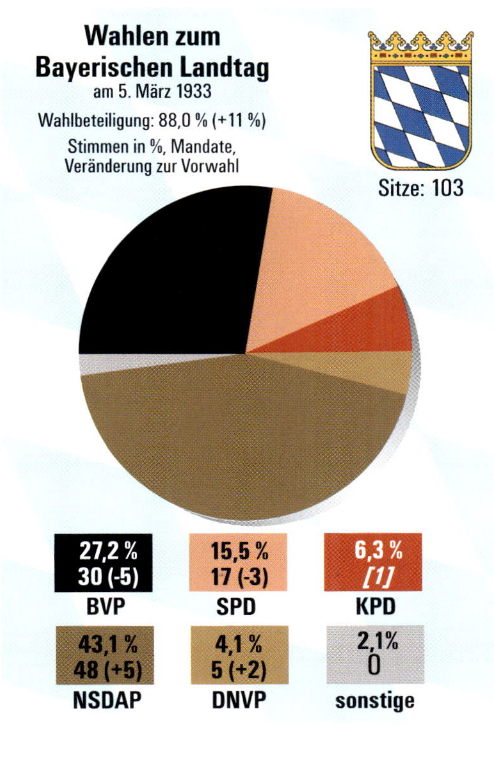

Bayerische Landtagswahl am 5. März 1933 (links). Die KPD ist bereits verboten, zeigt aber starke Widerstandskraft.

DAS ENDE DES RECHTSSTAATS

Das Triumvirat Wagner-Himmler-Röhm beseitigt in Bayern jede Rechtsstaatlichkeit. SA und SS legen alle Hemmungen in der Verfolgung von Juden, Kommunisten, zunehmend auch Sozialdemokraten und oppositionellen katholischen Geistlichen, ab. *„Zahllose Wohnungen wurden willkürlich durchsucht und geplündert, Scharen von Menschen verhaftet, verschleppt, in SA-Kasernen gefoltert, mit Peitschen, Knüppeln, Stahlruten, Gewehrkolben und Dolchen viehisch behandelt, viele ermordet"*, berichtet Wilhelm Hoeger. In Bayern erproben Röhm, Himmler und Heydrich, der ab März 1933 die Politische Polizei leitet, ihre Befugnisse. Röhm, den Hitler im Januar 1931 aus Bolivien zurückholt, nützt seine Machtposition für eigenmächtige Entscheidungen: Mit dem Einverständnis Wagners stellt er amtlichen Dienststellen – Ministerien, Bezirksämtern, Gemeinden, Polizei – ohne gesetzliche Grundlage SA-Sonderkommissare bei. Innerhalb kürzester Zeit verfügt er über bessere Informationsquellen als Gestapo oder Sicherheitsdienst (SD) und – erregt das Misstrauen Heydrichs und Himmlers. Die Gerüchte, Röhm plane den Putsch, verstummen nicht mehr. In seiner Machtbesessenheit hat der Duzfreund Hitlers das eigene Todesurteil unterschrieben. In Berlin wartet man auf den Moment, um Röhm zu liquidieren.

Vorerst geht der letzte Akt des reichsföderativen Dramas zu Ende. Am ersten Jahrestag der Machtergreifung, am 30. Januar 1934, um 15 Uhr, hält Hitler in der Krolloper – nach dem Reichstagsbrand das Sitzungsgebäude der Reichstagsabgeordneten – vor 661 Delegierten eine Rede zum »Gesetz über den Neuaufbau des Reiches«. In Zukunft, so Hitler, gebe es keine deutschen Länder mehr. Die Landesregierungen unterstehen der Reichsregierung. Bayerns Souveränität ist aufgehoben.

Das Ende der Freiheit

Hitler besitzt die Gabe, Bestehendes seinem Konzept anzupassen. Auch das Ermächtigungsgesetz ist keine Erfindung der Nationalsozialisten, sondern ein Gesetz, das die Weimarer Verfassung zur Überwindung von Krisen vorsieht. Auf der Basis des Ermächtigungsgesetzes kann der Deutsche Reichstag die Befugnis zur Gesetzgebung befristet auf die Reichsregierung übertragen. Dazu ist im Reichstag eine Zwei-Drittel-Mehrheit notwendig. In der Weimarer Republik wird bis 1924 dreimal per Ermächtigungsgesetz regiert. Am längsten während der Amtszeit von Reichspräsident Friedrich Ebert.

Nachdem schon am 28. Februar 1933 – unmittelbar nach dem Reichstagsbrand – die Reichstagsbrandnotverordnung eine Polizeidiktatur ermöglicht, will Hitler diese Diktatur durch ein Ermächtigungsgesetz legalisieren und sich gleichzeitig die Möglichkeit geben, ohne Abgeordnetenvotum Gesetze zu erlassen, die von der Verfassung abweichen.

Das Ermächtigungsgesetz, eigentlich »Gesetz zur Behebung der Not von Volk und Reich«, das am 23. März 1933 beschlossen und am 24. März verkündet wird, führt die nationalsozialistische Diktatur in Deutschland ein. Die Regierung Hitlers erlangt die Ermächtigung, ohne Zustimmung von Reichstag und Reichsrat sowie ohne Gegenzeichnung des Reichspräsidenten Gesetze zu erlassen. Die Wirksamkeit des Ermächtigungsgesetzes ist zunächst auf vier Jahre begrenzt. Hitlers Hang, den Schein der Rechtmäßigkeit zu wahren, führt zu einer Befristung des Gesetzes zunächst auf vier Jahre, um 1937, 1939 sowie 1943 verlängert zu werden. Das Ermächtigungsgesetz bleibt bis zum Ende des NS-Regimes im Mai 1945 die rechtliche Grundlage der deutschen Gesetzgebung.

Mit 444 Stimmen der Regierungskoalition aus der Nationalsozialistischen Deutschen Arbeiterpartei (NSDAP), der Deutschnationalen Volkspartei (DNVP), dem Zentrum, der Bayerischen Volkspartei (BVP) und der Deutschen Staatspartei nimmt der Reichstag das Gesetz in namentlicher Abstimmung an.

Den 81 Abgeordneten der Kommunistischen Partei Deutschlands (KPD) sind die Mandate durch die Reichstagsbrandverordnung vom 8. März 1933 aberkannt worden, weitere 26 SPD-Abgeordnete befinden sich in Haft oder auf der Flucht. Um die geschäftsordnungsgemäße Abgeordnetenzahl zu erreichen, bezeichnet ein Geschäftsordnungstrick die »unentschuldigt« fehlenden Abgeordneten als anwesend. Die Verhinderung des Abstimmungsverfahrens ist daher unmöglich.

Den 94 verbliebenen Abgeordneten der Sozialdemokratischen Partei Deutschlands (SPD) schlägt im Reichstag eine Welle des Hasses entgegen. Von den Drohgebärden aufmarschierter SA-Männer unbeeindruckt, verweigert die SPD dem Gesetz – das einer Selbstentmachtung des Parlaments gleichkommt – die Zustimmung. SPD-Parteivorsitzender Otto Wels begründet die Haltung seiner Partei in einer eindrucksvollen Rede, sie ist die letzte freie im Deutschen Reichstag:

Die 19 Abgeordneten der BVP, die Vertreter des Zentrums und der anderen bürgerlichen Parteien stimmen dem Gesetz zu. BVP und Zentrum hoffen auf eine Beendigung der Willkürakte von SA und SS, auf das Weiterbestehen ihrer Organisationen, denen Gleichschaltung oder Auflösung droht.

Zug um Zug festigt das NS-Regime seine Herrschaft, den »Ausschaltungen« folgen »Gleichschaltungen«, wer sich nicht biegt, wird gebrochen. Auf allzu viel Widerstand stoßen die Nationalsozialisten nicht. Am 22. Juni verbieten sie die SPD. Die mächtigste Partei Deutschlands verschwindet von der politischen Bühne ohne Aufschrei des Protests ihrer Anhänger, ohne Ausrufung des Generalstreiks. Seit am Abend des 9. März die SA sozialdemokratische Stadträte in »Schutzhaft« genommen und 300 Mitglieder des »Reichsbanners«, des paramilitärischen Arms der SPD, übel zusammengeschlagen hat, ist die Organisation gebrochen. Das Aufbäumen von Otto Wels vor dem Reichstag ist wohl ein mutiger persönlicher Akt, aber zwecklos, weil er nicht mehr die Öffentlichkeit erreicht, der Partei steht keine Presse mehr zur Verfügung.

Nach der »Ausschaltung« von SPD und KPD nehmen die Nationalsozialisten die Konservativen ins Visier. Im Juni 1933 werden 2000 BVP-Funktionäre und Abgeordnete verhaftet. *„Die schwarzen Saboteure in Schutzhaft"* titelt die NS-Presse.

Am 27. Juni tritt die mit der NSDAP sympathisierende DNVP von der politischen Bühne ab. Am 4.

Bayern wird Reichsprovinz und verliert jene Sonderrechte, die es in der Weimarer Republik bewahren konnte. Die seit Bismarck von den Reichsregierungen betriebene Demontage der Privilegien Bayerns vollendet Hitler in der »Gleichschaltung« der Länder am 31. März 1933. In Gaue aufgeteilt (rechts) verliert Bayern auch seine

Juli geben die BVP und die Deutsche Volkspartei ihre Selbstauflösung bekannt. Von nun an gibt es in Deutschland nur noch die nationalsozialistische Einheitspartei. Ihr strömen die Massen zu, so dass ein Aufnahmeverbot für die Antragsteller – die so genannten Märzveilchen – verhängt werden muss.

Ziel: der deutsche Einheitsstaat

Im Gleichschaltungsprozess hinkt Bayern den anderen deutschen Ländern hinterher. Die Regierung Held wirkt wie eine Barriere vor der nationalsozialistischen Sturzflut. Helds Demission öffnet die Schleusen und der SA-Terror schwemmt die letzten demokratischen Einrichtungen hinweg. Die Gewerkschaften bekunden von sich aus ihre Loyalität und die Bereitschaft, beim Aufbau der »neuen Ordnung« mitzuarbeiten. Robert Ley (* 15. Februar 1890 in Niederbreidenbach bei Nümbrecht im Rheinland; † 25. Oktober 1945 in Nürnberg durch Suizid), von Beruf Lebensmittelchemiker, 1925 Gauleiter des Rheinlands, nach der Machtergreifung Leiter des Aktionskomitees zum Schutz der Deutschen Arbeit, lässt einen Tag nach der ersten nationalsozialistischen Maifeier, am 2. Mai 1933, schlagartig die Gewerkschaftshäuser besetzen und die Gewerkschaftsführer verhaften. Bis zum 10. Mai sind sämtliche Unterorganisationen der Gewerkschaft »gleichgeschaltet« und in der »Deutschen Arbeitsfront« (DAF) zu einem Einheitsverband aus Arbeitnehmern und Arbeitgebern vereinigt. Neben der NSDAP bleiben nur noch das Heer und die beiden großen christlichen Kirchen als eigenständige Organisationen erhalten.

Die Beamten begegnen schon in der »Kampfzeit« der mit Versprechungen werbenden NSDAP mit Sympathie. Auf sie hört vor allem die untere und mittlere Beamtenschaft, die unter den demokratischen Regierungen Gehaltskürzungen und Beförderungssperren hinnehmen mussten. Sie sind bis zum Untergang des Regimes – und darüber hinaus – die treuesten Gefolgsleute des NS-Regimes.

Der Rücktritt des Kabinetts Held am 9. März 1933 verwandelt Bayern in eine Reichsprovinz ohne Sonderrechte. Der Landtag ist überflüssig geworden, das bayerische Außenministerium, die französische Gesandtschaft, die seit 1785 bestehende Nuntiatur in München sowie die bayerische diplomatische Vertretung im Vatikan gehören der Vergangenheit an. Die neue Provinzialregierung heißt nun offiziell »Reichsmittelbehörde« und untersteht direkt Berlin. Sie wird durch den ehemaligen Gauleiter Süd-Westfalens, Paul Gieslers, repräsentiert.

Mit dem Sturz der Regierung in die Bedeutungslosigkeit, wächst die Macht der Gauleiter. Ab 1933 gliedert sich Bayern in den Gau München-Oberbayern (Hauptort München), Schwaben (Augsburg), Franken (Mittel- und Unterfranken, Nürnberg) und Bayerische Ostmark (Oberfranken, Oberpfalz und Niederbayern, Bayreuth) sowie ab 1935 in den Gau Saarpfalz (ab 1941 Westmark). Dem Zentralisten Hitler ist mit der Aufteilung Bayerns in Gaue die Zerschlagung historisch gewachsener Strukturen gelungen. Der partikularistische, föderale Geist Bayerns bedeutet für den deutschen Einheitsstaat keine Gefahr mehr.

Hitler anerkannt

Der 23. März 1933 ist einer der unzähligen Schicksalstage des Deutschen Reiches. Der Reichstag tritt zur Beratung und zum Beschluss des Ermächtigungsgesetzes zusammen. Mit großer Spannung erwartet die katholische Kirche das Ergebnis. Sie wird durch die Zentrumspartei vertreten, die im Reichstagswahlkampf am 5. März, mit ihrem eindeutigen Auftreten gegen die NSDAP, gegenüber der letzten Wahl vom 6. November 1932 drei Mandate hinzugewinnen konnte und viert stärkste Partei im Reich bleibt. Und das, obwohl in ihrer Stütze, der katholischen Kirche, der Riss immer breiter wird, der die Kirchenspitze und die Laienschaft in ihrer Haltung zu den Nationalsozialisten trennt. Der hohe Klerus ist konsequent ablehnend, die Schar der Gläubigen und ein guter Teil der Priester nur mehr vorsichtig distanziert. Überraschend ist daher das »Ja« des Zentrums zum Ermächtigungsgesetz. Prälat Ludwig Kaas (* 23. Mai 1881 in Trier, † 15. April 1952 in Rom), Vorsitzender der Partei, begründet die Zustimmung:

„*Im Angesichte der brennenden Not, in der Volk und Staat gegenwärtig stehen, im Angesicht der riesenhaften Aufgaben, die der deutsche Wiederaufbau an uns alle stellt, im Angesichte vor allem der Sturmwolken, die in Deutschland und um Deutschland aufzusteigen beginnen, reichen wir von der deutschen Zentrumspartei in dieser Stunde allen, auch früheren Gegnern, die Hand, um die Fortführung des nationalen Rettungswerkes zu sichern,*
(Beifall bei den Nationalsozialisten.)
die Wiederherstellung geordneten Staats- und Rechtslebens zu beschleunigen, chaotischen Entwicklungen einen festen Damm entgegenzusetzen, zusammen mit all denen – ganz gleich, aus welchen Lagern und Gruppen der deutschen Volksgenossen sie kommen mögen –, die ehrlichen, auf Aufbau und Ordnung gerichteten Willens sind.
(Beifall im Zentrum.) “

Nach zwölf Jahren eines streckenweise erbittert geführten Kampfes gegen den Nationalsozialismus, steht die katholische Kirche, nach der Machtergreifung Hitlers, vor einer nationalsozialistischen Staatsautorität. Nach christlicher Tradition und Überzeugung, ist Gehorsam gegenüber der staatlichen Obrigkeit Gewissenspflicht. Zahlreiche Katholiken geraten wegen der brutalen Verfolgung unschuldiger Bürger in Gewissenskonflikt zwischen Treue zur Kirche und Loyalität zum Staat. Aus Angst – wie zu Bismarcks Zeiten –, erneut in einen Kulturkampf verwickelt und zur diskriminierten Minderheit zu werden, beugen sie sich dem NS-Terror. Hitler, dessen Macht noch nicht gesichert ist, gibt beruhigende Versprechungen ab. Er garantiert den Fortbestand der Bekenntnisschulen und der Länderkonkordate, die Bayern (1924), Preußen (1929) und Baden (1932) abgeschlossen haben.

Gleichzeitig aber schreitet er nicht gegen den Terror von SA und SS gegen katholische Geistliche ein. Unmittelbar nach der Machtergreifung, nehmen die militanten NS-Organisationen im rechtsrheinischen Bayern rund 150 Priester fest, darunter

Gedenkstein Michael Kardinal von Faulhabers in der Münchener Liebfrauenkirche (oben). Faulhaber erteilt am 29. Juni 1951 Joseph Alois Ratzinger (seit 19. April 2005 Papst Benedikt XVI.) und dessen Bruder Georg im Dom zu Freising die Priesterweihe. – Die Bevölkerung Bayerns nach Konfessionen 1933 (rechts).

42 in der Diözese Würzburg. In der Saarpfalz verhängen sie bis Mitte Juli 1933 über 21 Geistliche die Schutzhaft. 26 verlassen *„wegen Lebensgefahr"* vorübergehend ihre Pfarreien. Nach der roten soll nun *„auch die schwarze Gefahr"* vernichtet werden, heißt eine NS-Parole. Die Proteste bayerischer Bischöfe bei der Staatsregierung fallen zahm aus, um die laufenden Konkordatsverhandlungen nicht zu gefährden. Die Vermutung, auch Prälat Kaas habe die Zustimmung zum Ermächtigungsgesetz im Hinblick auf die Konkordatsverhandlungen gegeben, ist deshalb glaubhaft. Kaas trägt am erstaunlich raschen Abschluss der Verhandlungen mit dem Vatikan großen Anteil. Am 8. April reist Kaas nach Rom. Er kehrt nicht wieder nach Deutschland zurück.

Das Konkordat, ein Erfolg Hitlers

Die schon in der Weimarer Republik aufgenommenen Konkordatsverhandlungen scheitern an der Instabilität der Regierungen, der Uneinigkeit des deutschen Episkopats und an den Forderungen des Vatikans. Die Frage der Konfessionsschulen und die Stellung der Militärgeistlichkeit können nicht beantwortet werden. Im Winter 1932 finden die letzten Gespräche statt. Auf Anregung Papens nimmt Hitler sie auf. Nuntius Pacelli und der Vorsitzende der Zentrumspartei, Prälat Kaas, verhandeln für die Kirche, Franz von Papen, Katholik und ehemaliges Mitglied der Zentrumspartei, für die Regierung. Den Text der Verhandlungen steuert Kardinal Faulhaber bei. Am 4. Januar 1933 führt Papen mit Hitler ein Vorgespräch über das Konkordat. Papen deutet an, dass Papst Pius XI. an der Zerschlagung der SPD und KPD interessiert sei. Danach könne er auf eine politische Betätigung des deutschen Klerus verzichten. Hitler hat Grund zum Jubel: Die katholische Kirche ist bereit, ihre politischen Arme, die Zentrumspartei und die Bayerische Volkspartei aufzugeben.

Am 30. Januar wird Hitler Reichskanzler, am 28. Februar verbietet er die Kommunistische Partei, am 22. Juni die Sozialdemokratische. Zentrum und BVP geben am 4./5. Juli ihre Selbstauflösung bekannt. Am 20. Juli 1933 wird das Reichskonkordat unterzeichnet. Es gilt bis heute.

Hitler erfreut sich eines mehrfachen Erfolges. Nicht nur die Konkurrenz der klerikal orientierten Parteien ist er los, auch der politische Katholizismus ist zum Schweigen gebracht. Darüber hinaus bringt ihm das Konkordat die außenpolitische Anerkennung seines Regimes und durchbricht die diplomatische Isolation des Auslands, er ist verhandlungsfähig geworden.

Innenpolitisch gewinnt er an Ansehen, denn der Vertrag ist in den Augen des Volks eine Versöhnung mit dem Katholizismus. Ohne in Gewissenskonflikt zu geraten, steht den Gläubigen nun der Beitritt zur NSDAP offen. Hingegen tritt die von der Kirche erhoffte Entspannung des Verhältnisses zwischen ihr und der nationalsozialistischen Bewegung nicht ein. Die Verfolgung der Kirche beginnt erst jetzt.

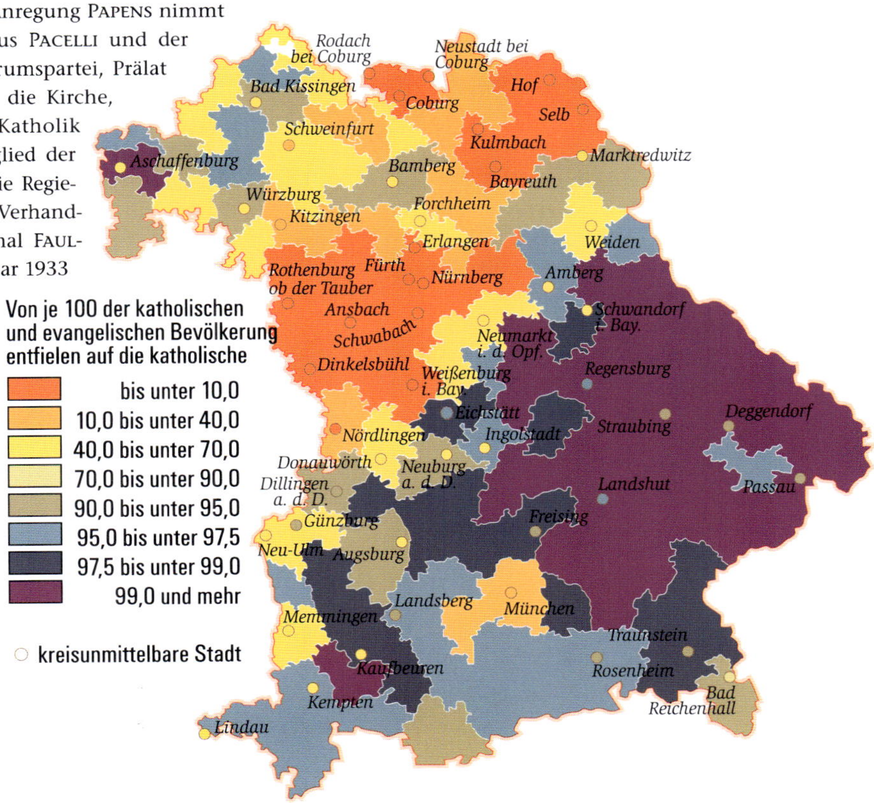

Uneinige Kirchen

Das Konkordat verhindert die Verfolgung der Kirche durch das Regime nicht. Die katholischen Jugendverbände, Standesorganisationen und Bekenntnisschulen stehen im Visier der radikalen NS-Organisationen. Sie gebrauchen jede Schikane zur Unterdrückung der Kirche und Demoralisierung der Gläubigen.

In Bayern begibt sich Michael Kardinal von Faulhaber auf eine Gratwanderung zwischen christlicher Ethik und gewissenlosem nationalsozialistischem Allmachtsanspruch.

Faulhaber (* 5. März 1869 in Klosterheidenfeld [jetzt Heidenfeld, Gemeinde Röthlein bei Schweinfurt]; † 12. Juni 1952 in München), ist überzeugter Monarchist und übt am Weimarer System – das, wie er feststellt, auf dem *„Hochverrat und Meineid"* der Novemberrevolution aufgebaut ist – scharfe Kritik. Er ist aber auch kein Freund des Nationalsozialismus und verbietet 1931 seinen Priestern jedwede NS-Mitgliedschaft. Nach seiner Audienz bei Papst Pius XI., am 10. März 1933, schlägt Faulhaber gegenüber den Nationalsozialisten allerdings mildere Töne an. Er empfiehlt, man möge *„mehr Toleranz gegen die neue Regierung"* üben. Im Hirtenbrief vom 5. April fordert er seine Priester zu *„staatsbürgerlichem Gehorsam"* gegenüber der *„rechtmäßigen Obrigkeit"* auf. Der Bayerischen Volkspartei rät Faulhaber zur Auflösung, weil *„die Zeit der Parteien sowieso zu Ende sei"*.

Sein Verhalten ist in vielen Fragen ambivalent. In seinen »Adventpredigten« von 1933 schlägt er kämpferische Töne an und verteidigt den jüdischen Ursprung des Christentums gegen den nationalsozialistischen Antisemitismus. Der alttestamentarische Fachtheologe Faulhaber zieht eine scharfe Trennlinie zwischen dem kirchlichen Antijudaismus und dem rassischen Antisemitismus. Mit letzterem hat er nichts gemein. Zur Verfolgung der Juden und anderer, vom Regime geächteter Minderheiten bezieht er keine Stellung. Hingegen setzt er sich nach Kriegsende für die Freilassung inhaftierter NS-Bonzen ein, vor allem für den slowakischen Staatspräsidenten und katholischen Priester Jozef Tiso (* 13. Oktober 1887 in Vělká Bytča, (heute Bytča), der 1945 über das heutige Österreich in Altötting Schutz sucht, von den US-Amerikanern an die Tschechoslowakei ausgeliefert und am 18. April 1947 in Bratislava durch den Strang hingerichtet wird.

In der Frage der Zwangssterilisation Erbkranker weiß er sich andererseits mit dem westfälischen Bischof Clemens August Graf von Galen eins: Die Euthanasie ist mit dem katholischen Glauben unvereinbar.

Im November 1933 protestiert das bayerische Episkopat erstmals gegen *„die Belastungen des katholischen Gewissens"* durch das rigorose Vorgehen des Regimes gegen katholische Einrichtungen. Da die Nationalsozialisten nicht müde werden, sich als letzter Wall gegen die atheistische Flut des Bolschewismus und Marxismus zu präsentieren, nimmt die katholische Kirche manche Schikane auf sich. Der katholische »Kirchenkampf« wird daher hauptsächlich um die Einhaltung der Konkordatsbestimmungen geführt.

Zweierlei »Kirchenkampf«

„Wir müssen uns als die wahren Christen deklarieren, »Christentum« heißt die Parole zur Vernichtung der Pfaffen, wie einstmals »Sozialismus« zur Vernichtung der marxistischen Bonzen", notiert Reichspropagandaminister Joseph Goebbels. Goebbels ist der Sohn eines Buchhalters aus Rheydt in Nordrhein-Westfalen und streng katholisch erzogen. Der Katholik Hitler hingegen hält sich in Kirchenfragen bedeckt. Kirchenpolitische Absichtserklärungen gibt er keine ab. Der Punkt 24 des Programms der NSDAP vom 24. Februar 1920 erwähnt ein »positives Christentum«, ohne Details anzuführen. Bis zu seinem Ende vermeidet Hitler eine Kampfansage an die Kirche, obwohl der Gegensatz von Nationalsozialismus und Christentum zunimmt und zum tödlichen Kampf zweier Glaubensbewegungen wird.

Trotz aller Anfeindungen durch das Regime, bietet das Konkordat den römischen Katholiken in Deutschland eine mentale Stütze, die ihre Haltung vereinheitlicht und festigt. Interne Konflikte belasten die Kirche nicht. Sie vermeidet die ideologische Anpassung, noch mehr jeden Konflikt mit dem Nationalsozialismus. Als Weltkirche versuchte ihre Führung, primär eigene Strukturen, Mitglieder und Organisationen zu schützen.

Die Bevölkerung Bayerns nach Konfessionen 1933 (rechts). Die Bevölkerungsstatistik von 1933 zeigt unter anderem den kontinuierlichen Rückgang der jüdischen Einwohner (nach damaligem Sprachgebrauch »Israeliten«) von 1875 bis 1933. Im Jahr der nationalsozialistischen Machtübernahme stellen die 0,55 % nur

Der Begriff des »Kirchenkampfes«, der 1933 geprägt wird, bezeichnet deshalb nur die Auseinandersetzungen innerhalb der evangelischen Kirche. Diese ringt um ihre Eigenständigkeit im nationalsozialistischen Totalitätsanspruch. Erst nach 1945 wird das Wort »Kirchenkampf« zur Bezeichnung der Geschichte der beiden großen christlichen Konfessionen im Dritten Reich. Die katholische Kirche lehnt den Begriff auf sich allein bezogen nach wie vor ab.

Anders als die Katholiken in Bayern, begrüßen die bayerischen Protestanten Hitlers Machtantritt mit Loyalitätsbekundungen. Mit Genugtuung vermerken sie, dass dem »Marxismus« nun der Kampf ungehindert angesagt werden kann. *„Gegen die gottlose marxistische Lehre erhebt sich der Glaube an ewige, unverlierbare Werte der menschlichen Seele, in welchem Glauben die [nationalsozialistische] Freiheitsbewegung und der Christenglaube zusammentreffen"*, bekundet das Gemeindeblatt der Münchener Protestanten 1933.

Am Ostersonntag, dem 16. April 1933, geben die evangelischen Pfarrer Bayerns dem nationalsozialistischen Regime ihren Segen: *„Ein Staat, der wieder anfängt, nach Gottes Gebot zu regieren, darf in diesem Tun nicht nur des Beifalls, sondern auch der freudigen und tätigen Mitarbeit der Kirche sicher sein. Mit Dank und Freude nimmt die Kirche wahr, wie der neue Staat der Gotteslästerung wehrt, der Unsittlichkeit zu Leibe geht, Zucht und Ordnung mit starker Hand aufrichtet, wie er zur Gottesfurcht ruft, die Ehe heilig gehalten und die Jugend geistlich erzogen wissen will, wie er der Väter Tat wieder zu Ehren bringt und heiße Liebe zu Volk und Vaterland nicht mehr verfemt, sondern in tausend Herzen entzündet. ... Wir können unsere Gemeinden nur bitten, sich ernstlich und willig dafür einzusetzen, dass die starken aufbauenden Kräfte ... zum vollen, ungehinderten Siege kommen."* Für den »Tag der Arbeit« haben die evangelischen Pastoren Hakenkreuze auf ihre Talare sticken lassen.

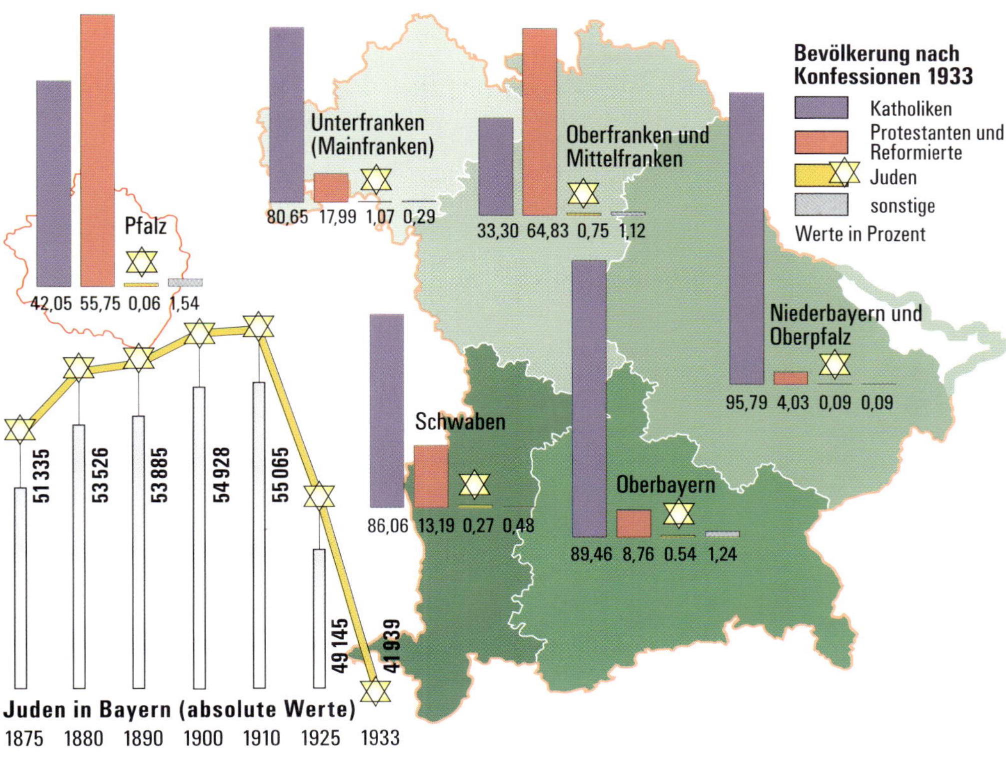

eine marginale Größe dar. 1933 zählt Bayern eine Gesamtbevölkerung von 7 681 584 Personen. Davon sind 41 939 Personen Juden, das entspricht einem Anteil von 0,55 %.

Schwierige Balance

Mit dem Untergang der Monarchie zerbricht auch das Bündnis von Thron und Altar, die evangelische Kirche ist plötzlich orientierungslos geworden. Ohne zentrale Kirchenleitung, ohne politische Partei, in Lutheraner, Reformierte und Unierte sowie in 28 Landeskirchen zersplittert, fehlt auch der innere Zusammenhalt. Jede Gruppe begibt sich auf die Suche nach einer neuen Position. Sie begegnen einander wieder in der nationalen Not der Niederlage und der Wirtschaftskrise und entdecken im davon schwer betroffenen Volk eine neue Herausforderung, im Sinne christlicher Solidarität und Moral tätig zu werden. Wieder geht jede der Gruppen eigene Wege. Einige entdecken ihre Sympathie für die völkische Bewegung, die seit der zweiten Hälfte des 19. Jahrhunderts in mancherlei Formen und vielen Vereinen in ganz Deutschland entstanden ist, und verwenden das völkische Gedankengut für ein politisch-theologisches Rezept, mit dem sie dem Massenelend und der nationalen Wirtschaftsnot begegnen wollen. Das Auftreten Hitlers, sein rhetorisches Talent und seine Fähigkeit, in der Gesellschaft schlummernde Feindbilder zu wecken, verleihen seinen Thesen über die Beseitigung des Elends und den Wiederaufstieg Deutschlands zu machtvoller Größe Glaubwürdigkeit. Seine protestantische Anhängerschaft wächst.

1932 sammeln sich auf Initiative des märkischen Gauleiters Wilhelm Kube jene, den völkischen Ideen nahe stehenden, Protestanten unter der Bezeichnung »Glaubensbewegung DC« (Deutsche Christen). Ihr Ziel ist die Errichtung einer unitarischen Reichskirche auf völkischer, antisemitischer Basis. Von den 28 Landeskirchen der Deutschen Evangelischen Kirche (DEK) bleiben der DC nur drei fern und bewahren ihre Eigenständigkeit: Hannover, Württemberg und Bayern.

In dem völlig neuen, autoritär geführten deutschen Staat muss sich der 72-jährige Landesbischof Friedrich Veit der bayerischen Evangelisch-Lutherischen Kirche erst zurecht finden. Er resigniert. Am 4. Mai 1933 tritt er zurück, er fühlt sich den zu erwartenden Auseinandersetzungen mit den Nationalsozialisten und der von ihnen geförderten DC nicht mehr gewachsen. Die Synode wählt Hans Meiser zum Nachfolger und stattet ihn mit umfangreichen Vollmachten zur Kirchengesetzgebung nach dem Führerprinzip aus.

Bei der Amtseinführung Meisers in der Nürnberger Lorenzkirche, am 11. Juni 1933, nimmt eine starke Abordnung von Vertretern des Staates und der NSDAP teil. Die SA steht Spalier.

Hans Meiser (* 16. Februar 1881 in Nürnberg; † 8. Juni 1956 in München) arrangiert sich mit den Nationalsozialisten; auch er sieht einen Kirchenkampf innerhalb der evangelischen Kirche heraufdämmern: Die DC drängt nach einer einheitlich und von ihr zentralistisch geführten Reichskirche. Ihre Gleichschaltungsabsicht findet Hitlers Wohlwollen. Doch er stellt eine Bedingung: An der Spitze der Reichskirche muss ein Reichsbischof seiner Wahl stehen.

Auflehnung der bayerischen Protestanten gegen das NS-Regime

Nun bestehen seit dem 9. Mai innerhalb der Evangelischen Kirche beträchtliche Unstimmigkeiten über die ideologische Ausrichtung der Reichskirche. Den Aufruf der Jungreformatorischen Bewegung zum »Neubau« der »Evangelischen Kirche Deutscher Nation« befürworten zwar namhafte Theologen, doch den Vorschlag des Ausschlusses von Nichtariern aus der Kirche und der Einflussnahme der NSDAP lehnen sie ab. Zu dieser Differenz zwischen Jungreformern und Deutschen Christen kommt jene bei der Besetzung des Reichsbischofsamtes. Die Deutschen Christen treten für den Wehrkreispfarrer Ludwig Müller, Hitlers Bevollmächtigten und Schirmherrn der Deutschen Christen, ein, die Jungreformer für Friedrich von Bodelschwingh.

Anlässlich der Gründung der Reichskirche am 27. September 1933 wählt Meiser den von Hitler protegierten Ludwig Müller.

1934 versucht die deutschchristliche Reichskirchenführung, den verbliebenen autonomen Landeskirchen, mit der Unterstützung Hitlers, die Selbstständigkeit zu entziehen. Am 13. März 1934 empfängt Hitler Meiser und den evangelischen Landesbischof von Württemberg Theophil Wurm zu einer Unterredung. Meiser erklärt: *„Wenn der Führer bei*

seinem Standpunkt verharren will, bleibt uns nichts anderes übrig, als seine allergetreueste Opposition zu werden." Hitler, gewohnt unwidersprochen zu sein, gerät in maßlose Erregung: *„Was sagen Sie? Allergetreueste Opposition? Feinde des Vaterlands, Verräter des Volks sind Sie."*

Die im August 1934 tagende landeskirchliche Synode bestätigt Meiser. Eine Unterordnung der bayerischen Landeskirche unter die Reichskirche, die nicht auf dem Bekenntnis Luthers gründet, sondern auf dem des unierten Preußens, müsse abgelehnt werden.

Im September 1934 bricht eine verleumderische Pressekampagne über Meiser herein. Am 11. Oktober 1934 entlässt der »Rechtswalter« des Reichsbischofs, AUGUST JÄGER, die gesamte bayerische Kirchenleitung und stellt Meiser unter Hausarrest. Die Nachricht, von Mund zu Mund weitergegeben, mobilisiert Christen aus ganz Bayern. Sie reisen zum Teil in Sonderzügen nach München, um Meiser ihre Sympathie zu bekunden. Nach zwei Wochen sind Meiser und seine Kirchenleitung wieder im Amt.

Doch auch Meiser hat gelernt. Um die bayerische Landeskirche zu schützen, verweigert er die Unterschrift unter eine kritische Denkschrift der evangelischen »Vorläufigen Kirchenleitung« (VKL), in der die Judenpolitik und die Angriffe auf die Gewissensfreiheit durch das Regime kritisiert werden. Auch die vor der Münchner Konferenz zur Sudetenfrage 1938 von der VKL veröffentlichte kriegskritische Gebetsliturgie weisen Meiser und seine lutherischen Kollegen mit der Erklärung zurück, wonach die Gebetsliturgie *„von uns aus religiösen und vaterländischen Gründen missbilligt und für unsere Kirchen abgelehnt worden ist. Wir verurteilen die darin zum Ausdruck gekommene Haltung auf das schärfste und trennen uns von den für diese Kundgebung verantwortlichen Persönlichkeiten."* 1938 lässt Meiser die bayerischen evangelischen Pfarrer den Eid auf Hitler ablegen.

Meisers *„Mit dem Feind-Gegen den Feind-Politik"* zwingt ihn zu manchem Kompromis mit den Nationalsozialisten. Die Aufforderung, die Judenverfolgung öffentlich zu verurteilen, lehnt er ab. Hingegen legt er am 23. Februar 1940, *„in sichtlicher Erregung"*, gegen die Ermordung Behinderter bei Reichsstatthalter von EPP schärfsten Protest ein.

Meisers beharrliches Bemühen, die bayerische evangelische Landeskirche aus dem Sog der DC herauszuhalten, sichert ihren Fortbestand. Nach dem Krieg verschwindet die DC bis auf bedeutungslose Splittergruppen. Reichsbischof Ludwig Müller versucht, sich am 31. Juli 1945 in Berlin das Leben zu nehmen, und stirbt an den Folgen.

Betont herzlich begrüßt Reichskanzler Adolf Hitler den vom ihm protegierten Reichsbischof Ludwig Müller, Oberhaupt der »Glaubensbewegung Deutsche Christen« auf dem 6. Reichsparteitag in Nürnberg (4. bis 10. September 1934, oben).

Mord in den eigenen Reihen

Im März 1934 verschärft sich ein seit längerem schwelender Konflikt zwischen Reichswehr und SA. SA-Stabschef Ernst Röhm, von Hitler am 1. Dezember 1933 zum Reichsminister ohne Geschäftsbereich ins Kabinett geholt, sieht sich als Minister eines fiktiven Ministeriums, dem die Angelegenheiten der SA obliegen. Daraus folgert er, mit den ihm unterstellten drei Millionen SA-Männern auf gleicher Stufe mit der Reichswehr und dem Reichswehrministerium zu stehen. So wie diese für die Sicherheit des Reiches nach außen zuständig sind, fühlt er sich berufen, für die Ordnung im Inneren des Reiches zu sorgen. Er überlegt sogar, sein »SA-Ministerium« mit dem Reichswehrministerium in seiner Hand zu vereinigen. Der Plan versetzt die Reichswehrführung in Unruhe. Röhm, der sich für ein »Volksheer« stark macht, das die nationale Revolution in Gang halten soll, hängt Visionen nach, die sich mit jenen Hitlers nicht mehr decken. Hitler will keine Revolution, sondern Ruhe im Land. Dies ist eine Voraussetzung für den Krieg, den er anstrebt, und für den er die erfahrenen Militärs benötigt. Der Unruhestifter Röhm und seine Rowdies, die den Unmut der Bevölkerung erregen und zu kritischen Pressekommentaren Anlass geben, fallen ihm lästig. Er beschließt, Röhm und dessen SA für die Gunst der Reichswehr zu opfern. Ein unerhoffter Partner wird ihm die SS, Hitlers Eliteeinheit. Sie ist Bestandteil der SA und fühlt sich als solcher benachteiligt. Tatsächlich wird die plebejische, vulgäre SA innerhalb der NSDAP zunehmend gemieden. Ernst Röhm kümmert die Ausgrenzung nicht. Er ist einer der wenigen Duzfreunde Hitlers aus alter »Kampfzeit« und wähnt sich vor existenzieller Gefährdung sicher. Hitler jedoch widersteht zwar den intriganten Einflüsterungen Görings, der Röhm als lästigen Rivalen empfindet, und Himmlers, der alle Macht in den Händen seiner SS sehen will, aber der Forderung der Reichswehr, den paramilitärischen Konkurrenten zu beseitigen, gibt er nach. Im Januar 1934 beauftragt er den Leiter des Geheimen Staatspolizeiamtes, Rudolf Diels, Röhm zu observieren und Belastungsmaterial gegen ihn und seine Clique zu sammeln. Doch Röhm ist der typische Landsknecht, gewohnt zu kämpfen und sich an Saufgelagen zu beteiligen, andere Ambitionen besitzt er nicht, es sei denn man lastet ihm seine Homosexualität an. Für Hitler ist das bislang kein Thema gewesen. Die Differenzen, die gelegentlich zwischen beiden auftreten, betrachtet Röhm als reinigende Gewitter in einem sonst ungetrübten Verhältnis zweier Freunde. Aber er unterschätzt Hitlers Mimosenhaftigkeit und Selbstherrlichkeit. Solange Röhm am Kult um den »Führer« nicht rührt, sieht ihm Hitler Entgleisungen nach. Als aber Röhm lautstark Machtansprüche für sich und die SA stellt und Missstimmung zwischen Hitler und den Militärs erzeugt, zeichnet sich der Bruch der Freundschaft ab.

Krisen in der Führung

Im Frühjahr 1934 mehren sich die Anzeichen krisenhafter Entwicklungen: Engpässe in der Versorgung, Korruption und Funktionärswirtschaft erzeugen Missmut in der Bevölkerung. *„Die Parteiwirtschaft sei heute noch viel größer in der Kommune, und in den Behörden sind solche Leute als Führer vertreten, auf die früher die Leute mit dem Finger gezeigt haben"*, murren Bauern und Bürger laut

Stimmungsberichten aus oberbayerischen Gemeinden. Eine Welle kritischer Stimmen schlägt der NSDAP entgegen.

In dieser Phase landesweiter Unzufriedenheit bildet sich um Vizekanzler PAPEN ein Personenkreis, dem der Pressereferent Papens, HERMANN VON BOSE, weiters ein Mitarbeiter Papens, FRITZ GUENTHER VON TSCHIRSKY UND BOEGENDORFF, sowie Papens Sekretär EDGAR J. JUNG angehören. Die Gruppe entwickelt Pläne für die Zeit nach dem Ableben Reichskanzlers PAUL VON HINDENBURG. Ihren Vorstellungen nach, sollte Deutschland auf den republikanischen Kurs zurückgebracht werden. Dazu versucht Papen, Hitler auf eine verbindliche Aussage über die Nachfolge Hindenburgs festzulegen, und Hindenburg zu bewegen, die Wiederherstellung der Monarchie testamentarisch festzulegen. Hitler bleibt die Antwort schuldig, und Hindenburg empfiehlt die Restauration der Monarchie lediglich in einem Schreiben an den Reichskanzler. Doch dieser ist gewarnt. Von nun an beobachtet er Papens Aktivitäten nur noch mit Misstrauen.

Am 17. Juni 1934 hält Papen an der Universität in Marburg an der Lahn eine Rede, die ihm sein Sekretär Jung vorbereitet: *„Einmal muss die Bewegung zu Ende kommen, einmal ein festes soziales Gefüge, zusammengehalten durch eine unbeeinflussbare Rechtspflege und durch eine unbestrittene Staatsgewalt, entstehen. ... Mit ewiger Dynamik kann nichts gestaltet werden."*

Papens Ausführungen alarmieren Hitler. Während Propagandaminister Goebbels dafür sorgt, dass die Rede keine Verbreitung findet, macht er sie sich mit Göring und Himmler für einen Schlag gegen die SA zunutze, an deren Adresse die Worte gerichtet sind. REINHARD HEYDRICH, Leiter des Geheimen Staatspolizeiamtes, ist dabei williger Handlanger. Heydrich und der Sicherheitsdienst (SD) verbreiten Gerüchte, dass Röhm einen Putsch plane. Die Reichswehr sieht die Nachricht bestätigt, als ihr am 24. Juni 1934 ein Befehl Röhms zugespielt wird, die SA möge sich bewaffnen. Die Meldung ist aber eine Fälschung aus Heydrichs Amt.

Noch am selben Tag werden SS und SD von Himmler und Heydrich über einen bevorstehenden SA-Putsch informiert und angewiesen, sich für den Bedarfsfall bereit zu halten. Drei Tage später überbringt Reichswehrminister WERNER VON BLOMBERG Hitler den gefälschten Befehl. Hitler alarmiert SEPP DIETRICH, den Kommandanten seiner SS-Leibgarde.

Trotz strengster Geheimhaltung, dringt der Alarm an die Öffentlichkeit. Am 29. Juni rotten sich an manchen Orten – auch in München – SA-Trupps zusammen und versuchen sich tatsächlich zu bewaffnen. Damit bestätigen sie das Putsch-Gerücht, und der oberbayerische Gauleiter ADOLF WAGNER informiert umgehend die Reichskanzlei.

Hitler übernimmt persönlich die Leitung der Aktion gegen die SA. Ihre Führung tagt zu dieser Zeit in Bad Wiessee.

In den frühen Morgenstunden des 30. Juni umstellen bewaffnete SS-Einheiten das Quartier Röhms und seiner Führungskräfte. Hitler holt persönlich den nichts ahnenden Stabschef mit den Worten *„Röhm, du bist verhaftet!"* aus dem Bett. Röhm und seine Gefolgschaft werden festgenommen und nach München transportiert.

Die von langer Hand vorbereitete Verhaftungswelle nimmt im ganzen Reich ihren Lauf. Hitlers Schergen exekutieren SA-Männer an Ort und Stelle. Bose und Jung, der frühere Reichskanzler SCHLEICHER und seine Frau, der ehemalige bayerische Ministerpräsident KAHR und der Leiter der Katholischen Aktion, ERICH KLAUSNER, werden umgehend erschossen. 83 Personen führt die amtliche Todesliste an, darunter Röhm, den am nächsten Tag ein SS-Offizier im Gefängnis Stadelheim erschießt.

Hitler rechtfertigt den ersten Massenmord in der Geschichte des Dritten Reichs am 3. Juli in einer Kabinettsitzung. Die Minister stimmen ihm zu.

Die Rechtmäßigkeit des Vorgehens bestätigt nachträglich ein Gesetz, das der ehemalige bayerische Justiz- und jetzige Reichsjustizminister FRANZ GÜRTNER unterzeichnet: *„Die zur Niederschlagung hoch- und landesverräterischer Angriffe am 30. Juni, 1. und 2. Juli 1934 vollzogenen Maßnahmen sind als Staatsnotwehr rechtens."* – Die Täter haben sich zu Richtern in eigener Sache gemacht.

Am 2. August 1934, wenige Wochen nach dem vermeintlichen »Röhm-Putsch«, stirbt der fast 87-jährige Reichspräsident Paul von Hindenburg. Der Reichstag beschließt, das Reichspräsidentenamt und das Amt des Reichskanzlers per Gesetz zu vereinigen. Hitler ist »Führer und Reichskanzler«.

Ernst Julius Röhm (28. November 1887 in München; † 1. Juli 1934 in München durch Erschießen, links). Röhm und seine paramilitärische SA führen Hitler zum Aufstieg. Einmal an der Macht, benötigt sie Hitler nicht mehr. Hitler lässt die Führung, einschließlich Röhm, bei erst bester Gelegenheit liquidieren.*

Deutsches Selbstbewusstsein

Aller Souveränitätsrechte beraubt und zur Reichsprovinz degradiert, untersteht Bayern, wie die anderen deutschen Gaue, dem Zentralismus der Berliner Wirtschaftspolitik. Von der Sicherung der Grundbedürfnisse der Bevölkerung, Arbeit und Brot, hängen Stabilität und Fortbestand der Regierung Hitler ab. Als er im Januar 1933 die Kanzlerschaft antritt, verzeichnen die Arbeitsämter im Reich 6 013 612 Arbeitslose. Das entspricht einer Quote von 19 %. Damit ist die Arbeitslosigkeit bei einem neuen Höhepunkt angelangt. Unter der wirtschaftlichen Depression und der sie begleitenden Massenarbeitslosigkeit – verursacht durch die 1929 einsetzende Weltwirtschaftskrise, die neben den USA besonders Deutschland hart trifft – leiden vor allem kaufmännische Angestellte, ungelernte Arbeiter, Arbeiter in der Metallverarbeitenden Industrie und Bauarbeiter. Das wahre Ausmaß des wirtschaftlichen Notstandes geht allerdings aus der Arbeitslosenstatistik nicht hervor: Jugendliche, die von der Schule abgehen und Studenten, die die Universität verlassen und noch in keinem Arbeitsprozess eingegliedert waren, scheinen nicht auf. Auch jene, die keine Unterstützung erhalten, weil sie im Familienverband leben, in dem zumindest ein Angehöriger über einen Verdienst verfügt. Auch Frauen weist die Statistik nicht aus, die bei Arbeitsämtern nicht mehr vorstellig werden, da eine Bewerbung aussichtslos ist. Mit diesen »unsichtbaren« Arbeitslosen liegt die Zahl der Beschäftigungslosen vermutlich bei 7,8 Millionen oder darüber.

Für das NS-Regime wird die rasche Senkung der Arbeitslosenziffern Pflicht. Sie ist die Kernaussage von Hitlers Regierungserklärung, die der Rundfunk am 1. Februar 1933 überträgt: Die *„Rettung des deutschen Bauern zur Erhaltung der Ernährungs- und damit Lebensgrundlage der Nation"* und die *„Rettung des deutschen Arbeiters durch einen gewaltigen und umfassenden Angriff gegen die Arbeitslosigkeit".* Vier Jahre Zeit möge man ihm geben, dann werde er bewiesen haben, den richtigen Weg gegangen zu sein.

Welche Maßnahmen die Vollbeschäftigung bewirken sollen, erklärt er am 8. Februar im Kabinett: Jede öffentlich geförderte Arbeitsbeschaffung müsse unter dem Gesichtspunkt beurteilt werden, ob sie der Wiederwehrhaftmachung des deutschen Volkes diene. In einem Sofortprogramm bewilligt das Kabinett der Reichswehr zusätzlich 50 Millionen RM und der Luftwaffe zehn Millionen RM.

Bereits 1936 – in anderen Industrieländern herrscht weiterhin hohe Arbeitslosigkeit, in den USA liegt sie bei 24 Prozent – ist in Deutschland die Vollbeschäftigung beinahe wieder hergestellt. Zwar weisen die Statistiken im Jahresdurchschnitt noch 1,6 Millionen Arbeitslose aus, doch die Tendenz ist weiter rückläufig. In manchen Branchen herrscht bereits Mangel an Fachkräften.

Zweifellos kommt den Nationalsozialisten das Investitionsprogramm zugute, das noch die Regierung Brüning angestrengt hat. Zudem hat die Weltwirtschaftskrise den Höhepunkt schon überschritten. Das Regime wählt eine neue Methode der Arbeitsbeschaffung. Der Staat nimmt eine höhere Verschuldung auf sich und kurbelt die fehlende Nachfrage nach Gütern und Dienstleistungen an. Im Zuge der antizyklischen Konjunkturpolitik investiert die Öffentliche Hand bis Ende 1934 rund fünf Milliarden

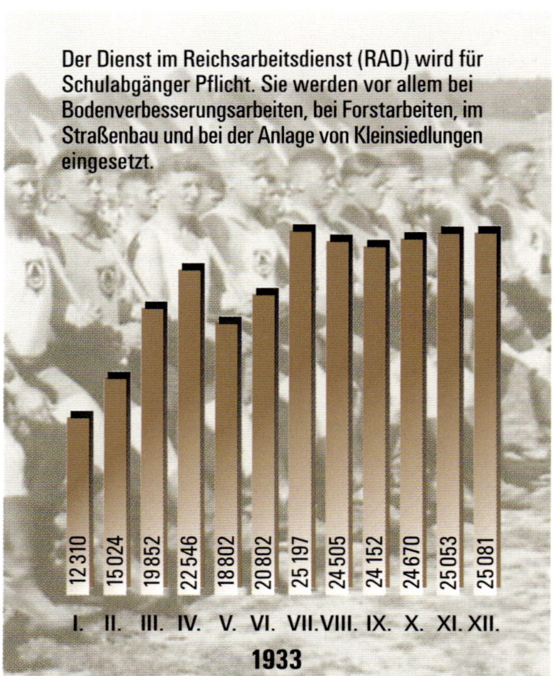

Beschäftigte Arbeitsdienstwillige in Bayern 1933 (links). Die Organisation die Schul- und Studienabgänger zusammenfasst wird unter dem Begriff »Reichsarbeitsdienst« (»RAD«) bekannt. Er ist keine Einführungder Nationalsozialisten. Die »Zweite Verordnung« des Reichspräsidenten, zur Bekämpfung der Jugendarbeitslosig-

RM. Nutznießer sind nicht Rüstungsindustrie und Autobahnbau, sondern die öffentliche Infrastruktur und der private Wohnungsbau. Die Ausgaben für die Reichswehr und die Rüstung halten sich - noch - in Grenzen, da der Versailler Vertrag eine Aufrüstung verbietet und Rüstungsplanungen noch nicht angelaufen sind. Auch der Autobahnbau schlägt nicht zu Buche: Die Aufwendungen dafür betragen zwischen Herbst 1933 und Ende 1935 etwa 700 Millionen RM.

Ein Bündel von Massnahmen

Dafür wirken sich andere Maßnahmen auf die Senkung der Arbeitslosigkeit aus. Bei Großbauvorhaben wird auf maschinelle Hilfsmittel zu Gunsten menschlicher Arbeitskraft verzichtet. Maschinen müssen nach ihrer Abschreibung verschrottet werden. Die Gewährung von Ehestandsdarlehen hebt die Kaufkraft, steigert die Nachfrage und schafft Arbeit. Die Methode ist einfach und unterbindet jeden Missbrauch: Die Darlehen werden in Form von »Bedarfsdeckungsscheinen« für Möbel und Hausrat an Heiratswillige vergeben, sofern die künftige Ehefrau sechs Monate vor der Ehe aus dem Beruf ausscheidet. Dadurch werden Frauen vom Arbeitsmarkt abgezogen. Der Erfolg bleibt nicht aus: Bis 1935 werden 378 000 Ehestandsdarlehen mit einem Kostenaufwand von 206 Millionen RM vergeben.

Die Einführung der sechsmonatigen Arbeitsdienstpflicht für Jungen und Mädchen im Juni 1935, und der Aufbau der Wehrmacht, seit der Verkündung der Allgemeinen Wehrpflicht am 16. März 1935, gliedert die Jugendlichen unmittelbar nach der Schule in den Arbeitsprozess ein, sie belasten den Arbeitsmarkt nicht mehr.

Die Allgemeine Wehrpflicht bewirkt in der nationalsozialistischen Arbeitsbeschaffungspolitik eine Zäsur. Budgetmittel werden nun auf den Rüstungssektor verlagert, die Konsumgüterindustrie wird vernachlässigt. 1933 beträgt das Heeresbudget 4 % der Gesamtausgaben der öffentlichen Hand, 1934 steigen sie auf 18 %, 1936 auf 39 % und 1938 verschlingt die Rüstung 50 %. Viele Gebrauchs- und Luxusgegenstände werden Mangelware.

Jüngste wirtschaftshistorische Untersuchungen bezweifeln den Erfolg der nationalsozialistischen Wirtschaftspolitik, vor allem ihre statistische Beweisführung. Die Studien lassen unberücksichtigt, dass der rasante Aufschwung der deutschen Wirtschaft nach 1933 nicht nur auf dem staatlichen Investitionsprogramm beruht, sondern auf einem ganzen Bündel begelitender Maßnahmen. Dazu zählt die Umstellung der Wirtschaft auf Autarkie, die strenge Devisenbewirtschaftung, eine intensive Prospektion, sowie die Entwicklung von Ersatzstoffen und ihre Produktion.

Was *„die nationalsozialistische Arbeitsbeschaffungspolitik auszeichnete, ist weniger die Einzigartigkeit der Maßnahmen als vielmehr die den Erfolg sichernde konsequente Verbindung von Arbeitsbeschaffung und Aufrüstung, d. h. ihre politische Funktionalisierung"*, ergänzt der Historiker Ludolf Herbst.

Bis 1936 ist das Millionenheer der Arbeitslosen von der Straße verschwunden. Die Beseitigung der ärgsten Not weckt das Selbstwertgefühl der Deutschen. Die Abhaltung von zwei großen internationalen Sportwettkämpfen steigert es noch.

Am 6. Februar 1936 eröffnet Adolf Hitler im Skistadion von Garmisch-Partenkirchen die IV. Olympischen Winterspiele. 755 Sportler aus 28 Nationen reisen zu den bisher größten Wintersportkämpfen an. Karl Ritter von Halt, Präsident des Olympischen Organisationskomitees, bringt die Absicht Deutschlands in seiner Rede zum Ausdruck: *„Wir Deutschen wollen der Welt ... zeigen, dass wir die Olympischen Spiele getreu dem Befehl unseres Führers und Reichskanzlers zu einem wahren Fest des Friedens und der aufrichtigen Verständigung unter den Völkern gestalten..."*.

Praktisch über Nacht haben Reinigungstrupps in der Umgebung der Sportstätten die antisemitischen Parolen entfernt, einschließlich des nationalsozialistischen Hetzblattes »Der Stürmer«. Hotel- und Gaststätten sind eigens angewiesen, während der Olympischen Spiele auch Juden zu bedienen.

Die Winterspiele sind Anlass, die beiden bayerischen Nachbargemeinden Garmisch und Partenkirchen 1935 zur Marktgemeinde Garmisch-Partenkirchen zu vereinen.

Die deutschen Mannschaften belegen in der Gesamtwertung mit drei Gold- und drei Silbermedaillen hinter Norwegen Platz zwei. Deutschland kann sich im Sport sehen lassen. Es wird auch wirtschaftlich bald interantionale Anerkennung finden.

keit, vom 5. Juni 1931, ermöglicht den Einsatz Freiwilliger für gemeinnützige Arbeiten (Melioration, Straßen- und Siedlungsbau, Forstarbeiten). Dem RAD für Männer steht der »Deutsche Frauenarbeitsdienst« der Mädchen gegenüber. Sie werden überwiegend in der Landwirtschaft tätig.

Die »Strassen des Führers«

„[Wir] fuhren auf einer der neuen Autobahnen, die die besten Straßen der Welt sind. In Deutschland allerdings [sind sie] wirklich unnötig, weil der Verkehr gering ist, aber sie würden in den Vereinigten Staaten großartig sein, weil es keine Geschwindigkeitsbegrenzung gibt", **schreibt 1937 der damals 20-jährige – spätere US-Präsident –** John F. Kennedy **nach einem Besuch in Deutschland.**

Planung und Gestaltung der Reichsautobahnen, mit ihrer der Landschaft angepassten Streckenführung, den eigens entwickelten Brückenbauten und Betriebsobjekten, sind bis dahin unbekannt. Aufgrund ihrer Zweckmäßigkeit, sind sie Vorbild für die Autobahnplanung der ganzen Welt.

In Deutschland wird im Wesentlichen das von Fritz Todt **entwickelte Grundnetz von Autobahnstrecken verwirklicht. Todt, seit 1922 Kampfgefährte** Adolf Hitlers, **wird von Hitler am 30. Juni 1933 zum »Generalinspektor für das deutsche Straßenwesen« ernannt.**

Der Bau von Autobahnen kann langfristig nur dann eine sinnvolle Investition sein, wenn gleichzeitig die Automobilindustrie gefördert wird. Die Entwicklung des von Adolf Hitler vorskizzierten KdF-Wagens, für dessen Bau das NS-Regime die »Stadt des KdF-Wagens«, heute Wolfsburg, errichtet, ist Teil des Programms. Nach Kriegsende bilden die vorgezeichneten Strukturen eine der Grundlagen für die rasche Erholung der deutschen Wirtschaft.

Die Geschichte der Autobahn, der ursprünglichen »Nur-Autostraße«, beginnt 1909 mit der Planung einer 9 km langen Autorennstrecke in Berlin, die unter der Bezeichnung »Automobil-Verkehrs- und Übungsstraße«, abgekürzt »AVUS«, 1921 eröffnet wird.

1924 entsteht der Plan 30 000 km Staats- und Provinzstraßen zu Fernverkehrsstraßen auszubauen, und mit der Durchführung eine »Studiengesellschaft für Automobilstraßenbau« (STUFA) zu betrauen.

Dazu erarbeitet das Reichsverkehrsministerium Normen, auf deren Basis ab 1925 mehrere Organisationen ein Autostraßennetz für ganz Deutschland entwerfen. Die Nationalsozialisten übernehmen es 1933 teilweise in ihre Planung einer nunmehr so genannten Autobahn. Bis dahin fließen nur wenig Investitionen in den Straßenbau.

Einen spektakulären Bau errichten von 1929 bis 1932 Notstandsarbeiter, die auf einer 20 km langen Strecke die Städte Köln und Bonn mit einer »Nur-Autostraße« verbinden. Bauherr ist die Stadt Köln mit ihrem Oberbürgermeister Konrad Adenauer, der zugleich Vorsitzender des »Rheinischen Provinzialausschusses für Autostraßen« ist.

Nicht nur der Mangel an Finanzmitteln verhindert den Ausbau eines übergeordneten Straßennetzes, sondern auch der Einspruch der Reichsbahn, die um ihr Beförderungsmonopol fürchtet. An ihr scheitert die während der Wirtschaftskrise 1931/33 wachsende Bereitschaft der Regierungen, den Ausbau des Straßennetzes zu fördern, um Arbeitsplätze zu schaffen.

Mit der Machtübernahme erklären die Nationalsozialisten den Ausbau der Verkehrswege – Straße, Schiene, Wasser, Luft – zum Eckpfeiler ihres Wirtschafts- und Vollbeschäftigungsprogramms.

Am 23. September 1933 setzt Hitler in Frankfurt am Main den Spatenstich für die erste neue Ausbaustrecke. Im Oktober 1934 befinden sich 1500 km in Bau. Am 21. März 1934 beginnen bei Unterhaching, an der Strecke München – Salzburg, die Arbeiten. Hier erklärt Hitler pathetisch die »Arbeitsschlacht« für eröffnet. An zweiundzwanzig über das Reich verteilten Baustellen nehmen Autobahnarbeiter zur gleichen Zeit die Arbeit auf. Zu Beginn des Zweiten Weltkriegs sind 3 300 Kilometer fertig gestellt. Jüdische Zwangsarbeiter sollten ursprünglich an den »Straßen des Führers« nicht arbeiten.

Ab 1941 wird der Weiterbau eingestellt. 1949 gehen die Reichsautobahnen in den Besitz der Bundesrepublik über.

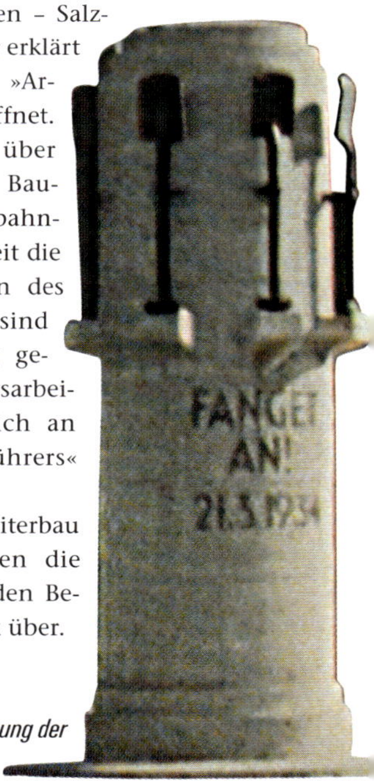

Der Gedenkstein (rechts), bei Unterhaching errichtet, sollte an die »Eröffnung der Arbeitsschlacht« am 21. März 1934 erinnern. Nach Kriegsende wird um 1993 der Sockel bei Irschenberg gefunden.

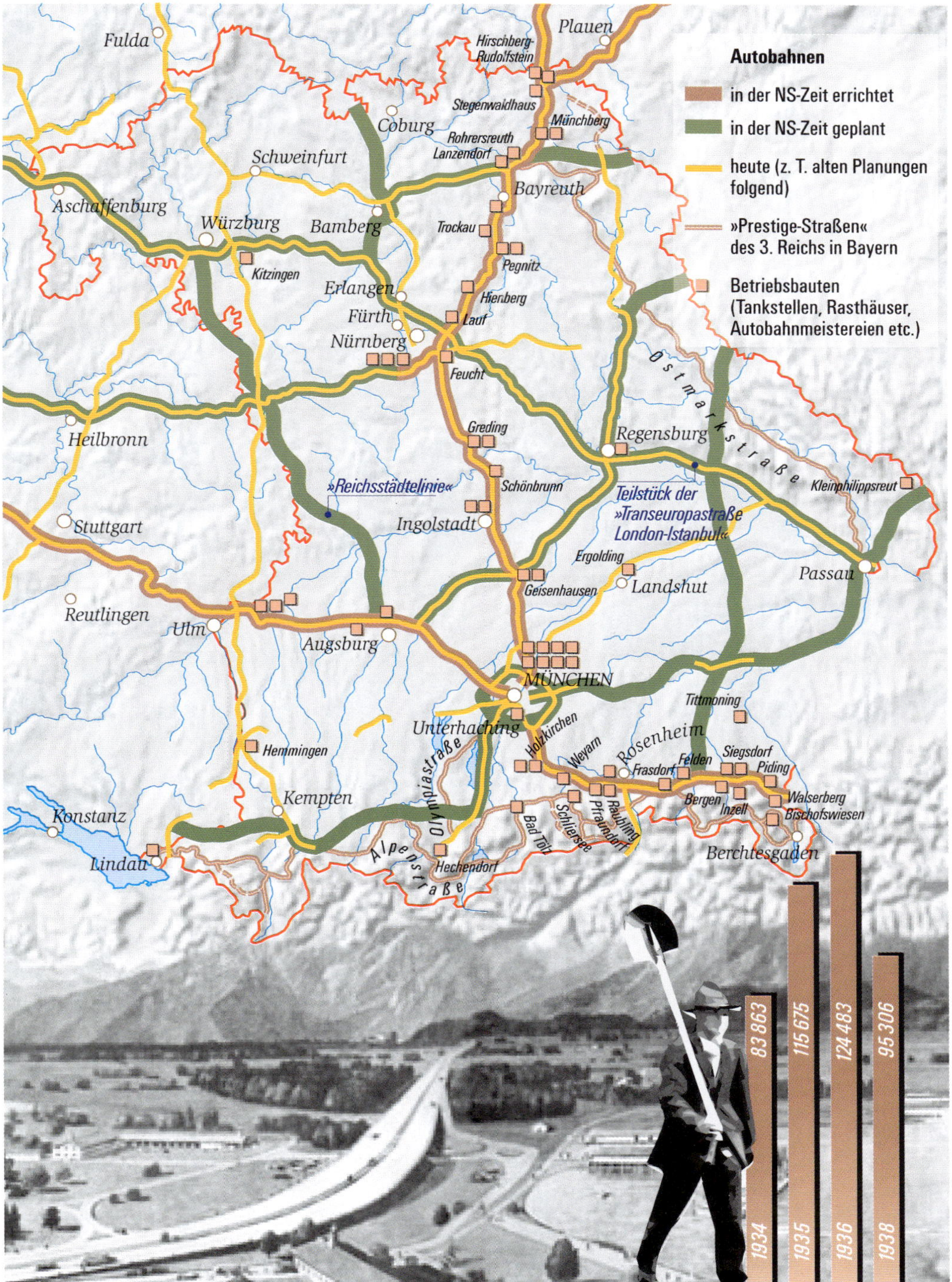

Nach dem Willen der Straßenbauer sollen die Autobahnen mit der Landschaft ein ästhetisches Ganzes bilden (im Bild die Autobahn am Chiemsee) und die Länder des Reiches miteinander verklammern. Der Begriff des »Autowanderns« kommt auf. – Die Zahl der Autobahnarbeiter von 1934 bis 1938 (Grafik).

»Hauptstadt der Bewegung«

Hitlers Weg beginnt zwar in Wien, doch ohne München wäre er wohl Gelegenheitskünstler und Tagedieb geblieben. In der Isarmetropole, und keiner anderen Stadt sonst, kann Hitler zu »dem Hitler« werden, der in die Weltgeschichte eingeht. In München findet er die Vorraussetzung für seine Laufbahn. In München meldet sich der damalige Österreicher Hitler 1914 zum freiwilligen Kriegseintritt, hier entsteht 1919 die DAP, aus der Hitler 1920 die NSDAP macht. München ist der Schauplatz seines Putsches und des Prozesses, der ihn darin bestätigt, die eingeschlagene Richtung weiter zu gehen, und der ihn populär macht.

Hier findet er Zugang zu Förderern, die ihm finanziell unter die Arme greifen, und Damen der guten Gesellschaft, die den ehemaligen Sandler aus dem Wiener Männerasyl kleiden, ihm beibringen, wie man ihnen die Hand küsst und sich in feinen Kreisen bewegt. An München bindet ihn seine erste große Zuneigung, die er zur 23-jährigen Angela (»Geli«) Raubal empfindet, der Tochter seiner Halbschwester Angela Raubal (geborene Hitler), die sich, wärend ihr Onkel »Alf« in Hamburg den Wahlkampf bestreitet, das Leben nimmt.

München ist die Geburtsstadt von Eva Braun, die für einen Tag Hitlers Frau ist, ehe sich beide, am 30. April 1945, im Berliner Führerbunker das Leben nehmen. Von München aus leitet Hitler am 30. Juni 1934 die Mordaktion gegen seinen Duz-Freund Röhm. In München entgeht er am 8. November 1939 nur knapp dem Attentat des Württemberger Möbeltischlers Johann Georg Elser. In München verzeichnet Hitler am 30. September 1938 den spektakulären außenpolitischen Erfolg des Münchener Abkommens und zur selben Zeit, als Hitler sich in Berlin erschießt, besetzen Einheiten der 7. US-Armee die Stadt, die Hitler hervorgebracht hat: München.

Am 2. August 1935 berichten Zeitungen, Adolf Hitler habe der Stadt München,die schon das Prädikat »Hauptstadt der Deutschen Kunst« auszeichnet, in einem Gespräch mit Oberbürgermeister Karl Fiehler den Titel »Hauptstadt der Bewegung« verliehen. Diese Bezeichnung erwähnt Hitler am 11. März 1934. München könne keine größere Ehre erringen, als Ausgangspunkt der neuen Lehre zu sein: *„Die Hauptstadt der Kunst und unserer Bewegung …“*

Damit schließt München – verspätet – zu anderen Städten auf, die schon Ehrentitel tragen: wie Hamburg, Salzgitter, Leipzig, Goslar, Frankfurt, Stuttgart oder Bayreuth und Nürnberg. Nach dem Anschluss Österreichs kommen Linz, Innsbruck sowie Graz, »Die Stadt der Volkserhebung«, hinzu.

München jedoch, die Stätte von Hitlers »Kampfzeit«, nimmt in der Rangordnung die höchste Position ein. Hitler weist der 818 000 Seelen-Gemeinde mehr Repräsentations- und Verwaltungsbauten zu, als anderen vergleichbaren Provinzstädten. München wird Sitz der »Akademie für Deutsches Recht« (27. Juni 1933) und der Deutschen Erziehungsakademie. Im »Haus der Deutschen Kunst« (16. Juli 1937) findet alljährlich der »Tag der Deutschen Kunst« statt. Zu den Prachtbauten zählen die Ehrentempel (3. November 1935) und mehrere Parteibauten (u. a. »Führerhaus«, 24. September 1937) am Königlichen Platz, das »Haus des Deutschen Rechts« (1. März 1937), das Luftkreiskommando V (12. Mai 1937), an dem noch heute die Luftwaffen-Adler Wacht halten, das »Haus der Deutschen Ärzte« (1936/37), das Deutsche Bauzunfthaus« (1937/41), die SS-Hauptreitschule in Riem (25. Juli 1937) und der dortige Flughafen (17. Juni 1938). Über München führen Hitlers regelmäßige Fahrten zu seinem ländlichen Domizil, dem Berghof auf dem Obersalzberg im Berchtesgadener Land.

Ludwig I., ein Vorbild

Der Stadt fühlt sich Hitler, der gerne Architekt geworden wäre, wegen der vor allem unter Ludwig I. errichteten Prachtbauten verbunden. Dem König und dessen Neigung für die Kunst gilt Hitlers Verehrung. So versucht er, in die Fußstapfen des Wittelsbachers zu treten, lässt hier die ersten repräsentativen Bauten des Regimes errichten und verleiht der NS-Baukunst ihr typisches Gesicht. Am 22. Januar 1938 spricht Hitler im »Haus der Deutschen Kunst«: *„Wenn Völker große Zeiten innerlich erleben, so gestalten sie diese Zeiten auch äußerlich. Ihr Wort ist dann überzeugender als das gesprochene: Es ist das Wort aus Stein.“*

Unmittelbar nach der Machtübernahme werden die Grundsteine der NS-Architektur gelegt. Dem Kö-

Modell der 6 km langen Ost-West-Achse (1939/40, rechts) mit den beiden Blickfängen: dem »Siegesdenkmal der Bewegung« und der Bahnhofskuppel (im Hintergrund). Die Münchner sprechen bald nicht mehr von einer »Hauptstadt der Bewegung«, sondern wegen der vielen Baustellen, von einer »Hauptstadt der Erdbewegung«.

niglichen Platz gilt dabei Hitlers besonderes Augenmerk. Er wird zum pompösen »Forum der NSDAP«, zum Aufmarsch- wie auch Gedenk- und Kultplatz für die »Märtyrer der Bewegung« umgestaltet. Die Belegung des Platzes mit Granitplatten stößt allerdings auf die Häme der Münchner. Bei Regen bilden sich riesige Pfützen, die sie anregen, den Platz, im gewohnt bissigen Spott, Plattensee zu nennen.

Hitler ist mit der Leistung seines Chefarchitekten Paul Ludwig Troost bei der Gestaltung des Königlichen Platzes und der Luitpoldarena auf dem Nürnberger Reichsparteitagsgelände zufrieden. Er plant, ihn zum Projektleiter der Neugestaltung Münchens zu ernennen, doch Troost stirbt am 21. Januar 1934 und zu Troosts Nachfolgern, Friedrich (Fritz) Gablonsky, Fritz Beblos, Hermann Reinhard Alker, findet er persönlich keinen Zugang.

Erst der Sonthofener Baumeister Hermann Giesler überzeugt ihn. Am 21. Dezember 1938 beginnt Giesler, München ein neues Aussehen zu verleihen, ein Plan, den Hitler erstmals am 30. Januar 1937 ausspricht.

Den Kern der Neugestaltung Münchens bildet eine großzügig projektierte, 6 km lange, Ost-West-Achse. Um sie zu trassieren, muss der Hauptbahnhof nach Laim verlegt werden. Auch dieser wird neu gestaltet. Unter seiner 128 m hohen, 384 m breiten Kuppel bündeln sich S-, U- und Eisenbahnlinien. Die mit einem Faltwerk aus Aluminiumplatten verkleidete stützfreie Kuppel aus Stahl, wird von einem polygonalen, gläsernen Ring umfasst. 16 Flaktürme sollen das Gebäude vor Luftangriffen schützen.

An die Stelle des alten Bahnhofs tritt ein »Siegesdenkmal der Bewegung«, dessen 212 m hohe, von Adler und Hakenkreuz gekrönte Säule, auf einem 300 mal 300 m großen Sockel aus Tuffstein ruht.

Der Bahnhof ist nur ein Teil von Gieslers Verkehrskonzept. Nach seinen Plänen soll ein Autobahnring im Abstand von 20 bis 25 Kilometern um die Stadt herum führen und alle einmündenden Autobahnen aufnehmen.

Der Ausbruch des Zweiten Weltkriegs und Luftangriffe beenden alle Planungen und die bereits begonnenen Bauvorhaben.

Manche Gebäude – Matthäuskirche, die Münchener Hauptsynagoge, eine Häuserzeile an der Von-der-Tann-Straße – sind schon abgerissen worden. Den Rest besorgen bis Kriegsende alliierte Bombenflugzeuge, sie zerstören München zu 57 %.

Als Hitler den Grundstein für das »Haus der Deutschen Kunst« legt und mit einem silbernen Hammer auf ihn schlägt, zerbricht dieser. Der abergläubische Hitler wendet sich, Unheil ahnend, einem jungen Architekten zu: *„... das ist ein übles Vorzeichen“*, murmelt er. Der Architekt ist Albert Speer. Er wird bis zum Generalbevollmächtigten für Rüstung aufsteigen.

Weltanschauung in Stein

Nürnbergs Lage – annähernd im Zentrum des Deutschen Reiches –, seine weit zurückreichende Geschichte – von Kaiser Heinrich III. 1050 urkundlich genannt –, Aufbewahrungsort der symbolträchtigen Reichskleinodien – bevor die habsburgischen Kaiser sie nach Wien transferieren –, die Verfügung Kaiser Karls IV. 1356, jeder neu gewählte König des Heiligen Römischen Reiches habe seinen ersten Reichstag in Nürnberg abzuhalten, und ein großes NSDAP-Wählerpotenzial, sind Gründe für Adolf Hitler, die mittelalterliche Hauptstadt des fränkischen Gaues als Kulisse für seine alljährlich stattfindenden Reichsparteitage zu wählen.

Damit ist der Anfangpunkt von Nürnbergs jüngster Geschichte festgelegt, der auch die Entwicklung des Nationalsozialismus markiert. Einen weiteren historischen Punkt setzen die auf dem 7. Reichsparteitag von Hitler bekannt gegebenen »Nürnberger Rassegesetze«. Der Endpunkt steht gleichsam auch für das Ende des Dritten Reichs: Das Tribunal der Sieger hält in der Stadt Gericht über nationalsozialistische Führungskräfte.

Wegen seiner Bedeutung für die seit 1929 alljährlich abgehaltenen Reichsparteitage, wird Nürnberg zur »Musterstadt« des Nationalsozialismus ernannt. Die Erhebung zur »Stadt der Reichsparteitage« (1933) löst umfangreiche Baumaßnahmen aus. Der Reichsparteitag, die wichtigste Propagandafeier des Dritten Reichs, soll einen würdigen Rahmen erhalten. Nürnberg gehört zu den ersten Städten des Reiches, die laut Erlass vom 9. April 1938 neu gestaltet werden sollen. Am l. Juni 1938 bekommt Nürnberg das Neubauprogramm zuerkannt. Generalbauinspektor und Chefplaner des Nürnberger Reichsparteitaggeländes ist der 33-jährige Architekt Albert Speer.

Die Bauplanung deutet bereits auf einen bevorstehenden Krieg hin. Die Umgestaltung der Verkehrs-

„Die Totenehrung auf dem Luitpoldhain. Der Führer, gefolgt vom Stabschef der SA. und Reichsführer SS inmitten von 120 000 Mann der SA., SS, ... auf dem Weg zum Ehrentempel." (oben) – Der »Reichsparteitag Großdeutschland« des Jahres 1938 gilt der »Heimholung« Österreichs ins Reich am 12. März. »Heimgeholt«

führungen und -einrichtungen haben Vorrang. Der Ausbau der Schnellbahnen, der Reichsbahn mit einem neuen Verschiebe- und Frachtenbahnhof, einem Ausbesserungswerk und zusätzlichen Nebenbahnhöfen, ein »Autobahnhof« mit Anschluss an die Reichsautobahn München-Nürnberg-Berlin haben Vorrang. Auch die Fertigstellung der »Großschifffahrtsstraße Rhein-Main-Donau-Kanal« auf der Trasse des stillgelegten Ludwig-Kanals wird forciert. Nürnberg soll als ideologisch-politischer »Reichsmittelpunkt« auch in der Wirtschaft führen. Seit 1934 erhalten die in Nürnberg und Umgebung angesiedelten Industriebetriebe insgeheim Aufträge für die Aufrüstung: Siemens-Schuckert, MAN, ein Aluminiumwerk, ein Tochterwerk der Dynamit-A.G., Sprengstoffwerke, der Elektrokabelhersteller Neumeyer; sie sind zum Teil auf die Herstellung von Munition und Motoren spezialisiert.

Der Ausbau der Großregion Nürnberg-Fürth-Erlangen zum Rüstungszentrum steht mit der Errichtung des Reichsparteitagsgeländes in direktem Zusammenhang.

Sinnbilder totaler Macht

Das von Albert Speer zwischen 1934 bis 1936 entwickelte Konzept zur Bebauung des 11 km^2 großen Reichsparteitagsgeländes soll bis 1950 verwirklich sein. Es will in übersteigerter Monumentalität die Macht- und Herrschaftsansprüche des totalitären NS-Systems – in »Stein gewordene Weltanschauung« – symbolisieren. Mit der Luitpoldarena entsteht ein Aufmarschplatz für 150 000 Teilnehmer der SA und SS. Die 57 m hohe Kongresshalle, die 50 000 Besuchern Platz bietet, bleibt unvollendet. Sie dient jetzt als Lagerhalle und seit 2001 als Dokumentationszentrum der Stadt Nürnberg. Fertig gestellt ist das Aufmarschgelände Zeppelinfeld für 250 000 Teilnehmer und 70 000 Zuschauer. Der Haupttribüne aus weißem Muschelkalk ist eine Führer-Empore vorgelagert, von der Hitler zu »seinem Volk« spricht. Die 34 turmartigen Zubauten der Seitentribüne stellen die Wehrhaftigkeit des Dritten Reichs dar. In ihnen sind die Toilettenanlagen für die Menschenmassen untergebracht. Das Märzfeld mit Tribünen für 50 000 Zuschauer wird nur zur Hälfte fertig, das »Deutsche Stadion«, für 400 000 Zuschauer bemessen, gerät über den Erdaushub nicht hinaus. Die gigantischen Ausmaße der Anlagen sollen den Besuchern verdeutlichen: »Der Einzelne ist nichts, das Volk ist alles«. Über allen steht der Führer.

Speer steigert den Eindruck durch die Installation von 152 dicht an dicht gereihten Flakscheinwerfern, die unterstützt von weiteren 2104 Scheinwerfern und Leuchten im Augenblick der Vorfahrt des Führers vor der Zeppelintribüne ferngesteuert eingeschaltet werden. Sie greifen mit über drei Millionen Watt sekundenschnell sechs bis acht Kilometer in den Nachthimmel und stülpen einen Lichtdom über die bis zu 500 000 Besucher.

Zur Abhaltung der Reichsparteitage wählt man ab 1933 die stabile Wetterlage der ersten Septemberhälfte. Das NS-Ritual bekundet damit die Verbundenheit von Führung und Volk nach eingebrachter Ernte.

Jeder Parteitag steht unter einem programmatischen Titel, der auf bestimmte Anlässe hinweist.

*1933: »Reichsparteitag des Sieges«; Machtergreifung und Sieg über die Weimarer Republik.

*1934: Dieser Parteitag wird nachträglich unter dem Motto »der Einheit und Stärke«, bzw. »der Macht«, auch – unter Bezugnahme auf den Riefenstahl-Film »Triumph des Willens« »Reichsparteitag des Willens« genannt.

*1935: »Reichsparteitag der Freiheit«; aufgrund der wieder eingeführten Allgemeinen Wehrpflicht und der »Befreiung« vom Versailler Vertrag.

*1936: »Reichsparteitag der Ehre«; der Einmarsch in das entmilitarisierte Rheinland stellt die deutsche Ehre wieder her.

*1937: »Reichsparteitag der Arbeit«; Verringerung der Arbeitslosigkeit seit der Machtübernahme.

*1938: »Reichsparteitag Großdeutschland«; wegen des Anschlusses Österreichs .

*1939: Der Name »Reichsparteitag des Friedens« soll den Friedenswillen Deutschlands ausdrücken und beruhigend auf die Bevölkerung und das Ausland wirken. Der für den 2. September angesetzte Termin wird ohne Begründung Ende August abgesagt; am 1. September überfällt Deutschland das benachbarte Polen, der nächste große Krieg beginnt. Der Angriff Japans auf den US-Flottenstützpunkt Pearl Harbor weitet ihn, am 7. Dezember 1941, zum Zweiten Weltkrieg aus.

nach Nürnberg werden auf Weisung Adolf Hitlers auch die Reichskleinodien, wo sie in der Katharinenkirche ausgestellt werden. 1945 entdecken US-Soldaten die Reichskleinodien in einem Bunker in Nürnberg. 1946 bringt eine US-Militärdelegation sie in die Schatzkammer der Wiener Hofburg zurück.

»Endlösung«

Christkindlmarkt, Lebkuchen und Spielzeugmesse sind die friedlichen, über die Grenzen Bayerns hinaus bekannten, liebenswerten Attribute Nürnbergs. Reichsparteitagsgelände und Rassengesetze, die der Stadt aufgezwungenen, negativen.

Über den Titel »Stadt der Reichsparteitage« sind in der Zwischenkriegszeit keineswegs alle Nürnberger angetan. Die Stadt, die 1927 und 1929 NSDAP-Parteitage in ihren Mauern hinnehmen muss, verabscheut das gewalttätige Auftreten der SA. Das »rote Nürnberg«, in dem die Arbeiter 44% der Bevölkerung stellen, besitzt bis 1933 eine mehrheitliche SPD-KPD-Stadtverwaltung. 1930 und 1931 verbietet sie die Parteitreffen der NSDAP. Am 12. Februar 1933 demonstrieren in Nürnberg 70000 Anhänger und Mitglieder der SPD und der Gewerkschaften gegen die nationalsozialistische Machtergreifung.

Der über die Jahre hinweg starken Linken stehen radikal-nationalsozialistische Parteigänger gegenüber. Der Volksschullehrer Julius Streicher (* 12. Februar 1885 in Fleinhausen bei Augsburg; † 16. Oktober 1946 in Nürnberg, hingerichtet durch den Strang) steht an ihrer Spitze. Als Mitbegründer der Nürnberger Ortsgruppe der antisemitischen Deutschsozialistischen Partei, führt Streicher diese 1922 in die NSDAP über. Streicher ist einer der radikalsten Antisemiten der NSDAP und Organisator von Pogromen gegen Juden. Streicher fordert die Todesstrafe für jüdische »Rasseschänder«. Hitler bezichtigt er der Nachgiebigkeit in der »Judenfrage«. *„Nur die Lösung der Judenfrage kann uns erlösen"*, bedrängt er ihn immer wieder. Ab 1923 publiziert er allwöchentlich die antisemitische Hetzschrift »Der Stürmer«, deren Leitspruch auf der Titelseite: *„Die Juden sind unser Unglück"* er vom Historiker Heinrich Gotthardt von Treitschke (* 15. September 1834 in Dresden; † 28. April 1896 in Berlin) entlehnte. Im »Stürmer« verquickt Streicher gehässigen Antisemitismus mit pornografischen Zwangsvorstellungen.

Ab April 1933 beginnen Gesetze und Verordnungen, die Bewegungsfreiheit der Juden einzuengen. Nebenher laufen antijüdische Aktionen der Straße seit Beginn des Jahres 1935. Im Mai führen sie zu exzessiven Ausschreitungen. Die antijüdischen Aktivitäten münden schließlich in die »Nürnberger Rassegesetze«. Zu ihnen gehört das »Gesetz zum Schutze des deutschen Blutes«, als Verbot der »Mischehen«, und das Reichsbürgergesetz, das Juden zu »Staatsangehörigen« degradiert.

Auf dem Reichsparteitagsgelände von Nürnberg beginnt am 10. September 1935 mit großem propagandistischen Aufwand der 7. Reichsparteitag der NSDAP. Er steht unter dem Motto »Reichsparteitag der Freiheit«, im Anklang an die Rückkehr des Saarlands in das Reich und die Wiedereinführung der Allgemeinen Wehrpflicht.

Ein »Blutschutzgesetz«

Die vorgesehene Programmatik des Parteitags erwähnt Reichsärzteführer Gerhard Wagner in seiner Rede am 12. September nicht. Dafür lässt seine Ankündigung aufhorchen, dass in Kürze ein »Gesetz zum Schutze des deutschen Blutes« die weitere *„Bastardisierung"* des deutschen Volkes verhindern werde. Wagner ist einer der heftigsten Verfechter des Verbots sexueller Beziehungen zwischen Deutschen und Juden. Seine Bemerkung bringt Hitler in Zugzwang. Allmählich muss er sein Versprechen aus der »Kampfzeit« erfüllen und die Judenfrage lösen. Die Anregung des »Gesetzes zum Schutze des deutschen Blutes« kommt ihm entgegen, sie bietet die Möglichkeit, die Radikalen der Partei und das besorgte Ausland zufrieden zu stellen. Bernhard Lösener, der im Reichsinnenministerium mit der Judenfrage betraut ist, und sein Kollege Albrecht Medicus werden nach Nürnberg befohlen. Sie hätten bis zum nächsten Tag, 20.00 Uhr, Zeit, ein Blutschutzgesetz zu entwerfen, wird ihnen bedeutet. Ihre Einwände, dass die Vorarbeiten noch nicht fertig gediehen seien, überhört Hitler. Lösener und Medicus legen eilig verfasste Entwürfe vor, die Hitler zu wenig scharf findet. Vier Fassungen erarbeiten die Beamten, die sich durch die Strafe bei Rechtsverstößen unterscheiden.

Innerhalb einer halben Stunde stellen Lösener und Medicus die Kurzform eines Gesetzes her, das die Reichsbürger nach *„deutschem oder artverwandtem Blut"* von einfachen Staatsangehörigen unterscheidet. Außereheliche sexuelle Beziehungen zwischen Deutschen und Juden werden gesetzlich verboten und mit Strafen belegt. Juden dürfen deutsche Frauen unter 45 Jahren nicht mehr beschäftigen. Für das Vergehen wider das »deutsche Blut« – die »Rassenschande« – legen die beiden Beamten ein unterschiedliches Strafmaß fest. Hitler ist zufrieden und entscheidet sich am 15. September 1935 für jenes mit der mildesten Strafe.

Vor dem Reichsparteitag hält Hitler zum »Blutschutzgesetz« eine auffallend kurze Rede: Die *„internationale Unruhe“* habe die Juden im Reich zu *„provozierendem Vorgehen“* angeregt. *„Soll dieses Vorgehen nicht zu sehr entschlossenen, im einzelnen nicht übersehbaren Abwehrreaktionen der empörten Bevölkerung führen, bleibt nur der Weg einer gesetzlichen Regelung des Problems übrig.“*

Hitler lässt sich alle Optionen offen. Die Parteiradikalen kann er darauf verweisen, jederzeit schärfere Maßnahmen treffen zu können, den Juden und dem Ausland stellt er das Gesetz so hin, als diene es dem Schutz der Diskriminierten.

Das »Reichsbürgergesetz« und das »Blutschutzgesetz« stehen als »Nürnberger Gesetze« am Beginn des bösesten Kapitels der deutschen Geschichte. Sie sind die Basis der physischen Vernichtung der Juden und anderer Minderheiten. Gesetze, für die zwei Beamte gerade nur eine halbe Stunde Zeit erübrigen durften, sind Schritte zur so genannten Endlösung.

Das Jahr 1871 beschert den Juden endlich die längst fälligen Bürgerrechte und das Recht der freien Niederlassung. Viele kleine Krämer ziehen weg vom Land und eröffnen, überwiegend in München, ihre Kaufläden. In der Landeshauptstadt, die 1910 rund 300000 Einwohner zählt, wachsen plötzlich Hunderte jüdischer Geschäfte aus dem Boden.

Nur die wenigsten gewinnen das Ansehen alteingesessener jüdischer Kaufleute, wie HEINRICH COHEN, dessen Vorfahren schon seit 1821 das wittelsbacherische Königshaus mit Seidenwaren beliefern. Vom Großkaufhaus HERMANN TIETZ am Hauptbahnhof, MAX UHLFELDER am Viktualienmarkt, dem Tuchhändler STARK am Stachus, der den Volksschauspieler und Komiker KARL VALENTIN zum Kunden hat, EICHENGRÜN am Promenadeplatz, SPRINGER am Alten Peter oder die Kunst- und Antiquitätenhändler BERNHEIMER, ROSENTHAL und HEINEMANN ganz abgesehen.

In der Weimarer Republik mehren sich die Anzeichen, dass jüdische Kaufleute in Bedrängnis geraten würden, sobald die Dämme der Demokratie brechen. Am 30. Januar 1933 übernehmen die Nationalsozialisten die Macht im Reich. Die böse Saat der antisemitischen Hetze geht auf.

Anfang März 1933 nehmen SA und SS in München 280 jüdische Geschäftsleute in »Schutzhaft«. Ein reichsweiter Boykott jüdischer Geschäfte am 1. April 1933 – in München ordnet ihn Oberbürgermeister KARL FIEHLER schon für den 30. März an – bringt dann allerdings nicht den erhofften *„spontanen Volkszorn“*. Die Münchner kaufen unbeirrt weiter in jüdischen Geschäften ein.

Im selben Jahr untersagt Fiehler die Vergabe städtischer Aufträge an *„nichtdeutsche Firmen“*. Die Repressalien nehmen scharfe Formen an. Ab 1933 dürfen Juden Warenhäuser weder gründen noch erweitern. Es ist ihnen verboten, in »arischen« Zeitungen zu inserieren oder an Messen teilzunehmen. Der Besitz an Devisen ist auf 2000 Reichsmark begrenzt, Auslandsgeschäfte sind dadurch unmöglich. Ab 1938 wird die Gewerbeberechtigung nicht mehr verlängert. Reichsweit sinkt die Zahl jüdischer Einzelhandelsgeschäfte zwischen 1932 und 1938 von etwa 50000 auf 9000. Nach dem Novemberpogrom von 1938 werden 26000 Juden verhaftet, viele davon in Konzentrationslager deportiert.

Der Pogrom vom 9. November 1938 bringt für 169 jüdische Geschäfte in München das Ende.

Die »Verordnung zur Ausschaltung von Juden aus dem deutschen Wirtschaftsleben« legt zwei Tage später das jüdische Geschäftsleben beinahe still.

Unter der Bezeichnung »Arisierung« übernehmen Deutsche mit Ariernachweis die jüdischen Betriebe. Juden, die nicht freiwillig auf ihre Unternehmen verzichten, werden ab 1938 zwangsenteignet. Heinrich Cohen übergibt 1937 sein Traditions-Unternehmen an den damaligen Chefverkäufer von Loden-Frey, HERBERT G. STIEHLER. Das jüdische Bekleidungs- und Stoffgeschäft BAMBERGER & HERTZ heißt heute HIRMER. Das Unternehmen des Berliner Großkaufmanns Hermann Tietz firmiert heute unter dem Namen »HERTIE«. Von den im Jahre 1938 in München bestehenden 600 jüdischen Firmen überdauern die Repressalien bis Ende 1939 nur 27.

Im Jahr 1941 verfällt jeglicher jüdischer Besitz dem Staat. Als die Juden nichts mehr haben, nimmt ihnen das Regime auch noch das Leben.

Synagogen in Flammen

„Am Nachmittag versammelte sich in größter Bewegung ... die ganze Gemeinde in dem Gotteshaus. Es wurden die Awinu Malkenu gesagt, ein letztes Kaddisch (Trauergebet, Anm.) und die Thorarollen wurden in feierlichem Zuge in das Verwaltungsgebäude getragen. Am Tage darauf begann der Abbruch des Gotteshauses. Ich stand mit unserem Oberkantor, Professor Kirschner, auf der Treppe des Verwaltungsgebäudes und schaute auf das Werk der Zerstörung. An unser Ohr tönte der Ruf: ‚Achtung, es wird gesprengt.' ...So fiel das Gotteshaus nach 50-jährigem Bestand, eine Zierde der Stadt, ein Opfer des fanatischen Hasses." **Mit diesen Worten beschreibt** Alfred Neumeyer**, Vorsitzender der Münchener Israelitischen Kultusgemeinde, den Abriss der Münchener Hauptsynagoge in der Herzog-Max-Straße 7, am 9. Juni 1938. Kurz danach fiel ein zweiter Sakralbau, die evangelische Matthäuskirche.**

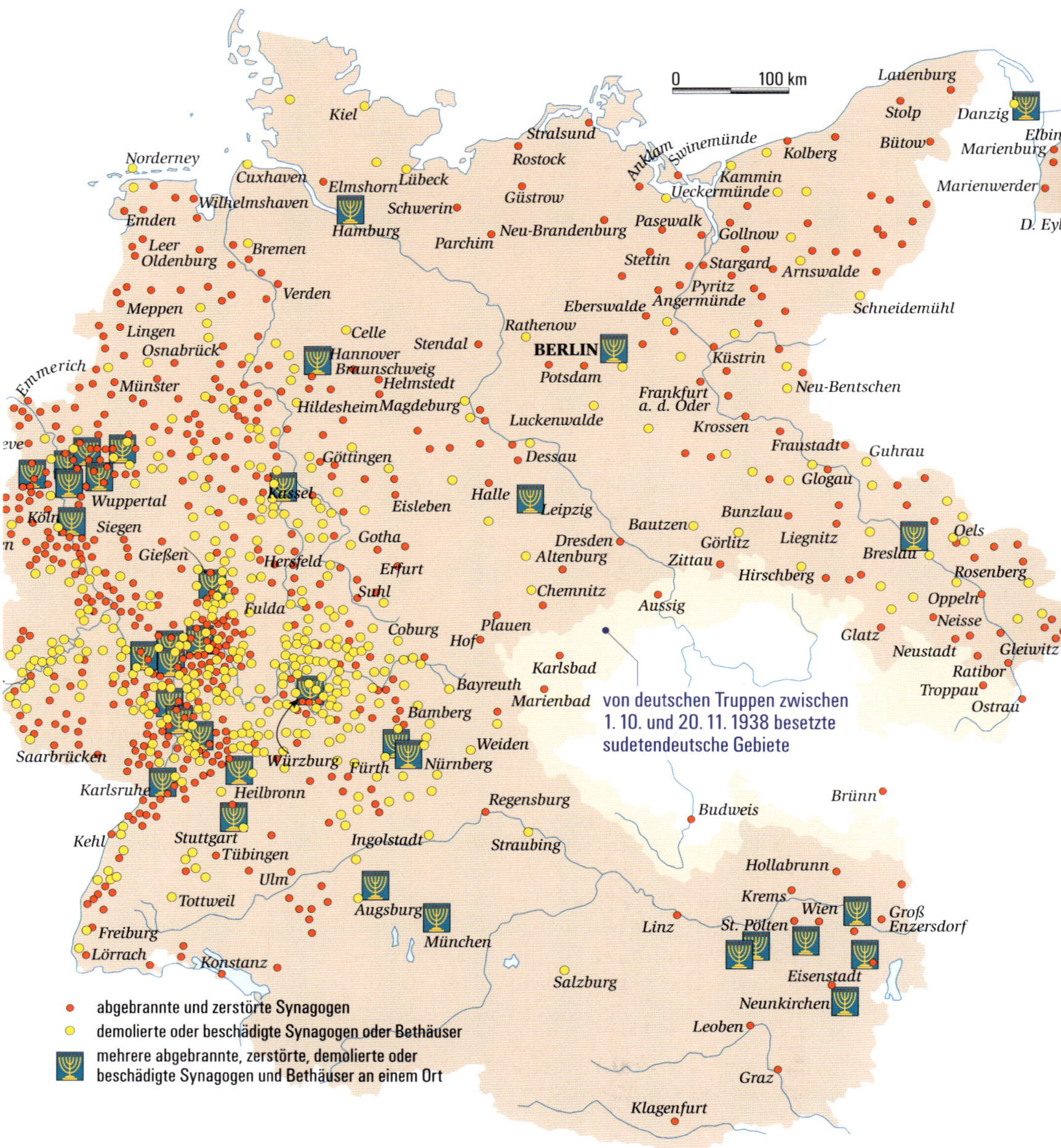

In München wetteifern Oberbürgermeister Fiehler und Gauleiter Wagner im Erfinden von Schikanen gegen die Kirche, vor allem aber gegen die Juden. Beide Kirchenleitungen erhalten nur einen Tag vor dem Abbruch ihrer Gotteshäuser die Aufforderung, die Objekte zu räumen. Wegen städtebaulichen Korrekturen im Zuge der Erneuerung Münchens, begründen die Machthaber die Willkürakte. Nur, die Synagoge liegt fernab jeder städtebaulichen Planung. Aber sie steht direkt neben dem Künstlerhaus, das Hitler Anfang Juni besucht. Er fühlt sich durch das Objekt gestört und erteilt persönlich die Anweisung zum Abbruch. Der fränkische Gauleiter Streicher will nicht zurückstehen. Er beruft sich auf das »Gesetz über die Neugestaltung deutscher Städte« und ordnet, mit dem Einverständnis des Nürnberger Oberbürgermeisters Willy Liebel, den Abbruch der 1874 geweihten Synagoge an: des *„undeutschen, frechscheußlichen, orientalischen Bauwerks.“*

Eine Eruption der Gewalt

Dem Memorizid, der Auslöschung der symbolischen Orte der Erinnerung an die jüdische Geschichte in München, folgt wenig später der Genozid, die planmäßige und industrialisierte Vernichtung der jüdischen Bevölkerung.

Die Nacht vom 9. auf den 10. November 1938 ist die schwärzeste in der neuen deutschen Geschichte. Jüdische Wohnungen und Geschäfte werden geplündert und verwüstet, Friedhöfe geschändet, Bethäuser und Synagogen in Brand gesteckt, Jüdinnen vergewaltigt, Juden gequält, erniedrigt, totgeschlagen, ermordet. Jahrelang geschürter Hass reißt die letzten Schranken eines Rechtsstaates nieder und eröffnet einen Feldzug gegen eine schutzlose Minderheit. Der kommende Massenmord ist nur eine Frage der Zeit.

Am Morgen des 10. November übersäen Berge von Glasscherben zerstörter jüdischer Einrichtungen die Straßen deutscher Städte; der Volksmund prägt den Begriff der »Reichskristallnacht«.

Anlass für die Ausschreitungen ist der Mordanschlag des 17-jährigen polnischen Juden Herschel Grynszpan auf den Gesandtschaftssekretär Ernst vom Rath in der deutschen Botschaft in Paris am 7. November 1938. Am Morgen nach dem Attentat ist die NS-Presse voll von Hetztiraden gegen Juden. Unter der Anleitung von Goebbels sollen sie Gewalttaten auslösen. Tatsächlich kommt es am Abend des 8. November in Teilen des Reiches zu Pogromen. Goebbels notiert: *„In Hessen große antisemitische Kundgebungen. Die Synagogen werden niedergebrannt. Wenn man jetzt den Volkszorn einmal loslassen könnte!“* Am Abend des 9. November versammelt sich die »Garde der Partei« im »Alten Rathaussaal«, um des Marsches zur Feldherrnhalle von 1923 zu gedenken. Hitler hat spätestens um 19.00 Uhr die Nachricht vom Tod vom Raths erhalten. Er sandte seinen persönlichen Arzt Karl Brandt ans Krankenbett des Sekretärs.

Während des Empfangs wird Hitler beobachtet, wie er aufgeregt mit Goebbels spricht und die Versammlung verlässt. Goebbels ergreift gegen 22.00 Uhr das Wort, teilt den Tod vom Raths mit und berichtet, dass in Kurhessen und Magdeburg-Anhalt Vergeltung gegen die Juden geübt werde. Hitler habe befohlen, *„dass derartige Demonstrationen von der Partei weder vorzubereiten noch zu organisieren seien, soweit sie spontan entstünden, sei ihnen aber auch nicht entgegenzutreten“.*

Die SA- und SS-Führer haben verstanden. Um 23 Uhr geben sie telefonische Order: SA- und HJ-Trupps in Uniform und in Zivil sollen gegen jüdische Geschäfte, religiöse Einrichtungen und gegen die Juden selbst vorgehen. Auf Anweisung Hitlers habe sich uniformierte SS von den Aktionen fernzuhalten, die Staatsanwaltschaft keine Ermittlungen zu erheben, die Feuerwehr nur »arische« Häuser in Nachbarschaft brennender Synagogen vor Feuer zu schützen, die Staatspolizei möge Plünderungen verhindern und wohlhabende Juden festnehmen. Etwa 30 000 Personen werden am 10. November verhaftet und in Konzentrationslager verbracht.

Drei Wochen nach den exzessiven Ausschreitungen prophezeit das SS-Organ »Schwarzes Korps« unverhohlen die *„restlose Vernichtung“* des Judentums in Deutschland.

Schauplätze der Ausschreitungen gegen Juden in der »Reichskristallnacht« am 9. November 1938 (links). Den Schaden der zerschlagenen Auslagenscheiben jüdischer Geschäfte errechnet ein Versicherungsexperte mit 6 bis 10 Millionen Reichsmark. Für die entstandenen Schäden müssen die Juden aufkommen.

Ein Lager der Barbarei

Als kurz nach der Machtübernahme der Nationalsozialisten SA und SS, die 1938 noch der SA unterstellt ist, freie Hand für Terrorakte gegen dem Regime missliebige Personen erhalten, füllen sich im Nu in München und Umgebung Gefängnisse und Haftanstalten. Kellerräume der Parteigebäude und leer stehende Lagerhallen reichen nicht mehr aus, um die verfolgten Kommunisten, Sozialdemokraten, Juden, Zeugen Jehovas, denunzierte Personen und dem Regime Verdächtige aufzunehmen. Die Stabsstellen versuchen, der Masseninternierung auf andere Weise Herr zu werden. Sie erinnern sich der Konzentrationslager der Engländer im Burenkrieg 1899-1902 in Südafrika.

In einer Presseverlautbarung kündigt es am 20. März 1933 der kommissarische Polizeipräsident von München, Heinrich Himmler, an und am nächsten Tag kann man es in den Tageszeitungen lesen: *„Am Mittwoch (22. 3.) wird in der Nähe von Dachau das erste Konzentrationslager eröffnet. Es hat ein Fassungsvermögen von rund 5000 Menschen. Hier werden die gesamten kommunistischen und – soweit notwendig – Reichsbanner - und marxistischen Funktionäre, die die Sicherheit des Staates gefährden, zusammengezogen.“* Himmler dazu: *„Wir haben diese Maßnahme ohne jede Rücksicht auf kleinliche Bedenken getroffen in der Überzeugung, damit zur Beruhigung der nationalen Bevölkerung und in ihrem Sinn zu handeln.“*

Am 22. März treffen die ersten sechzig Häftlinge aus den Gefängnissen Stadelheim, Neudeck und Landsberg ein. Sie werden in der aufgelassenen Munitionsfabrik »Deutsche Werke« aus dem Ersten Weltkrieg interniert. »Schutzhäftling Nr. 1« ist Claus Bastian, ein Münchner Rechtsanwalt, der Kommunisten und Sozialdemokraten verteidigte. Bewacht von der bayerischen Staatspolizei haben die Lagerinsassen – im Vergleich zu später – ein noch erträgliches Los. Erst als Himmler am 11. April das Lager unter SS-Verwaltung stellt, um ein Modelllager für ganz Deutschland zu entwickeln, kehrt Erniedrigung, Folter und das tägliche Morden ein. Schon am 12. April führt SS-Wachpersonal vier marxistische Juden in einen nahen Wald und feuert mit Maschinenpistolen auf sie. Drei sind sofort tot, der Vierte wird schwer verletzt – unerklärlicherweise – von der SS in eine Münchner Klinik gebracht. Dort berichtet das Opfer, bevor es stirbt, den Ärzten über das Vorkommnis. Dieser Willkürakt ist der erste, der aus »Dachau« an die Öffentlichkeit dringt. Schon beeilt sich die Obrigkeit, die Bevölkerung zu mahnen, sich nicht für das Lager zu interessieren. Himmler fürchtet, Dachau könne wegen ungebührlicher Brutalität in Verruf kommen. In einem Akt, der Recht und Ordnung vortäuschen soll, löst er den ersten Lagerkommandanten ab und ersetzt ihn durch Theodor Eicke, der gleich brutal ist, aber methodisch vorgeht: Unter seiner Leitung wird Dachau zum Sklavenlager

für die SS und private Unternehmen. BMW, die Flugzeugwerke Messerschmidt und Dornier sowie andere Rüstungsbetriebe rekrutieren in Dachau die rar gewordenen Arbeitskräfte. Eicke macht aus Dachau eine Ausbildungsstätte für künftige Kommandanten und Wachmannschaften, die in anderen Lagern zum Einsatz kommen. Unter ihnen auch RUDOLF HÖSS, den Kommandanten von Auschwitz.

Ab Oktober 1941 werden mehrere tausend sowjetische Kriegsgefangene in das Lager gebracht und hier erschossen.

ARBEITSSKLAVEN UND VERSUCHE AN MENSCHEN

Im Winter 1942 nehmen SS-Ärzte in Dachau medizinische Experimente an Häftlingen auf. Zur Erprobung von Medikamenten erzeugen sie künstlich Phlegmone (Entzündungen). Die Ergebnisse von Unterdruck-, Höhenflug- und Unterkühlungsversuchen an Häftlingen sollen deutschen Kampffliegern beim Absturz das Leben retten. Ab dem 5. Oktober 1942 deportiert die SS alle jüdischen Lagerinsassen von Dachau zur Liquidierung nach Auschwitz.

Das KZ Dachau verfügt über rund 170 Außenlager. Sie bilden das Arbeitskräftereservoir für SS-eigene Handwerksbetriebe, den Straßenbau, für Kiesgruben und für die Moorkultivierung.

Ab 1942 arbeiten sie zunehmend in der Rüstungsproduktion. Seit das Reich im Einzugsbereich alliierter Bombergeschwader liegt, wird die Flugzeugproduktion ab Sommer 1944 unter die Erde verlegt. Etwa 30 000 überwiegend jüdische Häftlinge kommen aus osteuropäischen Vernichtungslagern nach Dachau. Bei Landsberg und im ostbayerischen Mühldorf errichten sie riesige unterirdische Werkshallen.

Am 29. April 1945 befreien US-Truppen die Häftlinge in Dachau. Unter ihnen befindet sich der evangelische Theologe MARTIN NIEMÖLLER.

Mehr als 200 000 Menschen waren in Dachau interniert. Rund 30 000 kommen ums Leben. Bis zum Abschluss der »Dachauer Kriegsverbrecherprozesse« 1948 dienen die ehemaligen Häftlingsbaracken den internierten Angehörigen der SS, Flüchtlingen und »Displaced Persons« als Unterkunft. Im Prozess werden von den 40 Angehörigen der Lager-SS 36 zum Tode verurteilt. 1960 eröffnet im ehemaligen Krematoriumsgebäude ein Museum und fünf Jahre später eine »Gedenkstätte mit Museum«.

Der Mord ist Alltag geworden im Dritten Reich. Nach der angeordneten Vernichtung von Juden, Sinti und Roma wegen ihrer rassischen Zugehörigkeit, von Kriegsdienstverweigerern – den »Zeugen Jehovas« – in Gaskammern, durch Genickschussanlagen, bei Zwangsarbeiten, folgt der Mord am eigenen Volk durch Krieg und der Vernichtung von so genanntem lebensunwertem Leben.

Rund 100 000 Erwachsene und Kinder fallen der Euthanasie zum Opfer, weil sie gebrechlich, unheilbar krank, geistig oder körperlich behindert sind. Die von Ärzten zur Tötung Selektierten werden in Sonderanstalten durch Giftinjektion, Vergasung oder Genickschuss ermordet.

Die Kirche protestiert. 1934 wendet sich MICHAEL KARDINAL VON FAULHABER gegen die Absicht, Euthanasie und Zwangssterilisation zu legalisieren: *„Ein furchtbares Wort ist gefallen. ‚Gut ist, was dem Volke dient' ... Könnte nicht ein Fanatiker auf den Wahn kommen, Mord und Meineid dienten dem Wohl des Volkes und seien daher gut? Könnte nicht ein Arzt auf den Gedanken kommen, die Tötung von Geisteskranken, die so genannte Euthanasie, erspare dem Staat große Fürsorgelasten, sie diene dem »Wohle des Volkes« und sei daher gut?"*

Am 24. August 1941 hält CLEMENS AUGUST BISCHOF VON GALEN in der Lambertikirche in Münster eine Predigt. Er habe gehört, dass aus der Heil- und Pflegeanstalt Warstein 800 Menschen abtransportiert worden seien. Man müsse *„damit rechnen, dass die armen wehrlosen Kranken über kurz oder lang umgebracht werden ..., weil sie nach dem Urteil irgendeines Amtes, nach dem Gutachten irgendeiner Kommission »lebensunwert« geworden sind, weil sie nach diesem Gutachten zu den »unproduktiven« Volksgenossen gehören .... Wenn man die unproduktiven Mitmenschen beseitigen darf, dann wehe unseren braven Soldaten, die als Schwerkriegsverletzte, als Krüppel, als Invaliden in die Heimat zurückkehren!"* Die Predigt wird hektografiert und geht von Hand zu Hand. HITLER stoppt am 6. Juli 1941 die Aktion T4. Insgeheim läuft sie unter der Bezeichnung »Aktion 14f13« weiter.

KZ-Insassen in Dachau bei schwersten Transportarbeiten (links). Das ursprünglich nur für politische Gefangene gedachte Konzentrationslager nimmt mit der Zeit auch rassisch Verfolgte, Homosexuelle und Kriminelle auf. Jüdische Insassen werden auf Befehl Himmlers 1942 nach Auschwitz deportiert.

Hitlers fünfte Kolonne

Fünfzehn Jahre nach dem Ersten Weltkrieg liegt über München noch immer das traumatische Erlebnis, französischen Luftangriffen schutzlos ausgeliefert gewesen zu sein. Und obwohl die drei Attacken von Hand geworfener Bomben kaum Schaden anrichten, widmet die Bevölkerung den offiziellen NS-Aufklärungskampagnen über richtiges Verhalten bei Luftangriffen ihr ungeteiltes Interesse.

Am 5. August 1933, um die Mittagsstunde, wird aus der Theorie der geprobte Ernstfall. Der »Reichsbund für Zivilschutz in München« simuliert einen Luftangriff auf die Stadt. In niedriger Höhe fliegende Flugzeuge werfen aus Papier gebastelte, mit Sandsäckchen beschwerte »Bomben« ab. An den Bomben angebrachte kleine Zettel informieren über Bombentypen und ihre Eigenschaften. Einsatzfahrzeuge – Rettung und Feuerwehr – rasen unter Sirenengeheul durch die Stadt, SA-Männer mit Gasmasken versorgen »Verletzte« und schaffen freie Wege durch »Mauertrümmer«.

Die internationalen Spannungen, durch martialische Reden Hitlers noch unterstrichen, beunruhigen die Bevölkerung in ganz Deutschland, die in der Mehrheit nichts als den Frieden will, gerade jetzt, wo etwas Wohlstand die Lebensqualität hebt. Doch die internationalen Spannungen bedrücken das Gemüt. Das Ende des Völkerbundmandats über das Saarland und dessen in freier Wahl am 13. Januar 1935 getroffene Entscheidung, zu Deutschland (90,8 %, 0,4 % für Frankreich) zurückkehren zu wollen, vertreibt nur kurz die Ängste der Deutschen: Die Einführung der Allgemeinen Wehrpflicht am 16. März lässt augenblicklich wieder Böses für die Zukunft ahnen.

Die Besetzung des Rheinlands und seine Remilitarisierung durch die Deutsche Wehrmacht, am 7. März 1936, beschwört erneut die Kriegsgefahr herauf. Doch Frankreich hält still, da England jeglichen militärischen Beistand verweigert. Hitler triumphiert, hält aber »sein« Volk in der Geiselhaft der Angst. Immer häufiger werden Luftschutz- und Verdunkelungsübungen abgehalten.

Problemlos verläuft die so genannte Heimholung Österreichs, seit Italien den Alpenstaat für ein gutes Verhältnis mit Deutschland preisgegeben hat. Hitler wird am 12. März 1938 mit ungeheurer Begeisterung von seinen Landsleuten begrüßt, und Bayern kann die »Österreichische Legion« – etwa 9000 nach dem gescheiterten Putsch vom Juli 1934 geflohene österreichische NS-Parteigänger – wieder los werden.

Die Westmächte nehmen den Anschluss Österreichs ohne Protest hin, in der Hoffnung, Hitlers Expansionslust sei nun gestillt.

Das nächste Ziel: Die Sudeten

Dieser aber erklärt schon am 5. November 1937 den engsten Mitarbeitern, dem Reichsminister ohne Geschäftsbereich, Konstantin von Neurath, Kriegsminister Werner von Blomberg und den Vertretern der drei Wehrmachtsteile, Hermann Göring (Luft), Werner Freiherr von Fritsch (Land) und Erich Raeder (See), neben Österreich auch die Tschechoslowakei dem Reich angliedern zu wollen.

Noch sind die Reichsstellen mit der Integration der »Ostmark« beschäftigt, plant Hitler schon die Annexion des Sudentenlandes, des überwiegend von Deutschen bewohnten tschechischen Grenzbereichs.

Seit 1. Oktober 1933 ist dort die »Sudetendeutsche Heimatfront« (SHF) aktiv, eine bündische, aber nicht nationalsozialistische Bewegung, die der Bank-

2. September 1938: Hitler empfängt Konrad Henlein auf dem Obersalzberg. Hitler ist über seine Generalität verärgert. Er muss sie förmlich zur Besetzung des Sudetenlandes nötigen. Henlein, hingegen spielt ein doppeltes Spiel. Er bgerüsst insgeheim Hitlers militärische Lösung und lässt aber dennoch über Frank Ashton-

beamte und deutschnationale Gauturnwart des Egerlandes, Konrad Henlein (* 6. Mai 1898 in Maffersdorf bei Reichenberg; † 10. Mai 1945 Pilsen, Suizid in US-Amerikanischer Gefangenschaft), am 1. Oktober 1933 unter dem Eindruck der nationalsozialistischen Machtübernahme in Deutschland ins Leben ruft. Die SHF muss sich zwar auf Weisung der tschechoslowakischen Regierung in »Sudetendeutsche Partei« (SdP) umbenennen, verliert aber nicht ihre Anhänger. Im Gegenteil. Bei den Wahlen 1935 gewinnt die SdP 44 der 66 deutschen Sitze im Prager Parlament und wird stärkste Partei in der Tschechoslowakei.

Massiv von Deutschland unterstützt, baut Henlein die SdP zur Fünften Kolonne des Dritten Reichs aus, mit dem Ziel, das Sudetengebiet an das Dritte Reich anzuschließen. Ein 1938 von Henlein gegründetes, von der SA ausgebildetes »Sudetendeutsches Freikorps« bildet den bewaffneten Arm der SdP.

Am 21. April 1938 steht für Hitler fest, im Zusammenwirken mit Henlein Prag unter Druck zu setzen: *„Wir müssen also immer so viel fordern, dass wir nicht zufrieden gestellt werden können“.* Henlein gehorcht.

Der Chef des am 1. April 1938 neu errichteten Oberkommandos der Wehrmacht, Wilhelm Keitel, legt am 20. Mai die Neufassung von »Fall Grün«, den Überfall auf die Tschechoslowakei vor. Die Gerüchte über deutsche Truppenkonzentrationen an der Grenze vesetzen am 20./22. Mai 1938 die Prager Regierung in Alarmzustand. In der so genannten Wochenendkrise – die Engländer sprechen von der »May Crisis« – ordnet sie die Teilmobilmachung ihrer 180 000 Mann umfassenden militärischen Reserven an. London und Paris warnen Deutschland, die Tschechoslowakei anzugreifen. Keitel beruhigt, und eine britische Delegation gibt Entwarnung: Im Grenzgebiet seien keine deutschen Truppen aufmarschiert, Prag habe falschen Alarm gegeben.

Am 28. Mai teilt Hitler höchsten Vertretern des Heeres, der Partei und der Regierung mit, die Zerschlagung der Tschechoslowakei sei sein *„unabänderlicher Entschluss.“* Teile der Generalität erheben Einspruch. Generalstabschef Ludwig Beck befürchtet das Eingreifen Englands und Frankreichs. Beck kann weder Hitler noch die Generalität überzeugen, diese fügt sich dem Führer: Mit Politik habe sie nichts zu tun. Von all dem ahnen die Deutschen nichts.

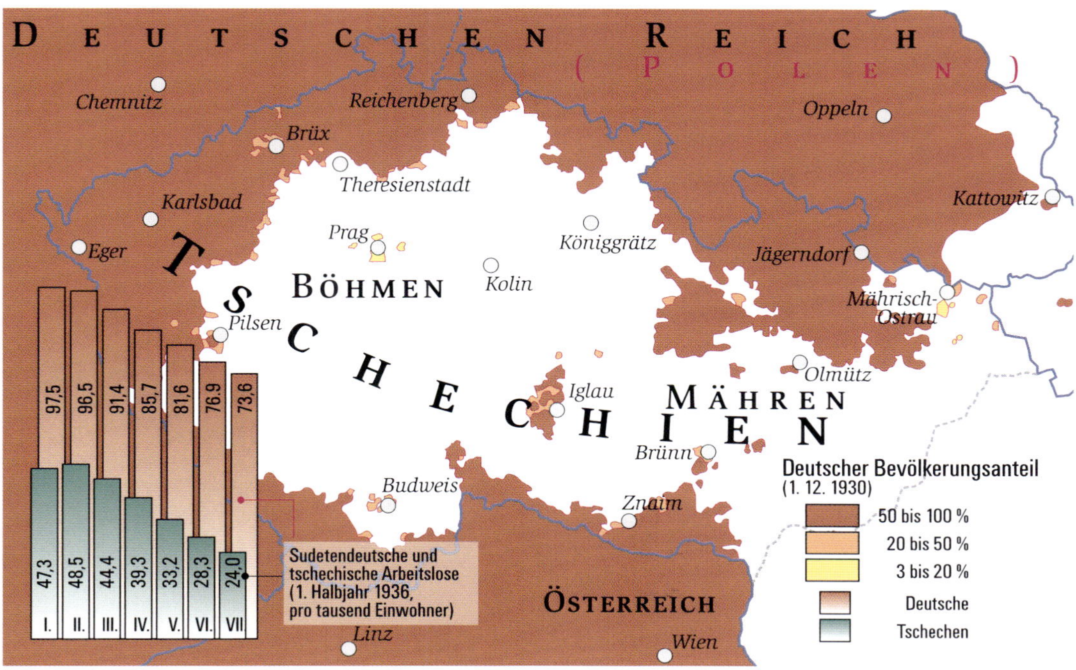

Gwatkin seinem Kontaktmann dem britischen Außenministerium mitteilen, dass Hitler eine friedliche Lösung bevorzuge. Dadurch erhält die britische Appeasementpoltik in der Sudetenfrage Aufwind. – Deutsche Siedlungsgebiete in Böhmen und Mähren (oben). Arbeitslose in den Sudeten und in Tschechien.

Hitler spielt Vabanque

Der Mehrheit der Deutschen ist es gleichgültig, ob die Sudetendeutschen »heim ins Reich« kämen oder nicht, sie will den Frieden. Den haben aber die beiden unermüdlichen Kriegstreiber Adolf Hitler und sein Außenminister Joachim von Ribbentrop nicht im Sinn. Für beide ist die sudetendeutsche Frage nur ein Vorwand, um den Krieg vom Zaun zu brechen. Ihr Reden und ihr Tun lässt keine Zweifel offen. Reichspropagandaminister Joseph Goebbels notiert im August 1938: *„Die Kriegspsychose wächst"*. Und ein SD-Bericht beobachtet Anfang September 1938: Die Menschen fliehen in die Unterhaltung und suchen die Zersteuung.

Die Briten versuchen, mit neuer diplomatischer Strategie, der Appeasement-Poltik, die Lage zu entschärfen. Ab August üben sie Druck auf Prag aus, es möge den Forderungen der Sudetendeutschen nachgeben. Zur gleichen Zeit erklärt in Berlin Außenminister Ribbentrop seinem Staatssekretär Ernst von Weizsäcker, das Reich sei nötigenfalls schon jetzt wegen der »Tschechei« zu einem großen Krieg mit den Westmächten bereit: *„Für eine Kriegsdauer von beliebiger Länge sind wir mit Rohstoffen ausgerüstet, den Flugzeugbau betreibt Göring so, dass wir jedem Gegner überlegen sind."* Hier würde die britische Appeasement-Politik, die Politik des Ausgleichs und der Verständigung, wohl scheitern, die deutsche Seite ist auf Krieg ausgerichtet.

Am 3. August entsendet die britische Regierung Viscount Steven Runciman als Vermittler nach Prag. Sein Bericht löst Ratlosigkeit aus: Die Tschechen seien kompromissbereiter als die Deutschen unter Henlein. Der Erfolg seiner Mission, so Runciman, hänge ausschließlich davon ab, *„ob Hitler den Krieg wolle oder nicht."* Um sein Land zu retten, ist der tschechoslowakische Staatspräsident Edvard Beneš sogar bereit, für erlittene Ungerechtigkeiten eine Wiedergutmachung an die Sudetendeutschen zu leisten. Dieses Eingeständnis begangener Missgriffe soll versöhnlich wirken, aber die sudetendeutschen Unterhändler steigern ihre Forderungen von Mal zu Mal.

Runciman kehrt unverrichteter Dinge nach London zurück. Hier ist man über Hitlers Absichten bereits bestens informiert. Kein Geringerer als Generalmajor Ewald von Kleist – er führt später im Westfeldzug die nach ihm benannte Panzergruppe und befehligt 1942 bis 1944 die Heeresgruppe A an der Ostfront – stellt bei seinem Londoner Aufenthalt am 18. August 1938 die Lage in Berlin in mehreren Gesprächen klar. Kleist handelt im Auftrag seines Vorgesetzten, des in Opposition zu Hitler stehenden Generaloberst Beck. Seine Gesprächspartner sind Unterstaatssekretär Sir Robert Vansittart, Winston Churchill, der zu dieser Zeit nicht an der Regierung beteiligt ist, und David Lloyd George. Sie informieren Premierminister Neville Chamberlain. Doch dieser misstraut der deutschen Generalität. Chamberlain will Hitler auf diplomatischem Wege für den Frieden gewinnen, eingebunden in ein System der kollektiven europäischen Sicherheit.

Drei Mal besucht der Premier zu diesem Zweck Deutschland und löst jedes Mal Erleichterung bei der deutschen Bevölkerung aus. Sie hofft auf eine friedliche Lösung der Spannungen. Doch ihr Führer will die Tschechoslowakei zerschlagen, wie er auf dem Nürnberger Parteitag am 12. September alle Welt wissen lässt.

Abermals geben die Westmächte klein bei. Am 19. September empfehlen sie der Prager Regierung, das Sudetenland abzutreten. Dafür bieten sie eine internationale Garantie der neuen Grenzen an.

Am 26. September greift Hitler im Berliner Sportpalast zu den altbekannten Tricks seiner Rhetorik, drohend und versöhnlich in einem Atemzug beteuert er, das Sudetenland sei seine letzte territoriale Revisionsforderung. Aber selbst die Deutschen glauben ihm nicht mehr und erwarten eine baldige Auseinandersetzung. Niedergeschlagenheit macht sich breit. Als am 27. September eine kriegsmäßig ausgerüstete motorisierte Division durch Berlin rattert, begleitet sie schweigende Ablehnung.

Mussolini schaltet sich ein

Italiens Duce, Benito Mussolini, verfolgt besorgt die Entwicklung in Mitteleuropa. Auf Initiative Generalfeldmarschall Hermann Görings bringt Mussolini für den 29. September 1938 ein Treffen der vier Regierungschefs zustande. Chamberlain für England, Daladier für Frankreich, Hitler und er selbst für Italien wollen im Führerhaus zu München, am Königlichen Platz, im Gipfelgespräch das Sudetenproblem

Besprechung am offenen Kamin im Führerhaus auf dem Königlichen Platz: Von Hitler links halbverdeckt Chamberlain, rechts davon Mussolini, sein Außenminister Galeazzo Conte di Cortelazzo Ciano, Ribbendrop halb verdeckend, ganz rechts Edouard Daladier.

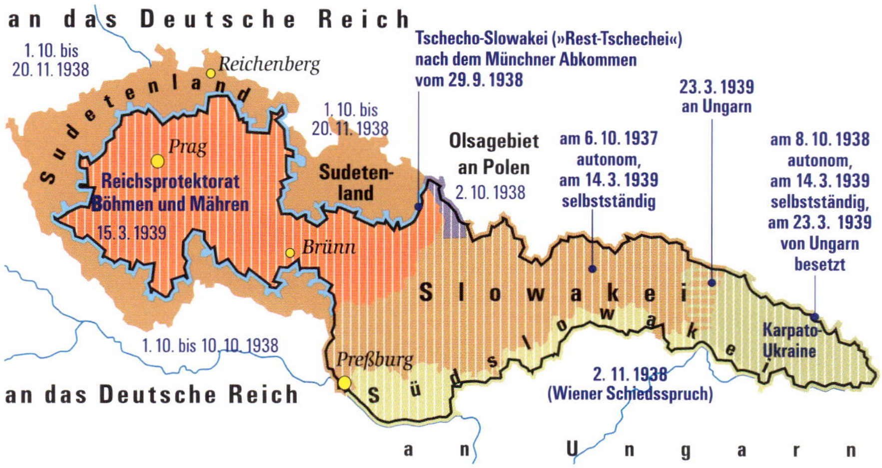

aus der Welt schaffen. Die Tschechoslowakei wird nicht eingeladen. Hitlers Forderung ist einfach: Die Tschechen hätten das Sudetengebiet zwischen 1. und 10. Oktober zu räumen und an das Deutsche Reich abzutreten. Chamberlain und Daladier fügen sich. Sie garantieren dafür den Fortbestand des tschechoslowakischen Reststaats. Die Vertreter der Tschechoslowakei, die nicht an der Konferenz teilnehmen dürfen, bezeichnen das Münchener Abkommen heute noch als »Münchner Verrat«: *„Über uns, ohne uns"*. Das »schwarze Datum« ist im kollektiven Gedächtnis des tschechischen Volkes lebendig geblieben.

Die von Hitler provozierte Kriegsgefahr ist zwar gebannt, aber da er die Garantieerklärung der neuen Grenzen hinauszögert, wissen alle Beteiligten, dass Hitler auch die verkleinerte Tschechoslowakische Republik auslöschen wird.

Am 21. Oktober 1938 erteilt Hitler die Weisung, die militärisch-operativen Vorbereitungen zur *„Erledigung der Rest-Tschechei"* zu treffen.

Die Sowjetunion, damals mit Frankreich und der Tschechoslowakei verbündet, bietet ihnen vorbehaltlosen militärischen Beistand an. Beide Regierungen lehnen ab, obwohl Moskau schon eine Teilmobilisierung und große Truppenbewegungen entlang seiner Südwestgrenze verfügt hat. Der Schluss der Sowjetführung ist nahe liegend: Die Westmächte kooperieren mit Nazi-Deutschland, um die Sowjetunion zu isolieren. Folgerichtig müsse sie ihre Außenpolitik neu orientieren und die Annäherung an Deutschland suchen. Das Münchener Abkommen leitet den spektakulären deutsch-sowjetischen Nichtangriffspakt vom 23. August 1939 ein. Der die ganze Welt überrascht.

Die Dynamik der Eskalation

Nach der Konferenz von München erreicht Hitlers Popularität einen neuen Höhepunkt. In London spricht Chamberlain von einem *„Frieden für unsere Zeit"*, und wird deshalb gefeiert. Paris bereitet Daladier einen triumphalen Empfang.

Bayern erhält die von Deutschen besiedelten Teile des Bayerischen Waldes jenseits der Grenze, das übrige Sudetenland bildet einen eigenen Reichsgau. Die aus ihrer Heimat vertriebenen Tschechen warten einstweilen zu Tausenden mit Sack und Pack, um irgendwo im tschechoslowakischen Rumpfstaat eine Bleibe zu finden. Der Hass gegen die Deutschen entlädt sich 1945.

Auf massiven Druck Hitlers erklärt am 14. März 1939 die Slowakei ihre Unabhängigkeit. Noch am selben Tag besetzt die Deutsche Wehrmacht den Rest der Zweiten Tschechischen Republik, die sich das Deutsche Reich, als »Protektorat Böhmen und Mähren« einverleibt.

Beim Einmarsch in Polen am 1. September 1939 hat Hitler Stalin zum Partner. Der »Hitler-Stalin-Pakt« hält England und Frankreich jedoch nicht davon ab, dem Deutschen Reich am 3. September 1939 den Krieg zu erklären.

Anders als zu Beginn des Ersten Weltkriegs, lastet nun über Bayern eine gedrückte Stimmung. Die von der Reichsbehörde verfügte Rationierung der Lebensmittel, offiziell nicht als *„Ausdruck des Mangels ..., sondern ein Mittel der gerechten Verteilung"* begründet, erinnert zu sehr an die Notzeit von damals.

Die Bilder der Wochenschauen, die obligat vor jedem Spielfilm über die jüngsten Erfolge der Deutschen Wehrmacht – und von den Niederlagen der Gegner – berichten, vertreiben die düsteren Gedanken der Bayern. Polen ist im Blitzkrieg nach drei Wochen besiegt und an der Westfront herrscht, statt des Blitzkriegs, ein »Sitzkrieg«, da keine Seite vor dem Winter aktiv werden will. Ausgesprochen grantig reagieren die Bayern auf die Absage des Oktoberfestes, auf die Verteuerung einer Maß Bier um zehn Pfennig und die Verordnung, dass in Gaststätten an zwei Tagen in der Woche vegetarische Kost serviert werde.

Das Attentat JOHANN GEORG ELSERS auf Hitler lässt die Münchner merken, dass der Führer auch Gegner hat. Kardinal FAULHABER gehört nicht zu ihnen. Er schickt Hitler ein Glückwunschtelegramm und dankt in der Frauenkirche mit einem Tedeum, *„dass der Führer dem verbrecherischen Anschlag, der auf sein Leben gemacht wurde, glücklich entronnen ist"*, berichtet die »Katholische Kirchenzeitung« vom 9. November 1939.

Im Frühjahr 1940 bricht der Krieg in voller Stärke aus. Dänemark wird besetzt und Norwegen. Im arktischen Norden kommen hauptsächlich Bayern und Ostmärker zum Einsatz. Britische Bombenflugzeuge laden einstweilen ihre Tod und Zerstörung bringende Fracht über dem Ruhrgebiet ab. Bayern bleibt verschont, es liegt außerhalb der Reichweite der Flugzeuge. Optimisten meinen deshalb, das Land entginge wegen seiner Schönheit und kulturellen Schätze den Bombenangriffen, oder – weil die Bayern so nette Leute seien.

Im Visier britischer Bomber

Der 5. Juni 1940 bringt die Ernüchterung. Auf München abgeworfene Sprengbomben der RAF (Royal Air Force) fallen in den Englischen Garten, zerstören eine Lagerhalle. Der alliierte Luftterror, am 12. Mai 1940 mit einem britischen Angriff auf Mönchengladbach begonnen, greift auf den Süden des Deutschen Reichs über. Als Vergeltung für München gibt Reichsmarschall HERMANN GÖRING am 14. November den Befehl, die mittelenglische Stadt Coventry zu bombardieren. Ziel sind die Rolls-Royce-Rüstungsbetriebe im Stadtzentrum, die Flugzeugmotoren herstellen.

Hat während der ersten Kriegsmonate im Deutschen Reich die Drangsalierung von Juden etwas nachgelassen, geht sie am 1. September 1941 unvermittelt weiter. Eine Polizeiverordnung zwingt sie, an der Oberbekleidung den gelben Davidstern zu tragen. Eine nächtliche Ausgangssperre, die Ablieferung von Radios und Telefonen, das Bezugsverbot von Kleiderkarten und das Einkaufen zu bestimmten Tageszeiten erschweren das Leben noch mehr. Der Besuch von Parkanlagen, öffentlichen Bädern und Unterhaltungsstätten ist Juden verboten, ebenso der des Wochenmarktes in Augsburg. Ab Oktober gilt für Juden auch ein allgemeines Auswanderungsverbot. Am 15. November 1941 werden erstmals Juden aus Nürnberg – noch bevor die »Wannseekonferenz« die »Endlösung« beschließt – in die Vernichtungslager im Osten des Reiches deportiert.

Kardinal von FAULHABER beendet unter tatkräftiger Unterstützung der katholischen Bevölkerung einen Kleinkrieg mit Gauleiter WAGNER, der am 23. April ein Kruzifixverbot in Schulräumen angeordnet hatte. Der Protest Faulhabers landet auf Hitlers Schreibtisch. Der erboste Hitler droht Wagner, ihn nach Dachau zu schicken, sollte er das Verbot nicht umgehend aufheben. Der Zeitpunkt sei nicht günstig für derartige Maßnahmen, begründet Hitler intern seine Entscheidung.

Der Zerstörungsgrad deutscher Großstädte durch Luftangriffe (oben). Über 600 000 Menschen, meist Frauen, Kinder und Alte, fallen dem alliierten Bombenterror zum Opfer. Den ersten Luftangriff auf deutsche Städte startet die RAF mit der Bombardierung Mönchengladbachs in der Nacht auf den 12. Mai 1940.

Unterm Beil des Henkers

Am 22. Juni 1941 meinen viele Bayern, dass sich das Regime endgültig übernommen habe. Das Unternehmen »Barbarossa«, der Überfall auf die Sowjetunion, erinnert sie an Napoléon, der fast auf den Tag genau, am 24. Juni 1812, nach Moskau aufgebrochen war und am russischen Winter scheiterte. In seinen Reihen marschierte damals ein großes bayerisches Aufgebot. Vier Generationen später ziehen abermals deutsche Landser gegen Moskau, und wieder werden die meisten von ihnen nicht heimkehren, sondern in den Weiten Russlands umkommen.

Vorerst aber schaut die Heimat *„mit Stolz auf die Heldentaten ihrer Söhne und Väter“*, wie es im damaligen Jargon heißt, die diese am 21. August 1942 vollbringen. Allerdings nicht zur Freude des Führers. Eine Kampfgruppe der bayerischen 1. Gebirgsdivision hisst auf dem 5633 m hohen Elbrus, dem höchsten Berg des Kaukasus, die Reichskriegsflagge. Hitler tobt wegen des militärisch wertlosen Unternehmens. Niemand ahnt noch, dass damit die deutsche Expansion den äußersten Eckpunkt erreicht hat. Bayern selbst muss freilich eine Woche später seine Verwundbarkeit erkennen.

Der neue Kommandeur der RAF, Luftmarschall Arthur Harris (»Bomber Harris« oder auch »The Butcher«, der »Schlächter« genannt), gibt den Befehl, München anzugreifen. Am 28. August nehmen die weitreichenden Flugzeuge, die eben aus den Montagehallen gelaufen sind, Wellington III und Halifax III, Kurs auf die »Hauptstadt der Bewegung«. Ab nun zählt die Stadt an der Isar zu den 50 bevorzugten Zielen der Briten im Deutschen Reich. Thomas Mann, seit 1938 im US-amerikanischen Princeton im Exil, zeigt keine Rührung, als er davon erfährt: *„Der alberne Platz hat es verdient“*, notiert er, und München sei *„eine Zitadelle der Dummheit“*.

In diesem Sommer regt sich an der Universität München, bislang Hort rechtsradikaler und antisemitischer Aktivitäten, Widerstand gegen das Regime. Aufrecht und engagiert, aber mindestens genau so naiv und selbstmörderisch. Die Geschwister Hans und Sophie Scholl sowie Alexander Schmorell und Christoph Probst legen sich den Tarnnamen »Weiße Rose« zu und verfassen Pamphlete gegen das *„Weiterlaufen“* der *„atheistischen Kriegsmaschine“*. Zu ihnen stoßen weitere Gleichgesinnte. Im Winter 1942/43 kommt die Untergrundgruppe zur Ansicht,

Hans Scholl (22. September 1918 in Ingersheim bei Crailsheim; † 22. Februar 1943 in München), Sophia Magdalena Scholl (* 9. Mai 1921 in Forchtenberg; † 22. Februar 1943 in München), Christoph Probst (* 6. November 1919 in Murnau am Staffelsee; † 22. Februar 1943 in München).*

es sei an der Zeit, das Joch der Nationalsozialisten abzuschütteln. Bestätigt wird die Gruppe durch einen Krawall von Studenten während einer Rede des Gauleiters PAUL GIESLER im Kongresssaal des Deutschen Museums. Giesler fordert die Studentinnen auf, im Rahmen des Lebensborn-Programms dem Führer ein Kind zu schenken, statt Studienplätze zu blockieren. Für weniger hübsche Kommilitoninnen sei er bereit, Partner zur Verfügung zu stellen.

TUMULT AN DER UNIVERSITÄT

Der Tumult, der unter den Studenten ausbricht, bringt Giesler zum Schweigen. Bevor noch SS-Wachen eingreifen können, stürzen die Studenten auf die Ausgänge zu und hinaus ins Freie, voll des Übermuts über die gelungene Randale. Sophie Scholl – unter den Zuhörern – verkennt die Situation. Sie wertet den Krawall als erstes Aufbegehren gegen das Regime, dem die »Weiße Rose« nachhelfen müsse.

Der Augenblick scheint gekommen, als die katastrophale Nachricht der Niederlage von Stalingrad eintrifft. Nun, so mutmaßen die Verschwörer, müsse sich das Volk erheben. Die Dissidenten verfassen ein weiteres Flugblatt: *„...Im Namen der gesamten deutschen Jugend fordern wir von dem Staat Adolf Hitlers die persönliche Freiheit, das kostbarste Gut des Deutschen zurück, um das er uns in der erbärmlichsten Weise betrogen hat ...“*

Mehr als 3000 Exemplare vervielfältigt die »weiße Rose«. Am 18. Februar 1943 fahren Sophie und Hans Scholl zur Münchner Universität, und legen die Blätter auf Treppenabsätze, Fensterbänke und Brüstungen. Während sie die letzten Stapel verteilen, entdeckt sie der Universitätswart. Eben werfen sie einen ganzen Packen vom zweiten Stock in den Lichthof. Der Wart, nebenher ein SA-Mitglied, packt beide und drängt sie in das Büro des Rektors, einem Angehörigen der SS. Die eilends herbeigerufene Gestapo findet bei Hans noch eines der Pamphlete. Eine Hausdurchsuchung beim Geschwisterpaar fördert weiteres belastendes Material zu Tage, Spuren führen zu den anderen Verschwörern.

Hektik erfasst den Sicherheitsdienst, als auch an den Universitäten von Hamburg und Freiburg Flugblätter auftauchen. Sie befürchten ein dichtes Netz von Dissidenten.

Vier Tage nach der Festnahme findet die Gerichtsverhandlung statt. Der ob seines brutalen Vorgehens gefürchtete Präsident des Volksgerichtshofs, ROLAND FREISLER aus Berlin, führt den Vorsitz, das Urteil lautet auf Aberkennung der Staatsbürgerschaft und Tod durch das Fallbeil. Hans und Sophie Scholl sowie Christoph Probst sterben am 22. Februar 1943 im Todeszellentrakt des Gefängnisses Stadelheim. Ihr Scharfrichter berichtet, sie hätten ihr Los so tapfer ertragen, wie kein Verurteilter zuvor. Die Münchner Zeitungen berichten kurz von einem raschen und ehrlosen Tod.

Ein zweiter Prozess verurteilt die Mitverschwörer KURT HUBER, WILLI GRAF und ALEXANDER SCHMORELL ebenfalls zum Tode. Kurt Huber und Alexander Schmorell werden am 13. Juli 1943 im Gefängnis Stadelheim enthauptet. Die Hinrichtung Willi Grafs erfolgt am 12. Oktober 1943, nachdem die Gestapo über Monate hinweg versucht, aus Willi Graf Namen von Personen aus dem Umfeld der »Weißen Rose« herauszupressen.

Die von der Jugendbewegung und vom christlichen Humanismus inspirierte studentische Widerstandsbewegung »Weiße Rose« ist nur eine der oppositionellen Vereinigungen, die in Bayern gegen das herrschende Regime ankämpfen.

Seit dem Winter 1939/40 formieren sich in Bayern Militärs, die Hitler beseitigen wollen. Sie versuchen, mit England Kontakt aufzunehmen. Der Münchner Rechtsanwalt JOSEF MÜLLER hält die Verbindung zwischen ihnen, dem Vatikan und London aufrecht. 1943 verhaftet, wird er in den Konzentrationslagern Buchenwald, Flossenbürg und Dachau festgehalten und überlebt, während andere, der Konspiration Angeklagte, kurz vor der Befreiung durch die Alliierten 1945 ermordet werden. Mit ADAM STEIGERWALD aus Unterfranken gründet Müller die CSU.

Der am Staatsstreichversuch vom 20. Juli 1944 beteiligte CLAUS PHILIPP MARIA SCHENK GRAF VON STAUFFENBERG (* 15. November 1907 in Jettingen, Bayern; † 21. Juli 1944 in Berlin) ist der bekannteste Widerstandskämpfer im Dritten Reich. Er stammt aus dem Kreis Günzburg in Schwaben.

Gegen Kriegsende mehren sich Einzelaktionen, die nicht auf die Beseitigung des Regimes abzielen, sondern dem Schutz der engsten Heimat vor unnötigen Zerstörungen dienen.

Die Waffen schweigen

Joseph Goebbels, Reichsminister für Volksaufklärung und Propaganda, begeht am 1. Mai mit seiner Frau Magda im Führerbunker zu Berlin Selbstmord. Die sechs Kinder der Familie hat Magda Goebbels vergiftet. Zwei Jahre zuvor, am 18. Februar 1943, unmittelbar nach der Katastrophe von Stalingrad, hält Goebbels im Berliner Sportpalast eine Rede, die noch vielen im Ohr klingt, die nun in den zerbombten Städten vor dem Nichts stehen. Auf seine Frage: *„Wollt ihr den totalen Krieg?" ... „Wollt ihr ihn, wenn nötig, totaler und radikaler, als wir ihn uns heute überhaupt noch vorstellen können?"*, antwortet ihm die fanatisierte Menge mit einem tausendstimmigen *„Ja!"*.

In Nürnberg gibt es zu diesem Zeitpunkt viele Frauen, die Ehemänner, Väter, Söhne oder Brüder in der 6. Armee haben, die in Stalingrad vernichtet wird. Als die Nachricht am 3. Februar bekannt wird, verfluchen sie öffentlich die NS-Führung. Die Gestapo mischt sich unter die wütende Menge. Ob sie tatsächlich Anweisung hat, nicht einzugreifen, ist unbestätigt. Tatsache ist, dass keine Festnahmen erfolgen. Der Krieg wird schrecklicher als ihn Goebbels ausmalte.

Am 15. September 1944 betreten US-amerikanische Einheiten in der Stadt Monschau, in der Eifel, zum ersten Mal deutschen Boden. Ein halbes Jahr später, am 1. April 1945, erreichen sie Bayern. Als sie in Würzburg einrücken, stoßen sie auf ein gewaltiges Trümmerfeld. Die Bischofstadt ist zu 90% zerstört.

Am 7. Februar 1945 hat der Labour-Abgeordnete Reginald Purbrick das britische Unterhaus daran erinnert, dass die Städte Dresden, Freiburg und Würzburg bisher noch keine *„Bombenerfahrung"* gemacht hätten. Wann denn die Reihe an ihnen sei? (zit. nach Jörg Friedrich, 2002). Purbrick hat Informationslücken. Der Bahnknoten Würzburg war schon zweimal Ziel der RAF. Doch diesmal geht Dresden in einer Flammenhölle unter. Die Zahl der am 13./15. Februar in ihr umgekommenen Menschen ermittelt eine, auf Initiative des Oberbürgermeister Ingolf Rossberg am 24. November 2004 konstituierte, Historikerkommission mit 35000.

Würzburg ereilt das Schicksal am 16. März. 225 britische Lancasterbomber laden 256 Spreng- und 397650 Brandbomben über der Stadt ab. Sie töten 5000 Menschen. Die Kriegsgeschichtsschreibung nennt Würzburg seither das »bayerische Dresden«. Die von Luftangriffen bisher unbehelligte Stadt wähnt sich einigermaßen sicher, der britische Premier, Winston Spencer Churchill, trug sich als junger Attaché ins »Goldene Buch der Stadt« ein.

In derselben Nacht, in der Würzburg verglüht, steuert über Rottenburg ob der Tauber ein Bomberpulk Nürnberg an. Die 283 Maschinen vollenden ein Zerstörungswerk, das am 2. und 20. Februar begonnen worden war. Das Reichsparteitagsgelände bleibt ausgespart. Hier wollen die Sieger eine Parade abhalten. Der Prestigeeinsatz kostet die RAF 24 Flugzeuge, das sind 8,7 % der Maschinen. Die Luftwaffe hat letzte Reserven zur Abwehr mobilisiert.

An Hitlers Geburtstag, dem 20. April, marschiert die 7. US-Armee in Nürnberg ein. Ein Symbol des Dritten Reichs fällt. Eines Reiches, das die tatsächlich tausendjährige Geschichte des Heiligen römischen Reiches für sich beansprucht hat.

Zwei Symbole warten noch darauf, zerschlagen zu werden. Am 30. April 1945 trifft eine Vorausabteilung der 7. US-Armee in München, der »Hauptstadt der Bewegung«, ein. Über Ismaning zieht sie nach Süden und gelangt, von einem letzten Aufgebot aus 16- und 60-Jährigen, dem »Volkssturm«, kurz behelligt, direkt zum Prinzregentenplatz. In Hitlers Privatwohnung richtet sie ihren Gefechtsstand ein. Am nächsten Tag ist München kampflos besetzt. Der Befehl Hitlers, die Stadt bis zum äußersten zu verteidigen, motiviert nur noch wenige fanatisierte SS-Einheiten.

Auch die Niederlage ist total

Während die 3. US-Armee unter General George Smith Patton von Hof im Fichtelgebirge kommend, entlang des Böhmer Walds nach Oberösterreich und Böhmen vorstößt, dirigiert General Alexander M. Patch Teile der 7. US-Armee nach Tirol bzw. ins Berchtesgadener Land. Zaghaft nähern sich die GIs der geheimnisumwitterten »Alpenfestung«, das angeblich schwer befestigte letzte Refugium geflohe-

Der 7. und der 3. US-Armee unter Patch bzw. Patton ist die Eroberung Bayerns vorbehalten (rechts). Pattons 3. US-Armee wird Anfang April im Raum Erfurt-Weimar nach Süden umdirigiert, um das nördliche Österreich zu besetzen und für den Sturm auf die »Alpenfestung« als Reserve bereit zu stehen.

ner NS-Größen. Das Gerücht entpuppt sich als Schweizer Zeitungsente. Am Obersalzberg und beim Berghof Hitlers erwartet die US-Truppe allerdings am 4. Mai 1945 heftiges Gewehrfeuer. Verbündete Franzosen, die im Wettlauf zum Sitz des Führers früher ankamen, vermuten einen Angriff deutscher Verteidiger und feuern auf die Amerikaner.

Vier Tage später, am 8. Mai 1945, um Mitternacht, ist auch in Bayern der Krieg vorbei. Im Hauptquartier der westlichen Alliierten zu Reims, unterzeichnet Generaloberst ALFRED JODL die deutsche Kapitulationsurkunde. Generalfeldmarschall WILHELM KEITEL wiederholt die Unterzeichnung im sowjetischen Hauptquartier in Berlin-Karlshorst. Jodl und Keitel wurden durch den neuen Reichspräsidenten, Großadmiral KARL DÖNITZ, am 7. Mai dazu ermächtigt.

Zwischen 17. Juli und 2. August 1945 treten die drei Siegermächte – Frankreich wird nicht beigezogen – im Schloss »Cecilienhof« zu Potsdam zusammen. US- Präsident HARRY S. TRUMAN, der britische Premierminister Winston S. Churchill – er wird am 25. Juli von CLEMENT ATTLEE abgelöst – und der Führer der Sowjetunion, IOSIFF WISSARIONOWITSCH STALIN, beraten über die Zukunft Deutschlands und der osteuropäischen Staaten. Stalins Anspruch auf ganz Ost- und Südosteuropa stößt bei Churchill auf Widerstand. Der britische Premier drückt seine Sorge über das Vorgehen der Sowjets schon am 12. Mai 1945 gegenüber Truman aus: *„Ein eiserner Vorhang ist vor ihrer Front niedergegangen. ... Es ist kaum zu bezweifeln, dass der gesamte Raum östlich der Linie Lübeck–Triest–Korfu schon binnen kurzem völlig in ihrer (der sowjetischen, Anm.) Hand sein wird."*

Am 20. April 1945 berichtet der US-Botschafter in Moskau (1943 bis 1946) WILLIAM AVERELL HARRIMAN dem Weißen Haus: *„Europa [steht] vor einer Invasion der Barbaren."*

Bayern kommt inmitten dieses Spannungsfeldes zwischen Ost und West zu liegen, unmittelbar betroffen von Churchills vorausgesagtem »eisernen Vorhang«.

Der Freistaat
Bayern
nach 1945

Keine »Stunde Null«

Zwischen 4. und 11. Februar 1945 findet jene denkwürdige Konferenz statt, die, beginnend in Europa, die Welt für vierzig Jahre spalten und gelegentlich an den Rand einer atomaren Konfrontation heranführen sollte. Josef W. Stalin, Franklin D. Roosevelt und Winston Churchill beraten im Seebad Jalta auf der Halbinsel Krim. Wie soll das Deutsche Reich nach seiner Niederlage und die von ihm besetzten Gebiete behandelt, wie die von den USA angestrebte Gründung der United Nations Organisation (UNO) vollzogen werden. Stalin ist daran interessiert, die ost- und südosteuropäischen Länder als sowjetische Interessenssphäre anerkennen zu lassen und die Ostgrenze Polens zugunsten der Sowjetunion auf die so genannte Curzon-Linie festzulegen.

Bei Deutschland sind sich die »Großen Drei« einig: Es soll in vier Besatzungszonen aufgeteilt werden, über die ein alliierter Kontrollrat wacht. Eine Entmilitarisierung und Entnazifizierung sieht die Befriedung des Landes vor. Zur Debatte stehen die künftigen Grenzen Deutschlands. Während Stalin zu einer Aufgliederung in Einzelstaaten neigt, erscheinen Churchill kleine deutsche Einzelstaaten nicht erstrebenswert, da sie den wirtschaftlichen Wiederaufbau erschweren. Dies wiederum würde die geplanten Reparationsleistungen beeinträchtigen und die gesamte europäische Erholung von den Kriegsschäden verlangsamen. So bleiben zunächst die ursprünglichen taktischen Angriffsräume Basis eines kommenden deutschen Staates.

Die oft zitierte Stunde Null gibt es auch 1945 in Bayern nicht. Das Leben geht, so schwer es ist, weiter. Wohl gibt es in den zerbombten Städten weder Wasser, Strom noch Gas, ruht vielerorts auch der Eisenbahnverkehr, so dass im Mai 1945 die Lebensmittelversorgung der Städte zusammenbricht. Nicht nur weil es an Transportmöglichkeiten mangelt, sondern weil die Nahrungsmittel fehlen. Die Lager sind geplündert oder im Bombenhagel verbrannt, die Ernte steht noch aus, das wenige Vorhandene hütet man für den Eigenbedarf. Unerträglich ist die Wohnungsnot.

Das zu 37 % zerbombte München (oben). – Wie schon 1918/19 wissen die Sieger 1945 nicht, wie sie Deutschland so klein halten sollen, dass es den Frieden nicht mehr gefährden könne. Seltsame Teilungspläne sind die Folge (rechts). Das Ringen der USA und der Sowjetunion um die Vorherrschaft in der Welt teilt

Von den 256 945 Wohnungen Münchens sind nur 10 % bzw. 24 945 unbeschädigt.

Der Kriegsdienst, der die arbeitsfähigen Männer an die Front holte, brachte im Gegenzug Millionen von Fremd- und Zwangsarbeitern ins Reich. In Bayern stellten sie ein Viertel aller Arbeitskräfte. Sie stammen aus der Sowjetunion, Polen, der Ukraine, Italien und Frankreich. Nun streben sie zurück. Nur jene aus den Oststaaten bleiben, in der Heimat erwartet sie wegen Kollaboration mit dem Feind ein gnadenloses Urteil.

BAYERN, EIN ÜBERLAUFENES LAND

Die Befreiung der Konzentrationslager setzt weitere Tausende Menschen frei, die nicht wissen, wohin. Heim zieht es die Evakuierten. Sie verlassen Bayern, einige Jahre der »Luftschutzkeller« des Reiches, und kommen wieder, weil die Straße, in der sie wohnten, weggebombt ist.

Hat das Näherrücken der Ost- und Balkanfront schon Hunderttausende zur Flucht nach Westen veranlasst, so vertreibt das Ergebnis der Potsdamer Konferenz die beharrlich Ausharrenden. Aus den an Polen oder die Sowjetunion fallenden Gebieten, aus Jugoslawien treffen Millionen Flüchtlinge in einem Deutschland ein, das noch keines ist.

Nach Bayern gelangen jene Deutschen, die vor Jahrhunderten die Balkanländer kolonisierten und jene, die bis 1918 in Böhmen, Mähren, Schlesien und in der Slowakei mit der slawischen Bevölkerung einigermaßen friedlich zusammenlebten.

Die nationalen Emotionen beider Seiten sprengten die Gemeinschaft. 1938 triumphierten die Deutschen und ließen den Triumph den Tschechen fühlen. 1945 war es umgekehrt. Etwa 3,2 bis 3,3 Mio. Sudetendeutsche werden aus dem Land getrieben, über 200 000 kommen dabei ums Leben. Bayern ist eines der Länder, die ihnen eine neue Heimat sind. Ministerpräsident EDMUND STOIBER nennt sie, neben Bayern, Franken und Schwaben, den *„vierten Stamm"* des Freistaats.

1945 ist Bayern ein überlaufenes Land. Im Dezember 1945 stehen den etwa 6,5 Mio. Einheimischen über 1,5 Mio. Fremde gegenüber.

Unersetzlich sind die Menschenleben, die der Krieg forderte. Bayern rechts des Rheins beklagt 254 897 Gefallene, davon 75 000 allein in den letzten vier Kriegsmonaten. 212 494 Soldaten aus Bayern geraten in Gefangenschaft, davon 104 949 in sowjetische. Annähernd 30 000 Zivilisten verlieren im alliierten Bombenhagel ihr Leben, davon mehr als 70 % zwischen Januar und Ende April 1945, als den Alliierten die Niederlage Deutschlands bereits bewusst ist.

Auf die kommende bayerische Regierung wartet eine Aufgabe, wie sie noch nie zuvor zu bewältigen war. Zunächst müssen die Politiker jedoch den eigenen Standort bestimmen.

zunächst Deutschland, dann Europa, schließlich den Globus. Die anderen großen Mächte des 19. und beginnenden 20. Jahrhunderts – Großbritannien und Frankreich – haben ihren Status verloren.
Vorhergehende Doppelseite: Nürnberg im Mai 1945.

Unter US-Militäradministration

Die Direktive »JCS« 1067 des US-Generalstabs vom April 1945 an den Oberbefehlshaber der US-Besatzungstruppen lautet kurz und bündig:

„Deutschland wird nicht besetzt zum Zwecke seiner Befreiung, sondern als ein besiegter Feindstaat. Ihr Ziel ist nicht die Unterdrückung, sondern die Besetzung Deutschlands, um gewisse wichtige alliierte Absichten zu verwirklichen."

Eine dieser Absichten ist die so genannte Entnazifizierung, die »Säuberung« des gesamten öffentlichen Dienstes von Mitgliedern der NSDAP oder einer ihrer Organisationen. Ihr widmen sich die Amerikaner mit großem Engagement.

Das am 1. April 1946 in Kraft getretene »Gesetz Nr. 104 zur Befreiung von Nationalsozialismus und Militarismus« legt die Richtlinien fest. In der US-Besatzungszone hat jeder Deutsche in einem Fragebogen 131 Fragen zu beantworten. Danach werden die Befragten in fünf Gruppen eingeteilt: Hauptschuldige, Belastete, Minderbelastete, Mitläufer und Entlastete. Die Durchführung der Entnazifizierung obliegt deutschen Behörden. Bis Weihnachten 1945 treffen bei ihnen knapp 13 Mio. Fragebögen ein, Mitte 1946 sind davon 1,6 Mio. Bögen bearbeitet. Die vollständige Aufarbeitung würde demnach bis in die 50er Jahre dauern. Ein illusorisches Unterfangen. Das Problem der Entnazifizierung liegt jedoch in ihren Begleiterscheinungen.

Niemand konnte sich während des nationalsozialistischen Regimes von der Mitgliedschaft zu irgendeiner der NS-Organisationen entziehen. Bei der Besetzung von Bürgermeister- und Landratsposten mit politisch »unbelasteten« Personen findet die US-Militäradministration kaum Kandidaten, die nicht Parteimitglieder gewesen waren. Den Ministerpräsidenten ernennen sie auf Empfehlung Kardinal Faulhabers. Der 57-jährige ehemalige BVP-Vorsitzende und Finanzminister Fritz Schäffer (* 12. Mai 1888 in München; † 29. März 1967 in Berchtesgaden)

Sogar Tabakspflanzen werden in Fenstergärten gezogen (oben). Diese werden jedoch für den Anbau von Gemüse als Nahrungszubuße bevorzugt. Hatte der Normalverbraucher im letzten Kriegswinter noch rationierte Lebensmittel von 2000 Kalorien pro Tag erhalten, sind es im Dezember 1945 in München nur mehr 1500

wird erst gar nicht gefragt. Der Militärgouverneur für Bayern, Oberst CHARLES KEEGAN, teilt Schäffer am 28. Mai 1945, die Ernennung zum interimistischen bayerischen Ministerpräsidenten mit kurzen Worten mit. Schäffer aber ist ein unbequemer Partner für die Besatzungsmacht.

ENTNAZIFIZIERUNG ALS STOLPERSTEIN

Er nimmt die NS-Phobie der Amerikaner nicht so ohne weiteres hin. Die öffentliche Verwaltung könne auf die »Mitläufer«, die einfachen NSDAP-Mitglieder, nicht verzichten, betont er. Immerhin wären etwa 100 000 Personen betroffen, die nach dem Entnazifizierungsgesetz entlassen werden müssten. Die Stadt München stünde vor einem Verwaltungschaos, da sie 87 % ihrer 14 000 Bediensteten verlöre. Ihm pflichtet der Münchner Oberbürgermeister KARL SCHARNAGL zu. Der neue US-Gouverneur General GEORGE S. PATTON zeigt Verständnis. Der Vier-Sterne-General empfindet Sympathie für die Deutschen. Am 31. August 1945 notiert er: *„Ich habe große Achtung für die deutschen Soldaten. In Wirklichkeit sind die Deutschen das einzige anständige in Europa lebende Volk."* Patton bremst die drohende Entlassungswelle.

Den Vergleich der *„Nazifrage"* mit einem US-Wahlkampf *„zwischen Demokraten und Republikanern"* lässt sein Vorgesetzter und Oberkommandierender der Alliierten Streitkräfte, DWIGHT D. EISENHOWER, nicht durchgehen. Er erwirkt von US-Präsident HARRY S. TRUMAN die Amtsenthebung des, wegen seiner Beliebtheit bei der Truppe, unliebsamen Rivalen. Damit verliert Schäffer seinen Protektor und nach vier Monaten sein Amt. Mit Schäffer, dem die US-Militärregierung von 1946 bis Anfang 1948 jede politische Tätigkeit verbietet, müssen auch alle nominierten Minister zurücktreten.

Der zuständige amerikanische Oberst DALFERES ernennt, statt Schäffer, den aus dem Schweizer Exil zurückgekehrten SPD-Politiker WILHELM HOEGNER zum Ministerpräsidenten.

Zuvor, am 19. September 1945, gibt General Eisenhower die Proklamation Nr. 2 bekannt. Sie bestätigt den bayerischen Staat: *„Innerhalb der amerikanischen Besatzungszone werden hiermit Verwaltungsgebiete gebildet, die von jetzt ab als Staaten bezeichnet werden. Jeder Staat wird eine Staatsregierung haben, die folgenden Staaten werden gebildet: Großhessen, Württemberg-Baden und Bayern..."*

Wilhelm Hoegner (* 23. September 1887 in München; † 5. März 1980 ebenda), von 1945 bis 1946 und von 1954 bis 1957 Bayerischer Ministerpräsident, ist der einzige Ministerpräsident nach dem 2. Weltkrieg, der nicht der CSU angehört. Der Jurist und Berufspolitiker sitzt schon zwischen 1930 und 1933 auf der Bank der Reichstagsabgeordneten und vertritt den zentralistischen Kurs seiner Partei. Im Schweizer Exil erkennt er die Schattenseiten des Zentralismus und wandelt sich zum überzeugten Föderalisten. Er äußert keine Bedenken, als ihm der neue US-Gouverneur für Bayern, WALTER MULLER, die Aufnahme mehrerer Kommunisten in seinem Kabinett abnötigt, obwohl die Arbeitsgemeinschaft SPD-KPD Risse zeigt.

In der Entnazifizierungsfrage vertreten Hoegner und Muller denselben Standpunkt: Auch die kleinen »PG« sollen entlassen werden. Hoegners Haltung wird der SPD bei der ersten Landtagswahl nach dem Zusammenbruch des NS-Regimes am 1. Dezember 1946 viele Stimmen kosten.

Auf das Kabinett Hoegner I (28. September 1945 bis 21. November 1946) wartet neben der Entnazifizierung eine andere wichtige Aufgabe, die Schaffung einer Verfassung für Bayern.

Für den Juristen und Staatsrechtler Hoegner ist es nicht nur Pflicht, sondern ein persönliches Anliegen, Bayern auf einen demokratischen Kurs zu bringen. Der Neuaufbau des Parlamentarismus, die Wiedereinführung der Selbstverwaltung der Gemeinden, ein Strafrecht, die Klarstellung des Verhältnisses zwischen Staat und Kirche, der Ausbau des landwirtschaftlichen Genossenschaftswesens und der Aufbau einer Planwirtschaft sind ihm die vordringlichsten Ziele. Hohe Priorität besitzt die Schaffung eines Grundgesetzes.

Die erste bayerische Verfassung von 1808 sowie die Verfassung von 1818, die MAXIMILIAN JOSEF MONTGELAS ausarbeitet, sind Vorläufer des bayerischen Parlamentarismus. Sie garantieren bereits Gleichheitsrechte und schaffen in der Zweiten Kammer eine Frühform der Volksvertretung. Im Jahre 1919 folgt mit der »Bamberger Verfassung« die erste demokratische Verfassung Bayerns.

Tageskalorien. Das sind etwa ein halber Kaffeelöffel Zucker, ein fingernagelgroßes Stück Fett, ein Stück Fleisch in der Größe eines Radiergummis, zwei Kartoffeln, eine Prise Kaffee-Ersatz und ein Schluck Magermilch, schreibt im April 1946 die »Süddeutsche Zeitung«.

Der neue Freistaat

Der Auftrag des US-Gouverneurs vom 9. Februar 1946, einen Beratungsausschuss zur Ausarbeitung einer neuen Verfassung einzuberufen, kommt Ministerpräsident Hoegner gelegen. Während seines Exils konnte er die in der Schweiz praktizierte Demokratie studieren und ein Bayerisches Grundgesetz entwerfen. Am 8. März 1946 stellt Hoegner einen Vorbereitenden Verfassungsausschuss aus Vertretern der SPD, CSU und KPD zusammen. Der Staatsrechtlehrer Hans Nawiasky berät als unabhängiger Beobachter.

Der Entwurf des Ausschusses weckt die Kritik der US-Mission: Hoegners planwirtschaftliche Vorschläge enthalten zu viel *„sozialistische Philosophie"*, sie müssen gestrichen und der freien Marktwirtschaft mehr Raum gegeben werden.

Um die Verfassung auf eine breite Basis zu stellen, wird am 30. Juni 1946 eine (»Verfassunggebende«) Landesversammlung gewählt. Sie umfasst 180 Mitglieder. 109 entsendet die CSU, 51 die SPD, 9 die KPD, 8 die WAV (Wirtschaftliche Aufbau Vereinigung) und 3 die FDP. Diese Landesversammlung tritt am 15. Juli 1946 zum ersten Mal zusammen und wählt in der Aula der Ludwig-Maximilians-Universität aus ihrer Mitte 21 Delegierte für den Verfassungsausschuss. 12 gehören der CSU an, 6 der SPD, jeweils einer der KPD, FDP und der WAV sowie der Sachverständige Hans Nawiasky. Dem Verfassungsausschuss obliegt die eigentliche Arbeit. Umstritten ist die Form des Wahlrechts. Die CSU fordert das Mehrheitswahlrecht, die SPD das Verhältniswahlrecht. Die CSU, durch innerparteilichen Zwist ge-

Kabinett Hoegner I vom 28. September 1945 bis zum 21. November 1946

Ministerpräsident, zugleich Staatsminister der Justiz	Wilhelm Hoegner	SPD
Stellvertreter des Ministerpräsidenten, zugleich Staatsminister für Arbeit	Albert Roßhaupter	SPD
Staatsminister des Innern	Josef Seifried	SPD
Staatsminister für Kultus	Franz Fendt	SPD
Staatsminister der Finanzen	Fritz Terhalle	parteilos
Staatsminister für Wirtschaft und Technologie	Ludwig Erhard	parteilos
Staatsminister für Landwirtschaft	Joseph Baumgartner	CSU
Staatsminister für Verkehr	Michael Helmerich ab 9. 2. 1946	CSU
Sonderminister	Heinrich Schmitt bis 1. 7. 1946	KPD
	Anton Pfeiffer ab 3. 7. 1946	CSU

schwächt, stimmt schließlich einem modifizierten Verhältniswahlrecht zu. Die Einrichtung eines Staatspräsidentenamtes fällt einem Stimmen-Patt zum Opfer. Die »Zweite Kammer« des Parlaments ersetzt künftig ein Senat, dem allerdings nur beratende Funktion zukommt. Am 1. Januar 2000 wird er auf Initiative der Ökologisch-Demokratischen Partei (ödp) unter dem Slogan *„Schlanker Staat ohne Senat"* per Volksbegehren abgeschafft. Die Verfassung sieht im Art. 74 das Volksbegehren als Instrument des direkten Volkswillens vor. Der Einfluss schweizerischen Demokratieverständnisses ist hier unverkennbar. Nachdem die Landesversammlung den Entwurf des Verfassungsausschusses am 26. Oktober 1946 gebilligt hat, wird er am 1. Dezember 1946 einem Volksentscheid unterworfen. Die Bevölkerung nimmt ihn mit 70,6% der Stimmen an, sie gibt sich damit – und das ist wohl einzigartig – selbst eine Verfassung. Am 8. Dezember 1946 tritt das Grundgesetz in Kraft.

USA: Keinen bayerischen Separatismus

Die US-Militäradministration bringt, nach einigem Zögern, schließlich ihre Standpunkte zum Ausdruck. Artikel 6, der eine eigene bayerische Staatsangehörigkeit vorsieht, sowie der Art. 178, der den Beitritt zu einem deutschen Staat regelt, werden gestrichen. Damit drücken die USA ihren Willen zur Errichtung eines deutschen Einheitsstaats aus. Die Bildung der »Bizone« durch Zusammenschluss der amerikanischen und der britischen Zone, der sich die französische anschließt, ist ein weiterer Schritt dazu.

Die Bundesverfassung schmälert die Bedeutung der Bayerischen Verfassung, denn der, bei der Reichsgründung 1871 aufgestellte Grundsatz »Bundesrecht bricht Landesrecht« (Artikel 31 GG) wird wieder geltend.

Während die Parlamentarisierung zügig voranschreitet, beginnt am 1. Oktober 1946 in Nürnberg der Prozess gegen die Hauptkriegsverbrecher. Von den 22 Angeklagten werden drei freigesprochen, 10 zum Tode durch den Strang, die anderen zu Freiheitsstrafen verurteilt. HERMANN GÖRING begeht Selbstmord. Die Hauptschuldigen HITLER, HIMMLER, GOEBBELS haben sich dem Tribunal schon früher durch Selbstmord entzogen.

Unmittelbar nach Kriegsende gehen in Bayern führende politische Köpfe daran, nach 12-jähriger politischer Entmündigung wieder Parteien zu gründen, ohne die ein freies und demokratisches Gesellschaftssystem undenkbar ist. Die Sozialdemokraten und Kommunisten dürfen sich eines Vorsprungs gegenüber den anderen demokratischen Bewegungen erfreuen: Die US-Besatzungsmacht erlaubt, auf heftiges Drängen der Sowjets, ihre Gründung. Die auf klare Abgrenzung zum Westen bedachte Siegermacht ist von BRUNO GOLDHAMMER, einem Mitglied der KPD seit 1922, überzeugt worden, dass eine Sektion der KPD in Bayern an die Münchner Räterepublik anknüpfen könnte. Seit 1933 im Untergrund tätig, 1935 als »verfolgter Gewerkschaftler« im Schweizer Exil, redigiert Goldhammer von dort aus die KPD-Zeitung »Süddeutsche Informationen« und die »Süddeutsche Volksstimme«. 1945 kehrt er in die deutsche Ostzone zurück.

Die Sozialdemokratische Partei Deutschlands darf als bayerische Landespartei am 8. Februar 1946 ihre Tätigkeit aufnehmen. Am 2. Februar 1946 wählt das Parteipräsidium WILHELM HOEGNER zum Vorsitzenden. Hoegner genießt keine Unterstützung durch die SPD-Parteizentrale. Kurt Schumacher, seit Mai 1946 SPD-Parteivorsitzender, steht dem zum Föderalismus bekehrten Hoegner ablehnend gegenüber. An Schumacher scheitert auch 1945/46 der Plan, eine SPD-KPD-Einheitspartei zu bilden.

Die Neugründung der Christlich-Sozialen Union (CSU) vollzieht sich zwar ebenfalls 1945, hat aber an der Hypothek der »Bayerischen Volkspartei« zu tragen, die am 23. März 1933 dem »Ermächtigungsgesetz« zugestimmt hat.

Am 25. November 1945 tritt ein »Vorbereitender Ausschuss der Christlich-Sozialen Union in München« unter W. EICHHORN, M. HORLACHER, A. HUNDHAMMER, J. MÜLLER, F. SCHÄFFER mit dem Aufruf an die Öffentlichkeit, die Gründung einer CSU als Gegengewicht zu SPD und KPD zu unterstützen. Eine Zusammenkunft von Gesinnungsfreunden aus den sieben Regierungsbezirken und dem »Vorbereitenden Ausschuss« findet am 8. Januar 1946 statt. Die US-Militärbehörde zögert jedoch die Zulassung der Partei hinaus. Die Flügelkämpfe innerhalb der Partei, zwischen den konservativen und den fortschrittlichen Kräften, irritieren sie.

11. September 1946: Die Verfassunggebende Landesversammlung tritt in der Universität München zur 2. Vollversammlung zusammen (links). In der Volksabstimmung vom 1. Dezember 1946 nehmen 70,6 % der Wahlberechtigten die Verfassung an. Die Rhein-Pfalz nimmt nicht teil, sie gehört nicht mehr zu Bayern.

Neues politisches Leben

Die Initiatoren der CSU, Josef Müller und Alois Hundhammer, beide wegen ihres Widerstands gegen die Nationalsozialisten in hohem Ansehen, finden bei der Erarbeitung der Parteirichtlinien keinen Konsens. Hundhammer, Schäffer und Baumgartner wollen an die BVP-Tradition anknüpfen. Vor allem Alois Hundhammer (* 25. Februar 1900 in Moos/Forstinning, Landkreis Ebersberg; † 1. August 1974 in München) vertritt streng konservative Grundsätze. Unter Ministerpräsident Ehard ist Hundhammer bis 1950 Staatsminister für Unterricht und Kultus. Als er in dieser Funktion 1947 das körperliche Züchtigungsrecht des Lehrers an Schulen einführt, sorgt er für beträchtliche Aufregung in der Öffentlichkeit. Sein am 6. Juni 1948 ausgesprochenes Verbot einer nochmaligen Aufführung des freizügigen Balletts »Abraxas« von Werner Egk, bringt ihm den Vorwurf der behördlichen Zensur ein.

Der oberfränkische Bauernsohn Josef Müller, »Ochsensepp« genannt, (* 27. März 1898 in Steinwiesen; † 12. September 1979 in München) verkörpert hingegen den protestantisch-liberalen, sozialrevolutionären Flügel der CSU. Müller und Hundhammer bekämpfen einander, ohne Rücksicht auf die Partei zu nehmen.

1945 erarbeitet Müller mit dem christlichen Gewerkschaftsführer Adam Steigerwald im überwiegend protestantischen Rothenburg ob der Tauber Grundsätze und Ziele der neuen CSU. Die Grenzen des politischen Katholizismus sollen gesprengt und die Partei multikonfessionell geöffnet werden. Müller kann sich tatsächlich in der CSU gegen seinen Rivalen Hundhammer durchsetzen und übernimmt am 17. Mai 1946 in München den Parteivorsitz.

Das Bekenntnis zu den Werten des Christentums als bestimmende Faktoren einer neuen demokratischen Staats- und Gesellschaftsordnung ist Kern des 1. CSU-Grundsatzprogramms vom 14./15. Dezember 1946. Die Zustimmung für eine »staatlich gelenkte Privatwirtschaft«, unter Schonung des Eigentums Privater an Produktionsmitteln, ist eine der Kernaussagen. Gleichzeitig wird die »Überführung von Privateigentum in Gemeineigentum gegen angemessene Entschädigung« durchaus für rechtens anerkannt, »wenn es das Gemeinwohl erfordert«. Den Übergang von der »staatlich gelenkten Privatwirtschaft« zur »Sozialen Marktwirtschaft« verwirklicht die CSU ab August 1947. Das Bekenntnis zu dieser Wirtschaftsordnung ist seither Bestandteil in allen Grundsatzprogrammen (1957, 1968, 1976).

Gleiche Bedeutung kommt der Bewahrung und Förderung der Interessen des gewerblichen und freiberuflichen Mittelstandes sowie der Landwirtschaft zu, die ebenfalls schon in der Programmatik von 1946 verankert sind. »Freiheit, Gerechtigkeit und Solidarität« bilden die Richtlinie auch in der Bildungs- und Sozialpolitik.

Im Frühsommer 1946 schließen sich verschiedene liberale Gruppen zur Freien Demokratischen Partei (FDP) als Landespartei zusammen. Der liberalen zentralistischen Tradition gemäß, darf sie aber diese Funktion nicht erfüllen.

Eine Partei für Zugereiste

Die Nachkriegszeit bringt auch manches politische Irrlicht zum Glühen. Die militant-demagogische Wirtschaftliche Aufbau-Vereinigung (WAV) wird im Dezember 1945, trotz widersprüchlicher Zielsetzungen, von der US-Militärregierung zugelassen. Sie ist offenbar vom Schicksal des Parteigründers und Vorsitzenden, dem Münchener Rechtsanwalt Alfred Loritz (* 24. April 1902 in München; † 14. April 1979 in Wien), beeindruckt, der 1939, von der Gestapo als *„Hochverräter gefährlichsten Formats"* zur Fahndung ausgeschrieben, in die Schweiz flieht.

Die WAV gewinnt das Kleinbürgertum, das von den nationalistischen, antiparlamentarischen und den ausgeprägt bayerisch-föderalistischen Parolen angesprochen wird. 1946 erreicht die WAV einen Stimmenanteil von 7,4 %. Den Erfolg verdankt sie der Kooperation mit Verbänden und Organisationen der Vertriebenen, die ohne eine eigene Partei, orientierungslos der WAV zulaufen.

Die Landtagswahl von 1946 ergibt noch kein wahres politisches Abbild der politischen Gesinnung der Bevölkerung. Flüchtlinge, Heimatvertriebene, ehemalige NSDAP-Mitglieder sind zur Wahl nicht zugelassen. Viele sind noch in Kriegsgefangenschaft. Dennoch deutet der Erfolg der CSU, mit 52,3 %

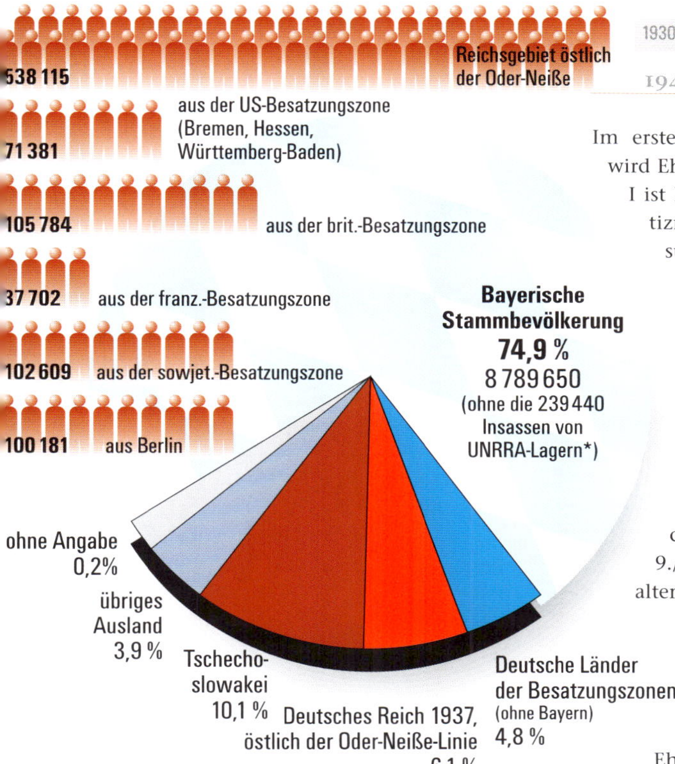

) Insassen von UNRRA-Lagern:
efreite KZ-Insassen, nicht heimkehrwillige,
ei gekommene Zwangs- und Ostarbeiter sowie Vertriebene und Flüchtlinge ohne Wohnsitz

Die Wohnbevölkerung vom 29. Oktober 1946 nach ihrem Wohnsitz am 1. September 1939 (oben), aufgrund der Volkszählung vom 29. Oktober 1946. Insgesamt wandern 1 231 285 Personen mit deutscher Muttersprache nach Bayern zu. Der überwiegende Teil, 886 298, kommt aus der Tschechoslowakei.

Wähleranteil, schon künftige Tendenzen an. Das gute Abschneiden der KPD mit 6,1 % der Stimmen ist dagegen anders zu interpretieren: In keinem der sieben Regierungsbezirke erreicht sie die vorgeschriebene 10-Prozent-Marke.

Der Erfolg, die absolute Mehrheit errungen zu haben, eint die CSU nicht. Im Gegenteil, er stürzt sie in interne Machtkämpfe, die über Jahrzehnte anhalten. 1946 verhindert Hundhammer die Wahl Müllers zum Ministerpräsidenten durch einen Koalitionspakt mit der SPD und der drittstärksten Partei, der WAV. Sie einigen sich auf HANS EHARD als neuen Ministerpräsidenten, und Josef Müller ist aus dem Rennen.

Trotz der strengen Entnazifizierungsrichtlinien darf Hans Ehard (* 10. November 1887 in Bamberg; † 18. Oktober 1980) für dieses Amt kandidieren. 1919 Staatsanwalt im Justizministerium, erwirbt er sich im Hitler-Ludendorff-Prozess das Wohlwollen der Nationalsozialisten. Sie holen ihn 1933 als Senatspräsidenten an das Oberlandesgericht in München. Im ersten bayerischen Kabinett unter Schäffer wird Ehard Justizminister, im Kabinett Hoegner I ist Ehard Staatssekretär im Bayerischen Justizministerium und Mitglied der Verfassunggebenden Versammlung. Die Koalition aus CSU, SPD und WAV stößt naturgemäß bei SPD und CSU auf scharfe Kritik. Dieses *„altbayerische, primär am bayerischen Etatismus und Föderalismus und nicht am Sozialismus orientierte Koalitionsbündnis"* muss gelöst werden, ist die Ansicht der SPD-Parteispitzen KURT SCHUMACHER und ERICH OLLENHAUER. Auf ihren Druck hin wählt der Vorstand der bayerischen Fraktion am 9./10. Mai 1947 den Gutsbesitzersohn aus altem Adel, WALDEMAR FREIHERR VON KNOERINGEN (1906-1971) zum neuen Vorsitzenden. Doch Knoeringen führt die Koalition weiter, und der Ruf nach Auflösung des Paktes wird in der SPD immer lauter, und das Regieren für Ehard schwieriger. Ehard legt schließlich die Initialzündung zum Koalitionsbruch. Auf dem Landesparteitag der CSU Ende August 1947 in Eichstätt provoziert er die SPD: *„Wer sich... Sozialist nennt, ...müsste sich klar darüber sein, dass der aus dem Gedankengut des historischen Materialismus erwachsene Sozialismus ...zwangsläufig in autoritäre und totalitäre Staatsformen hineinführt... Es wäre Zeit, dass Demokraten es sich abgewöhnen, ihre sozialen Gesinnungen als Sozialismus zu bezeichnen."* Am 13. September legen die sozialdemokratischen Minister aus Protest ihr Amt zurück, und am 20./21. September 1947 bildet Ehard eine nur aus CSU-Mitgliedern bestehende Regierung. Auch die WAV ist kein Partner mehr. Ihr Vorsitzender Alois Loritz ist wegen angeblicher Anstiftung zum Meineid und wegen Schwarzmarktgeschäften verhaftet worden. 1959 zu dreieinhalb Jahren Zuchthaus verurteilt, flieht er 1962 und findet in Österreich politisches Asyl.

Das Kabinett Ehard II (1947 bis 1950) widmet seine Arbeit der Konsolidierung der Verwaltung, der Entnazifizierung, der Versorgung der Bevölkerung mit Grundnahrungsmitteln, der Wohnraumbeschaffung und der Einbürgerung von Flüchtlingen.

Heimliche Staatsgründung

1947 prägt der US-amerikanische Journalist Walter Lippmann den englischen Begriff »cold war« und bezeichnet damit jenen politischen Schwebezustand zwischen noch nicht Krieg und nicht mehr Frieden. Ursachen sind fundamentale Gegensätze zweier konträrer Ideologien, in denen die westliche Anschauung von Freiheit, Demokratie und Marktwirtschaft einer östlichen von Diktatur, Planwirtschaft und einem von der Staatspartei erschaffenen »Neuen Menschen« gegenüberstehen. Hinzu kommen die machtpolitischen Interessen der beiden Supermächte USA und Sowjetunion, die in das Vakuum drängen, das der Rückzug der alten Großmächte aus ihren Einflusssphären hinterlassen hat. Auch Europa steht dem Zugriff der Großen offen. Trotzkys in der Zwischenkriegszeit ausgegebene Parole: „Unser Ziel ist der Atlantik", treibt Moskau an. Relativ spät reagieren die USA auf den Vorstoß Moskaus nach Mitteleuropa. Der Zusammenschluss der amerikanischen und der britischen Zone zum »Vereinigten Wirtschaftsgebiet«, der »Bizone«, ist der erste Schritt, ein neues Deutschland als eine Barriere gegen den Kommunismus aufzubauen. Der Kreml steht unter Zugzwang, aber er muss Zeit gewinnen, für die Entwicklung atomarer Waffen und die Festigung seines Einflusses in den osteuropäischen Ländern und in der Sowjetisch Besetzten Zone (SBZ), der späteren DDR. Die Abspaltung der SBZ von Westdeutschland ist vordringlich, zur Isolation Polens und der Tschechoslowakei vom Westen. Nach kurzer Pause, rückt Deutschland erneut in den Mittelpunkt des Weltinteresses, vor allem Bayern als Kern der »Bizone«.

Die Spaltung Deutschlands droht mit Jahreswechsel 1946/47 Wirklichkeit zu werden. Am 6. Dezember 1946 unterzeichnen in New York die Außenminister der USA, James F. Byrnes, und Großbritanniens, Ernest Bevin, das Abkommen über die wirtschaftliche Vereinigung ihrer Besatzungszonen in Deutschland. Die so genannte Bizone soll bis 1949 ihre wirtschaftliche Selbstständigkeit erreichen. Der Industrie wird Unterstützung gewährt, damit sie ihre Exporte steigern kann. Dafür sorgt eine eigens errichtete Außenhandelsbehörde unter alliierter Aufsicht, die deutschen Händen übergeben wird. Um den Eindruck abzuschwächen, dass eine Staatsgründung in Vorbereitung sei, werden die bestehenden Zonenämter aufgewertet. Moskau durchschaut dennoch die Absicht der Westalliierten.

Am 10. Februar 1947 findet auf Initiative der SED im sowjetischen Sektor von Berlin eine Besprechung der ostzonalen Parteiführer der LPD (Liberal-Demokratische Partei Deutschlands), CDU und SED statt. Sie kommen überein, einen Ausschuss sämtlicher Parteivorsitzenden der vier Besatzungszonen zu bilden, der Fachleute für die Teilnahme an der bevorstehenden Tagung des Rates der Außenminister in Moskau nominieren soll. Weiters möge er einen Verfassungsentwurf ausarbeiten und eine Ministerliste für eine provisorische gesamtdeutsche Regierung erstellen. Diese Anregungen finden in der deutschen Öffentlichkeit große Beachtung. Sie signalisieren zum ersten Mal die Bereitschaft des Ostens, mit den westdeutschen Sozialdemokraten Gespräche aufnehmen zu wollen, die bisher unerwünscht waren.

Die vom 10 März bis 24. April tagende Außenministerkonferenz in Moskau ist ein Fehlschlag, berichtet Frankreichs Außenminister Georges Bidault. Über die deutsche Frage wird keine Einigung erzielt.

Der bayerische Ministerpräsident Hans Ehard nimmt jedoch die Februar-Initiative der SED auf und lädt nun seinerseits am 7. Mai 1947 die Ministerpräsidenten aller Länder der Besatzungszonen zu Beratungen nach München ein.

Ziel der Konferenz ist nicht die Errichtung eines deutschen Nationalstaats, sondern einer Wirtschaftseinheit, die der allgemeinen Notlage abhelfen soll. Hans Ehard verfasst die Einladung überaus vorsichtig: Die Konferenz möge *„den Weg ebnen für eine Zusammenarbeit aller Länder im Sinne wirtschaftlicher Einheit und künftiger politischer Zusammenfassung"*, heißt es darin. In der Formulierung klingt dennoch die britisch-amerikanische Deutschlandpolitik durch, die einen föderalistischen Staatsaufbau anstrebt.

Dieser am 10. März auf der Moskauer Außenministerkonferenz von Ernest Bevin vorgetragene Plan war auf strikte sowjetische Ablehnung gestoßen. Moskau besteht auf die Errichtung eines zentralisierten Einheitsstaats.

Namen: Ministerpräsidenten der Länder

1947 besteht Deutschland aus insgesamt 16 Ländern. Zu ihnen kommen das Saarland, das wirtschaftlich Frankreich angeschlossen ist, und die Reichshauptstadt Groß-Berlin.

Auf Einladung des bayerischen Ministerpräsidenten Hans Ehard reisen am 6. Juni 1947 die Ministerpräsidenten aller deutschen Länder zu einer Konferenz nach München. Drei Probleme und ihre Abhilfe stehen zur Diskussion: die Ernährungsnot, die brach liegende Wirtschaft und das Flüchtlingselend.

Starre Fronten

Der Initiative Hans Ehards begegnen auch die Parteivorsitzenden Deutschlands mit unterschiedlicher Haltung. Jakob Kaiser, Vorsitzender der CDU in der sowjetisch besetzten Zone (SBZ), steht der Konferenz positiv gegenüber, Konrad Adenauer, Vorsitzender der CDU in der britischen Zone, hingegen verhält sich reserviert. Walter Ulbricht, stellvertretender SED-Vorsitzender in der SBZ lehnt die Tagung ab, wird aber von der SED-Parteispitze umgestimmt.

Im Vorfeld der Münchner Ministerpräsidentenkonferenz hat SPD-Chef Kurt Schumacher unter Ausschluss der Öffentlichkeit dem SPD-Vorstand die Richtlinien vorgegeben.

„Die Prosperität der Westzonen ... kann den Westen zum ökonomischen Magneten machen. Es ist realpolitisch vom deutschen Gesichtspunkt aus kein anderer Weg zur Erringung der deutschen Einheit möglich, als diese ökonomische Magnetisierung des Westens, die ihre Anziehungskraft auf den Osten so stark ausüben muss, dass auf die Dauer die bloße Innehabung des Machtapparates dagegen kein sicheres Mittel ist. Es ist gewiss ein schwerer und vermutlich langer Weg..."

Dieses Konzept, das Pragmatismus und Wunschdenken im Kalten Krieg unter einen Hut bringen möchte, beherrscht unter dem Begriff »Magnet-Theorie« viele Jahre die politische Diskussion und fixiert den späteren Alleinvertretungsanspruch der Bundesrepublik für Deutschland.

Schumacher steht den Länderchefs grundsätzlich distanziert gegenüber. Jenen der Ostzone spricht er die demokratische Legitimation ab und die westdeutschen Ministerpräsidenten hält er für nicht kompetent, um über künftige politische Strukturen Deutschlands zu debattieren. *„Dafür sind die Parteien da"*, sagt Schumacher und legt, damit keine Zweifel aufkommen, die sieben der SPD angehörenden Ministerpräsidenten – von insgesamt 12 – am 31. Mai und l. Juni 1947 in Frankfurt am Main fest, nur über wirtschaftliche Tagesordnungspunkte, die *„Nöte des Tages und ihre Überwindung mit konkreten Mitteln"* zu sprechen, um die Konferenz *„von rein politischen Themen zu entlasten"*, begründet er seine Maulkorbweisung.

Eine ähnliche Direktive erhalten auch die Ministerpräsidenten der französischen Zone. Frankreich duldet keinen politischen Alleingang der deutschen Abordnung. Die Länderchefs der britischen Zone haben von sich aus in einer Vorbesprechung Ende Mai beschlossen, keine politischen Themen auf der Konferenz zu erörtern, nicht nur weil die Probleme der Ernährung nach dem vergangenen Hungerwinter, die Unterbringung der Flüchtlinge und der Wiederaufbau vordringlich sind, sondern auch weil eine anstehende Reform der Bizonen-Organisation nicht gefährdet werden soll. Diesem Entschluss folgen ebenso die Amerikaner. Die Beschränkung des Konferenzprogramms grenzt die Vertreter der Ostzone schon vor dem Beginn der Veranstaltung aus. Diese wiederum haben bereits Mitte Mai zu erkennen gegeben, dass sie mit anderen Vorstellungen als die westlichen Kollegen anreisen würden.

Den föderalistischen Bestrebungen des Westens stehen SED und die sowjetische Militäradministration misstrauisch gegenüber. Mit gleicher Distanz begegnet der Westen dem Vorschlag des Ostens, der Konferenz Vertreter von Parteien und Gewerkschaf-

Hans Ehard (10. November 1887 in Bamberg; † 18. Oktober 1980) wird am 16. Dezember 1946 mit den Stimmen der CSU-Fraktion und der SPD zum bayerischen Ministerpräsidenten gewählt (oben).*

ten beizuziehen und *„in den Mittelpunkt der Tagesordnung die Schaffung der wirtschaftlichen und politischen Einheit Deutschlands zu stellen"*. So lassen es jedenfalls die Ministerpräsidenten der Ostzone am 28. Mai 1947 ihren Kollegen Ehard wissen.

Keine Verständigung in München

Am 6. Juni 1947 treffen daher die Vertreter von West und Ost mit unterschiedlichen Direktiven in München ein. Angenehm überrascht registriert die Öffentlichkeit dennoch die Anwesenheit auch der Ministerpräsidenten der SBZ und wertet sie vorsichtig positiv. Die Enttäuschung bleibt nicht aus. Die fünf Länderchefs der Ostzone fordern unbeirrt die *„Bildung einer deutschen Zentralverwaltung durch Verständigung der demokratischen Parteien und Gewerkschaften zur Schaffung eines deutschen Einheitsstaates."* Schließlich stellen sie fest, *„wenn die westlichen Teilnehmer der Meinung seien, dass die Konferenz ohne den geforderten Punkt ein ersprießliches Ergebnis zum Wohle des deutschen Volkes haben könne, dann sähen sie sich zu ihrem Bedauern an der weiteren Teilnahme gehindert. Nach einem letzten schwachen Versuch Ehards, sie umzustimmen, verlassen die fünf Ministerpräsidenten aus der Ostzone den Saal"*, erinnert sich Augenzeuge Carlo Schmid, SPD-Landesvorsitzender in Südwürttemberg. Ehard, so Schmid, *„entfuhr der Ausruf, dies bedeute die ‚Spaltung Deutschlands', und eine Legende des Kalten Krieges war geboren."*

Die Münchener Ministerpräsidentenkonferenz dokumentiert einen bereits vorhandenen Bruch Deutschlands. Sie fördert aber andererseits die Zusammenarbeit und die Vereinigung der Länder der Westzone. Denn die Westmächte können nun nicht mehr zurück: sie müssen den einmal beschrittenen Weg weitergehen. Im Februar 1948 erfolgt die Errichtung eines Länderrats. Auf der Londoner Sechs-Mächte-Konferenz vom Februar/März und Juni 1948 beschließen sie die Vereinigung aller drei westlichen Besatzungszonen. Sichtbares Zeichen ist die Währungsreform vom 20. Juni 1948, die anstelle der Reichsmark die Deutsche Mark einführt. Die Ministerpräsidenten behalten nun die Initiative. In Verhandlungen ringen sie den Militärgouverneuren die Bildung einer Verfassunggebenden Versammlung ab, und wieder ist es Bayerns Ministerpräsident Ehard, der einlädt: zum Verfassungskonvent auf Schloss Herrenchiemsee.

6. September 1947. Der Wiederaufbaureferent Helmut Fischer legt den ersten »Bericht über Zerstörung und Wiederaufbau« vor. Etwa 1,8 Mio. m³ Schutt und Trümmer werden auf zwei doppelgleisigen Dampfeisenbahnen von je 5 km Länge vom Jakobsplatz zu den Endkippen im Luitpoldpark transportiert (oben).

»Jein« zum Grundgesetz

Das Jahr 1948 hat für die Münchner und für alle, die ihn mochten, einen Trauerflor bereit: Der volkstümliche Komiker Karl Valentin stirbt im Alter von 63 Jahren. Seine Monologe und Couplets, die er mit seiner langjährigen Partnerin Liesl Karlstadt vorträgt, sind in ihrer kauzigen Komik unerreicht. Als Valentin 1941 von der Reichsfilmkammer mit einem Filmverbot belegt wird, antwortet Valentin auf die Frage, was er von den Nationalsozialisten halte: *„Da sag i' gar nix. Und das wird man ja noch sagen dürfen."* Valentin stirbt am 9. Februar 1948, einem Faschingsmontag.

Frühjahr und Sommer 1948 werden in Bayern Weichen für die Zukunft des westzonalen Deutschlands gestellt. Am 2. März bestimmen die britischen und amerikanischen Besatzungsbehörden den aus Fürth stammenden Münchner Honorarprofessor Ludwig Erhard zum neuen Direktor der am 1. Januar 1947 gegründeten Bizone, und von 10. bis 23. August konstituiert sich, im Alten Schloss auf Herrenchiemsee, ein Sachverständigenausschuss für Verfassungsfragen. Wirtschaftsfachmann Erhard wird sich zum »Mister Deutschlandwunder« profilieren, und auf Herrenchiemsee wird die Bundesrepublik Deutschland in ihren Grundfesten gegründet.

Der Verfassungskonvent auf Herrenchiemsee sollte eigentlich mehr aus Verwaltungsbeamten und Juristen, denn aus Politikern zusammengesetzt sein. Die Ministerpräsidenten, die für die Auswahl der Fachleute zuständig sind, halten sich jedoch nicht an diese Empfehlung der Besatzungsmächte und entsenden hauptsächlich Beamte ihrer Partei. Das Ergebnis ist eine starke Bundesregierung, ein neutrales Staatsoberhaupt ohne entscheidende Machtbefugnis, eine Vernachlässigung der Volksabstimmung und eine Vorform der späteren Ewigkeitsklausel.

Die Bedeutung des Konvents liegt darin, dass er den Ministerpräsidenten die letzte Möglichkeit gibt, das Grundgesetz nachhaltig zu beeinflussen. Nach den vom Konvent entwickelten Grundsätzen arbeitet im Herbst ein Parlamentarischer Rat eine Verfassung aus.

Am 1. September 1948 treten 65 Mitglieder aller westzonalen Landtage in Bonn zur Konstituierung des Parlamentarischen Rats zusammen. Sie wählen Konrad Adenauer (CDU) zum Präsidenten und Carlo Schmid (SPD) zum Vorsitzenden des Hauptausschusses. Bayern ist durch acht CSU-, vier SPD- und einen FDP-Abgeordneten vertreten. Anton Pfeiffer (CSU) ist Vorsitzender der Fraktion CDU/CSU.

Der Parlamentarische Rat richtet sich nach den Normen eines föderalen und demokratischen Rechtsstaats und geht bei der Ausarbeitung der Verfassung behutsam vor, da diese bis zur Vereinigung Deutschlands nur ein Provisorium, ein »Grundgesetz«, sein soll. Das Ziel der Wiedervereinigung wird in der Präambel der Verfassung festgeschrieben und in Art. 23 geregelt. Nach der Wiedervereinigung treten an die Stelle dieser Passagen Bestimmungen über das Verhältnis Deutschlands zur EG bzw. EU. Die für den Fall der Wiedervereinigung vorgesehene Abstimmung über eine neue Verfassung – dem bayerischen Vorbild von 1946 folgend – findet, wegen des Beitritts der DDR zur Bundesrepublik Deutschland, nicht statt.

»Väter« und »Mütter«

Die Mitglieder des parlamentarischen Gremiums werden häufig die »Väter des Grundgesetzes« genannt, die Beteiligung der vier »Mütter« Elisabeth Selbert, Friederike Nadig, Helene Wessel und Helene Weber bleibt jedoch stets unerwähnt. Der aus Kassel stammenden Rechtsanwältin Elisabeth Selbert (SPD) kommt aber das besondere Verdienst zu, gegen den heftigen Widerstand männlicher Delegierter, die Aufnahme des Art. 3 Abs. 2 über die Gleichberechtigung von Männern und Frauen im Grundgesetz durchgesetzt zu haben.

Das gemeinsame Antreten von CDU und CSU im Parlamentarischen Rat schließt innerfraktionelle Konflikte nicht aus. Sie kulminieren in der Frage der Stellung Bayerns im Bund. Das seit der Reichsgründung 1871 andauernde Ringen um Sonderrechte für Bayern erfährt eine Prolongation.

Adenauer und die CDU stemmen sich gegen die Forderung Hans Ehards nach einer starken Länderkammer, wie sie seinerzeit Bismarck gewährt hatte. Der heftige Streit kann schließlich über den ebenfalls strittigen Punkt der Finanzhoheit der Länder beigelegt werden: Adenauer setzt diese für den Bund

Die Währungsreform und Aufhebung der Rationierung treiben die Preise für Lebensmittel und Gebrauchsgüter in die Höhe. In allen Zonen protestiert die Bevölkerung zum Teil mit Käuferstreiks. Auf dem Münchner Viktualienmarkt kommt es zu Tätlichkeiten. Am 2. August 1948 bewerfen aufgebrachte Haus-

durch, Ehard kann, im Schulterschluss mit dem nordrhein-westfälischen SPD-Innenminister WALTER MENZEL, einen starken Bundesrat – die »Zweite Kammer« – im Grundgesetz verankern.

Geschichte wiederholt sich: Bei der Abstimmung zum Grundgesetz votieren, bei 53 Ja- und 12 Neinstimmen, sechs CSU-Delegierte dagegen. Die übrigen bayerischen Delegierten, zwei CSU-Mitglieder aus dem protestantischen Franken – traditionell reichstreu – und ein zentralistisch orientierter SPD- sowie ein FDP-Abgeordneter stimmen dafür.

Nach stürmischen Debatten über die Lehren, die aus dem Scheitern der Weimarer Republik, dem Dritten Reich und dem Zweiten Weltkrieg zu ziehen sind, wird das Grundgesetz am 8. Mai 1949 vom Parlamentarischen Rat mehrheitlich, gegen die Stimmen u. a. der KPD, angenommen.

Am 12. Mai 1949 genehmigen es die Militärgouverneure der britischen, französischen und amerikanischen Besatzungszone. Vorbehalte, die sie anmelden, sind taktisch, und nicht sachlich begründet. Ungeachtet der zum Teil gehässigen Kritik, die außerhalb Bayerns an den CSU-Delegierten geübt wird, hält auch die bayerische Regierung das Grundgesetz für zu wenig föderal. So wird die fehlende Gleichberechtigung des Bundesrates bei der Gesetzgebung als Manko betrachtet. Die hitzigen Auseinandersetzungen im Landtag beendet eine Abstimmung in der Nacht vom 19. auf den 20. Mai 1949: 101 Abgeordnete der CSU und der WAV stimmen gegen, die 64 Abgeordneten der SPD, FDP und die zwei fränkischen CSU-Mitglieder für eine Annahme.

Der Zurückweisung des Grundgesetzes durch Bayern – als einzigem westdeutschen Land – kommt keine Bedeutung zu. Der Freistaat anerkennt die Rechtsverbindlichkeit, falls bundesweit zwei Drittel der Länder das Grundgesetz ratifizieren. Ehard: *„Nein zum Grundgesetz, aber Ja zu Deutschland."*

Nach der Ratifizierung durch alle anderen Bundesländer wird das Grundgesetz am 23. Mai 1949 in einer feierlichen Sitzung des Parlamentarischen Rates verkündet. Es tritt am 24. Mai 1949 in Kraft. Die Bundesrepublik Deutschland ist gegründet.

frauen die Händler mit den feilgebotenen Waren, Gemüse, Eier, Geflügel. Die Massenkundgebungen auf dem Königplatz (oben) lassen die Preise um bis zu 50 % sinken, und führen zu einer Senkung der Verbrauchssteuer durch den Verwaltungsrat der Bizone.

MIT ALLEN MITTELN

Am 28. Oktober 1946 gründen der Münchner Kriminalbeamte LUDWIG MAX LALLINGER und der Bezirksdirektor des Bayerischen Bauernverbandes für Oberbayern, JAKOB FISCHBACHER, eine neue Partei, die sich an alten Vorgaben orientiert, daher auch der an die Bayerische Volkspartei anklingende Name: Bayernpartei (BP). Den Anlass liefert die CSU, die zwar vorgibt, die bayerischen Interessen zu vertreten, ihrer Meinung nach aber wenig kraftvoll agiert. Der starke Einfluss ADENAUERS und der CDU auf die CDS, scheint ihre Ansicht zu bestätigen.

Unmittelbar nach dem Krieg bestanden innerhalb der CSU Tendenzen, das Erbe der BVP weiterzuführen. Fortschrittliche Stimmen rieten davon ab und hielten zwar eigenständige, aber an die starke CDU angelehnte Politik für sinnvoller. Die Bayernpartei hingegen übernimmt den radikal bayerischen Separatismus der BVP. Am 29. März 1948 lässt sie die US-Administration zu. Betont partikularistisch geht die BP sofort zum Grundgesetz auf Distanz und wirft der CSU, wegen ihrer Zustimmung, Verrat an Bayern vor. Aufgrund ihrer Ablehnung der Integration von Flüchtlingen und Evakuierten, gewinnt sie die katholische Bauernschaft Altbayerns.

Im Januar 1948 gelingt der BP der erste Einbruch in die Reihen der CSU. Der ehemalige bayerische Landwirtschaftsminister und CSU-Politiker JOSEF BAUMGARTNER wechselt zur BP und wird noch im gleichen Jahr ihr Vorsitzender. Auch der frühere bayerische Ministerpräsident FRITZ SCHÄFFER kündigt den Übertritt an, sollte er den Parteivorsitz erhalten. Dies verhindert jedoch Baumgartner.

Knapp vier Wochen nach der Zulassung, am 25. April 1948, landet die Bayernpartei, trotz Zulassungsbeschränkung bei der ersten Kommunalwahl in Bayern nach Kriegsende, einen sensationellen Erfolg. Sie verbucht 8,3 % der abgegebenen Stimmen. Ein Jahr später, bei der ersten deutschen Bundestagswahl am 14. August 1949, erreicht sie in Bayern 20,9%, das entspricht bundesweit 4,2 %. Mit 17 Sitzen zieht die BP im Bundestag ein. Der Vorsitzende GEBHARD SEELOS führt die Fraktion bis zur Fusionierung mit der Zentrumsfraktion im Jahre 1951. Als Föderalistische Union können die vereinigten Fraktionen die Mindestanzahl von 15 Abgeordneten für eine Fraktionsbildung stellen. Von 1950 bis 1958 ist die Bayernpartei drittstärkste Partei in Bayern und von 1954 bis 1957 mit SPD, BHE und FDP an der bayerischen Landesregierung beteiligt. In dieser Zeit nimmt Josef Baumgartner die Position eines stellvertretenden Ministerpräsidenten von Bayern ein.

Die BP versteht sich als *„politische Organisation der fränkischen, schwäbischen, altbairischen und freiheitlich denkenden Bürger im Freistaat"*. Ihr Ziel ist ein von der Bundesrepublik Deutschland unabhängiger Freistaat Bayern. Deshalb fordert sie ein stärkeres Mitbestimmungsrecht auf europäischer und internationaler Ebene.

In den Jahren 1958 bis 1978 wandert der gemäßigte Flügel zur CSU, die ihre Dominanz immer stärker unter Beweis stellt.

CSU UNTER DRUCK

Ende der 50er Jahre geben CSU-Politiker vor, beweisen zu können, dass führende BP-Mandatare bei der Vergabe von Konzessionen an Spielbanken Schmiergeld angenommen haben. Die so genannte Spielbankenaffäre bringt einige BP-Politiker hinter Gitter. Der Ruf der Seriosität der BP scheint gebrochen. Dennoch erreicht sie 1962 4,8 % der Stimmen und zieht im Bayerischen Landtag ein. 1966 gelingt ihr der Einzug nicht mehr. 1967 zerfällt die BP in die Bayerische Staatspartei (BSP) und die Christliche Bayerische Volkspartei (Bayerische Patriotenbewegung, C.B.V.). Bei der Landtagswahl am 15. Oktober 1978 fällt der Stimmanteil auf 0,4%, seither kommt sie selten über die Ein-Prozent-Marke.

Neben der BP drängt eine weitere neu gegründete Partei auf die politische Bühne. Am 17. September 1950 konstituiert sich der Block der Heimatvertriebenen und Entrechteten (BHE), die im Wahlbündnis mit der Deutschen Gemeinschaft (DG) bis 1962 in allen bayerischen Regierungen tätig ist.

Für die BHE sind die 1924000 Flüchtlinge und Heimatvertriebenen aus den ehemaligen Reichsgebieten östlich der Oder-Neiße-Linie und aus dem Sudetenland ein unerschöpfliches Wählerreservoir. Drei Viertel dieser Neubayern leben, wegen des städtischen Wohnungsmangels, in den ländlichen Gemeinden, in denen die CSU nicht mehr wie gewohnt

Bis in die 90er Jahre dauert der Zustrom von Flüchtlingen, Vertriebenen und Aussiedlern nach Westdeutschland an. In Bayern allein finden seit 1945 beinahe zwei Millionen Neuankömmlinge eine Heimat. Am 13. September 1950 leben in Bayern insgesamt 9 126 010 Menschen. 1939 waren es 8 222 982.

punkten kann. Bei der Landtagswahl vom 26. November 1950 rutscht die CSU erstmals in der Geschichte Bayerns mit 27,4% hinter die SPD, die 28,0 % der Stimmen erreicht. Ehard wird dennoch – zum dritten Mal – Ministerpräsident, muss aber eine Koalition mit der SPD und BHE bilden.

Die wichtigen Ressorts Finanzen, Inneres und Arbeit gehen an die SDP. Spannungen zwischen SPD und CSU sind trotz der Koalition an der Tagesordnung. Bundeskanzler ADENAUER verschärft sie, indem er Druck auf die CSU ausübt, auf Forderungen der SPD nicht einzugehen.

Den gewohnten Erfolg holt die CSU am 28. November 1954 zurück. Sie steigert ihre Mandate von 64 auf 83 und wird mit 38% stärkste Fraktion in Bayern, während die SPD nur 0,1 % zulegt. Die Regierungsbildung liegt bei der CSU. Zur Unterstützung sucht sie die Partnerschaft der BP. Die BP aber nimmt heimliche Gespräche mit der SPD, FDP und BHE auf. Am 7. Dezember 1954 steht die CSU vor einer Viererkoalition der Konkurrenz. Hastige Versuche, durch verbesserte Angebote, die BP aus der Phalanx der Rivalen zu lösen, und den Koalitionsriegel zu sprengen, scheitern.

Am 14. Dezember votieren von 197 Abgeordneten 112 für WILHELM HOEGNER als Ministerpräsidenten, den CSU-Kandidaten HANNS SEIDEL wählen 82.

Dem 67-jährigen Hoegner kommen erneut die im Schweizer Exil gewonnenen Erfahrungen zugute. Er setzt die auf die Eigenständigkeit Bayerns bedachte Politik EHARDS im Bund fort und weicht Konfrontationen in der eigenen Partei aus, die der Koalition schaden könnten. Unter anderem wehrt er den Antrag des SPD-Vorsitzenden WALDEMAR FREIHERR VON KNOERINGEN ab, die konfessionell gebundenen Lehrerbildungsanstalten abzuschaffen.

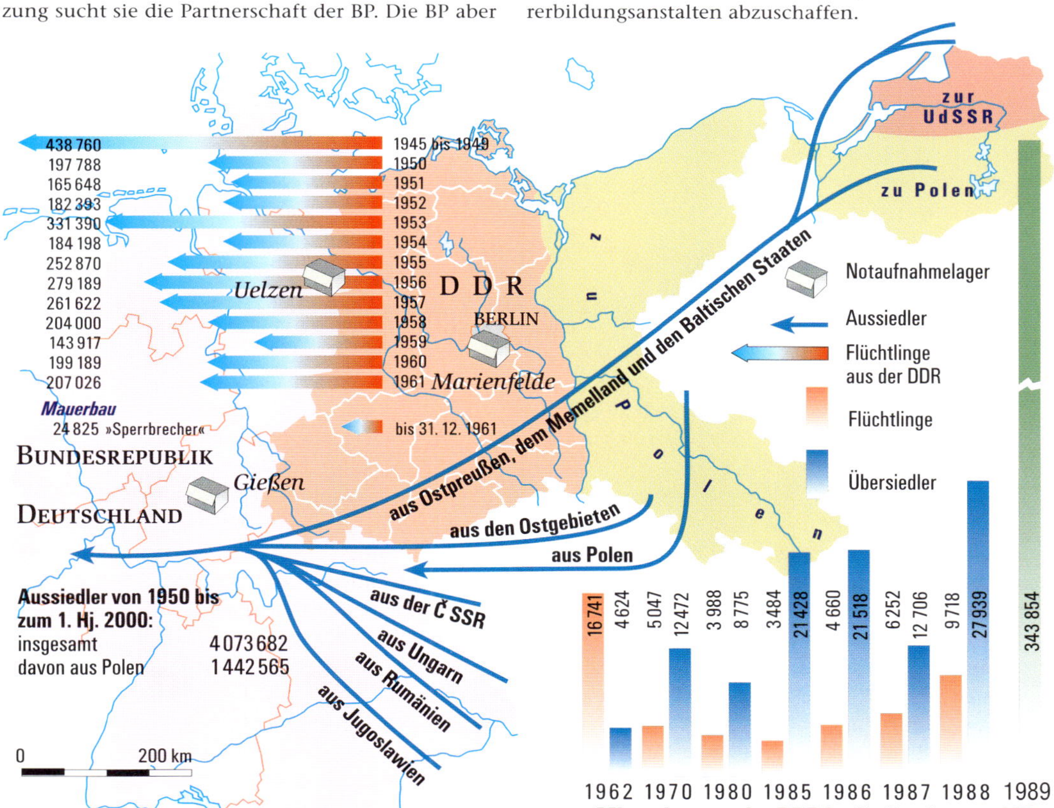

Migration aus der DDR in die Bundesrepublik

Stabilisierung und Herausforderung

Nach den vielen Ehrungen zu seinem 70. Geburtstag ist für Wilhelm Hoegner die Überraschung besonders bitter, die ihm die Koalitionspartner BP und BHE bereiten. Alarmiert von ihrem schlechten Abschneiden bei den Bundestagswahlen am 8. Oktober 1957, führen sie mit der gestärkt aus der Wahl hervorgegangenen CSU Gespräche über die Bildung einer neuen bayerischen Regierung. Die BP zögert zwar, folgt dann aber doch der BHE und erklärt gemeinsam mit ihr noch am Wahlabend den Austritt aus der Koalition mit der SDP. Der über den *„Verrat"* empörte Hoegner muss zurücktreten. Doch die BP hat auf das falsche Pferd gesetzt: Die CSU hält sich nicht an die schriftliche Vereinbarung. Es ist dies ihre späte Vergeltung für das geplatzte Koalitionsabkommen von 1954. Zur Regierungsbeteiligung lädt sie nicht die BP, sondern FDP und BHE. Der Schock von damals sitzt aber tiefer, die CSU nimmt ihre Reform in Angriff. Hanns Seidel tritt nicht nur als neuer Ministerpräsident an, sondern er löst am 22. Januar 1955 Ehard im Vorsitz der CSU ab und hat nun freie Hand, die Partei von Grund auf neu zu organisieren. In den folgenden Jahren wandelt sich die CSU von einer Partei der Honoratioren zu einer Partei der Massen und des »Apparats«. Zwischen 1955 und 1977 steigt die Zahl der Mitglieder von 35 000 auf 150 000, im Februar 2005 hält sie bei rund 173 000. Überragend fällt die Wahl Seidels am 16. Oktober 1957 zum Ministerpräsidenten nicht aus. 100 Abgeordnete sind für, 83 gegen ihn, aber der bescheidene und anspruchslose Rechtsanwalt aus *„Aschaberg"* (Aschaffenburg) überzeugt in seinem Amt durch Fleiß und hohes Pflichtbewusstsein. In der kurzen Amtszeit bis zur nächsten Landtagswahl am 23. November 1958 gelingt ihm der Finanzausgleich für die Gemeinden, durch Förderangebote kann er einige Industriebetriebe zur Niederlassung im Freistaat gewinnen.

Der schon bei der letzten Landtagswahl sichtbar gewordene Trend zum Zwei-Parteien-System setzt sich 1958 fort. Die Großen gewinnen auf Kosten der Kleinen. Die BP verliert die Hälfte ihrer Sitze, die CSU hingegen nähert sich mit 45,6 % der absoluten Marke. Schwerpunkt des Kabinetts Seidel II – eine Koalition aus FDP und BHE/GB – ist die *„Hebung der bayerischen Wirtschaftskraft"*, die *„Stärkung der finanziellen Leistungskraft"*, die *„Verbesserung der sozialen Verhältnisse"* sowie die *„Bewahrung und Verteilung"* des kulturellen Reichtums Bayerns. Krankheitsbedingt muss Seidel (* 12.10 1901 in Schweinheim bei Aschaffenburg; † 5.08 1961 in München) sein Amt an den mittlerweile 72-jährigen Hans Ehard abgeben. Aufgeschlossen für die Bildungspolitik, gründet das Kabinett Ehard IV im Jahr 1962 die vierte Landesuniversität mit Sitz in Regensburg. Die Routine beherrscht den politischen Alltag, viel Bewegung bei so vielen Honoratioren ist vorerst nicht zu erwarten. Erst als Seidel auch den CSU-Vorsitz abgibt und an seine Stelle der 46-jährige wortgewaltige und umtriebige Sohn eines fränkischen Metzgermeisters tritt, bläst frischer Wind durch die Reihen der CSU: Der Volkswirtschaftler Franz Joseph Strauss versteht zu provozieren und aufs Ganze zu gehen.

1962 steht er allerdings selbst im Kreuzfeuer der Kritik. Am 26. Oktober durchsucht Polizei auf Anordnung der Bundesanwaltschaft die Redaktionsräume des Nachrichtenmagazins »Der Spiegel« in Hamburg und Bonn. Mehrere Redakteure werden wegen Verdachts auf Landesverrat festgenommen. Chefredakteur Rudolf Augstein stellt sich freiwillig und wird 103 Tage festgehalten. Anlass ist ein Artikel über das NATO-Manöver »Fallex 62«, in dem über atomare Planungen der Bundeswehr berichtet wird. Entgegen einer früheren Behauptung, mit der Sache *„nichts, im buchstäblichen Sinne nichts"* zu tun zu haben, muss Franz-Josef Strauß – damals in der Funktion des Verteidigungsministers – zugeben, für die Festnahme des stellvertretenden Chefredakteurs der Zeitschrift, Conrad Ahlers, in seinem spanischen Urlaubsort verantwortlich zu sein. Dieses Vorgehen *„etwas außerhalb der Legalität"*, so Bundesinnenminister Hermann Höcherl, führt zu einer schweren Regierungskrise und zu Protesten in der Öffentlichkeit. Auf Massenkundgebungen wird der Rücktritt von Strauß gefordert. Als sich Bundeskanzler Konrad Adenauer vor seinen Verteidigungsminister stellt, legen die fünf FDP-Minister seines Kabinetts am 19. November 1962 ihr Amt nieder. Nun tritt Strauß zurück, um Adenauer die Neubildung seines – fünften und letzten – Kabinetts zu ermöglichen. Auf Druck der FDP muss Adenauer einen verbindlichen Termin für seinen eigenen Rücktritt nennen, den er dann auch einhält. Erst später wird bekannt, dass Strauß seine Aktion mit Adenauer abgesprochen hatte. Die »Spiegel-Affäre« wird aus heutiger Sicht als Stärkung der Pressefreiheit in Deutschland angesehen. Dass dahinter der persönliche Konflikt zwischen Strauß und Augstein steht (»Fibag-Affäre«), ist damals nie so recht deutlich geworden.

In der CSU toben einstweilen die Flügelkämpfe zwischen Fortschrittlichen und dem »Petrakreis« des nimmermüden Kirchenstreiters HUNDHAMMER, um den in Aussicht stehenden Parteivorsitz und den Ministerpräsidentenstuhl. Doch auf diesem nimmt, einmal mehr, ein Kompromisskandidat Platz: Ein Mann des Ausgleichs, ALFONS GOPPEL.

Die Landtagswahl vom 25. November 1962 bringt der CSU, trotz – vielleicht auch wegen – der »Spiegelaffäre« neue Zuwächse. Mit 108 von 204 Mandaten erringt sie erstmals seit 1946 wieder die absolute Mehrheit. Auch die SPD gewinnt (+4,5 %, +5 Sitze). Zwischen den Großen werden die kleinen Parteien zerrieben. Unter diesem Aspekt verliert die Koalition der CSU mit der BP an Wert. Nur noch ein Staatssekretär, ROBERT WEHGARTNER, vertritt die Interessen der Bayernpartei, und dieser tritt kurz vor der nächsten Landtagswahl im Juli 1966 zur Union über.

RÄTSELHAFTE WÄHLERGUNST

Das »Wirtschaftswunder« erfasst in den 60er Jahren auch das Agrarland Bayern. Mitgetragen wird der Aufschwung durch das Arbeitskräfteangebot der Vertriebenen und Flüchtlinge, das anderen industriell höher entwickelten Ländern nicht mehr zur Verfügung steht. Eine bemerkenswerte Umstrukturierung der Wirtschaft Bayerns setzt ein. Zum einen wächst die Industrie, zum anderen bleiben Agrarkulturen weitgehend erhalten. Sie unterliegen zwar einem Prozess der Verdichtung, können aber dadurch maschinell effizienter bewirtschaftet werden.

Alarmierend für die CSU ist die Begleiterscheinung der Hand in Hand mit der Industrialisierung gehenden »Sozialdemokratisierung«. Die in der Bevölkerung tief verankerte Tradition, konservativ zu denken und zu wählen, bildet vorerst noch eine Barriere, die von den Sozialdemokraten nicht genommen wird. Ihr bislang bestes Ergebnis bei Landtagswahlen in Bayern erreicht die SPD 1966 mit 35,8 % der Wählerstimmen.

Anders ist die Situation in den Städten. Bei den Kommunalwahlen vom 27. März 1960 rückt die SPD in München mit einem Stimmanteil von 35,4 % hart an jenen der CDU mit 36 % heran. Die CSU muss den Verlust des Oberbürgermeisteramtes hinnehmen: 53,4% der Stimmen entfallen auf SPD-Politiker HANS-JOCHEN VOGEL. CSU-Kandidat JOSEF MÜLLER (der »Ochsensepp«) verzeichnet 23,9%. Vogel ist mit 34 Jahren der jüngste Oberbürgermeister der Bundesrepublik.

In diesen Jahren wartet auf Bayern – und nicht nur dort – eine neue Herausforderung: Die tot gesagte Rechte erwacht zu neuem Leben. 1962 zieht die NPD (Nationaldemokratische Partei Deutschlands) mit 7,4 % Wählerunterstützung in den Landtag ein.

Ihre Hochburgen liegen im protestantischen, ländlichen Mittelfranken und in Regionen mit einer hohen Konzentration an Heimatvertriebenen. In Mittelfranken stehen mehr als zwölf Prozent der Wähler hinter der NPD. Vor allem Männer im Alter zwischen 45 und 60 Jahren stimmen ihr zu. Da diese Gebiete in den 30er Jahren zu den Zentren nationalsozialistischer Wähler gehörten, ziehen Politikwissenschaftler den Schluss, *„dass die NPD zu einem beachtlichen Teil von alten Nazis gewählt wurde"*. Mit anderen Worten, die damals 20 bis 30-Jährigen müssten schon eingefleischte Nazis gewesen sein. Diese scheinbar plausible Erklärung täuscht über Hintergründe hinweg, die tatsächlich zum NPD-Erfolg führen. Der große Zustrom, das geht aus den lokalen Wahlergebnissen hervor, kommt aus den neu errichteten Siedlungen der Heimatvertriebenen. In Neu-Gablonz wählen 23,1 %, in Geretsried 16,8 %, in Traunreut 16,4 %, in Waldkraiburg 14,7 % und in Neutraubling 13,8 % der Wahlberechtigten die NPD. Die Werte entsprechen etwa dem Doppelten des gesamtbayerischen Ergebnisses von 7,4 %. Bestätigt wird diese Tatsache durch die Herkunft der NPD-Kandidaten. Sie rekrutieren sich zu mehr als einem Drittel aus Heimatvertriebenen.

Ihnen, vor allem den Sudetendeutschen, werden die Regierungen in Zukunft besonderes Augenmerk schenken müssen.

Die Weichen sind gestellt

Die Zeiten machen es möglich. Unter der Ära Goppel (1961 bis 1978) werden andere Ziele ins Visier genommen, als dies in den früheren Kabinetten denkbar war. Die Wirtschaftspolitik wendet sich der heimischen Energieversorgung zu, das Verkehrsnetz wird verbessert, die Theaterkultur erhält eigene Akzente. Das Münchener Nationaltheater, eines der bedeutendsten Gebäude des Klassizismus in Deutschland (1825 fertig gestellt), war in der Nacht vom 2. auf den 3. Oktober 1943 einem britischen Luftangriff zum Opfer gefallen. Für 65 Mio. DM wird es wieder aufgebaut, nachdem es im Landtag zu heftigen Debatten über die Sinnhaftigkeit gekommen ist. Am 21. November 1963, 20 Jahre nach der Zerstörung, wird allen Widrigkeiten zum Trotz das Theater feierlich eröffnet. Nur der Streit um die Schulpolitik, der bereits über 100 Jahre anhält, bleibt der gleiche. Der linksliberalen Szene ist sie zu konservativ, der klerikalen Seite zu liberal-fortschrittlich. Die FDP-Abgeordnete, aus Essen stammende Salem-Schülerin Hildegard Hamm-Brücher, bringt mit der Unterstützung der Presse den amtierenden Kultusminister Theodor Maunz zu Fall, ohne etwas am System zu ändern.

1963 ist die Stadt Fürth stolz auf ihren Sohn Ludwig Erhard, der am 16. Oktober zum Nachfolger Konrad Adenauers gewählt wird. Adenauer stolperte mit Franz Joseph Strauß in der »Spiegelaffäre«.

Die Landtagswahl vom 20. November 1966 steht unter dem Zeichen einer wirtschaftlichen Rezession und des Rücktritts Bundeskanzler Erhards. Das zweite Kabinett Goppel (1966 bis 1970), mit Mandaten gut abgesichert, besetzt diesmal ohne Koalitionspartner die Regierungsbank. Anders in Bonn. Hier bildet SPD-Bundeskanzler Willy Brandt am 22. Oktober 1969 eine so genannte kleine Koalition mit der FDP. In Bayern punktet 1970 erneut die CSU, dank guter Arbeit und der Popularität Goppels. Sein drittes Kabinett (1970 bis 1974) entwickelt Weitsicht: Bayern ist das erste deutsche Land, das ein Umweltministerium einrichtet. Der 38-jährige CSU-Generalsekretär Max Streibl steht an der Spitze des neuen Ressorts. Den aufkommenden zum Teil radikalen Grünbewegungen wird dadurch vorerst Wind aus den Segeln genommen, und diversen Lobbies, die dem Profit, zum Schaden einer intakten Umwelt, den Vorrang geben, die eine oder andere berechtigte behördliche Hürde in den Weg gelegt.

Der Plenarsaal des Bayerischen Landtags (oben). – Alfons Goppel (1. Oktober 1905 in Reinhausen, heute ein Stadtteil von Regensburg; † 24. Dezember 1991 in Johannesberg, begraben auf dem Waldfriedhof in München) war der am längsten amtierende bayerische Ministerpräsident. Die unter seiner Kandidatur erreich-*

Die Landtagswahl vom 27. Oktober 1974 beschert der CSU mit 62,1 % einen beispiellosen Erfolg. Sie knackt erstmals die protestantischen Hochburgen Mittel- und Oberfrankens. Die von »Ochsensepp« Josef Müller vorgegebene interkonfessionelle Parteilinie hat sich als richtiger Weg erwiesen: Die CSU wird als gesamtbayerische Partei auch vom harten Kern der Protestanten akzeptiert. Der große Verlierer der Wahl, die SPD, muss alle elf Stimmkreise der Landeshauptstadt München an die Union abgeben. 132 CSU-Abgeordnete stehen 64 SPD-Parlamentariern gegenüber. Die FDP rettet mit zwei Zehntel Prozent über der 5 %-Hürde acht Mandate in den Landtag.

Das vierte und letzte Kabinett Goppel (1974 bis 1978) kann am Ende der Legislaturperiode auf 16 Jahre ununterbrochener Tätigkeit zurückblicken. Die strukturellen Schwächen der Wirtschaft sind ausgeglichen, die Energiepreise – durch Stützung gesenkt – kommen den Endverbrauchern zugute, die Wirtschaft bleibt in Schwung. Neuansiedlungen der Industrie bringen und sichern Arbeitsplätze, das aufstrebende München gilt als die »heimliche Hauptstadt Deutschlands«, bis der Mauerfall Berlin wieder an die angestammte Spitze katapultiert. Den Bau von Kernkraftwerken halten viele noch für unproblematisch, über die Endlagerung abgebrannter Uranstäbe denkt niemand noch nach. Ebenso wenig über die langfristige Nützlichkeit überdimensionierter Erdölraffinerien, wie sie im Raum Ingolstadt entstehen.

Erst der »Ölschock« vom 19. November 1973 bringt der Öffentlichkeit zu Bewusstsein, wie abhängig sie von der Willkür jener geworden ist, die Rohstofflieferungen als Waffe missbrauchen. Diese Erfahrung sollte nach zwei Weltkriegen und langen Notzeiten im kollektiven Gedächtnis verankert sein.

1972 setzt Bayern abermals einen Schritt in die Zukunft: Es tritt der grenzüberschreitenden Arbeitsgemeinschaft »ARGE Alp« bei, die auf Anregung des damaligen Tiroler Landeshauptmannes Eduard Wallnöfer gegründet wird. Die ARGE Alp ist ein Vorgriff auf die von der EU zwanzig Jahre später empfohlenen Regionsbildungen. Bayern stellt schon ein Viertel Jahrhundert früher den Fuß in die Tür von Graubünden, Salzburg, St. Gallen, Südtirol, Vorarlberg, Tirol, vom Tessin, Trentino, der Lombardei und jüngst von Slowenien.

Wolfgang Zorn, SPD-Finanzminister im Kabinett Ehard III, findet richtige Worte zur Ära Goppel: *„Kontinuität im Wandel, Gegenwartsoffenheit überprüft an Überlieferungstreue."*

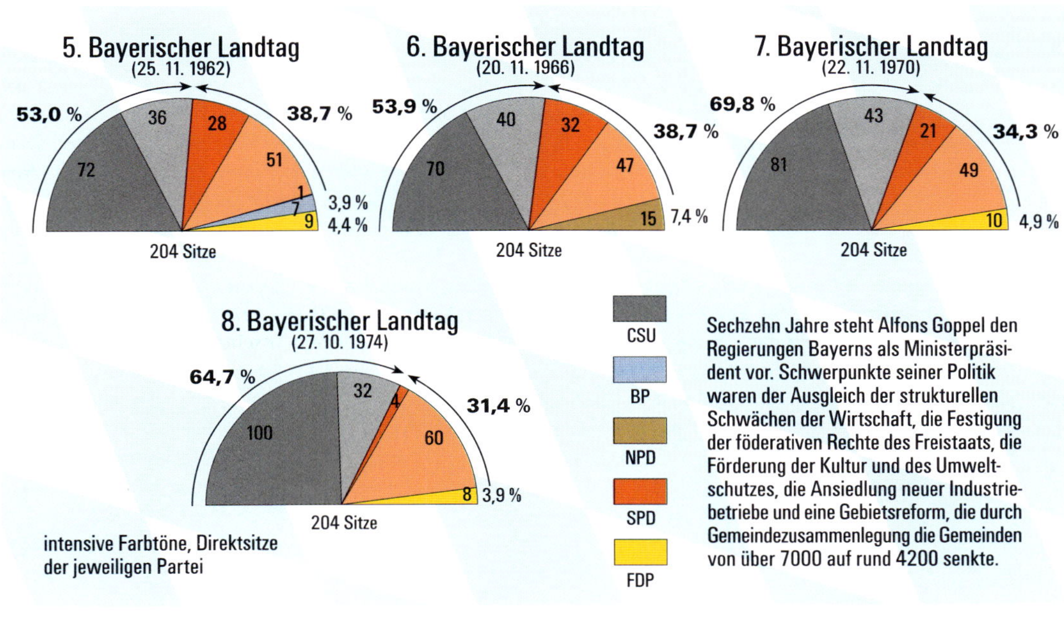

Sechzehn Jahre steht Alfons Goppel den Regierungen Bayerns als Ministerpräsident vor. Schwerpunkte seiner Politik waren der Ausgleich der strukturellen Schwächen der Wirtschaft, die Festigung der föderativen Rechte des Freistaats, die Förderung der Kultur und des Umweltschutzes, die Ansiedlung neuer Industriebetriebe und eine Gebietsreform, die durch Gemeindezusammenlegung die Gemeinden von über 7000 auf rund 4200 senkte.

ten 62,1% der Wählerstimmen für die CSU bei der Landtagswahl 1974 sind das höchste jemals bei einer Landtagswahl in der Bundesrepublik von einer Partei erreichte Wahlergebnis. Von 1979 bis 1984 arbeitet Goppel im Europaparlament. – Bayerische Landtagswahlergebnisse unter Goppel (oben).

Affären und Kleinkriege

Franz Josef Strauss zählt zu den wohl markantesten Politikern Bayerns. Kampffreudig und angriffslustig schont er keinen seiner vielen Gegner. Die beinharten Auseinandersetzungen mit dem Erfolgsschriftsteller Hans Helmut Kirst stehen am Beginn seiner Laufbahn, noch in der Deutschen Wehrmacht. Franz Josef Strauß ist Nationalsozialistischer Führungsoffizier (NSFO) an der Flakschule im oberbayerischen Altenstadt bei Schongau. Sein Nachfolger wird der Lehrer für Kriegsgeschichte an derselben Schule, Hans Helmut Kirst. 1945 bezichtigt Strauß Kirst bei den US-Amerikanern, ein Anhänger des Nationalsozialismus gewesen zu sein. Kirst wird ins amerikanische Internierungslager Garmisch-Partenkirchen verbracht und geht nach neun Monaten mangels Beweisen – politisch »unbelastet« – frei. Strauß, von den Amerikanern als unbelastet registriert, wird von diesen zum stellvertretenden Landrat des Landkreises Schongau ernannt. 1946 wird Strauß Landrat des Schongaus. 1947 lässt sich Kirst in München nieder, findet aber als Berufssoldat keine Arbeit, sondern bringt sich mit Gelegenheitsarbeiten als Gärtner, im Straßenbau und als Gemeindeschreiber fort. Strauß, in der Zwischenzeit zum Vorsitzenden der Spruchkammer ernannt, belegt Kirst, der an sich seine literarische Ader entdeckt, mit einem zweijährigen Schreibverbot. 1972 findet Kirst beim »Münchner Mittag« (heute »Münchner Merkur«) eine Anstellung als Filmkritiker. 1950 veröffentlicht er seinen ersten Roman. Doch schon 1954 gelingt Kirst mit seiner Romantrilogie »08/15« der Durchbruch auf internationaler Ebene. Mit Joachim Fuchsberger in der Hauptrolle wird das Buch auch ein Filmhit. In den 1950er Jahren tritt Kirst energisch gegen die deutsche Wiederbewaffnung auf, und gerät erneut ins Schussfeld von Franz Josef Strauß, dem neuen Verteidigungsminister in Bonn.

Kirst schreibt weitere Bestseller, führt aber trotzdem ein bescheidenes Leben. Die reichlich fließen-

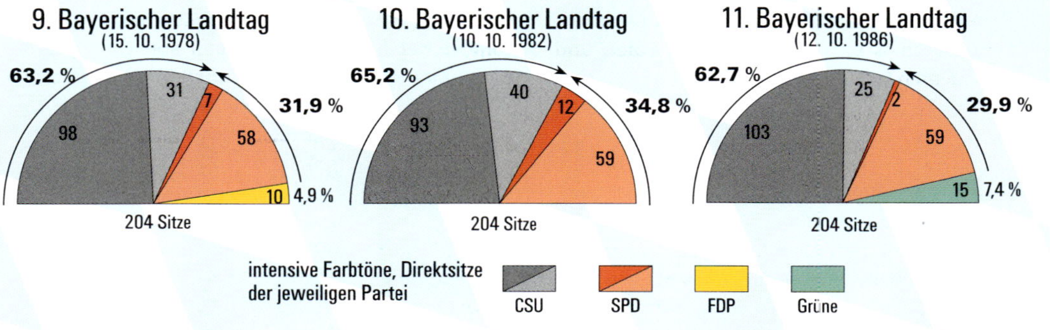

Franz Josef Strauß (6. September 1915 in München; † 3. Oktober 1988 in Regensburg; ganz oben) – Landtagswahlergebnisse unter Ministerpräsident Franz Josef Strauß (oben). – Die Intensivierung des Kalten Kriegs macht Westdeutschland für die USA zu einem verlässlichen militärischen Außenposten in Europa. Um*

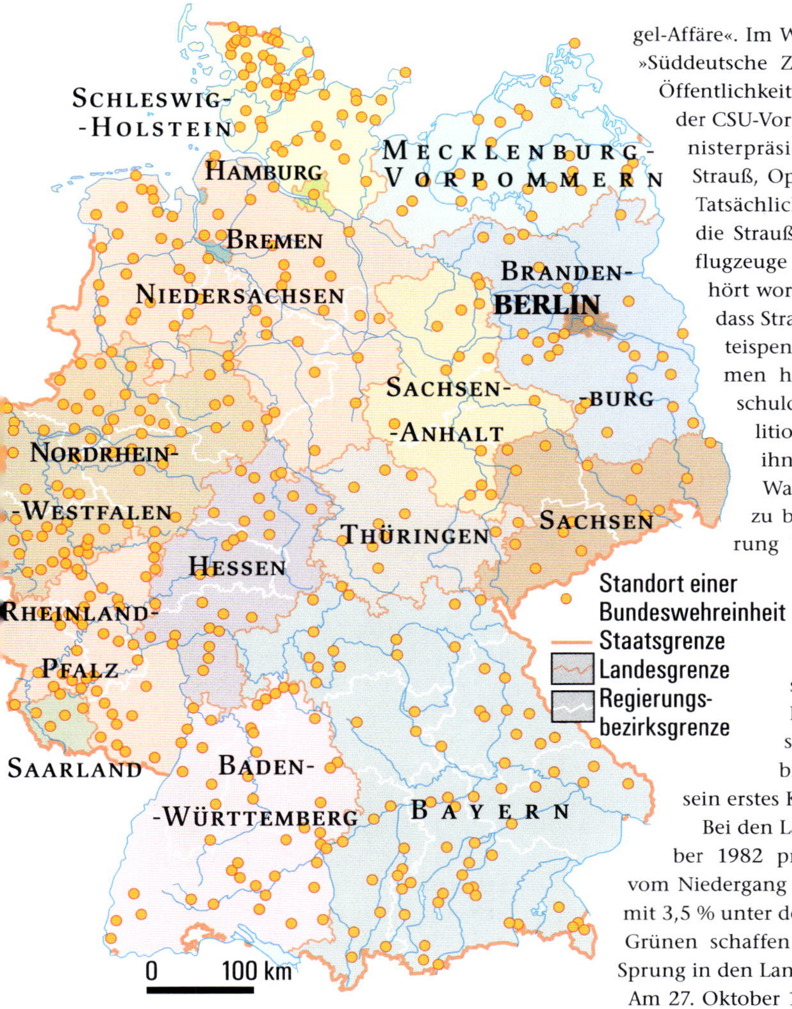

den Tantiemen widmet er sozialen Organisationen in Israel, Kriegswaisen in Polen und Studenten in Norwegen.

Lauschangriff auf Strauss

Der persönliche Konflikt mit Kirst wird nie bereinigt. Neue Händel, vor allem mit der Presse und politischen Gegnern kommen hinzu. Auf die »Fibag-Affäre« und die »Starfighter-Affäre« folgt im selben Jahr die »Spiegel-Affäre«. Im Wahljahr 1978 überrascht die »Süddeutsche Zeitung« am 14. Januar die Öffentlichkeit mit einem Bericht, wonach der CSU-Vorsitzende und designierte Ministerpräsident Bayerns, Franz Josef Strauß, Opfer eines Abhörskandals ist. Tatsächlich waren Telefongespräche, die Strauß über den Kauf der Kampfflugzeuge »Starfighter« führte, abgehört worden. Aus ihnen geht hervor, dass Strauß 40 Millionen DM an Parteispenden für die CSU angenommen hat. Strauß kontert und beschuldigt die Bonner SPD-FDP-Koalition, einen Geheimdienst auf ihn angesetzt zu haben, um sich Wahlkampfmunition gegen ihn zu beschaffen. Die Bundesregierung bestreitet, einen Lauschangriff angeordnet zu haben. Wer Strauß abhörte, bleibt ungeklärt. In der Landtagswahl am 15. Oktober 1978 schlägt die Affäre nicht zu Buche. Die CSU erringt eine solide Mehrheit und Strauß bildet am 7. November 1978 sein erstes Kabinett.

Bei den Landtagswahlen am 10. Oktober 1982 profitieren die Großparteien vom Niedergang der Kleinen. Die FDP bleibt mit 3,5 % unter der 5-Prozent-Hürde, auch die Grünen schaffen beim ersten Antreten den Sprung in den Landtag (4,6 %) nicht.

Am 27. Oktober 1982 stellt Strauß sein neues Kabinett vor. Zum ersten Mal in der Regierungsmannschaft: CSU-Generalsekretär Edmund Stoiber, promovierter Jurist und Vertrauter von Franz Josef Strauß. Stoiber bekleidet die Funktion eines Staatssekretärs in der Staatskanzlei.

Schwerpunkte der kommenden Arbeit sind: Festigung der Souveränitätsrechte Bayerns gegenüber dem Bund, Ausbau des Verkehrsnetzes, Förderung des Mittelstands, Erhaltung des Bauernstandes, Förderung der Familie, Ausbau der Hochschulen und *„Überwindung der geistig-moralischen Krise durch geistig-politische Führung"*.

1991 erreicht die Zahl der Bundeswehrstandorte – bedingt durch die Übernahme der militärischen Einrichtungen der ehemaligen DDR – ein Höchstmaß (oben). Ab 1991 steht die Schließung zahlreicher militärischer Standorte nicht nur zu Debatte, sondern ist bereits vollzogen.

Unruhige Jahre

Der Stern von Franz Josef Strauss ist bei der Landtagswahl 1986 schon im Sinken begriffen. Der Abstieg beginnt mit der Kanzlerkandidatur am 5. Oktober 1980. Strauß unterliegt dem SPD-Kandidaten Helmut Schmidt deutlich. Kritiker aus den eigenen Reihen werfen Strauß fehlendes Augenmaß vor. Eine liberalere Position in allen politischen Bereichen wäre angebracht, fordern sie. Die Bayern gewinnen der typisch polternden Ausdrucksweise ihres Ministerpräsidenten nichts mehr ab. Auch deshalb ist die Wahlbeteiligung 1986 mit 70,3 % so niedrig wie nie zuvor. Zudem spaltet die Frage der Kernenergie die Bevölkerung. Der schwere Unfall des ukrainischen Kernkraftwerks Tschernobyl am 30. April 1986, der die radioaktive Strahlung in Oberbayern bis zum Hundertfachen des Normalwertes ansteigen lässt, löst Hysterie aus. Auf dem Odeonsplatz in München demonstrieren 200 000 Menschen für die sofortige Stilllegung der atomaren Anlagen in Deutschland. Eine ökonomischen Unmöglichkeit: 1985 beträgt der Anteil der Kernenergie an der Elektrizitätserzeugung Bayerns bereits 57,2 %. Nun gerät auch der Bau der Wiederaufbereitungsanlage in Wackersdorf ins Schussfeld öffentlicher Kritik. Eine nicht genehmigte Demonstration am 7. Juni 1986 artet in wüsten Auseinandersetzungen zwischen Polizei und Kernkraftgegnern aus. Wackersdorf wird nicht gebaut. Am 29. Juni sperrt die Behörde die Grenze zu Österreich, um die Einreise von 40 000 Atomkraftgegnern zu unterbinden.

Anhaltender Aufruhr auch in der linken anarchischen Szene. Sie beginnen in München zu Ostern 1968 mit einem Sturm Linksradikaler auf die Redaktionsräume von Zeitschriften des Springerverlags. Bombenanschläge, Attentate, Entführungen, Morde erschüttern Bayern, München wird zum »heißen Pflaster«. Keine Stadt in Deutschland, kein Manager ist mehr vor Anschlägen der kommunistischen Terrorgruppe RAF, Rote-Armee-Fraktion, sicher. Zwischen 1970 und 1997 ermorden sie 34 Personen. München, Gauting, Augsburg und Straßlach sind Schauplätze ihrer Terroranschläge in Bayern. Die Anführer, die von der Polizei gefasst werden können, sitzen in den Hochsicherheitsgefängnissen von München-Stadelheim oder Stuttgart-Stammheim ein. Sechs von ihnen nehmen sich, unter Anzeichen von Haftpsychosen, das Leben.

Am 26. August 1972 richtet das Weltinteresse sein Augenmerk nicht nur wegen der XX. Olympischen Sommerspiele auf die bayerische Landeshauptstadt, sondern auch weil das unter dem Motto »heitere

*Ministerpräsident Max Balthasar Streibl (links, * 6. Januar 1932 in Oberammergau; † 11. Dezember 1998 in München, Herzanfall) und Innenminister Edmund Rüdiger Stoiber (rechts, * 28. September 1941 in Oberaudorf, Landkreis Rosenheim), auf dem CSU-Parteitag im November 1988.*

Spiele« stehende Sportfestival in eine menschliche Katastrophe stolpert. Am 3. September ermorden acht arabische Terroristen zwei israelische Sportler und nehmen neun weitere als Geiseln. Bei der Befreiungsaktion des deutschen Bundesgrenzschutzes kommen alle Geiseln und fünf Terroristen sowie ein Polizist ums Leben.

Es ist verständlich, dass die Grünbewegung von der Obrigkeit argwöhnisch beobachtet wird. Sie ist – unbeabsichtigt – Fluchtnische für linke Aktivisten, und ihre Ideologie wendet sich gegen den bisher ausschließlich unter wirtschaftlichen Gesichtspunkten betriebenen Raubbau an Umwelt, Natur und nicht wieder erneuerbaren Ressourcen: Stopp des Ausbaus des Flughafens von Erding, des Baus von Autobahnen, Ausstieg aus der Kernenergie, Abschaffung der Bereitschaftspolizei, mehr Umweltschutz, Austritt aus der NATO, Stopp dem Bau des Rhein-Main-Donaukanals usw.

Die Radikalität ihrer Forderungen ändert sich bis 1998 zu einem gesellschaftspolitisch annehmbaren Normalmaß. Der Wandel des ehemaligen Bundesaußenministers Joschka Fischer vom Turnschuhdemonstranten zum Staatsmann im Nadelstreifanzug zeigt auch die bayerischen Grünen in neuem Licht. 1986 ziehen sie mit acht Frauen und sieben Männern im bayerischen Landtag ein. Auffallendster Grün-Abgeordneter ist der damals 82-jährige Pastorensohn August Haussleitner. Ein Mitstreiter des »Ochsensepp« und 1946 Mitbegründer der CSU.

Sein drittes Kabinett (1986 bis 1988) erlebt Franz Josef Strauß nicht mehr bis zum Ende der Legislaturperiode. Am 1. Oktober 1988 bricht der 73-Jährige auf einem Jagdausflug nahe Regensburg bewusstlos zusammen und stirbt im Krankenhaus an Herz- und Kreislaufversagen. Fast vierzig Jahre hatte Strauß die Politik Bayerns und auch der Bundesrepublik mitgetragen. Seine Bundestagsreden, geschliffen pointiert, erregten auch im deutschsprachigen Ausland ungeteilte Aufmerksamkeit. Bewundert, geschätzt und gefeiert, oft genug angefeindet, trug Franz Josef Strauß wesentlich zur Festigung des deutschen Selbstbewusstseins bei. Mit ihm ging keine Ära zu Ende, Franz Josef Strauß war eine Ära.

Bestattet wird Franz Josef Strauß in Rott am Inn vom bayerischen Kurienkardinal Josef Ratzinger, dem späteren Papst Benedikt XVI.

Max Streibl neuer Ministerpräsident

Die CSU-Landtagsfraktion ist sich über die Nachfolge von Franz Josef Strauß rasch einig. Am 19. Oktober 1988 wählt der Bayerische Landtag mit 124 von 193 Stimmen, bei einer Enthaltung, den 56-jährigen Finanzminister und stellvertretenden Ministerpräsidenten Max Streibl für das erste Amt im Freistaat. Die 55 SPD-Abgeordneten stimmen dagegen, die 14 Grünen wählen Fraktionskollegen Armin Weiss. Streibl wird von einer Frau, der Justizministerin Mathilde Berghofer-Weichner, vertreten.

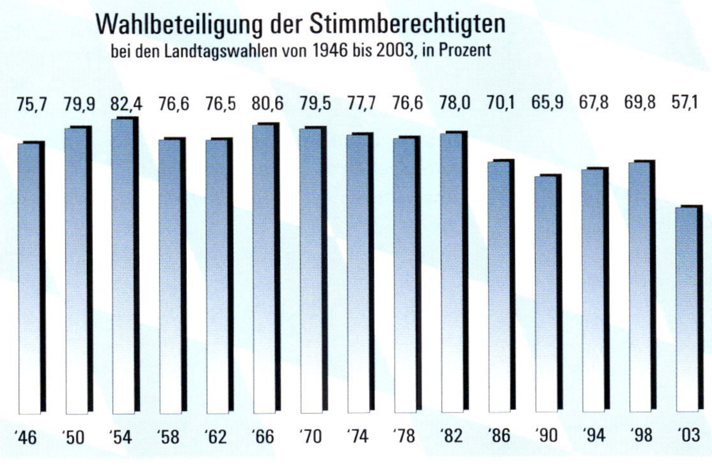

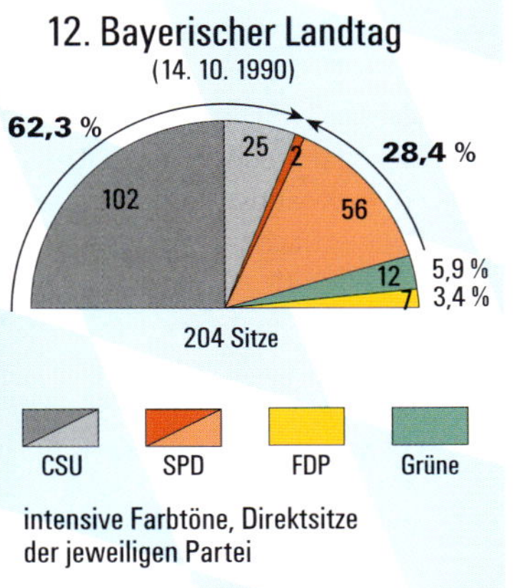

Die Landtagswahl vom 14. Oktober 1990 (oben). Die CSU kann die absolute Mehrheit halten, die Wiedervereinigungseuphorie wirkt noch nach. SPD und Grüne verlieren, die FDP schafft knapp die 5 %-Hürde und zieht mit sieben Abgeordneten in den Landtag ein, kann aber keine Fraktion bilden (10 Mandate erforderlich).

Bayern im Übergang

Max Streibl, überzeugter Katholik und seit 1957 Mitglied der CSU, hat als Finanzminister (1977-88) seine Fähigkeiten bewiesen: Bayern besitzt die niedrigste Verschuldung und die höchste Investitionsrate aller deutschen Länder. Sein »Modell 90«, mit weit reichenden Steuererleichterungen, ist Vorbild für die Bundesgesetzgebung. Unverbraucht, dynamisch spricht er mit der Opposition »deutsch«, nämlich sachlich-konsultativ, und erwirbt sich dadurch ihre Achtung. Neuer CSU-Chef wird am 19. November der Schwabe Theo Waigel. Auf dem Parteitag in München wählen ihn 1003 von 1020 Delegierten, das sind 98,3%. Die Straußnachfolge geht zügig voran. Der Tod kam so unerwartet, dass Führungskämpfe gar nicht erst aufgenommen werden können. Zudem wird Waigel respektiert. Als Leiter der CSU-Landesgruppe in Bonn hat er zwischen dem Raubein Strauss und dem empfindsamen Kohl oft genug mit großem Geschick vermittelt. Als CSU-Chef kann nun Waigel auf sanfte Töne verzichten. Seine Grundsatzrede vor dem Parteitag wendet sich daher gegen die CDU-Schwesterpartei, deren Öffnung nach links nicht in sein Konzept des *„vernünftigen, geläuterten Nationalbewusstseins"* passt. Rechts der CDU darf keine demokratische Partei ihren Standort haben. Diese Haltung sollte eine Neufassung des Grundsatzprogramms der CSU festschreiben. Mit der Ausarbeitung betraut Waigel den engagierten Innenminister Edmund Stoiber.

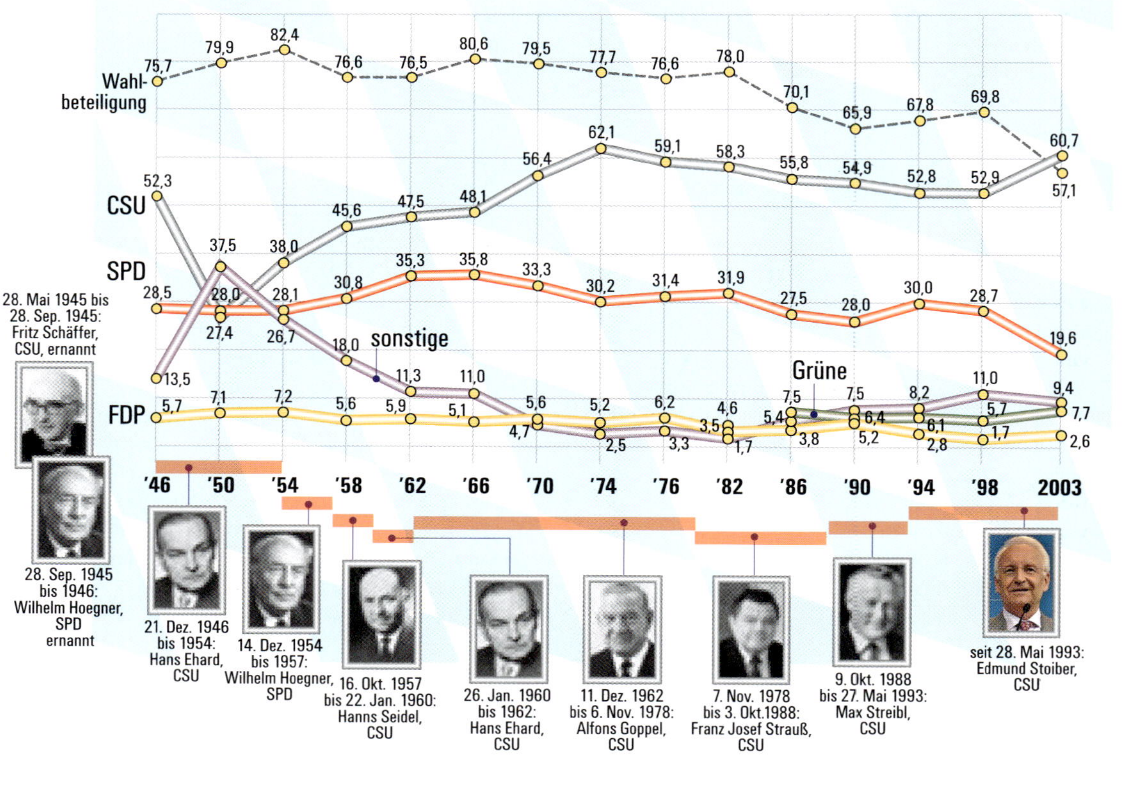

Waigel hat die innerparteiliche Situation der CDU erkannt. Nach Wahlschlappen in Berlin und Hessen, muss HELMUT KOHL sein Kabinett umbilden, er ruft Waigel nach Bonn und übergibt ihm das Finanzressort. Andere CSU-Politiker folgen nach. Bayern ist nie zuvor so stark im Bund vertreten gewesen wie 1989.

Noch wirkt das Erbe von Franz Josef Strauss nach. Strauß hat am 1. Juli 1983, während eines Kurzbesuchs des DDR-Staatschefs ERICH HONECKER in München, dem »anderen« Deutschland einen Kredit in Milliardenhöhe vermittelt. Aus Protest verlassen die CSU-Abgeordneten FRANZ HANDLOS und EKKEHARD VOIGT daraufhin die Partei und gründen mit dem ehemaligen Fernsehjournalisten FRANZ SCHÖNHUBER die »Partei der Republikaner«. Im Streit um den künftigen Kurs setzt sich der zu rechtsextremen Tendenzen neigende Schönhuber durch und wird im Juni 1985 Parteivorsitzender. Als Auffangbecken für Protestwähler verbucht Schönhuber bei der Europawahl 1989 eine Zustimmung von 14,6 %. Doch die Partei ist inhomogen und zerfällt.

Das Glück ist auch Max Streibl nicht hold. Im Januar 1993 wird bekannt, dass er als Finanzminister (1977 bis 1988) Geschenke der Industrie angenommen hat. Dafür erhielten die Unternehmen aus der Staatskasse Darlehen in Millionenhöhe. Diese so genannte Amigo-Affäre (Amigo = Freund) zwingt Streibl, der alle Anschuldigungen von sich weist, am 27. Mai sein Ministerpräsidentenamt niederzulegen. Der Rücktritt ist von langer Hand vorbereitet. Denn schon am nächsten Tag wird der 51-jährige Edmund Stoiber mit 118 Stimmen von 124 zum Nachfolger gewählt. 58 Abgeordnete der Opposition stimmen gegen ihn. CSU-Vorsitzender Waigel hat in einem Vier-Augen-Gespräch mit Stoiber auf eine Kampfabstimmung unter der Bedingung verzichtet, dass Stoiber alle Parteiämter zurücklegt, und er, Waigel, Finanzminister in Bonn bleibt.

Trotz seiner beeindruckenden politischen Karriere, muss Stoiber sich seine Lorbeeren erst verdienen, denn Kritik kommt von allen Seiten. Als er seine Regierungsmannschaft vorstellt, spricht die Opposition von einem »Kabinett des Mittelmaßes«. Die vormalige Justizministerin BERGHOFER-WEICHNER, mokiert sich darüber, dass keine Ministerin mehr dem Kabinett angehöre, und die abtretenden Regierungsmitglieder kritisieren, dass sie von Jüngeren verdrängt würden. Stoiber verjüngt tatsächlich seine Mannschaft durch vier neue Minister und sieben neue Staatssekretäre. Das Durchschnittsalter der 22-köpfigen Regierung beträgt nun 48 Jahre.

STOIBERS KLARE GESELLSCHAFTSPOLITIK

Wie kaum ein Ministerpräsident zuvor, nimmt Edmund Stoiber eine persönliche, scharf profilierte gesellschaftspolitische Haltung ein. Manche Journalisten bezeichnen ihn deshalb als Polittechnokraten. Christlich-konservativ vertritt Stoiber eine eindeutige Linie zu Fragen der Ehe, Frauen, Homosexualität und Ausländer.

Wirtschaft: Stoiber ist gegen eine schuldenfinanzierte Politik. Die Stärkung des Wirtschaftsstandortes Bayern (das seit 1995 seine führende Position in Deutschland, trotz stagnierenden Wachstums, halten kann) ist für ihn oberstes Gebot. Priorität hat die »High-Tech-Offensive Bayerns«, ohne »Wirtschaftsnationalismus«.

Haushalt: Stoiber betreibt im Sinne Ludwig Erhards eine Politik des »Maßhaltens und Sparens«. Ziel ist ein langfristiger stabiler Wohlstand für die Masse der Bevölkerung, der auch Krisen und Wirtschaftseinbrüche überdauert.

Vertriebene: Stoiber fordert Wiedergutmachung für die Verluste und Leiden der im Zweiten Weltkrieg Vertriebenen. So auch für die, durch die Beneš-Dekrete zu Schaden gekommenen, Sudetendeutschen. Es war daher legitim, dieses von Tschechien verdrängte Thema, im Zuge der Osterweiterung und der Aufnahme der Tschechischen Republik in die EU am 1. Mai 2004, auf den Verhandlungstisch zu legen.

Einwanderung: diese und die Zuwanderung bedürfen klar umrissener Normen.

Wehrpflicht: Für Stoiber liegt ihre Zukunft in einer sicherheitspolitischen Dienstpflicht.

Eingetragene Lebenspartnerschaften: Stoiber ist gegen die Einführung gleichgeschlechtlicher eingetragener Lebenspartnerschaften.

Nahost-Friedenspolitik: In der Debatte um eine mögliche deutsche Beteiligung an UN-Missionen im Libanon-Konflikt verweist Stoiber auf die deutsche Vergangenheit, die es erschwert, gegebenenfalls gegenüber Israel neutral zu bleiben.

Ministerpräsident Edmund Stoiber bei einem CSU-Parteitag (links oben). – Die »Fieberkurve« der Parteien in den Landtagswahlen von 1946 bis 2003. Bemerkenswert ist die Parallele von Wahlbeteiligung und Stimmanteilen der SPD (links).

Bayern im Diskurs

Der Erste Senat des Gerichts *„hat entschieden, dass die Anbringung eines Kreuzes oder Kruzifixes in den Unterrichtsräumen einer staatlichen Pflichtschule, die keine Bekenntnisschule ist, gegen die in Art. 4 Abs. 1 GG garantierte Religionsfreiheit verstößt. Gleichzeitig hat es eine Vorschrift des bayerischen Schulrechts (§ 13 Abs. 1 Satz 3 der Volksschulordnung), die anordnet, dass in jedem Klassenzimmer ein Kreuz anzubringen ist, für mit dem Grundgesetz unvereinbar und nichtig erklärt."* Mehr bedarf es nicht, um die bayerische Volksseele zum Kochen zu bringen. Auf dem Odeonsplatz drängen sich 30000 Demonstranten vor einem vier Meter hohen Kreuz. Bischöfe und Politiker halten Reden. *„Das Kreuz bleibt!"* ist ihr Tenor.

Der Streit um das Kruzifix beginnt im Februar 1991. Ein deutsch-chinesisches Ehepaar, dessen zehnjährige Tochter eine Grundschule im oberbayerischen Bruckmühl besucht, verklagt die Schulleitung, weil neben der Schultafel ein Kreuz hängt, wo das Kind doch weltanschaulich neutral erzogen werden soll, argumentieren die Eltern. Die Schulleitung bleibt unbeeindruckt, das Kreuz bleibt.

Das Ehepaar klagt beim Verwaltungsgericht Regensburg. Ihr Antrag wird abgewiesen. Das Ehepaar kämpft weiter. Vier Jahre später, am 10. August 1995, erklärt das BVerfG in Karlsruhe: Die staatliche Anordnung von Kreuzen in Klassenzimmern verstößt gegen das Grundgesetz.

Artikel 4, Absatz 1: *„Die Freiheit des Glaubens, des Gewissens und die Freiheit des religiösen und weltanschaulichen Bekenntnisses sind unverletzlich... Die Anbringung von Kreuzen in Klassenzimmern überschreitet die Grenze religiös-weltanschaulicher Ausrichtung der Schule."*

Nicht die Anbringung von Kreuzen in Klassenzimmern, sondern die entsprechende staatliche Anordnung, ist verfassungswidrig, erklärt Karlsruhe. Den Katholiken Bayerns sind solche juristischen Feinheiten gleichgültig. Mit Lichterketten, Schweigemärschen und Demonstrationen wollen sie die Richter umstimmen. Das Kruzifixurteil löst eine Grundsatzdebatte über das Verhältnis zwischen Staat und Kirche aus. Umfragen ergeben, dass die Mehrheit der Deutschen im Kreuz ein Symbol der eigenen Kultur- und Wertevorstellungen sieht.

Diese Meinung vertritt auch der damalige Bundeskanzler Helmut Kohl und kritisiert das Urteil: *„Es geht ja hier um die christliche Tradition unseres Landes, dass man das in dieser Weise so formuliert und so entscheidet, findet mein Verständnis überhaupt nicht."*

Der Vizepräsident des Bundesverfassungsgerichtes Johann Friedrich Henschel wehrt ab:

„Die Erklärung, wie's von manchen Politikern erfolgt ist, den Richterspruch nicht zu verfolgen oder sich zu widersetzen, dem liegt ja die Maxime zugrunde, dass das Recht nicht zu beachten ist, wenn es einem nicht passt. Wir verlassen die Grundlagen unseres Rechtsstaates, wenn das Schule macht."

Daraufhin kontert die bayerische Staatsregierung und beschließt mit CSU-Mehrheit im Landtag: *„Angesichts der geschichtlichen und kulturellen Prägung Bayerns wird in jedem Klassenraum ein Kreuz angebracht"*, heißt es in dem Gesetzesentwurf. Wenn Eltern der Anbringung eines Kreuzes aus *„ernsthaften und einsehbaren Gründen des Glaubens oder der Weltanschauung"* widersprechen, müsse der Schulleiter eine gütliche Einigung versuchen.

Unter den Rednern am Odeonsplatz kritisiert Ministerpräsident Edmund Stoiber das Urteil als einen Bruch mit der Verfassungstradition: *„Es darf nicht dazu kommen, dass eine kleine Minderheit immer und unter allen Umständen der Mehrheit vorschreiben kann, was diese in der Öffentlichkeit zu tun und zu lassen hat, meine Damen und Herren."* Klare Worte, klare Haltung. Nun ist Stoiber populär.

Die Landtagswahl vom 13. September 1998 – die Landespolitik und Ministerpräsident Stoiber stehen im Mittelpunkt – bringt der CSU einen Stimmenzuwachs von 0,1 %, während so gut wie alle anderen Parteien verlieren. Die zum ersten Mal angetretene Partei der »Freien Wähler« erringt 3,7 %.

Die Bundestagswahl vom 27. September 1998 bringt nicht nur der CDU mit Parteivorsitzendem Helmut Kohl einen dramatischen Rückschlag (–6,3 %, SPD +4,5 %), auch die CSU verliert gegenüber der Landtagswahl 5,2 %. Die bundesweite Schlappe ist für Kohl Signal, den CDU-Vorsitz, und für Waigel, den CSU-Führungsanspruch abzugeben. Am 16. Januar 1999 wird Stoiber auf dem Parteitag in München mit 93,4 % zum Landesvorsitzenden der CSU gewählt, im Oktober 2001 in Nürnberg mit 97 % bestätigt. Mit dieser Hausmacht im Rücken, lässt es sich streiten: Stoiber rüstet zum Sprung auf den Kanzlerpodest. Für die CDU tritt die in Hamburg geborene und in der uckermärkischen Kreisstadt Templin aufgewachsene Bundesvorsitzende ANGELA MERKEL an. Beim so genannten Wolfratshausener Frühstück, am Wohnsitz Edmund Stoibers, entscheiden Merkel und Stoiber, wer von beiden als Kanzlerkandidat der Unionsparteien im Bundestagswahlkampf 2002 kandidieren soll (»K-Frage«). Merkel hatte im Sommer 2001 ihr Interesse an einer Kandidatur bekräftigt: *„Ich habe ganz klare Vorstellungen, wie ich als Bundeskanzlerin in diesem Lande, mit anderen zusammen, vieles besser machen könnte."* Dennoch überlässt sie Stoiber die Kanzlerkandidatur, da ihm große Teile der CDU die besseren Chancen einräumen.

NACH BERLIN UND ZURÜCK

Stoibers Wahlkampf konzentriert sich auf die Wirtschafts- und Sozialpolitik, die Bekämpfung der Arbeitslosigkeit, die Innere Sicherheit und die wirtschaftliche Entwicklung des strukturschwachen Nordostens Bayerns. Trotz Zugewinn gelingt es Stoiber jedoch nicht, einer Koalition aus CDU/CSU und FDP die absolute Mehrheit zu sichern. Wohl aber gewinnen CDU und CSU 3,4 % und drehen den seit 22 Jahren dauernden Abwärtstrend der Unionsparteien bei Bundestagswahlen um. Aber noch immer ist das Ergebnis das viertschlechteste für die Unionsparteien seit 1949. Gleichauf liegt die SPD, mit genau 38,5 %, verzeichnet aber 6027 Stimmen (= 0,01 %) mehr als die Union und stellt dank Überhangsmandate die stärkste Bundestagsfraktion.

Bei der vorgezogenen Bundestagswahl vom 18. September 2005 erreichen CDU/CSU mit ihrer gemeinsamen Spitzenkandidatin Angela Merkel 35,2 % (2002: 38,5) und liegen vor der SPD, mit 34,2 %.

Als designierter Bundeswirtschaftsminister im Kabinett Merkel nimmt Stoiber am 1. November 2005 dieses Amt nicht an, sondern kehrt in die bayerische Politik zurück. Die Unentschlossenheit tragen ihm viele CSU-Parteikollegen nach. Vor allem die »Junge CSU«, die auf eine Verjüngung der politischen Kernmannschaft drängt. Ungeachtet des triumphalen Erfolgs der CSU in der Landtagswahl vom 21. September 2003, in der sie 60,7 % der Stimmen erreichte, die SPD hingegen nur 19,6 %.

Anlässlich des 60-jährigen Bestehens der CSU-Fraktion im Bayerischen Landtag, zitiert Eduard Stoiber am 15. Juli 2006 in feiner Anspielung auf seine Kritiker, seinen politischen Ziehvater FRANZ JOSEF STRAUSS: *„Wir brauchen keine Opposition. Das machen wir selbst."* Und Stoiber fügt hinzu: *„Aber unsere Stärke ist, nach einem heftigen Für und Wider finden wir immer zu Konsens und zu Geschlossenheit."*

Bayern hat in den letzten zweihundert Jahren nichts von seiner Vitalität und der Bereitschaft, Herausforderungen anzunehmen, eingebüßt. Bedacht auf die Wahrung seiner Souveränität, im Rahmen der Verfassung der Bundesrepublik Deutschland, findet es weltweit kultur- und wirtschaftspolitische Anerkennung.

Während Österreich wegen der Säumigkeit in der Aufstellung zweisprachiger Ortstafeln für seine slowenische Minderheit mit Slowenien im Streit liegt, schließt Bayern mit dem Staat an der Adria Handelsverträge. Die Warenströme leitet es an der Nase des österreichischen Nachbarn vorbei durch dessen Kärntner Land.

Als Menschenrechtsaktivisten in Graz, der steirischen Heimatstadt des kalifornischen Gouverneurs ARNOLD SCHWARZENEGGER, gegen von ihm bestätigte Todesurteile protestieren, eröffnet Bayern fast zeitgleich in Kalifornien, mit dem Segen Schwarzeneggers, eine Wirtschaftsniederlassung.

Dass hochkarätige Staatsoberhäupter Bayern besuchen – am 9. September 2006 Papst BENEDIKT XVI., am 11. Oktober 2006 der russische Staatspräsident WLADIMIR WLADIMIROWITSCH PUTIN – ist für den Freistaat bereits Alltäglichkeit.

Daher verwundert es nicht, dass Bayern das am 8. Oktober von Ministerpräsident Edmund Stoiber vorgestellte »Zukunftsprogramm Bayern 2020« als Selbstverständlichkeit hinnimmt: *„Wer die Zukunft sichern will, darf nicht stehen bleiben. Wir wollen 2020 unter den fünf Besten in Europa sein."*

Bayern befindet sich auf gutem Weg zu europäischer Größe, in einem größeren Europa, in dem künftig auch Jungbären ungefährdet Grenzen überschreiten und ihrer Wege ziehen dürfen.

Bayerische Verwaltung der staatlichen Schlösser, Gärten und Seen (9);
Bayerische Staatsbibliothek (1);
Bayerische Staatskanzlei (5);
Bayerisches Hauptstaatsarchiv (4);
Stadtarchiv München (2);
Staatliche Sammlung Münzsammlung München (2);
Versailles, Musée national des Châteaux de Versailles et de Trianon (1);
Stadtarchiv Nördlingen (1);
Historisches Museum Bamberg (1);
Staatsbibliothek Bamberg (2);
Museen der Stadt Nürnberg, Grafische Sammlung (2);
Mainfränkisches Museum Würzburg / Leihgabe der Grafen Schöborn (1);
Archiv für Kunst und Geschichte, Berlin (6);
Deutsche Wappenrolle (1);
Rainer Riedl (2);
Ullstein (10);
Süddeutscher Verlag, Bilderdienst (2);
Gerhard Wilhelm - www.pasta.franken.de (1);
Cover: Bayerische Verwaltung der staatlichen Schlösser, Gärten und Seen (3); Rainer Riedel (2), AKG (1)
Staatliche Münzsammlung München (1)
Hinterer Vorsatz: Bayerische Verwaltung der staatlichen Schlösser, Gärten und Seen (1)
Archive von »public domain« und Autor

Verlag und Autor bemühten sich, alle Copyright-Ansprüche zu erkunden. Sollte ihnen dennoch ein Fehler unterlaufen sein, bitten sie um Kontaktaufnahme.

BAYERN im Deutschen Reich (um 1900)

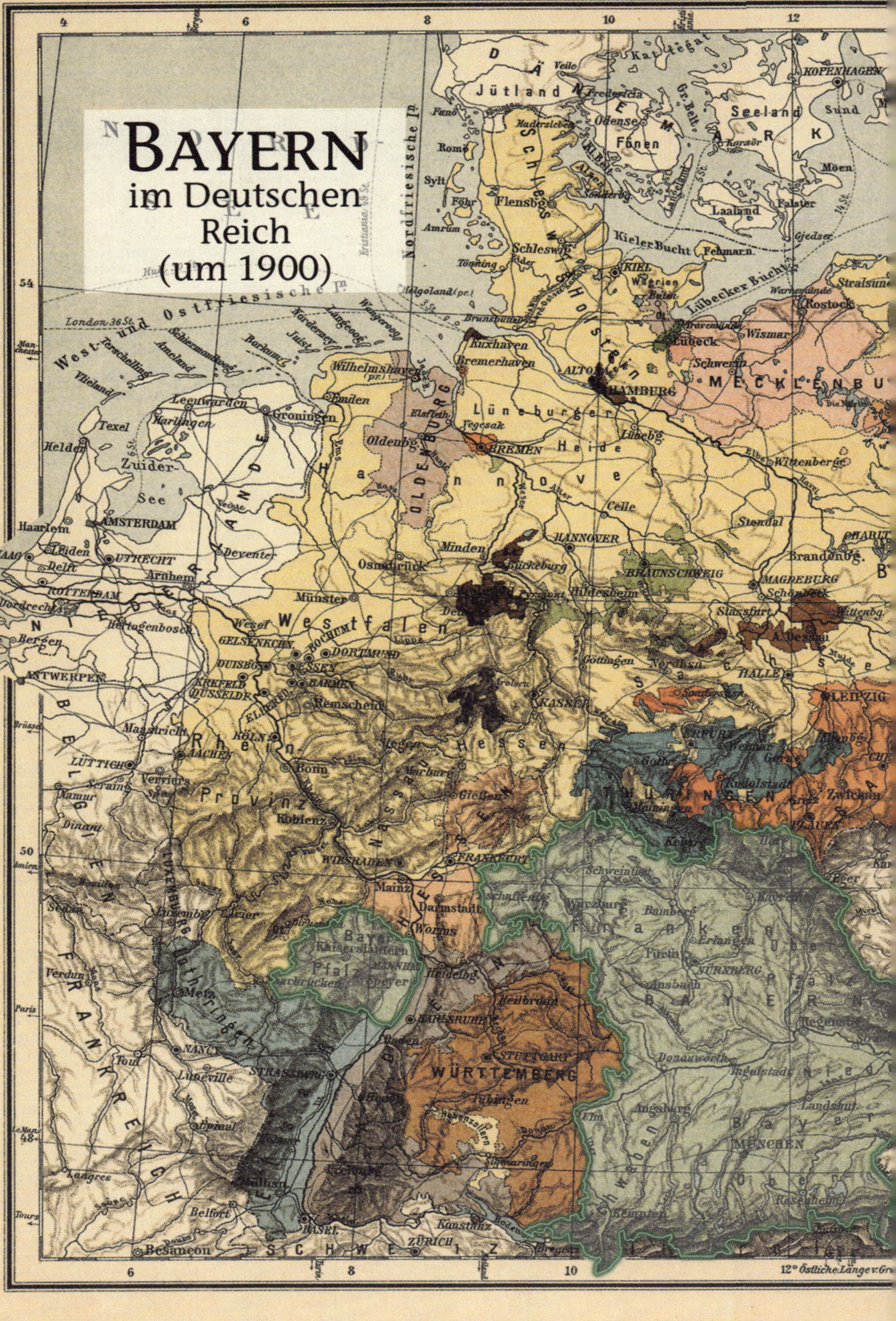